Beate Sander

WOHLSTAND SICHERN IM DEMOGRAFISCHEN WANDEL

Bibliografische Information der Deutschen Nationalbibliothek
Die Deutsche Nationalbibliothek verzeichnet diese Publikation in der Deutschen Nationalbibliografie; detaillierte bibliografische Daten sind im Internet über **http://d-nb.de** abrufbar.

Für Fragen und Anregungen:
info@finanzbuchverlag.de

1. Auflage 2016

ein Imprint der Münchner Verlagsgruppe GmbH,
Nymphenburger Straße 86
D-80636 München
Tel.: 089 651285-0
Fax: 089 652096

In diesem Buch geht es unter anderem um Wertpapiere. Hierzu muss gesagt werden: Eine Anlage in Wertpapiere birgt gewisse Risiken – bis hin zum Verlust des eingesetzten Kapitals. Da Kapitalmärkte teilweise hohen Schwankungen unterliegen, darf eine Anlage in Wertpapiere niemals mit einem kurzfristigen Anlagehorizont einhergehen. Historische Renditen bieten keine Garantie für zukünftige Renditen. Eine Haftung für Schäden, die durch die in diesem Buch beschriebenen Anlagestrategien möglicherweise entstehen, ist ausgeschlossen. Die Umsetzung erfolgt auf eigenes Risiko. Die gelieferten Informationen sind zu keiner Zeit als Anlageempfehlung im Sinne des Wertpapierhandelsgesetzes anzusehen – sie entsprechen den persönlichen Ansichten des Autors.

Korrektorat: Bärbel Knill
Umschlaggestaltung: Karen Schmidt
Umschlagabbildung: Shutterstock
Satz: EDV-Fotosatz Huber/Verlagsservice G. Pfeifer, Germering/Beate Sander
Druck: Florjancic Tisk d.o.o., Slowenien
Printed in the EU

ISBN Print 978-3-89879-965-2
ISBN E-Book (PDF) 978-3-86248-880-3
ISBN E-Book (EPUB, Mobi) 978-3-86248-881-0

Weitere Informationen zum Verlag finden Sie unter
www.finanzbuchverlag.de

BEATE SANDER

WOHLSTAND SICHERN IM DEMOGRAFISCHEN WANDEL

Die richtigen Aktien und Entscheidungen
in Zeiten des globalen Wandels

FBV

Aus dem Inhalt

Grußwort 8

Vorwort 9

❶ Der demografische Wandel und die Folgen 12

1.1 Das längere Leben verändert die Bevölkerungsstruktur 12

1.2 Was macht das Altern lebenswert? 15

1.3 Das Rentenniveau sinkt – länger arbeiten als Ausweg? 23

1.4 Was brauchen Wirtschaft und Gesellschaft? 28

1.5 Verschiedenes: Dies und Das 35

- Demografischer Wandel: länger leben – bei guter Gesundheit freiwillig ein paar Jahre länger arbeiten 35
- Wohlstand in den Zeiten geschenkter Lebensjahre auch für Betagte, durch kluge Altersvorsorge mit hohem Aktienanteil 36
- Die Generation 65+: fit, deutlich mobiler als früher und dank der Nachrücker mit höherem Anteil im Internet präsent 39
- Börsengewinner und -verlierer infolge Erderwärmung: Kampf gegen den Klimawandel beeinflusst Energieaktien 40
- Kapitallebensversicherungen im Rückwärtsgang und bei Neuverträgen kein geeignetes Modell für die Altersvorsorge 41
- Mit Frauen als Führungskräften auch in Großkonzernen den Arbeitskräftemangel abmildern und Potenzial nutzen 42
- Der gesellschaftliche Wandel mit der Flucht junger Leute vom Land in die großen westdeutschen Städte 44
- Neue Trends in der Arbeitswelt durch das längere Leben: Durchstarten mit 50+ für jeden, der noch etwas bewegen will 45
- Chinesische Investitionen in Deutschland und gute Geschäfte deutscher Firmen im Riesenland prägen den Zukunftsmarkt 46
- Die Lebenserwartung steigt und ebenso der Bedarf an größeren Wohnflächen, bevorzugt ab der Lebensmitte 48
- Roboter bieten einfache Portfolios einer automatisierten Vermögensverwaltung für Normalverbraucher an 49

1.6 Die Schulden von Staaten, Firmen, Privatleuten als explosiver Zündstoff für die Börse 50

1.7 Die Gen-Analyse mit Erbgut-Entschlüsselung als Wachstumstreiber dieses Jahrhunderts in der Medizin 56

1.8	**Flüchtlingszuzug: Chance für Arbeitsmarkt und Altersstruktur oder Katastrophe?**	**57**
1.9	**Alzheimer: Demografie-Katastrophe oder erfolgreicher Wettlauf der Pharmakonzerne?**	**62**
❷	**Markt, Börse und Aktien in Zukunft**	**65**
2.1	**Wer profitiert vom demografischen Wandel?**	**65**
	➢ Alten- und Pflegeheime, Privatkliniken, Gesundheitsdienste	65
	➢ Autoindustrie: lange Top, danach Flop durch Manipulation	69
	➢ Biotechnologie als Nutznießer des demografischen Wandels	76
	➢ Bauwirtschaft: Immobilien chancenreich in Wachstumszonen	79
	➢ IT-Branche im Aufschwung durch 4. industrielle Revolution, Internet der Dinge, Digitalisierung, Cloud und vernetzte Welt	85
	➢ Internet, Medien, Online-Portale, soziale Netzwerke, Telekom	91
	➢ Medizintechnik, Nutznießer des demografischen Wandels	96
	➢ Pharma international, Aufwärtstrend durch Medizinfortschritt	98
	➢ Industrie mit Elektrotechnik: Hightech als Nutznießer des globalen Wandels und der Aussöhnung mit dem Iran	105
	➢ Maschinenbau, Deutschlands Markenzeichen, bei innovativer Industrie 4.0 und Digitalisierung auch künftig chancenreich	112
	➢ Deutsche und internationale Großchemie mit nachhaltigem Geschäftsmodell weiterhin interessant	115
	➢ Konsumgüterindustrie ohne Autosektor, Essen und Trinken	118
	➢ Erneuerbare und fossile Energie: Kampf gegen Klimawandel, aber eine von heftigen Kursschwankungen geprägte Branche	122
	➢ Schwankende Rohstoffpreise verunsichern: Aufwärtstrend Kakao, Absturz Metall und Riesenproblem Trinkwassermangel	129
	➢ Die Tourismusbranche mit Fluglinien, Reisebüros, Transport, Hotels und Schifffahrt muss auf neue Trends reagieren	135
	➢ Banken und Versicherungen: Hier erwarten wir große Veränderungen; aber niemand kennt Weg und Richtung	139
	➢ Roboter mit menschlichen Eigenschaften erobern nach dem industriellen Siegeszug viele neue Lebensbereiche	146
	➢ Der Unterhaltungssektor mit innovativer Elektronik als Nutznießer der Digitalisierung und weltweiten Vernetzung	149
	➢ Unwetter und Sonnenschein für die Luxusbranche mit Mode, Kosmetik, Uhren, Handtaschen und anderen Produkten	152

➢ Eine effiziente Logistik mit Verpackung, Transport, Lagerung, Handel/Vertrieb eröffnet neue Zukunftsmärkte 154

➢ Pflanzenzüchtung mit und ohne Gentechnik sowie Dünger als Herausforderung für weniger Hunger in Armutsregionen 158

2.2 Herausforderungen durch eine veränderte Alters- und Infrastruktur bei Familienfirmen 161

2.3 Dividendenstrategie – Wachstumstreiber für Langzeitanleger durch das längere Leben 167

2.4 Mit guten Kennzahlen die Zukunft gestalten 175

2.5 Digitalisierung und schneller Datenfluss beschleunigen Korrektur und Crashgefahr 178

2.6 Koppelgeschäfte und Hoch/Tief-Mutstrategie zur Kapitalbeschaffung im Crash 186

2.7 Essen und Trinken als Glaubensfrage: Wie ernähren wir uns in 10, 20 und 50 Jahren? 190

2.8 Der Digitalisierungs-Megatrend: Chancen und Risiken für Firmen und Verbraucher 194

2.9 Gold als sicherer Hafen bei Verunsicherung, Crash und durch demografischen Wandel? 202

2.10 Übernahmen und Fusionen – ein zweischneidiges Schwert 206

2.11 Große Börsengänge weiter im Trend; aber Vorsicht bei Überschuldung 209

2.12 Gefallene Engel und Verlierer chancenlos ohne Digitalisierung und Industrie 4.0 212

2.13 Die Börsenlieblinge der Experten – von den Sparbuchfans dennoch verschmäht 215

2.14 Kapitalerhöhungen als Alternative zu den in Verruf geratenen Mittelstandsanleihen? 218

2.15 Mehr Kriminalität durch Demografie und Digitalisierung am Grauen Kapitalmarkt 220

❸ Mit den passenden ETFs auf der Überholspur 224

3.1 Warum boomen Indexfonds? Der Aufwärtstrend wird sich künftig noch verstärken 224

3.2 Immer beliebter: branchenbezogene ETFs 229

3.2.1 Das Duell: ETFs im Vergleich mit Aktienfonds und anderen Anlageformen 233

3.2.2 Eine ETF- und Aktienauswahl umweltfreundlicher und dividendenstarker Firmen 235

3.3 Drei ETF-Depots für sicherheitsbewusste, erfolgsorientierte, risikofreudige Anleger 240

❹ Guten Aktien-Spezialfonds gehört die Zukunft 243

4.1 Grundsätzliches zur Anlage in Aktienfonds 243

4.2 Aktuelle Kurslisten zum Thema Aktienfonds 249

4.3 Die besten Aktienfonds 2015: preisgekrönt 253

4.4 Aktien – Aktienfonds – ETF im Vergleich 254

❺ Anhang 255

5.1 Sachwort: Wo steht was? 255

5.2 Ein Überblick über die wichtigsten Indizes weltweit 262

5.3 Unsere beiden Partner-Unternehmen stellen sich vor 263

Grußwort

Beate Sander legt mit „**Börse und längeres Leben**" einmal mehr ein Buch vor, das unbedingt lesenswert ist. Dies gilt für Menschen praktisch aller Altersgruppen und vor allem auch für unsere Verantwortungsträger in Politik, Wirtschaft und Gesellschaft. Mit den Themen des Alters und des Alterns stellt sie Aspekte in den Mittelpunkt ihrer Ausführungen, deren gesellschaftliche und wirtschaftliche Bedeutung nicht unterschätzt werden dürfen, obwohl genau dies leider allzu oft geschieht.

Praktisch alle Lebensbereiche werden künftig von der höheren durchschnittlichen Lebenserwartung der Menschen und den mit der „Überalterung" der Gesellschaft einhergehenden Folgen betroffen sein. Obwohl die konkreten Auswirkungen auf den Einzelnen, die Gesellschaft, die Wirtschaft und den Sozialstaat in der Zukunft liegen, zeichnen sie sich bereits heute mehr oder weniger klar erkennbar ab. Beate Sander, die diese Zeichen zu deuten versteht, übersetzt sie für die Leser in ihrem Buch in eine verständliche Sprache und leitet daraus klare Schlüsse und Empfehlungen ab. Ihnen zu folgen oder nicht, liegt in der Entscheidung und Verantwortung jedes Einzelnen. Dabei macht sie dem Leser Mut, sich dem Thema Alter auch von der finanziellen Seite her zu stellen. Wer länger lebt und seinen Lebensstandard halten will, muss sich rechtzeitig um die richtige Geldanlage kümmern. Und wer sein Geld auf Tagesgeldkonten und Sparbüchern versauern lässt, wird im Alter Einbußen bei der Lebensqualität hinnehmen müssen. Ohne Aktien, so das völlig richtige Mantra von Beate Sander, wird es in der Altersvorsorge nicht gehen.

Gewohnt spannend und verständlich schildert sie, wie man sich dem Thema Aktienanlage nähern kann und welche Anlageformen für wen vernünftig sind. Sie gibt damit wichtige Hilfestellungen auf dem Weg zu einer fundierten eigenen Entscheidung. Das Buch liefert, was sein Untertitel verspricht: einen weiten Überblick über die Chancen, aber auch die Risiken der Aktienanlage in Unternehmen, die – aus verschiedenen Gründen – beim „längeren Leben" eine Rolle spielen. Grundsätzliche Trends und aktuelle Entwicklungen werden gleichermaßen berücksichtigt und eingeordnet. Gerade dies macht das Buch zur Pflichtlektüre für all jene, die aktuelle Herausforderungen besser verstehen und erfolgreich darauf reagieren wollen.

Mit diesem Buch halten wir ein wertvolles Instrument in der Hand, unsere Zukunft zu meistern – und sie beginnt genau jetzt.

Dr. Franz-Josef Leven
Stellvertretender Geschäftsführer
Deutsches Aktieninstitut e. V.

Vorwort

Liebe Leserinnen und Leser,

wir leben in den Zeiten des demografischen Wandels: in Deutschland im Schnitt in 40 Jahren ein Jahrzehnt geschenktes Leben, in 80 Jahren zwei Jahrzehnte. Die anhaltend längere Lebenserwartung ist insbesondere auf die großartigen Errungenschaften der Medizin in den Sparten Biotechnologie, Medizintechnik und Pharmaindustrie zurückzuführen, mit neuen Wirkstoffen, Diagnostik, Therapien und aufsehenerregenden Innovationen vor allem in der Krebsforschung. Aber bewirken diese Fortschritte, begleitet von der Industrie 4.0, dem Internet der Dinge, der Digitalisierung und dem Siegeszug sozialer Netzwerke, einen Jungbrunnen und Quell der Glückseligkeit als Wegweiser zu langem, erfülltem und lebenswertem Dasein? „Ja“ sagen die auf der Sonnenseite, „Nein“ die im Schatten lebenden, von Sorgen, Krankheit, Armut, Frust und Unsicherheit heimgesuchten Zeitgenossen.

Am besten, Sie verdienen sich die 10 oder 20 Jahre Ihres geschenkten Lebens, indem Sie die persönliche Qualität verbessern – bezüglich Gesundheit, Lebensfreude, finanzieller Freiheit und Unabhängigkeit. Es reicht nicht aus, sich wie ein Säugling füttern zu lassen. Seien Sie aktiv! Bewegen Sie sich entgegen dem Trend, als Sportmuffel in den eigenen vier Wänden künftig alles vom Sofa aus steuern zu können. Ernähren Sie sich gesund, mögen die „süßen“ Verführungen auch groß sein. Reagieren Sie auf die Industrie 4.0, das Internet der Dinge, die weltweite Digitalisierung und Vernetzung, indem Sie aufgeschlossen, konstruktiv kritisch und verantwortungsbewusst mit all den unser Leben entscheidend prägenden Neuerungen umgehen. Vieles, aber nicht alles, wird gut für uns sein. Jammern, jaulen, meckern und motzen hilft ebenso wenig wie emotionaler Überschwang und als Kehrseite die Verdrängung unangenehmer Geschehnisse und Erfahrungen. Skepsis: Ja! Den Teufel an die Wand malen: Nein! Eine gewisse Akzeptanz, Neugierde und Zuversicht, verknüpft mit Mut und Bereitschaft, Chancen zu nutzen, sind notwendig, damit unser Land wirtschaftlich weiter wachsen kann. Nicht jede Veränderung bedeutet eine Verbesserung; aber ohne Veränderungen würden wir noch heute wie in der Steinzeit leben.

In diesem Buch geht es darum, das durch den demografischen Wandel geschenkte längere Leben finanziell aufzufrischen, richtige Weichen für Vermögensaufbau und Altersvorsorge zu stellen. Niemand sollte sich in den Zeiten der abgeschafften Guthabenzinsen enteignet fühlen, sondern beherzt und aktiv handeln: Weg von der schleichenden Kapitalvernichtung Sparbuch, hin zu fair bewerteten, zukunftsträchtigen Aktien und ETF! Dies verlangt Wirtschaftswissen, Lernbereitschaft, konkrete Renditeziele und eine wirklichkeitsnahe Einschätzung des globalen Wandels.

Verschaffen Sie sich Klarheit über Ihre eigenen Beweggründe. Was halte ich aus? Was ertrage ich nicht? Womit kann ich locker umgehen? Was raubt mir Lebensfreude, gute Laune, Gelassenheit, Geduld und nächtlichen Schlaf? Wer kurzfristig in Aktien anlegt, kann mit Glück viel gewinnen, aber auch fast alles verlieren. Wer mindestens 14 Jahre ein breit gestreutes Aktiendepot pflegt, gehört immer zu den Siegern: aufs Jahr umgerechnet 5 % bis 15 %, im Schnitt ansehnliche 8 %.

Mit Blick auf eine möglichst hohe Rendite verlangt es der demografische Wandel, erstklassige Aktien, Aktienkörbe, Aktienfonds und vielleicht auch Staats- und Unternehmensanleihen auszuwählen: keine leichte, aber machbare Herausforderung. Eignen Sie sich das dazu notwendige Rüstzeug an. Betrachten Sie Lernen nicht als bloßes Übel. Es kann Spaß machen, über den Börsen-Gartenzaun zu schauen, wirtschaftliche Zusammenhänge zu erkennen, das Einmaleins einer klugen Geldanlage zu beherrschen und zu nutzen. Börse ist kein Einheitsbrei für jedermann, sondern verlangt Zuschnitt auf unterschiedliche Bedürfnisse und Voraussetzungen. Soziale Kontakte mit Gleichgesinnten und ein neues Hobby winken als Zugabe.

Also begeben wir uns auf den steinigen und mit Hindernissen gepflasterten Weg zu gekonntem Vermögensaufbau mit dem Ziel finanzieller Sicherheit bis zum Ende aller Tage. Das längere Leben als Zeitfaktor ist die entscheidende Größe. Träumen Sie nicht von der ersten Million durch Glücksspiele wie Lotto mit winziger Erfolgschance. Packen Sie das Thema Geldanlage mutig an. Dazu gehört, die wichtigen Dinge richtig zu machen, auf Börsenboom und Crash klug zu reagieren, große Fehler unbedingt zu vermeiden und sich nicht von gierigen Finanzhaien manipulieren zu lassen. Das ist nicht immer einfach, erfordert weder Glaskugel noch Superhirn, verlangt jedoch Geduld, Disziplin und Lernbereitschaft.

Freilich gibt es für den demografischen Wandel keine Patentrezepte. Das längere Leben führt trotz des Flüchtlingsansturms wohl kaum zu einem dauerhaften Bevölkerungszuwachs hierzulande, sondern wegen der niedrigen Geburtenquote zu schrumpfenden Einwohnerzahlen bei ungleicher Verteilung: mehr Menschen im Westen, weniger Leute im Osten. Wurden 1954 in Deutschland noch 1,36 Mio. Babys geboren, waren es 60 Jahre später nur noch halb so viele. Interessant im Hinblick auf Arbeitsplätze, gekaufte oder gemietete Eigentumswohnungen und Häuser sind die Zu- bzw. Abnahme der Bevölkerung in den einzelnen Bundesländern: Zuwachs 2013 in Bayern +9,4 %, Baden-Württemberg +7,6 %, Schleswig-Holstein +6,9 %, Rheinland-Pfalz +6,0 %, Niedersachsen +5,3 %, Hamburg +5,0 %, Hessen +4,4 %, Nordrhein-Westfalen +1,2 %. Hingegen schrumpft die Bevölkerung in den ostdeutschen Bundesländern gewaltig, und auch im Südwesten gibt es Probleme: Rückgang in Sachsen-Anhalt um -21,4 %, in Thüringen -16,9 %, Mecklenburg-Vorpommern -16,8 %, Sachsen -15,0 %, Saarland -7,3 %, Brandenburg -5,0 %, Bremen -3,9 % und Berlin -1,7 %. Der Zuwanderung qualifizierter Arbeitnehmer steht als Wachstumsbremse eine schrumpfende Bevölkerung gegenüber.

Zum einen wird bezahlbares Wohnen gefordert. Zum anderen stellt sich die Frage nach gestaffelten Mindestlöhnen zur Ankurbelung der Wirtschaft in schwachen Regionen. Ist die verpflichtende Dokumentation der Arbeitszeiten insbesondere bei notleidenden Mittelständlern mit dem Abbau von Bürokratie vereinbar?

Das Statistische Bundesamt rechnet bis 2060 mit einem Rückgang von derzeit knapp 81 Millionen auf nur noch 68 Millionen Einwohner. 1970 lag das Durchschnittsalter in Deutschland bei 35 Jahren. Schon 2030 dürften es 46 Jahre sein. Damit verändern sich Bedürfnisse, Ansprüche, Gewohnheiten und Lebensformen. Manches Unternehmen, das seine Rolle als Weltmarktführer genießt und sich bequem zurücklehnt, wird Schwierigkeiten bekommen. Innovative Aufsteiger setzen von der mühsam verteidigten Marktnische zum unerwarteten Höhenflug an. Dies alles beeinflusst die Geldanlage, insbesondere den Immobilienmarkt und die Aktienstrategie. Es lässt sich nicht treffsicher voraussagen, wer Sieger und wer Verlierer sein wird. Auch die Auswirkungen des gewaltigen Flüchtlingszustroms sind nicht zuverlässig abschätzbar. Für Langzeitanleger mit Jahrzehnt-Perspektive reicht es aus, die wesentlichen Dinge richtig zu machen, nicht dem Herdentrieb oder dem emotionalen Überschwang zu verfallen. Wie überall gilt auch hier: ***„Meide die gefährlichen Vier: Euphorie, Panik, Angst und Gier!“***

Der demografische Wandel wird einerseits wie die Französische Revolution seine Kinder fressen, andererseits aber auch neue gebären. Ziehen Sie den Nutzen aus diesen gesellschaftlichen und wirtschaftlichen Veränderungen, die das längere Leben, aber auch die geringe Geburtenrate mit sich bringen. Wer den Kopf in den Sand steckt, kann nicht miterleben und sehen, welche künftigen Trends sich abzeichnen und welches Plus und Minus die Börse bringen wird. Wer hinfällt und nicht wieder aufsteht, verpasst die Chance, aus anfänglichem Scheitern und gemachten Fehlern zu lernen und eine erfolgreiche Strategie zu erarbeiten. Der kulturelle Wandel verändert Vorlieben und Abneigung mit Auswirkungen auf Produkte und Dienstleistungen. Die heutigen Stars bei DAX & Co. können die Verlierer, mitleidig belächelte Wettbewerber und Neugründer die Top-Gewinner sein. Als Belohnung für vorausschauende Einschätzungen, kluges und mutiges Handeln winken überdurchschnittliche Renditen! Ob jung, im besten Alter oder betagt: Seien Sie aktiv, und beherzigen Sie: ***„Ein Crash ist gut für Leute mit Mut!“***

Deutschland als Angsthasenvolk hat seit der Jahrtausendwende die Aktienanlage ausgebremst. Da besteht in den Zeiten der abgeschafften Guthabenzinsen viel Nachholbedarf. Die Karten sind gut gemischt, und etwas Glück als Zufallsprozessor gehört in den Zeiten des „digitalisierten Jungbrunnens“ und des „Internets der Dinge“ mit dazu, um erfolgreich zu sein.

Ulm, im Herbst 2015

Ihre Autorin Beate Sander

➊ Der demografische Wandel und die Folgen

1.1 Das längere Leben verändert die Bevölkerungsstruktur

Betrug die Lebenserwartung vor gut 200 Jahren gerade mal 35 und 1900 rund 45 Jahre, so feiern heute im Durchschnitt Männer ihren 75. und Frauen ihren 81. Geburtstag. Frauen werden für ihre gesündere Lebensführung mit 6 Jahren belohnt. 2050 dürften Männer voraussichtlich im Schnitt 84 und Frauen 88 Jahre alt werden. Der Rollenwandel führt zur Angleichung.

Einerseits ist die steigende Lebenserwartung erfreulich. Andererseits ist die Geburtenrate niedrig. Da eine Frau in Deutschland im Schnitt nur 1,4 statt zwei Kinder gebiert, überaltert unsere Gesellschaft rapide. Ein kleiner Hoffnungsstrahl bedeutet der Anstieg der Geburtenrate auf 1,47 % im Jahr 2014. Endlich gibt es wieder mehr Geburten und weniger Todesfälle. Die das Sozialsystem belastende Entwicklung lässt sich wohl auch nicht durch verstärkte Einwanderung voll ausgleichen. Der Anteil junger Menschen wird von einem Fünftel 2001 auf ein Sechstel 2050 sinken. Umgekehrt dürfte der Anteil der über 60-Jährigen von einem Viertel auf mehr als ein Drittel wachsen. Die Quote der über 80-Jährigen wird sich verdreifachen und könnte 2050 bei rund einem Achtel, also gut 12 % liegen.

Bis 2050 dürfte die Bevölkerung – Flüchtlingsstrom ausgeklammert – um 7 Mio. auf rund 75 Mio. schrumpfen. Die demografische Entwicklung und der damit verbundene Strukturwandel betreffen uns alle. Heute kommen auf 100 Erwerbstätige 45 Rentner und Pensionäre. 1995 betrug das Verhältnis 3:1. Im Jahr 2030 dürften auf 100 Schaffende 71, 2050 sogar 78 Ruheständler kommen. Die Zahl der über 105-Jährigen hat sich im letzten Jahrzehnt in Deutschland verdreifacht. Da es prozentual künftig nicht mehr genug berufstätige Menschen gibt, um die Altersversorgung, steigende Krankheits- und Pflegekosten stemmen zu können, werden die Renten-, Kranken- und Pflegeversicherung stark belastet. Die Lösung kann nur lauten: dank höherer Lebenserwartung und besserer Gesundheit und Fitness länger arbeiten oder empfindliche Kürzungen hinnehmen. So wird eine vernünftige Geldanlage mit dem Ziel guter finanzieller Ausstattung immer wichtiger. In Zeiten extrem niedriger Zinspolitik bieten Qualitätsaktien und eine kluge ETF-Auswahl große Chancen.

Es drohen nicht nur Strafzinsen, sondern der Verlust von Lebensjahren bei bestimmten Schwächen

Sind Sie 40 Jahre alt, wird sich laut Tageszeitung DIE WELT Ihr Leben im Schnitt um einige Jahre verkürzen, wenn Sie folgendes tun:

- **Sie sind starker Raucher mit mehr als 10 Zigaretten täglich: Frauen minus 9,4 Lebensjahre, Männer minus 7,3 Jahre.**
- **Sie leiden an starkem Übergewicht: Frauen und Männer im Schnitt zumindest minus 3 Jahre.**
- **Der Alkoholgenuss ist erhöht: für Frauen und Männer in der Regel minus 3 Jahre.**
- **Sie essen rohes Fleisch: Frauen und Männer im Schnitt minus 2 Jahre.**
- **Sie sind längere Zeit arbeitslos: Männer im Allgemeinen minus 1 Jahr.**

Kommentar zur Lebenserwartung in EURO AM SONNTAG, Gastautor Jürgen Lanzer

Die Weltbevölkerung wird laut Vorausschau der Vereinten Nationen bis 2050 um über zwei Milliarden Menschen zunehmen. Das höchste Bevölkerungswachstum wird aus den Schwellenländern kommen. 2050 dürften mehr als vier Fünftel der Weltbevölkerung in den aufstrebenden, wirtschaftlich noch weniger entwickelten Ländern leben. Jeder in den westlichen Industrieländern wohnenden Person stehen dann sechs Einwohner aus Asien, Afrika oder Lateinamerika gegenüber. In den Industrieländern ging dieser Wandel deutlich langsamer vonstatten und vollzog sich hauptsächlich in zwei Jahrhunderten. In den meisten Schwellenländern wird die Bevölkerung noch mehrere Jahrzehnte schneller wachsen als in den führenden Industrienationen. Lediglich in Russland schrumpft die Bevölkerung seit den späten 1990er-Jahren und dürfte sich bis 2050 um 30 Millionen verringern, also um mehr als ein Fünftel abnehmen. Dies liegt am Rückgang der durchschnittlichen Lebenserwartung, wobei Wodka wohl eine nicht zu unterschätzende Rolle spielt.

Diabetes als gefährliche Heimsuchung

Die meisten über 50-jährigen Menschen in den westlichen Industrienationen haben gegen chronische Erkrankungen anzukämpfen. In Amerika leidet fast jeder zweite über 65-Jährige an seit langem bestehenden gesundheitlichen Problemen, wie Herz-Kreislauf-Erkrankungen, Diabetes, Bluthochdruck und Krebs. Weltweit sind mehr als 350 Millionen Menschen zuckerkrank, begünstigt durch falsche Ernährung und Übergewicht. Der französische Pharmariese Sanofi (WKN: 920 657) und der biotechnologisch geprägte Gesundheitskonzern Novo Nordisk (WKN A1X A8R) aus Dänemark sind führend im Kampf gegen die heimtückische Erkrankung.

Es gibt jedoch Hoffnung. Eine positive Langzeitstudie und Medikamente mit neuartigen Wirkstoffen als Konkurrenz zu Insulin-Präparaten treiben den Diabetesmarkt an, der in Deutschland jährlich 1,7 Mrd. € verschlingt. Die Patienten setzen große Hoffnungen auf die von **Boehringer Ingelheim** entwickelten neuen oralen Antidiabetika. Dieser große deutsche Pharma-Konzern ist jedoch nicht börsennotiert, sodass Sie keine Aktien kaufen können. Die Internationale Diabetes-Gesellschaft befürchtet, dass die Zahl der Erkrankten bis 2035 um mehr als die Hälfte auf knapp 600 Millionen Menschen steigen wird. Sowohl die westlichen Industriestaaten als auch die einstigen Schwellenländer China und Indien sind betroffen. Noch mehr Besorgnis für Leute ab 65 Jahren löst die unheilbare Volkskrankheit des Vergessens aus, die Alzheimer-Demenz. Über den Kampf der führenden Pharma- und Biotechnologiekonzerne gegen den Milliardensummen verschlingenden Moloch gibt es ein eigenes Kapitel, angereichert mit einer Kursliste über die interessantesten Aktien in diesem wichtigen Zukunftsmarkt.

Veränderung der Lebensformen und wirtschaftlichen Entwicklung auch durch den technologischen und gesellschaftlichen Wandel

Bei der Frage nach der Welt von morgen, den Zukunfts- und Wachstumsmärkten und einer darauf zugeschnittenen Geldanlage spielen die Internetwirtschaft, das Internet der Dinge, die Industrie 4.0 und die sich immer mehr ausbreitende Vernetzung die dominierende Rolle. Wirtschaftswachstum und Wohlstand sind bei Online-Verzicht undenkbar. 2012 erzielte die Internetwirtschaft 49,3 Mrd. € Umsatz. Bis 2019 dürften es knapp 115 Mrd. € sein – ein jährlicher Anstieg um ein Achtel bzw. um gut 12 %. Auch die Beschäftigten in der Internetwirtschaft dürften jährlich um rund 8 % bzw. 320.000 Mitarbeiter zulegen.

Die Auslagerung von Firmendaten, das Cloud-Computing, die Datenwolke, zählt zu den großen Hoffnungsträgern. Anbieter von Cloud-Lösungen sind wegen ihres Potenzials heiß begehrt. Die Marktführer TOP 5 sind in den USA angesiedelt. So erzielte der amerikanische Internethändler **Amazon**, der längst nicht mehr nur Bücher vertreibt (WKN 906 866), einen Kursanstieg um über 400 % in fünf Jahren. Im DAX und TecDAX gibt es erstklassige Unternehmen, die mit ihrer Software, einer erfolgreichen Digitalisierung und Cloud Computing den Aktionären viel Freude bereiten, z. B. **SAP, Bechtle, Nemetschek,** um nur einige zu nennen. E-Commerce und Zahldienste dürften künftig für zwei Drittel des Online-Umsatzes sorgen. Im Privatleben gelten Computerspiele als Zukunftsmarkt, z. B. **Electronic Arts (EA)**. Ebenso dürften Internetfernsehen und Video boomen.

- **Das längere Leben verpflichtet, sich mit all diesen neuen Errungenschaften gründlich auseinanderzusetzen und bei der Geldanlage mit besten Aktien, Themen- und Indexfonds diesen Zukunftsbereich abzudecken.**

1.2 Was macht das Altern lebenswert?

Auswertung von Forschungsergebnissen des Bundesministeriums für Bildung und Forschung

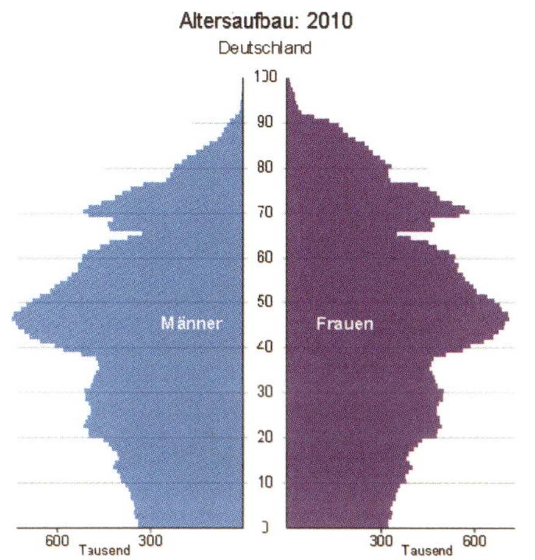

Quelle: Statistisches Bundesamt destatis

Der demografische Wandel als bedeutsamer Einschnitt verändert unser Leben und unser Land. Ebenso Kultur, Sozialstrukturen und Wirtschaft, unser Verhalten in Familie, Freizeit und Beruf, unsere Erziehung und Bildung, Werte und Normen. Die Lebenserwartung in Deutschland ist so hoch wie nie zuvor. Es gibt keinerlei Anzeichen dafür, dass sich diese Entwicklung verlangsamt oder gar aufhört. Die Bevölkerungszahl in Deutschland sinkt jedoch wegen der niedrigen Geburtenrate, vielleicht zu stoppen durch den Flüchtlingszustrom.

Wenn eine Frau im Schnitt nur 1,5 statt 2 Kinder zur Welt bringt, schrumpft die Gesellschaft. Es sei denn, die Einwanderung von ca. 1,5 Mio. Flüchtlingen allein 2015 und einem weiteren Ansturm in den nächsten Jahren gleicht dies aus. 2030 dürfte jeder 2. Bundesbürger über 50 Jahre und jede 3. Person älter als 65 Jahre sein.

Heutige Senioren sind vitaler, leistungsfähiger und besser ausgebildet als früher. Dies gilt vor allem für Frauen. Welch weiter Weg, um Gleichberechtigung in Gesellschaft, Beruf und Familie zu erfahren. Wäre eine Frauenquote notwendig, wenn wir dieses Ziel voll verwirklicht hätten? Fast jeder will lange leben, aber nicht alt sein. Die Generation „Grauhaar“ mag weder spezielle Altersmode tragen noch bevormundet oder vom gesellschaftlichen Leben ausgeklammert sein. Es geht nicht länger an, Männer bei gleichwertiger Tätigkeit besser zu bezahlen und in manchen Berufen weiterhin starr auf eine Altersgrenze von 60 oder 65 Jahren zu setzen.

- Das kalendarische Alter ist festgelegt, nicht aber das biologische. Es gibt 70-jährige Senioren, die es mit 55- und 60-Jährigen aufnehmen können. Ebenso aber begegnen wir 70-Jährigen, die bezüglich Gesundheit, Fitness, Leistungsfähigkeit und Geisteskraft eher an 80- oder 90-Jährige erinnern. Individuelle Lebensstile und Lebensentwürfe ersetzen das traditionelle, von Vorurteilen und überkommenen Vorstellungen geprägte Altersbild.

Entscheidend ist der frühzeitige Vermögensaufbau, eine gute Altersversorgung, um den Lebensherbst finanziell sorgenfrei gestalten zu können. Altersarmut zerstört viele schöne Seiten im Lebensherbst. Ein gewisser Wohlstand sorgt mit dafür, dass die Vor- und Nachteile, die angenehmen und die hässlichen Begleiter des Altwerdens, sich zumindest die Waage halten. Es gilt im Interesse von Jung und Alt, von allen Generationen, die wertvollen Alterspotenziale zu nutzen, wozu Menschenkenntnis, Sorgfalt, Erfahrung, Hingabe und Verlässlichkeit zählen.

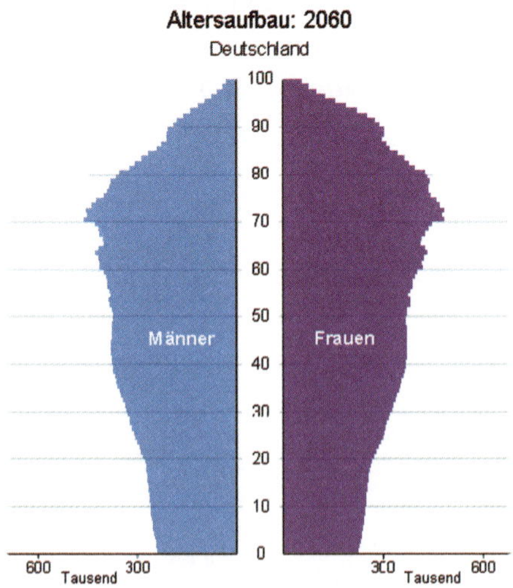

Quelle: Statistisches Bundesamt destatis

Drei Fallbeispiele

Carmen Dell'Orefice steht als amerikanisches Model selbst noch mit 83 Jahren öfter vor der Kamera oder präsentiert auf dem Laufsteg modische Kleidung, die erfreulicherweise tragbar ist.

Frank Moody wagte und schaffte im Alter von 101 Jahren gemeinsam mit dem Fallschirmspringer Karl Eitrich einen Tandem-Sprung aus 3 km Höhe.

Fauja Singh meisterte als erster Hundertjähriger einen Marathon. Erst im Februar 2013 beendigte der mittlerweile 103-Jährige seine aktive Laufkarriere, zumal sein Sponsorenvertrag nun auslief.

Schwerpunkt bei dem Bestreben, auch als betagter Mensch gesund und fit zu sein, sind die herausragenden Fortschritte im Gesundheitswesen, wozu Vorbeugung, frühzeitige Krankheitserkennung und eine bestmögliche Behandlung gehören. Es gilt, den schlimmsten Heimsuchungen wie Krebs, Herz-Kreislauf-Erkrankungen, Diabetes, Hepatitis und Altersdemenz zu begegnen. Eine Zwei-Klassen-Medizin sollte niemals die Qualität beschneiden. Nur beim Service sind Unterschiede gerechtfertigt.

- **Gerade jetzt, wo die Guthabenzinsen abgeschafft wurden, eröffnen sich für Jung und Alt gute Chancen für eine erfolgreiche Kapitalanlage, wozu immer auch Aktien gehören. Wer dies verdrängt und nur sein Sparbuch pflegt, für den ist eine schleichende Kapitalvernichtung vorprogrammiert.**

- **Wichtig ist es, die Pflege zu verbessern und dem alternden Menschen, der im Besitz seiner Geisteskräfte ist, die Mündigkeit und Selbstbestimmung in den entscheidenden Fragen der letzten Lebensphase zuzugestehen.**

Die Entwicklung von Mobilität und Kommunikationstechnologie ist mit dem Ziel zu unterstützen, die gesellschaftliche Teilhabe zu fördern, durch soziale Kontakte Isolation und Ausgrenzung zu vermeiden. Dies betrifft alle Innovationen, die helfen, den Wohn- und Lebensraum altersgerecht zu gestalten, flächendeckend den öffentlichen Personenverkehr mit der entsprechenden Infrastruktur zu verbessern. Der Appell richtet sich auch an die Automobilindustrie auf dem Weg zum allein fahrenden Auto. Hilfreich sind akustische Warnsignale zur Unfallverhütung, bezahlbare Einparkhilfen und Simulatoren, um sein Fahrverhalten erlebbar zu machen. Mit zukunftsträchtigen Innovationen kann die Autoindustrie den Vertrauensverlust durch die von VW manipulierten Diesel-Abgastests am ehesten aufarbeiten. Damit gewinnen auch die Aktien das verlorene Aufwärtspotenzial zurück.

Lernen als lebenslanger Prozess

Ob jung, ob alt, jeder muss wissen, dass Lernen ein lebenslanger Prozess ist. Wer sich dem verweigert, gerät früher oder später aufs Abstellgleis. Mobilität und Kommunikation bieten die Chance, auch noch über das gesetzliche Rentenalter hinaus berufstätig zu bleiben, zumindest in Teilzeit oder als Urlaubs- und Krankheitsvertretung. Viele Menschen haben Angst vor den Alterungsprozessen und befürchten die gesellschaftliche Ausgrenzung. Fast jeder will zwar möglichst lange leben, klammert aber die Beschwernisse des Alters aus. Letztlich geht es auch darum, den Generationskonflikt zu entschärfen. Die abschlagfreie Frühverrentung mit 63 Jahren ist sicherlich dazu nicht der richtige Weg.

Bezüglich Wirtschaft und Gesellschaft, Arbeitswelt und familiärem Umfeld ist es wichtig, Kompetenzen zu erhalten, zu fördern, zu stärken und auszubauen, wobei ältere Menschen anders lernen als junge. Unverzichtbar ist die Teilhabe am Internet, der Zugang zu elektronischen Medien und darauf zugeschnittene Lernsysteme. Es ist wünschenswert, vitale Senioren für weitere Aktivitäten im Betrieb, bürgerschaftliches Engagement, Ehrenamt oder freischaffend zu gewinnen. Dazu gehört ein gutes nachbarschaftliches Verhältnis „Tür an Tür“. Hauptziel ist, auch mit 80 oder 90 Jahren in seinen eigenen vier Wänden zu leben. Ist dies unmöglich, bietet sich betreutes Wohnen oder Pflege in Wohngemeinschaften und Mehr-Generationen-Häusern an. Bei guter Gesundheit und Fitness zu altern ist weder Geschenk noch Zufall, sondern verlangt eigene Aktivitäten. Ohne Aufgeschlossenheit und Lernbereitschaft mit einem grundsätzlichen Ja zu den von sozialen Netzwerken, Internet und fortschreitender Digitalisierung geprägten gesellschaftlichen Veränderungen geht wenig.

All dies kostet viel Geld. Auch von daher sind der Vermögensaufbau und eine gute Altersvorsorge unverzichtbar. Die schönen Seiten des längeren Lebens werden stabilisiert durch finanzielle Sicherheit und Wohlstand. Dies ist kein Geschenk, sondern die Belohnung, frühzeitig sinnvoll zu sparen und sein Geld klug anzulegen, wozu dieses Buch praktische Hilfen aufzeigt.

Die Hoffnung: Gesund zu altern bei längerem Leben.
Ein Beispiel: Auf der Suche nach dem Jungbrunnen

„Anfang des 16. Jahrhunderts landete **Ponce de León** *in Puerto Rico. Der spanische Konquistador begleitete den in spanischen Diensten stehenden Italiener* **Christoph Kolumbus** *auf dessen dritter Seereise. 1509 eroberte der Spanier Puerto Rico.*

Auf der Suche nach einem sagenhaften Jungbrunnen auf den Bimini-Inseln entdeckte er 1513 Florida, ein Festland, das er für eine Insel hielt. Ponce de León blieb beinahe 30 Jahre auf Puerto Rico und den benachbarten karibischen Inseln – getrieben von der Sehnsucht einer erfolgreichen Suche nach dem Jungbrunnen. Es war damals ein weit verbreitetes Bild und fand Eingang in die Vorstellungswelt der höheren Kreise Europas. Wie wir wissen, konnte Ponce de León den Jungbrunnen nicht aufspüren. Aber die durchschnittliche Lebenserwartung von damals 35 Jahren stieg auf heute europaweit 80 Jahre.

Wie kam es dazu? Allein eine bessere Ernährung und günstigere Lebensumstände führten bis Mitte des 19. Jahrhunderts zu einer Zunahme der Lebenserwartung auf etwa 45 Jahre. Danach ging es in mehr oder weniger großen Schritten aufwärts. Bahnbrechende Erfindungen und Technologien manifestieren sich alle 25 bis 50 Jahre in sogenannten Kondratieff-Zyklen, die nach dem gleichnamigen russischen Volkswirtschaftler benannten langfristigen Konjunkturwellen.

Der ungarische Arzt **Ignaz Semmelweis** *führte die Hygiene mithilfe vorbeugender Desinfektion in den OP-Sälen der Krankenhäuser ein. Der deutsche Serologe* **Paul Ehrlich** *erfand das Syphilisheilmittel Salvarsan und begründete die Chemotherapie. Der deutsche Physiker* **Wilhelm Conrad Röntgen** *entdeckte die nach ihm benannten Röntgenstrahlen und stieß damit den bahnbrechenden Zyklus der strahlenbasierten Diagnostik an. Der britische Bakteriologe* **Sir Alexander Fleming** *entdeckte das Penicillin – der Meilenstein überhaupt, um mithilfe von Antibiotika Infektionskrankheiten wirksam zu bekämpfen. Es folgten die Zyklen der Elektronik, der Computertechnologie und in jüngster Zeit zahlreiche wegweisende Forschungen und Entwicklungen in der Bio- und Nanotechnologie.“* (Quelle: Aus dem Vorwort, Herausgeber Prof. Wolf M. Bertling, Lektorat Beate Sander: „130 Jahre Leben. Menschheitstraum oder Albtraum?“, VOLK Verlag, München).

Die steigende Lebenserwartung bedeutet einen Zugewinn an gesunder Lebenszeit, wobei die letzte Phase allerdings weiter von schweren Krankheiten, Mobilitätseinschränkungen, nachlassender Sehschärfe, Muskelkraft und zunehmend Alzheimer-Demenz geprägt ist. In Rostock feierten 2014 mehr als 14.000 Menschen ihren hundertjährigen Geburtstag oder wurden noch älter. Wunschtraum oder Albtraum? Ein heute geborenes Mädchen dürfte im Schnitt 83 Jahre, ein neugeborener Junge 78 Jahre alt werden. 1750 lag die Lebenserwartung gerade mal bei 30 Jahren. Allein in den vergangenen 130 Jahren hat sich die Lebenserwartung in Deutschland mehr als verdoppelt.

Weltweit sind Wissenschaftler dem Geheimnis eines langen Lebens auf der Spur

Bekannt ist: Ein gesunder, hygienischer Lebensstil und eine gute medizinische Versorgung beeinflussen die Lebenserwartung positiv. Die Chancen, gesund zu altern, sind in Europa heutzutage besser denn je. Die Lebenserwartung der Deutschen stieg – vorrangig wegen der rasanten Fortschritte in der Medizin – im 20. Jahrhundert um über 30 Jahre.

Weltweit hat sich die Lebenserwartung auf Rekordniveau stetig erhöht. 1840 waren die Schwedinnen mit 45 Jahren ganz vorn; heute sind es die Japanerinnen mit 85 Jahren. Der Zuwachs betrug vier Jahrzehnte über einen Zeitraum von 160 Jahren bzw. drei Monate pro Jahr und zweieinhalb Jahre pro Jahrzehnt. Ausschlaggebend für das längere Leben sind insbesondere verbesserte Überlebensraten in sehr hohem Alter. Der starke Aufwärtstrend wirft Fragen auf, ob es eine Obergrenze für die menschliche Lebenserwartung gibt. Sämtliche Voraussagen wurden bislang regelmäßig von der tatsächlichen Entwicklung übertroffen. Für die Annahme, dass sich der Zuwachs an Lebensjahren künftig verlangsamt, gibt es keine Beweise. Eher scheint sich die höhere Lebenserwartung fortzusetzen.

Ein ungebremster Anstieg hat erhebliche Folgen für Politik, Volkswirtschaft und persönliche Lebensplanung. Falsche Einschätzungen könnten dazu verleiten, wichtige Reformen in der Arbeits-, Renten- und Gesundheitspolitik aufzuschieben. Es besteht die wachsende Gefahr, dass der einzelne Bürger finanziell nicht ausreichend für ein unerwartet langes Leben vorsorgt. „**Weg vom Sparbuch, hin zu Aktien**“ kann eine sinnvolle Alternative sein. (Quelle: Aus einem Bericht vom Rostocker Zentrum für Demografischen Wandel).

- **Bezüglich der Lebenserwartung klafft die Schere zwischen Arm und Reich auseinander.** Männer mit einem niedrigen Einkommen profitieren von der in Deutschland gestiegenen Lebenserwartung weniger als ihre einkommensstärkeren Altersgenossen.

2008 konnten 65-jährige Männer, die hohe Renten bezogen, mit einer Lebenszeit von weiteren 20 Jahren rechnen. Ihren Altersgenossen mit geringer Rente blieben statistisch gesehen dagegen nur 15 Jahre.

Rembrandt Scholz vom Max-Planck-Institut in Rostock bemerkt, dass bei der demografischen Entwicklung die Bildung eine maßgebliche Rolle spielt. **Es ist wichtig zu wissen, *„wie man sich zu verhalten hat"*.** Ein deutlich längeres Leben ist an gesundheitsbewusste Ernährung, gute Wohnverhältnisse, körperliche, soziale und geistige Aktivitäten, bessere Chancen auf dem Arbeitsmarkt und ein ausreichendes Arbeitseinkommen geknüpft.

Die große Herausforderung besteht darin, freudig, hoffnungsvoll und gesund zu altern. Ein Patentrezept gibt es nicht. Gefühlte Zufriedenheit trägt oft entscheidend dazu bei, auch im höheren Alter fit und mobil zu bleiben. Zahlreiche wissenschaftliche Studien belegen, dass der Lebensstil erheblich die Art und Weise beeinflusst, wie wir altern. Handwerkliche Aktivitäten, Haus- und Gartenarbeit sowie Sport vermindern das Risiko, an schweren Krankheiten zu leiden. Zugleich wird dadurch das seelische Wohlbefinden gefördert.

Unbestritten ist, dass genetische Faktoren den Alterungsprozess beeinflussen – im Guten wie im Schlechten. So sinkt bei Frauen, die mittleren Alters und als Seniorinnen regelmäßig Sport treiben, die Gefahr, an Brustkrebs zu erkranken, um ein Fünftel bis ein Drittel. Selbst beim Heilungsprozess wirkt Sport segensreich: Das Rückfallrisiko bei Brustkrebs wird bis um die Hälfte verringert.

Auch die geistige Fitness hält bei körperlicher Bewegung länger an. US-Forscher vom Jefferson Medical College in Philadelphia belegten anhand von Hirn-Scans bei Studienteilnehmern im Alter von 60 und 80 Jahren, dass sich wöchentlich drei Stunden Ausdauersport, über mehrere Jahre betrieben, positiv auf die Blutgefäße im Gehirn auswirken.

„Zeige mir, wie schnell du läufst; und ich sage dir, wie lange du lebst." Dies ist – überspitzt formuliert – das Ergebnis einer aktuellen Meta-Studie von US-Forschern aus Pittsburgh. Hier wurden die Daten von fast 35.000 Teilnehmern analysiert. Anhand der Geschwindigkeit beim Gehen lässt sich demnach die Lebenserwartung in etwa abschätzen. Wer als Senior noch mit durchschnittlich 5,7 Stundenkilometern zu Fuß unterwegs ist, hat gute Aussichten, über 90 Jahre alt zu werden. Die Gehgeschwindigkeit zeigt nicht nur krankheitsbedingte Beeinträchtigungen auf, sondern dokumentiert umgekehrt auch die körperliche Fitness, betonen die Forscher.

- Es gibt zahlreiche börsennotierte Unternehmen, die diese Ziele durch ihr Geschäftsmodell unterstützen und deren Aktien erfreuen. Studieren Sie die Berichte und Kurslisten von Indizes, Ländern und Branchen, die Sie interessieren.

Wer sind die Nutznießer des demografischen Wandels?

Bevölkerungswachstum, wirtschaftlicher und technologischer Fortschritt – begleitet von höheren Ansprüchen der Verbraucher – kurbeln die Nachfrage nach zahlreichen Konsumgütern und Dienstleistungen an. Steigen Einkommen und Lebensstandard, verlagert sich der Konsum teilweise von den lebensnotwendigen Grundbedürfnissen Nahrung, Kleidung und Wohnung auf Freizeit, Bildung, Erholung, Gesundheit, Spaß und Kultur. In diesen Bereichen liegen die Ausgaben westlicher Industrieländer bei über 10 %, in China 6 %, in Indien 2 %, in weiten Teilen Afrikas kaum 1 %. Die Ausgaben im Gesundheitswesen legen gewaltig zu infolge des längeren Lebens, des höheren Einkommens, wachsender Ansprüche und immer teurerer Therapien. Die Aktien der besten, international führenden Biotechnologie-, Pharma- und Medizintechnikkonzerne haben auch künftig Aufwärtspotenzial. Die Biotechbranche zählt zu den großen Zukunftsmärkten mit jährlich zweistelligen Wachstumsraten.

Bei besserer Bildung und höherem Einkommen zählen auch die Finanzdienstleister, also Banken, Versicherungsgesellschaften, Vermögensverwalter, zu den Nutznießern. Die Zahl der Sparer in der Altersgruppe 30 bis 65 Jahre dürfte sich in den Schwellenländern mehr als nur verdoppeln, in Afrika und dem Nahen Osten wahrscheinlich sogar verdreifachen. Das Interesse an Risiko-Lebensversicherungen und Investmentfonds wird ebenso wie die Kreditvergabe zunehmen. Momentan ist hier die Marktdurchdringung noch niedrig. Nicht alle Schwellenländer können jedoch ihre demografischen Vorteile umsetzen, und schon gar nicht in gleichem Maße. Dies hängt vorrangig vom gesellschaftlichen Wandel, von klimatischen Bedingungen, Infrastruktur, Verkehrswesen, Transport und Logistik, Bildung, Geburtenrate, vorhandenen Rohstoffen, Versorgung mit Trinkwasser und ganz entscheidend von der Regierungspolitik ab.

Da sich Infrastruktur, Bedürfnisse, Wirtschaft, Gesellschaft, Erziehung und Bildung, Produkte und Dienstleistungen im Zeitalter der Digitalisierung wandeln, müssen die Unternehmen auf die sich verändernden Rahmenbedingungen reagieren und richtige Antworten finden. Hier entscheidet sich, wer die Sieger und Verlierer sind – mit dem Spiegelbild ihrer Aktien.

Das Gesundheitswesen als großer Wachstumstreiber

Seit 2011 bildet das Gesundheitswesen mit 260 Mrd. € den größten deutschen Wirtschaftszweig. Bis 2030 sind vermutlich 3,3 Mio. Menschen pflegebedürftig. Laut Unternehmensberatung Roland Berger wird dieser Wirtschaftszweig bis 2020 um 193 Mrd. auf 453 Mrd. € zulegen. Private Klinikbetreiber, die im Gegensatz zu den meisten öffentlichen Einrichtungen gewinnbringend arbeiten, sind die Sieger des demografischen Wandels.

Vom demografischen Wandel profitieren große Pharmakonzerne, die Biotechnologie- und Medizintechnikbranche sowie private Klinik- und Pflegeheimbetreiber. Schließlich nehmen schwere Krankheiten wie Krebs und Herz-Kreislauf-Leiden im Alter zu. Hochbetagte und durch Stürze schwer verletzte Senioren sind infolge eingeschränkter Mobilität oft nicht mehr fähig, sich zu Hause selbst zu versorgen, einzukaufen, ihre Wohnung zu pflegen, zu kochen und sich gesund zu ernähren. Wer im Alter den gefürchteten Oberschenkelhalsbruch erleidet, kann froh sein, wenn er nach mehreren Monaten seine Alltagsmobilität großteils zurückgewinnt.

Nutznießer der Überalterung unserer Gesellschaft sind beispielsweise der im DAX notierte Dialyse-Spezialist Fresenius Meditec Care (FMC, WKN 578 580), der US-Pharmariese Baxter International (WKN 753 718) oder der Implantate-Hersteller Zimmer Holdings (WKN 853 815). Deren Aktien verbuchten in den letzten Jahren dreistellige Kursgewinne und dürften auch künftig zulegen. Die Überalterung der Gesellschaft sollte sich nicht nur im Gesundheitsmarkt zur Goldgrube entwickeln. Wer hier rechtzeitig geschickt und vernunftbetont anlegt, dürfte sich mit guten Gefühlen auf den Ruhestand freuen.

Im europäischen Pharma-Branchen-Index sind Novartis, Roche, Sanofi, GlaxoSmithKline und Novo Nordisk am höchsten gewichtet. Gerade diese Titel dürften auch künftig von der längeren Lebenserwartung profitieren. Nachdem der Patentschutz für etliche wichtige Medikamente abläuft, wird auch der Generika-Sektor mit seinen marktführenden Unternehmen dank kostengünstiger Nachahmer-Medikamente steigende Umsätze und Erträge erwirtschaften.

Auch die Hersteller von Luxus- und Konsumgütern reagieren auf die längere Lebenserwartung mit Wachstumsraten. Viele betuchte Senioren sparen nicht nur für ihre Kinder und Enkel. Sie wollen sich etwas gönnen, das Leben genießen, Geld für sich und das persönliche Wohlgefühl ausgeben, wozu auch Kuren und Reisen zählen. Mit ein Grund, dass Kreuzschifffahrten immer beliebter werden.

- **Als risikobewusste Anleger mit gutem Börsenwissen und Blick für Zukunftsmärkte sollten Sie diese Chancen nutzen und sich einen Branchen-Indexfonds, gute Einzeltitel, Themenfonds bzw. „Aktienkörbe“ ins Depot legen. Ein ETF (Exchange Traded Fonds) ist preiswert und bietet mit breiter Streuung viel mehr Sicherheit, als wenn Sie wenige Einzelwerte besitzen und bei der Auswahl ungeschickt vorgehen bzw. vom Pech verfolgt werden. Der Zufall ist immer mit im Spiel.**

1.3 Das Rentenniveau sinkt – länger arbeiten als Ausweg?

Die Rentenbezugsdauer hat sich binnen 50 Jahren verdoppelt und beträgt im Schnitt 2 Jahrzehnte

Nettorentenniveau	
2005:	52,7 %
2010:	50,0 %
2014:	48,0 %
2020:	46,7 %
2028:	44,4 %
2030:	43,8 %

Erwartete Senkung bis 2030 um 15 bis 20 %

Seit 1960 hat sich die Rentenbezugsdauer in etwa verdoppelt. Auf das Jahr 2013 bezogen, bekamen Frauen ihre Rente 21,5 Jahre, während es 1960 nur 10,6 Jahre waren. Männer konnten ihre Rente zuletzt 17 Jahre gegenüber 9,6 Jahren genießen. 2060 dürften Frauen ihren 65. Geburtstag um 25 Jahre, Männer um 22,5 Jahre überleben und für den langen Zeitraum Rente beziehen. Die abschlagfreie Rente mit 63 ist zwar begehrt, aber ein falsches Signal und stellt Arbeitgeber und Rentenversicherung vor Probleme.

Es sind ja die besser verdienenden Fachkräfte ohne akademisches Studium, die den früheren abschlagfreien Ruhestand finanziell verkraften können. Hier ist schon jetzt der Mangel an qualifizierten Arbeitskräften ein großes Problem. Geringverdiener können sich die Rente mit 63 Jahren nicht leisten. Zudem besteht eher ein Überangebot an Bewerbern. Dass es für eine vernünftige Investition, für Vermögensaufbau und Altersvorsorge nie zu früh, aber letztlich auch nur selten erheblich zu spät ist, zeigt ebenfalls die demografische Entwicklung. Sind Sie 20 Jahre alt, liegt Ihre durchschnittliche Lebenserwartung bei weiteren 60 Jahren, 30-jährig bei 50, 40-jährig bei 40, 50-jährig bei 30, 60-jährig bei 22, 70-jährig bei 15 und 80-jährig noch bei über acht Jahren.

Durchschnittliche Rentenbezugsdauer	
Frauen	
1960:	10,6 Jahre
1980:	13,8 Jahre
2006:	19,6 Jahre
2008:	19,9 Jahre
2013:	21,5 Jahre
Männer	
1960:	9,6 Jahre
1980:	11,0 Jahre
2006:	14,8 Jahre
2008:	15,9 Jahre
2013:	17,0 Jahre

Sterbetafelberechnungen Dt. Rentenversicherung

- Die Tendenz zu längerem Leben bleibt ungebrochen wegen des Fortschritts in der Medizin, Medizintechnik und Biotechnologie, besseren Wohnverhältnissen, mehr Hygiene, höherem Lebensstandard, ausgewogener Ernährung, kürzerer Arbeitszeit und geringerer körperlicher Belastung.

Jedoch gefährdet die niedrige Geburtenrate mit nur 1,4 Kindern pro Frau das gesamtwirtschaftliche Gleichgewicht. Die Bundesbürger spüren dies auch, verdrängen aber negative Folgen und suchen nach Sündenböcken. Proteste gegen die Erhöhung des Renteneintrittsalters auf 67 Jahre und ein künftig niedrigeres Rentenniveau sind nicht hilfreich. Geld, das fehlt, kann der Bundesfinanzminister nicht verteilen, zumal der Flüchtlingszustrom den Bundeshaushalt alljährlich mit mehr als 10 Mrd. € belastet. Die Frühverrentung mit 63 Jahren bei 45 Beitragsjahren ist ein Schlag ins Gesicht der jungen Generation und stellt Arbeitgeber vor Probleme, mangelt es doch an erfahrenen Kräften. Ein Kind soll sich heutzutage wirtschaftlich rechnen. Früher stellten sich solche Fragen beim Kinderwunsch kaum.

Das Rentenrücklagepolster von 35 Mrd. € ist bald aufgebraucht – ab 2018 soll der Rentenbeitragssatz von 18,7 auf 19,1 % steigen

Die deutsche Rentenversicherungskasse wird künftig rote Zahlen schreiben. Der Präsident der Deutschen Rentenversicherung **Axel Reimann** schlägt Alarm und fordert, den Beitragssatz ab 2018 anzuheben. 1977 lag das Netto-Rentenniveau vor Steuern bei 60 %. Ab 2018/19 dürften es nur noch 47 % sein. Die Rente gilt zwar als sicher, aber schmilzt wie Schnee bei Sonnenschein oder Butter bei Wärme. Die Guthabenzinsen wurden für geraume Zeit abgeschafft. Die Europäische Zentralbank (EZB) mit ihrem italienischen Präsidenten **Mario Draghi** pumpt jeden Monat 60 Mrd. € durch Anleihenkäufe in den Markt, lässt also die Gelddruckpressen auf vollen Touren laufen. So führt das Sparbuch, Bundesbürgers Liebling, zur schleichenden Kapitalvernichtung. Wer sein Geld ausgibt, statt mit frühzeitigem Vermögensaufbau ein finanziell sorgenfreies Alter zu sichern, dem droht möglicherweise Altersarmut. Viel Zeit, aber wenig Geld ist keine Wohlfühlformel.

- 1957 betrug der Beitragssatz zur allgemeinen Rentenversicherung 14 %. 2015 liegt der Beitragssatz bei 18,7 %. Mit einem Anstieg auf 19,1 % ist spätestens 2019 zu rechnen, wahrscheinlich schon ab 2018. Der Verbreitungsgrad der betrieblichen Altersversorgung liegt gerade einmal bei knapp 60 %. Von den 16 Mio. Riester-Renten-Verträgen ist ein Fünftel ruhend gestellt. Die Zahl der Ruheständler, die auf staatliche Grundsicherung angewiesen sind, steigt stetig. 2013 waren es 500.000 und damit über 11 % mehr als 2012 und doppelt so viele wie bei Einführung der Grundsicherung.

- Die Mütterrente und die abschlagfreie Rente mit 63 Jahren sorgen für jährliche Gesamtkosten von schätzungsweise 10 Mrd. €. Wegen der Senkung des Beitragssatzes auf 18,7 %, des großzügigen Rentenpakets und des demografischen Wandels mit längerem Leben ist das Renten-Rücklagepolster von rund 35 Mrd. € trotz zufriedenstellender Konjunktur und niedriger Arbeitslosenquote schon bald komplett aufgebraucht.

Sie, liebe Leserinnen und Leser, können der Altersarmut entgehen, wenn Sie hier und heute, sofern noch nicht erfolgt, Ihre Geldanlage mit der richtigen maßgeschneiderten Strategie starten. Der Präsident der Deutschen Rentenversicherung **Axel Reimann** mahnte Anfang März 2015 im HANDELSBLATT: *„Der Rentenbeitrag muss im Jahr 2018 wieder steigen. Ich plädiere dafür, die Untergrenze von 0,2 Monatsausgaben für die Nachhaltigkeitsrücklage auf mindestens 0,4 Monatsausgaben zu erhöhen."* **Maximilian Gaßner**, Präsident vom Bundesversicherungsamt, ergänzt: *„Wenn sich Einnahmen und Ausgaben so entwickeln wie in der letzten Zeit, müssten die Krankenkassen im Jahr 2020 von ihren Versicherten einen Zusatzbeitrag von 22 bis 23 % vom Bruttolohn verlangen."*

Wer soll das bezahlen? Die Zahl der 100-Jährigen steigt dramatisch

- **2010 lebten in Deutschland 15.000 Hundertjährige. 2030 dürften es 25.000 Bundesbürger sein, die ihren 100. Geburtstag feiern. Für 2050 wird diese Zahl auf 65.000 geschätzt. Eine erfreuliche Prognose mit düsterer Kehrseite!**

Es fragt sich, wer für die Riesensummen aufkommt: lange Rente, betreutes Wohnen oder Pflegeheim, steigende Gesundheitsausgaben. Gewaltiger medizintechnischer Aufwand, nachdem sich mancher ältere Mensch zum Ersatzteillager von den Zehenspitzen bis zu den Haarwurzeln entwickelt. Hinzu gesellen sich Ängste und Sorgen, an Alzheimer-Demenz zu erkranken, die jeden dritten 90-Jährigen heimsucht. Vorerst besteht kaum Hoffnung, bei schwersten Krankheiten und Schmerzen ein würdiges Ableben zu erlauben, wie beispielsweise in der Schweiz.

Warum kein Anreiz, bei Leistungskraft und Motivation auch noch mit 70 oder 75 Jahren zu arbeiten und mehr Rente zu bekommen?

- **In Norwegen, dem Spitzenreiter, arbeiteten 2011 mit 65 bis 74 Jahren noch 19 % gegenüber 12 % zehn Jahre zuvor. In der Schweiz, an zweiter Stelle liegend, beträgt diese Quote 16 % gegenüber 14 % im Jahr 2001.** Auch Schweden steht gut da mit 11 % gegenüber 8 % im Zehnjahresvergleich. Dahinter muss sich Deutschland verstecken, gerade mal 7 % nach 4 %. Ist das biologische Alter der deutschen Senioren geringer? Schwindet ihre Leistungskraft früher?

Der Grund ist wohl eher darin zu suchen, dass sich viele Vorruheständler das Ausscheiden aus dem Berufsleben in schönsten Farben ausmalen: Freizeit und Urlaub ohne Ende, selbst wenn das Einkommen sinkt. Wer denkt schon daran, in ein tiefes Loch zu fallen, Ansehensverluste zu erleiden, mit seinen Finanzen haushalten zu müssen, Krankheiten, Schmerzen, Mobilitätseinschränkungen auszuhalten und mit nachlassenden sozialen Kontakten fertigzuwerden?

Vor allem aber dürfte mitspielen, dass die Arbeit mit einem Negativ-Image belastet wird, unaufhörlich vorangetrieben von den Gewerkschaften. Es heißt immer nur: Arbeit als hartes Muss. Deshalb Frühverrentung, weniger Arbeitsstunden, mehr Freizeit, flexible Arbeitszeiten und Geld als Ausgleich für diese Fron. Wann wird diesem negativen Zerrbild eine Waage mit Arbeit als Chance, als sinnvolle, ausfüllende Lebensaufgabe auch jenseits der 63 oder 65 Jahre gegenübergestellt? Warum heißt es immer nur *„muss arbeiten"* statt *„darf arbeiten"?* Mit 78 Jahren kann ich mir ein sinnvolles Leben ohne Arbeit nicht vorstellen. Nähme man sie mir weg, würde mein Antrieb, auch schwierige Situationen zu meistern, erlöschen.

Die Bevölkerungsentwicklung zeigt uns, auch wenn wir es gern verdrängen, wie dramatisch sich die Lage zuspitzt. Immer weniger Menschen müssen für immer mehr Leute aufkommen, und dies bei steigenden Ansprüchen. Verabschieden wir uns doch von einem bald 25 bis 30 Jahre andauernden Ruhestand! Führen wir ein sinnerfülltes Leben weiter, wo Arbeit nicht nur als „hartes Muss", sondern als „Chance" verstanden wird, vorausgesetzt, Gesundheit, Fitness, Leistungsfähigkeit und Motivation lassen dies zu. Denken wir daran, dass ein gewisser Wohlstand zum farbenprächtigen Lebensherbst dazugehört. Ab 20 Jahren sollten der eigenverantwortliche Vermögensaufbau und eine kapitalbasierte Altersvorsorge starten. Leider bestehen große Engpässe. Nur rund 11 % verfügen über eine exzellente und 31 % über eine gut ausgearbeitete Ruhestandsplanung. Bei 31 % ist die Vorsorge unzureichend, bei 22 % der Bundesbürger gar nicht vorhanden.

Bevölkerungsentwicklung in Deutschland von 1960 bis 2050

Jahr	Unter 20 Jahre	20-60 Jahre	Über 60 Jahre	Einwohnerzahl
1960	28,4 %	54,2 %	17,1 %	73,1 Millionen
1970	30,0 %	50,0 %	20,0 %	78,1 Millionen
1980	26,8 %	53,9 %	19,4 %	78,4 Millionen
1990	21,7 %	57,9 %	20,4 %	79,8 Millionen
2000	21,7 %	55,3 %	23,6 %	82,3 Millionen
2010	18,4 %	55,3 %	23,6 %	81,8 Millionen
2020	17,0 %	52,4 %	30,5 %	80,4 Millionen
2030	16,7 %	47,1 %	36,2 %	79,0 Millionen
2040	16,1 %	46,6 %	37,3 %	76,8 Millionen
2050	15,6 %	45,5 %	38,9 %	73,6 Millionen

Quelle: Datenentnahme Statistisches Bundesamt

Sieben Wünsche und Forderungen an die Politik in Stichpunkten

- **Bildungsangebot verbessern und Senioren dabei nicht vergessen**
- **Innovationskraft stärken durch vielfältige Initiativen und Programme**
- **Bürokratie beherzt abbauen und Spielraum für eigenes Handeln lassen**
- **Das starre Rentenalter abschaffen mit einer nur unteren Begrenzung**
- **Die Bevölkerungsumschichtung aufmerksam beobachten und das Wohnen in den eigenen Wänden spürbar erleichtern**
- **Mobilität unterstützen, um auch im Alter überall hinzukommen**
- **Zuversicht statt Angst säen und aufzeigen, was dem Leben Sinn gibt**

Was wünschen sich wohl vergebens viele Privatanleger?

Während andere Regierungen wie China und Japan den Privatanlegern steuerlich entgegenkommen, um das Interesse an Aktien zu steigern und eine Aktienkultur zu fördern und zu pflegen, die diesen Namen verdient, geschieht in Deutschland nichts. Es wäre so wichtig, die vielen Aktienmuffel hierzulande, die Aktien so scheuen wie der Teufel das Weihwasser, zur Rückkehr an die Wertpapierbörse zu bewegen. Die Zahl der Aktionäre sinkt, statt dass sie steigt – sowohl im Bullen- als auch im Bärenmarkt. Dabei wäre die schleichende Kapitalvernichtung Sparbuch mit einem Zinssatz nahe Null doch genau der richtige Antreiber und Aufhänger, jetzt endlich für Vermögensaufbau und Altersvorsorge in Einzelaktien, ETFs, Aktien-Themenfonds und Aktien-Spezialfonds zu investieren. Aber nichts tut sich. Die größte Barriere ist sicherlich das bescheidene Wirtschaftswissen der Bundesbürger. Es wird höchste Zeit, Wirtschaft als Pflichtfach an allen weiterführenden Schulen zu unterrichten. Bayern könnte hier Vorbild sein. Von 150.000 Befragten in 144 Ländern wissen zwei von drei Erwachsenen nichts über Finanzen und Börse.

- Warum wird nicht für Neueinsteiger die Abgeltungsteuer bei Aktienkäufen in den ersten zwei oder drei Jahren ausgesetzt, also die gleiche Gesetzgebung wie beim Altbestand vor dem 1. Januar 2009 geschaffen? Stattdessen ist ab Januar 2017 eine Transaktionssteuer eingeplant. Sie dürfte bei Aktien 0,1 % betragen. Schon jetzt erschrecken viele Sparer vor der neuen Steuer, zumal es manchem Zeitgenossen schwerfällt, 0,1 % (1 Promille) auf das Handelsvolumen bezogen genau auszurechnen.

- Das Argument der Politik, Arbeitskosten würden bei der Mittelschicht viel höher besteuert, greift nicht. Kauft ein Privatanleger Aktien, so geschieht dies gewöhnlich vom versteuerten Geld.

- Gerade mit Blick auf den demografischen Wandel, das erheblich verlängerte Leben, wird bei der niedrigen Rente die eigene Altersvorsorge unverzichtbar.

1.4 Was brauchen Wirtschaft und Gesellschaft?

Industrie 4.0, Internet der Dinge, Digitalisierung, weltweite Vernetzung und demografischer Wandel verändern Wirtschaft, Gesellschaft und Lebensformen entscheidend. 2,85 % des deutschen Bruttoinlandsprodukts (BIP) fließen in Forschung und Entwicklung. Die Ausgaben sind seit 2014 kräftig gestiegen. Zwei Drittel zahlt die Wirtschaft, den Rest der Staat. So sehr Traditionsbewusstsein, überkommene Werte, Normen und Leitbilder geschätzt werden. Vieles ist im Umbruch – nicht nur Produkte, Handels- und Kommunikationsformen.

Die Herausforderungen für Staat und Politik, Wirtschaft und Unternehmen, den einzelnen Menschen und unsere alternde Gesellschaft sind groß. Gefragt sind Kritik- und Urteilsfähigkeit, aber auch Mut und Bereitschaft, nicht alles Neue zu verteufeln, sondern aufgeschlossen im lebenslangen Lernprozess zu sein. Die Folgen für Finanzmarkt, Börse und Aktien sind gewaltig. Manche Branchen haben ihre Blütezeit längst hinter sich und dürften bestenfalls ein Schattendasein am Rande, nahe dem Abgrund führen. Andere Bereiche streben dank Innovationskraft, intensiver Forschung und Entwicklung sowie beispielhafter Firmenkultur nach oben und dominieren viele Prozesse und Projekte. Fatal wäre es, die Hände in den Schoß zu legen und sich mit Schutzbehauptungen aus der Verantwortung zu stehlen.

Für Sie als Anleger ist es wichtig, neue Entwicklungen interessiert zu verfolgen, sie zu verstehen und richtige Schlüsse für Ihre Geldanlage zu ziehen. In Kapitel II mache ich mich auf die Suche nach den weltweit besten Aktien in den großen Zukunftsfeldern. Dazu zählen unbestritten das Gesundheitswesen mit Biotechnologie, Pharma, Medizintechnik, die stationäre und ambulante Kranken- und Altenpflege. Beste Chancen auf einen weiteren Aufwärtstrend haben ebenso die IT-Sparte dank Cloud, Digitalisierung und Vernetzung, aber auch die Immobilienbranche, zumal durch den Flüchtlingszustrom einfache, bezahlbare Wohnungen vielerorts fehlen. Umgekehrt steigen auch die Ansprüche an Miet- und Eigentumswohnungen. Die Zahl der Singlehaushalte nimmt zu. Die beschädigte Automobilindustrie wird Jahre brauchen, um sich vom VW-Skandal zu erholen.

1. Positive Sichtweise Einwanderung: Vielfalt macht stark und hilft, den akuten Fachkräftemangel abzubauen

Deutschland ist ein attraktives Einwanderungsland und sollte es auch künftig bleiben – im Interesse unserer Gesellschaft und der aus ihrer Heimat fortgezogenen Menschen, um hier zu arbeiten, zu studieren, mit ihrer Familie vereint zu sein oder Schutz suchend vor Krieg und Verfolgung. 2013 suchten rund 430.000 Menschen in Deutschland eine neue Heimat. 2015 wird mit 1,5 Mio. Flüchtlingen gerechnet – die Grenze der Belastung scheint erreicht.

Viele deutsche Unternehmen können ihren Bedarf an qualifizierten Mitarbeitern nicht mehr decken. Die abschlagfreie Rente mit 63 Jahren ist ein milliardenschwerer Schlag für die Wirtschaft und die junge Generation. Da kommen gut ausgebildete und großteils jüngere Leute gerade recht, um den Arbeitsmarkt zu beleben und zu unserer Wettbewerbsfähigkeit mit mehr Wohlstand beizutragen. Deutschland sollte Zielland sein für kluge Köpfe, angeregt durch Außenhandelskammern, Goethe-Institute, Auslandsschulen und Botschaften, um für die deutsche Sprache und interessante Arbeitsplätze qualifizierter Einwanderer zu werben. Mit großer Sorge betrachte ich, dass die deutsche Sprache aus dem Land der Dichter und Denker von Englisch als internationale Kommunikationbasis abgelöst wird – im Geschäftsleben und bald auch in Wirtschaftsstrafsachen vor Gericht. Wie ärgerlich, in Deutschland Einladungen, Programme, Reden und Präsentationen oft nur noch in Englisch übermittelt zu bekommen! Warum nicht zumindest Zweisprachigkeit?

Das Dilemma in unserer alternden Gesellschaft liegt in der extrem niedrigen Geburtenrate von nur 1,4 Kindern pro Frau. Würde jede Frau im Schnitt zwei Kinder gebären, wäre statt Bevölkerungsrückgang sogar ein leichter Aufwärtstrend zu verzeichnen. Aber bislang sind alle diesbezüglichen Vorhaben gescheitert, mag sich die Politik auch noch so sehr um eine familienfreundliche Gesetzgebung bemühen. Die zahlreichen Programme und Aktionen von mittelständischen Unternehmen und Großkonzernen, die Vereinbarkeit von Berufstätigkeit, Familie und Freizeit zu verbessern, lassen die Geburtenrate bislang nur minimal nach oben schnellen.

Der unerfüllbare Anspruch *„Ein Kind sollte sich wirtschaftlich rechnen!"* bremst die früher so wichtigen Beweggründe aus, wie Sinnerfüllung, wissen, wofür man lebt. Hinzu kommen berechtigte Sorgen: Welche großen Risiken bedeuten Kinder? Wie gehe ich mit möglichen schweren Behinderungen und Krankheiten um? Und wie sieht die Welt aus, die wir unseren Nachkommen hinterlassen? Verheißungs- oder grauenvoll in den Zeiten dramatischer Erderwärmung durch Klimawandel, begleitet von immer mehr Naturkatastrophen, aber auch von Gewalttätigkeit und Terror, weil es eben nicht nur Gutmenschen, sondern auch Bösewichte gibt?

2. Ob Geldanlage, Karriere oder Alltagsbewältigung: Nutzen Sie Ihre Chancen, und nehmen Sie Ihr Leben in die eigene Hand

Deutschland gilt bezüglich Aktienanlage als Angsthasenvolk mit Neigung zum Jammern, Klagen, Meckern. Verbreitet ist die Sündenbocksuche, um eigene Schuld abzuwälzen und das Feld für Klagen abzustecken. Unsere alternde Gesellschaft wird entscheidend durch die längere Lebenserwartung geprägt. Ein 60-Jähriger kann im Schnitt mit 15, ein 80-Jähriger mit 20 geschenkten Lebensjahren rechnen. Es wäre fatal, sich ab Ruhestand generell zurückzuziehen, um den Lebensabend zu genießen und sein Vermögen zu verzehren.

Der damalige Bundeswirtschaftsminister **Ludwig Erhard** konnte kurz nach Kriegsende sein Konzept der Sozialen Marktwirtschaft im Einklang mit Regierungschef **Konrad Adenauer** nur deshalb erfolgreich durchsetzen, weil sein Versprechen ***„Wohlstand für alle"*** erfüllt wurde und sich mit den Wünschen, Erfahrungen und Hoffnungen der gebeutelten Kriegsgeneration deckte. Es galt, im Rahmen seiner Fähigkeiten, Qualifikationen und Möglichkeiten mit anzupacken, sich einzubringen, Kräfte zu mobilisieren, für sich selbst, aber auch für die Gemeinschaft. Anfangs ging es um die Erfüllung der Grundbedürfnisse Nahrung, Kleidung, Wohnung, danach um Befriedigung der Kultur-, Sozial- und Entfaltungsbedürfnisse. Nur so war das deutsche Wirtschaftswunder überhaupt möglich.

Der Lebensstandard in Deutschland ist hoch. Unser Land zählt zu den reichen Nationen. Aber trotz Wohlstands und wirtschaftlichen Aufschwungs stehen Menschen am Rande unserer Gesellschaft – nicht nur Alte und Kranke. Wir erleben eskalierende Formen von Gewalt und Ausgrenzung, neue Herausforderungen wie das Flüchtlingsproblem, das wir aufarbeiten müssen, sofern wir eine chancengerechte Gesellschaft wünschen. Das Leitbild von Ludwig Erhard ***„Wohlstand für alle"*** ist zu ergänzen durch ***„Chancen für alle"***. Das heißt keineswegs, wie ein Säugling den Mund zu öffnen und sich füttern zu lassen. Es gilt, sein Leben in die Hand zu nehmen, mag dies auch mühsam, unbequem und beschwerlich sein.

Aktive Senioren sollten sich angesprochen fühlen und hinterfragen: *„Muss ich wirklich mit 63 Jahren die abschlagfreie Rente beanspruchen? Wie wäre es, in Teilzeit länger zu arbeiten, Urlaubsvertretungen zu machen, ein Ehrenamt zu übernehmen oder bei entsprechender Qualifikation in Expertenprojekten mitzuarbeiten?"* Auch für eine erfolgreiche mittel- und langfristige Aktienanlage ist es nicht zu spät. Seit mehr als einem Dutzend Jahren halte ich zweimal wöchentlich Börsenseminare. Mit zu meinen eifrigsten Seminarteilnehmern zählen Senioren bis zu 80 Jahren. Sie verfügen über das Geld und die Zeit, sich ein gutes Depot und ein interessantes Hobby aufzubauen, wozu auch Kontakte mit Gleichgesinnten zählen.

3. Die Zukunftstrends Industrie 4.0 – 4. industrielle Evolution – Internet der Dinge – Digitalisierung – weltweite Vernetzung nutzen und bei entsprechender Qualifikation mitgestalten

Ob Großkonzern, Mittelständler oder kleine Firma. Die Industrie 4.0 geht jeden an, betrifft nicht nur die IT-Branche und soziale Netzwerke. Das Internet der Dinge wird zu Produkten, Projekten, Prozessen, Verfahren und Dienstleistungen führen, die unsere heutige Vorstellungswelt übertreffen. Vieles von dem Neuen, das auf uns zukommt, wird gut für uns sein und unser Leben bereichern. Aber längst nicht alles. Wie vielschichtig und zweischneidig der Digitalisierungs-Megatrend ist, sollen zwei Beispiele aus dem Privatleben zeigen.

Beispiel 1: Zeitgemäßes Training im Fitnessstudio

Seit ein paar Jahren befinden sich die besten Gesundheitsaktien im Höhenflug. Dazu zählt auch die Medizintechniksparte, befeuert durch den Fitnessstudio-Trend mit Puls-, Blutdruck- und Schlafintensitätsmessern, Computeruhren und -brillen sowie sonstigen Geräten für die totale Selbstüberwachung. Ich frage mich – den Leistungssport ausgeklammert –, ob es für Normalsterbliche wirklich nutzbringend ist, sich bis ins kleinste Detail selbst vermessen zu lassen. Es geht nicht nur um Zeitaufwand und Kosten. Werden nicht eher Ängste geschürt, wenn sich die Werte plötzlich verschlechtern, wenn angezeigt wird, dass ich zu wenige Kilometer gelaufen bin oder der nächtliche Schlaf öfter unterbrochen wurde? Ist es sinnvoll, vor Trainingsbeginn in einem modernen Studio nur noch einen elektronischen Schlüssel einzustecken, statt sich noch selbst zu merken, welche Nummer das Gerät hat, welche Einstellungen, wie viele Sätze mit wie vielen Wiederholungen vorgeschlagen werden? Funktioniert diese Technik einmal nicht, ist die Hilflosigkeit groß. Ich merke mir alles, weil ich mir sage: *„Nicht nur mein Körper, auch mein Hirn will trainiert werden.“* Selbst 18 unterschiedliche Geräte überfordern mich nicht.

- **Randbemerkung: Der Zukunftsforscher Leo Nefiodow hat als VI. Kondratjew das Gesundheitswesen ausgerufen. Der renommierte Wissenschaftler erklärt: *„Was wir Umweltschutz nennen, ist in Wirklichkeit Gesundheitsschutz.“* Die langen Wellen der Konjunktur, der Kondratjew I bis VI, werden geprägt durch bahnbrechende Erfindungen wie Dampfmaschine, Eisenbahn, Elektrotechnik/Chemie, Autos, IT/Internet, Gesundheitswesen.**

Beispiel 2: Zunehmende Vernetzung in den eigenen vier Wänden

Elektronikkonzerne und Architekten arbeiten seit Jahren daran, moderne Wohnungen und Einfamilienhäuser mithilfe moderner Geräte bestmöglich zu vernetzen. Sitze ich auf dem Sofa, genügt ein Klick, um Waschmaschine oder Trockner zu bedienen, den Kühlschrankinhalt zu überprüfen, Nachschub zu organisieren, Rollläden herauf- oder herunterzuziehen, die Heizung ein- oder auszuschalten, hoch- oder herunterzufahren, und dies auch unterwegs nach beruflicher Arbeit oder dem Einkaufsbummel. Internet mit E-Mail-Verkehr funktioniert über das TV-Gerät. Es geht also ohne PC. Das alles klingt überzeugend. Man macht es sich bequem und fühlt sich wohl. Aber die mögliche Kehrseite der Medaille? Übergewicht und Fettleibigkeit nehmen besorgniserregend zu. Dies ist nicht nur eine Frage des Aussehens und der Attraktivität. Oft genug verknüpft mit höheren Kosten und der Suche nach einer geeigneten Diät. Es geht zudem um ernste gesundheitliche Probleme. Zuckerkrankheit (Diabetes) ist ein schweres Leiden mit hohen Zuwachsraten im In- und Ausland.

Dazu einige Daten: Diabetes bewirkt Augen- und Nierenschäden. Selbst Depressionen sind möglich. Adern verstopfen, Arterien verkalken, die Blutzuckerwerte verschlechtern sich. Herzinfarkt und Schlaganfall sind mögliche Spätfolgen. Allein in Deutschland sind rund 8 Mio. Menschen an Diabetes erkrankt, weltweit knapp 390 Mio. Patienten. Ab dem 40., erst recht ab dem 60. Lebensjahr gehen Übergewicht und Fettleibigkeit oft einher mit Diabetes, mitverursacht durch Bewegungsmangel. Ich bewege mich viel, laufe trotz Oberschenkelhalsbruchs die Treppen hinauf und hinunter, mache um Rolltreppen und Aufzüge einen Bogen, erledige meinen Haushalt ohne Robotik. Ich brauche die vernetzte Welt dringend bei meiner Arbeit am Computer, beim Bücherschreiben, nicht aber im Haushalt.

Wirtschaftswachstum – ohne umfassende Digitalisierung und Vernetzung undenkbar, sei es Produktion, Dienstleistung, Vertrieb

Denken Sie an die Konsumgüter- und Automobilindustrie, den Software- und Immobilienbereich, an Maschinenbau, Finanzsektor, Gesundheitswesen, Chemie, Energie, Landwirtschaft und Bauingenieurwesen. Es gibt wohl keinen Sektor, in dem ein Unternehmen ohne Digitalisierung und Vernetzung seine Marktstellung behaupten und ausbauen kann. Selbst ein kleiner handwerklicher Familienbetrieb kann sich dem Internet nicht verschließen, muss online erreichbar sein.

Wenden wir uns dem 60-jährigen Gründer einer kleinen Firma zu, der vom Ruhestand träumt und mangels eigener Nachkommen seinen Betrieb verkaufen will. Er wird sich schwertun, einen ordentlichen Preis zu erzielen, wenn er bislang die Digitalisierungs- und Vernetzungs-Chancen ungenutzt ließ. Nebenbei stellt sich die Frage nach künftigen sinnvollen Lebensinhalten. Ruhestand ist weder Kindergeburtstag noch Erlebnisurlaub ohne Grenzen. Schnell und oft stellt sich Frust ein.

- **Digitalisierung ist mit Datensicherung und Datenschutz sowie Wahrung der Urheberrechte und Schutz des geistigen Eigentums verbunden.** Cloud Computing bietet vor allem Mittelständlern durch Auslagerung der eigenen IT viel Entlastung und vertreibt Personalsorgen. Aber der Anbieter bzw. das IT-Systemhaus muss absolut glaubwürdig und verlässlich sein.

- **Aus Anlegersicht mit Interesse an guten Aktien gibt es erstklassige Unternehmen mit Zukunftschancen und Wertschöpfungspotenzial.** Ich denke an den ertragsstarken DAX-Konzern **SAP** (WKN 716 460), an die TecDAX-IT-Unternehmen bzw. Systemhäuser **Bechtle** (515 870), **Cancom** (541 910), **Compugroup** (543 730), an den TecDAX-Star **Nemetschek** (645 290) mit der Aussage „Planen, Bauen, Verwalten, Mutlimedia“, die beiden Aufsteiger **GFT** (580 060) und **RIB Software** (A0Z 2XN) sowie die **Software AG** (330 400). Der deutsche TecDAX entwickelt sich immer mehr zu einem Software-Index.

- **Auch in der Medienbranche läuft heute und künftig schon gar nichts mehr ohne intakten Onlinehandel, ohne Digitalisierung und Vernetzung auf hohem Niveau.** So wollen die beiden MDAX-Konzerne **Axel Springer** (WKN 550 135) und **Pro7SAT1** (PSM 777) Kräfte bündeln und ihre Marktstellung weiter ausbauen. Die Medienwelt hat sich dramatisch verändert. Fernsehen wird durch neue Trends herausgefordert. Schon heute verzichten viele junge Leute auf TV-Geräte und wählen stattdessen Online-Videotheken mit Tablet oder Smartphone. Axel Springer nutzt die Digitalisierung vor allem mit Kleinanzeigen für Immobilien und Jobs. Pro7SAT1 ist in einem Investmentfonds aktiv, der an Internetfirmen beteiligt ist.

- **Die Modebranche kennt bei innovativer Umsetzung der 4. industriellen Evolution kaum Grenzen.** Es ist schon erstaunlich, mit welch kreativen Einfällen heutige Modeschauen auf sich aufmerksam machen, sei es das digitalisierte Zubehör wie Schals, Halstücher, Schnallen, Gürtel, Handschuhe, Strümpfe oder die Oberbekleidung selbst. Für die an riesigem Wettbewerbsdruck leidenden Firmen im nationalen und internationalen Modemarkt gilt: *„Wer jetzt noch schläft, hat fast verloren!"* Man will auffallen, Marktnischen erobern, mag der praktische Verbrauchernutzen, die Tragbarkeit auch kaum erkennbar sein.

- **Für viele Unternehmen ist es zwar schwierig, bei der Gestaltung der Digitalisierung vorausschauend und innovativ mitzuwirken, dafür aber mit gewaltigen Chancen verbunden.** Für die Europäische UNION (EU) gibt es durch Digitalisierung ein zusätzliches industrielles Wertschöpfungspotenzial von 125 Billionen € bis zum Jahr 2025. Für Deutschland dürften es 425 Mrd. € sein. Verpasst Europa gegenüber Amerika, Japan und China diese Chance, droht bis 2025 ein Wertschöpfungsverlust von rund 600 Mrd. €, für Deutschland 220 Mrd. € geschätzt.

- **Tröstlich ist, dass die jüngste Generation den Internet-, Digitalisierungs- und Vernetzungstrend wie die Muttermilch aufsaugt.** Selbst Dreijährige sind schon im Internet unterwegs – ob zu ihrem Vorteil oder Schaden, mag dahingestellt sein. Ab Schulkindalter ist Internet völlig selbstverständlich. Manch älterer Pädagoge kann hier einiges von seinen Schülern lernen. Hirnforscher warnen jedoch davor, dass die unbegrenzte Verfügbarkeit durch Smartphones bei Kindern Stress und Konzentrationsschwäche auslösen kann.

- Es wäre zu begrüßen, wenn sich auch die 70- bis 80-Jährigen im Internet zu Hause fühlten und nicht auf ständige Hilfe und Unterstützung ihrer Kinder oder Enkel angewiesen wären. Für mich selbst ist ein Leben ohne Internet undenkbar. Online dient der gezielten Suche, Print, um über Lesenswertes in vielen Lebensbereichen informiert zu werden und umfassend Bescheid zu wissen.

4. Familienunternehmen mit Lust am Risiko gefragt

Familienunternehmen sind die Stärke der deutschen Wirtschaft. Rund 95 % der hiesigen Firmen sind inhabergeführt. Sie stellen vier Fünftel aller Ausbildungs- und mehr als die Hälfte aller Arbeitsplätze. Nur bei der Umsatzentwicklung hängen die großen Konzerne mit fremdem Management die inhabergeführten Mittelständler eindeutig ab. Hier schaffen die Familienbetriebe lediglich 42 %.

Familienunternehmen müssen sich nicht an schnellen Wachstumsraten, kurzfristig hohen Umsätzen und Erträgen messen lassen, sondern wollen langfristig nachhaltig und erfolgreich wirtschaften – im Interesse der Angehörigen, Mitarbeiter, Kunden und der Region. Fremdmanager sitzen oft auf Feuerstühlen, vergleichbar mit den Cheftrainern in der Fußballbundesliga. Firmengründer und deren Nachfahren verfügen meist über ein generationsübergreifendes Verständnis. Sie denken und handeln längerfristig und fühlen sich in hohem Maße verantwortlich, mit dem eigenen Vermögen für alle Entscheidungen einzustehen.

Da liegt es nahe, den Familienfirmen auch in den Zeiten des demografischen Wandels eine gute, sichere Zukunft vorauszusagen, sofern ihr Geschäftsmodell auf eine sich verändernde Gesellschaft mit neuen Bedürfnissen, Produkten und Dienstleistungen vorausschauend ausgerichtet ist. Dazu gehört, sich auf das Internet der Dinge, den um sich greifenden Digitalisierungs- und Vernetzungsmegatrend der Industrie 4.0 einzustellen.

Massive Nachfolgeprobleme als größte Gefahr

Als Folge der seit vielen Jahren extrem niedrigen Geburtenrate mangelt es in der Bundesrepublik am eigenen Nachwuchs, an qualifizierten Töchtern und Söhnen, das Unternehmen weiterzuführen. Früher war es selbstverständlich, dass Kinder und Enkel den elterlichen bzw. großelterlichen Betrieb übernahmen. Selbst wenn fähige Nachfolger da sind, wollen sich diese oft selbst eine Karriere aufbauen in einem fremden oder selbst zu gründenden neuen Unternehmen.

Oft fehlt es aber auch an Mut, unternehmerisch aktiv zu werden, sich nicht mehr in alten Fußstapfen zu bewegen, sondern Neues zu wagen. Ebenso fehlt es öfter an der Bereitschaft, in den ersten Gründerjahren wöchentlich über 60 Stunden zu arbeiten – auch außerhalb üblicher Arbeitszeiten sowie an Sonn- und Feiertagen. Seitens der Politik sind noch bessere Anreize zu schaffen, den oft steinigen Weg in die Selbstständigkeit zu gehen: ein unternehmerfreundliches Klima, Aufbau von möglichst viel Eigenkapital, kein Abstempeln als Niete und Versager, wenn es beim ersten Versuch nicht klappen sollte. Hier können Einstellung und Verhalten in der amerikanischen Wirtschaft durchaus Vorbild sein.

1.5 Verschiedenes: Dies und Das

1. Demografischer Wandel: Länger leben – bei guter Gesundheit freiwillig ein paar Jahre mehr arbeiten

Auf der einen Seite gibt es die abschlagfreie Frühverrentung mit 63 Jahren, die die Wirtschaft Milliarden kostet und besser in Bildung und Infrastrukturmaßnahmen angelegt wäre. Auf der anderen Seite begegnen wir immer mehr gesunden, leistungsfähigen und motivierten Arbeitnehmern, die freiwillig nach dem stufenweise angehobenen Renteneintrittsalter mit 67 Jahren noch ein paar Jahre dranhängen. Sei es, um die Altersbezüge zu erhöhen und sich etwas hinzuzuverdienen, sei es, dass sie ihr Arbeitgeber darum bittet und sie wirklich gern arbeiten. Manch einer befürchtet, mit dem Ausstieg aus dem Berufsleben in ein tiefes Loch der Langeweile, Nutzlosigkeit und Unerfülltheit zu fallen. Schließlich heißt Ruhestand nicht Urlaub bis zum Lebensende. Das Glücksgefühl wegen der vielen Freizeit hält meist nicht lange an.

Interessant ist, dass zwei Fünftel der länger arbeitenden Senioren einen höheren Bildungsabschluss haben und die größte Gruppe der „Unruheständler" zu den wohlhabenden Bürgern mit einem Haushaltsnettovermögen von mehr als 250.000 € zählt. Der häufigste Beweggrund ist nicht Altersarmut, sondern Freude an der beruflichen Arbeit mit dem Gefühl, noch gebraucht zu werden. Länger arbeiten heißt nicht Vermögensverzehr. Es ist eine Chance, mit Aktien dazuzugewinnen.

Erwerbstätigenquote der 65- bis 69-Jährigen: EU-Vergleich

Europa	Deutschland	England	Spanien	Schweden
2008: 8,8 %	2008: 4,9 %	2008: 11,2 %	2008: 3,9 %	2008: 14,2 %
2014: 11,5 %	2014: 13,8 %	2014: 20,7 %	2014: 4,3 %	2014: 21,0 %

2008 arbeiteten in Deutschland 122.000 über 65-Jährige weiter. 2013 waren es 178.000 Ruheständler – ein Anstieg um fast 50 %, Tendenz steigend.

Fazit: In den nördlichen Regionen Europas arbeiten Senioren – Freiberufliche, Selbstständige und Arbeitnehmer – öfter bis zum 70. Lebensjahr, nicht selten auch darüber hinaus, als in Südeuropa, wo das gesetzliche Renteneintrittsalter bisweilen noch unter 60 Jahren liegt. In Großbritannien war jeder 5. Ältere erwerbstätig, teilweise auf die schlechte Altersversorgung zurückzuführen. Bei den Schweden gelten Sozialpolitik und Rente als intakt. Hier arbeitet mehr als jeder Fünfte gern länger – vor allem wohl, um sein Leben sinnerfüllt zu gestalten. Ohne die längere Lebenserwartung bei guter Gesundheit und Fitness mit dem Hauptverdienst medizinischer Fortschritt wäre der steile Anstieg in Deutschland und Schweden nicht möglich.

2. Wohlstand in den Zeiten geschenkter Lebensjahre auch für Betagte durch kluge Altersvorsorge mit hohem Aktienanteil

Wer 14 Jahre oder länger breit gestreut in Aktien anlegt, zählt immer zu den Siegern. Es tut gut, dies zu hören, weil es wahr ist und den Sinn einer Langzeitanlage bestätigt mit einer jährlichen Durchschnittsrendite von 5 bis 15 %. Also keine Botschaft für das schnelle Rein und Raus, das wegen häufiger Transaktionen nur viel Geld in die Kassen von Börsen und Banken spült.

Wie die Bundesbürger 2014 für ihre „Zweitrente" sparten

Abkürzung	Sparform (Mehrfachnennungen möglich)	Anteil %
IM	Selbst benutzte Immobilie	56 %
LV	Private Lebens- und Rentenversicherung	50 %
BR	Betriebliche Rente bzw. Altersvorsorge	50 %
SP	Sparanlagen bei Banken	45 %
RR	Riester- bzw. Rürup-Rente	40 %
SF	Sonstige Investmentfonds (ohne Aktien)	18 %
AK	Aktien, Aktienfonds, Zertifikate	16 %
VI	Vermietete Immobilien	15 %
GO	Gold bzw. Edelmetalle	5 %
ZI	Zinspapiere, Bundesanleihen	4 %

Sieger und Verlierer 2014 in den einzelnen Bundesländern

Kürzel	Siegreiche Bundesländer	Hinterste Bundesländer
IM	Saarland (68 %), Baden-W. (67 %)	Berlin (25 %), Hamburg (35 %)
LV	Mecklenbg. (59 %), Sachsen-A. (55 %)	Berlin (35 %), Thüringen (41 %)
BR	Nieders. (62 %), Baden-W. (60 %)	Berlin (38 %), Hessen (38 %)
SP	Sachsen-A. (53 %), Bayern (52 %)	Bremen (30 %), Nordrhein-W. (34 %)
RR	Nieders. (56 %), Sachsen-A. (53 %)	Hamburg (25 %), Berlin (31 %)
SF	Baden-W. (25 %), Saarland (24 %)	Sachsen-A. (10 %), Bremen (11 %)
AK	Baden-W. (27 %), Hamburg (26 %)	Sachsen-A. (9 %), Bremen (10 %)
VI	Baden-W. (23 %), Schlesw.-H. (18 %)	Brandenb. (4 %), Mecklenb. (7 %)
GO	Hessen (9 %), 4 Länder (je 6 %)	Mecklenburg (1 %), Berlin (2 %)
ZI	Rheinland-Pf. (9 %), 4 Länder (6 %)	Bremen (1 %), Mecklenburg (1 %)

Das geschenkte Leben – im Schnitt bei 40 Jahren ein Jahrzehnt, bei 80 Jahren zwei Jahrzehnte – sollte genutzt werden für Wohlstand im Ruhestand. Finanzielle Sicherheit statt Altersarmut, bis ans Ende aller Tage Vermögensvermehrung statt Kapitalverzehr. Sobald an der Börse heftige Unwetter aufziehen mit scharfer Korrektur und Crash, wäre es der schlimmste Fehler, jetzt alle Aktien auf den Markt zu werfen. Ein kluger Nachkauf zu günstigen Kursen heißt die Alternative für mutige, entschlossene und beherrscht handelnde Aktionäre.

Zwischen Wunsch und Wirklichkeit beim Selbstbild der Sparer klaffen jedoch große Lücken. Der Geldbedarf im Ruhestand wird im Bundesdurchschnitt mit etwa 2.100 € monatlich angegeben. Wer monatlich weniger als 260 € zurücklegt, was dem Bundesdurchschnitt entspricht, dürfte dieses Ziel nicht erreichen. Wer trotz abgeschaffter Guthabenzinsen weiterhin auf die schleichende Kapitalvernichtung Sparkonto setzt, scheitert sogar bei deutlich höheren Summen. Schon deshalb kommt niemand an Aktien und/oder selbst genutzten bzw. vermieteten Immobilien herum.

- **Als Trendwende in der privaten Vermögensplanung liegen das selbst genutzte Eigenheim und vermietete Wohnungen und Häuser ganz vorn in der Beliebtheits- und Sparzielrangliste – Tendenz steigend.**

- **Besonders bei Besserverdienenden mit höherem Bildungsabschluss und gutem Wirtschaftswissen sind im Bullenmarkt Investments an der Börse wieder gefragt.** Dies gilt sowohl für Einzelaktien als auch Investmentfonds, insbesondere aber für Indexfonds bzw. Exchange Traded Fonds mit der gängigen Abkürzung ETF. Die klassischen, passiv gemanagten ETFs bilden den jeweiligen Index wie DAX oder DOW JONES exakt nach. Es gibt keinen Ausgabeaufschlag. Die Gebühren sind mit durchschnittlich 0,35 % niedrig. Und als Anleger verlieren Sie nicht gegen den Vergleichsindex, wie dies bei den großen Standardfonds zu über 80 % bei hohen Kosten geschieht.

- **Baden-Württemberg und die Hansestadt Hamburg liegen bei der Aktienanlage mit 27 % bzw. 26 % deutlich vorn.** Die Schlusslichter bilden mit nur 9 % bzw. 10 % Anteil Sachsen-Anhalt und der Stadtstaat Bremen.

Fazit: Die wohlhabenden Bundesländer dominieren beim Aktienanteil eindeutig. Während in Baden-Württemberg und in Hamburg mehr als jeder vierte Befragte in Aktien investiert und als Langzeitanleger bei guter Streuung Gewinne erzielt, sind in Sachsen-Anhalt 9 von 10 Einwohnern Aktienmuffel. Auch in Bremen führen Vorurteile, Ängste und Unwissenheit bei 90 % der Befragten zur Aktienscheu. (Quelle für diesen Beitrag: „Der Atlas der Altersvorsorge“, Handelsblatt Nr. 129 vom 9. Juli 2015, S. 34/35).

- **Im ersten Quartal 2015 waren die Bundesbürger so reich wie nie zuvor. Ihr Vermögen stieg auf 5,212 Billionen €. Nach Abzug von Schulden und Immobilien betrug beim oberen Zehntel das Vermögen an Sach- und Finanzwerten durchschnittlich 639.000 €.** Sie, liebe Leser, zählen jedoch bereits dann zu dieser Gruppe der oberen 10 % mit einem Guthaben von 261.000 €. Also höchste Zeit, sofern noch nicht geschehen, in Aktien anzulegen, sollten Sie zur Gruppe der Wohlhabenden gehören! Der Vermögenszuwachs rührt vor allem daher, dass Sie nicht länger auf das zinslose Sparkonto vertrauen, sondern mehr Risikobewusstsein entwickeln und stärker an Einzelaktien, ETFs und Themenfonds interessiert sind. Zins war gestern, Dividende ist heute – auch Ersatzzins genannt.

- **Eine große Schere klafft zwischen den monatlichen Zuflüssen der in Europa aufgelegten aktiv und passiv verwalteten Aktienanlagen: ETF ein Plus von 10,1 Mrd. €, Aktienfonds ein Minus von 40,0 Mrd. € im August 2015.** Diese Nachricht dürfte bei den ETF-Liebhabern vielleicht Freudensprünge auslösen. Am Rande sei jedoch auf folgende noch eher geringe Gefahr hingewiesen: Würde jedermann nur noch passiv gemanagte Indexfonds kaufen, gäbe es kaum mehr Bewegung an der Börse, die ja von Angebot und Nachfrage mit unterschiedlichen Preisvorstellungen lebt.

Forscher korrigieren ihre Prognosen nach oben: Die Menschheit wächst international schneller als erwartet

Derzeit leben auf unserem Planeten rund 7,3 Mrd. Menschen. In 15 Jahren, also 2030, werden es schon 8,5 Mrd. Erdbewohner sein. Der Hauptgrund für diesen Anstieg dürfte sein, dass im Rahmen der längeren Lebenserwartung die Fruchtbarkeitsrate langsamer sinkt als erwartet. Das stärkste Wachstum wird in den Entwicklungsländern vorausgesagt. Einige Staaten werden bis 2100 vermutlich fünfmal so viele Bewohner haben wie heute. Dies bedeutet große Chancen für innovative Unternehmen und deren Aktien.

Der demografische Wandel kann aber auch Katastrophen heraufbeschwören. Dies droht, wenn Infrastruktur, Bildung und Umweltschutz, die Versorgung mit Wasser, Energie, Nahrungsmitteln und Wohnraum hinterherhinken, die Arbeitslosigkeit hoch ist und die Leute zu wenig verdienen, um menschenwürdig in Frieden leben zu können. Die riesigen Flüchtlingsströme, mit denen sich Europa aktuell und in den nächsten Jahren herumschlagen muss und die etliche Nationen, Kommunen und Bundesländer an die Grenze der Belastbarkeit katapultieren, wecken Befürchtungen mit Bildern von einem Fass ohne Boden. Willkommenskultur kann nicht bedeuten, die ganze Welt humanitär retten zu wollen, nach dem Motto: *„Wir schaffen es schon.“* Solidarität in Europa ist angesagt!

Die Generation 65+: fit, deutlich mobiler als früher und dank der Nachrücker mit höherem Anteil im Internet präsent

Wenn wir lesen, dass immer mehr Senioren Computer nutzen und im Internet surfen und auch der prozentuale Anteil der Erwerbstätigen in dieser Altersgruppe steigt, kommt zunächst Freude auf. Wie schön, wenn auch Ruheständler mutig, wissbegierig und motiviert sind, sich mit Computer und Internet zu befassen, also Neues aufzusaugen, um nicht aufs gesellschaftliche Abstellgleis zu gelangen. Aber die neuen Zahlen täuschen und wecken falsche Hoffnungen. Sie zeugen nicht von mehr Lernbereitschaft im Alter, sondern spiegeln wider, dass die heute 65-Jährigen 40 bis 50 Jahre alt waren, als der Online-Siegeszug einsetzte. Die jetzigen Männer im Alter von 65 Jahren waren damals berufstätig und kamen in vielen Branchen gar nicht umhin, den Umgang mit Computer und Internet zu lernen. Deshalb wird auch künftig der prozentuale Anteil der Computer- und Internetnutzer stetig steigen. Schon bald werden die damals 30- bis 40-Jährigen das Rentenalter erreichen. Umgekehrt sinkt die Zahl der Unkundigen schon deshalb, weil die Lebensuhr abläuft. Die heute 65-jährigen Frauen haben statistisch gesehen noch eine Lebenszeit von knapp 21 Jahren vor sich. Bei den Männern sind dies im Schnitt 17 Jahre und 6 Monate.

Computer-/Internetnutzung deutsche Altersgruppe 65plus			
Computer Männer 2014	**Computer Frauen 2014**	**Computer Männer 2011**	**Computer Frauen 2011**
67,3 %	49,2 %	58,3 %	41,7 %
Internet Männer 2014	**Internet Frauen 2014**	**Internet Männer 2011**	**Internet Frauen 2011**
55,9 %	36,3 %	45,5 %	26,8 %
Anmerkungen: Zwei Drittel der älteren Internetnutzer surfen fast täglich, schreiben und lesen gern E-Mails, suchen nach Informationen über Reisen, Waren und Dienstleistungen oder lesen Online-Nachrichten und -Zeitungen. Vor dem Fernseher sitzen Senioren im Schnitt 18,5 Stunden pro Woche. Dies sind vier Stunden mehr als bei 45- bis 64-Jährigen. 14 % der 65- bis 69-Jährigen sind noch erwerbstätig, darunter auffallend viele Selbstständige und Freiberufler. Bezüglich der Geldquellen verfügen nur wenig ältere Frauen über ein eigenes Einkommen. Bei Alleinlebenden müssen 21 % der Seniorinnen mit weniger als 900 € im Monat auskommen. Bei den Männern sind dies nur 15 %. Es wird also Zeit, sich schon in jungen Jahren um Vermögensaufbau und Altersvorsorge zu kümmern. Dazu zählen unbedingt Aktien.			
Quelle: Zahlen SÜDWEST PRESSE ULM, 30. Juli 2015, Statistisches Bundesamt			

3. Börsengewinner und -verlierer infolge Erderwärmung: Der Kampf gegen den Klimawandel beeinflusst Energieaktien

Nur wenn die Welttemperatur bis zum Ende dieses Jahrhunderts höchstens um zwei Grad steigt, halten führende Wissenschaftler die Klimafolgen für einigermaßen beherrschbar. Es geht um die Atmosphäre aufheizende Treibhausgase, vor allem um Kohlendioxid, das sich beim Verbrennen fossiler Energien wie Kohle, Öl und Gas bildet. Jeder, der in Energie-Einzelaktien, ETFs oder Aktienfonds anlegt, ist davon betroffen. Wer nicht reagiert und die Risiken ignoriert, dem drohen hohe Vermögensverluste. Dazu berichtet **Carl-Heinrich Kehr,** Kapitalmarktexperte für Großinvestoren: *„Das Thema betrifft jeden, der langfristig anlegt. Die Berücksichtigung von Klimarisiken verschiebt die Renditeannahmen für verschiedene Vermögensformen."* Der Vorstandsvorsitzende **Mark Wilson** von AVIVA erklärt: *„Als Investor werden wir von Unternehmen fossiler Energien fordern, sich längerfristig auf eine Zeit niedrigen Kohlendioxid-Ausstoßes einzustellen."*

Es wird Sieger und Verlierer geben. Gewinnen werden die leistungsfähigen, nachhaltig wirtschaftenden Produzenten erneuerbarer Energien, aber auch die Nuklearindustrie. Probleme werden die Öl- und Gasförderer bekommen. Insbesondere die Kohlebranche als größter Umweltverschmutzer ist stark gefährdet. Setzt unsere Gesellschaft die Klimaziele nicht konsequent um, dürfte der Klimawandel den Wohlstand vernichten. Es geht um viel mehr als nur den Öl- und Gaspreis.

Eine neue Studie zeigt, dass vier Fünftel der Befragten von Unternehmen ein umweltfreundliches Verhalten fordern und auch unter diesem Gesichtspunkt ihre Produkte auswählen. Die gute Hälfte von ihnen ist bereit, mehr Geld für erneuerbare Energien zu bezahlen, um dem Klimawandel zu begegnen.

Energiebranche im Klimawandel: Sieger und Verlierer

Geschätzter Marktwert	Erneuerbare Energie	Nuklear-Industrie	Öl und Erdgas	Kohleförderung
Mai 2015	71 Mrd. €	683 Mrd. €	2.150 Mrd. €	209 Mrd. €
Prognose 2050	236 Mrd. €	1.275 Mrd. €	735 Mrd. €	36 Mrd. €
Veränderung	+232 %	+87 %	-66 %	-83 %
Konsequenz	Längerfristige Aktien-, ETF- und Fondsanlagen interessant		Allmählicher Ausstieg bzw. Reduzierung ratsam	

Anmerkung: Gesamter Marktwert 2015: rund 3.113 Mrd. €; Verringerung bis 2050 auf schätzungsweise 2.282 Mrd. € bzw. -27 %

Zahlenquellen: Handelsblatt Nr. 144, 30.07.2015, MERCER Studie

4. Kapitallebensversicherungen im Rückwärtsgang und bei Neuverträgen kein geeignetes Modell für die Altersvorsorge

Risikolebensversicherungen sind gerechtfertigt, wenn es Angehörige abzusichern gilt. Die Kapitallebensversicherung, in früheren Zeiten ein Erfolgsmodell und hierzulande besonders geschätzt, hat bei Neuverträgen mit Blick auf Vermögensaufbau und Altersvorsorge ausgedient. Die Null-Zins- bzw. Niedrigzins-Politik macht angemessene Renditen nicht mehr möglich. Dagegen kann es ein Riesenfehler sein, bestehende Altverträge aufzulösen, auch wenn die Versicherungsberater im Eigeninteresse häufig dazu raten. Kleine, auf Kapitallebensversicherungen spezialisierte Gesellschaften werden es schwer haben zu überleben. Wer es versäumt, sich beizeiten auf andere Produkte umzustellen, und wessen Eigenkapitaldecke weiter schmilzt, kann dem Pleitegeier zum Opfer fallen. Versicherungen gegen Cyberattacken und sonstige Internetkriminalität dürften der neue Wachstumstreiber sein.

Börsennotierte Rückversicherungen wie **Munich Re, Hannover Rück** und **Swiss Re** sind von diesem Dilemma nicht betroffen. Auch die **ALLIANZ** wird aufgrund ihrer Produktvielfalt nicht in Insolvenz geraten. Es ist nicht damit getan, den Garantiezins abzuschaffen. Was sollte Neukunden bewegen, überhaupt noch Lebensversicherungen abzuschließen? Viele Fragen, auf die es keine überzeugenden Antworten gibt! Die Aktien von börsennotierten substanzstarken, nachhaltig wirtschaftenden Versicherungsunternehmen mit einer üppigen Dividende als Ersatzzins sind für Langzeitanleger die wesentlich bessere Alternative auf dem Weg zu einem finanziell sorgenfreien und sinnerfüllten Ruhestand.

Sorgenkind Kapitallebensversicherung: Die Luft wird dünn		
Bestand an Versicherungspolicen	**Garantierter und tatsächlicher Zins**	**Vorzeitige Ausschüttungen: Stornoumfang**
1990: 72 Mio. Verträge 2005: 94 Mio. Verträge 2014: 88 Mio. Verträge	1998: Garantiezinsen 4,00 %, 2015: 1,25 % 1998: Laufender Zins 7,24 %, 2015: 3,14 %	2000: Stornoumfang 8,2 Mrd. € 2014: Stornoumfang 14,8 Mrd. €
Anmerkungen: Die sicherlich noch längere Zeit anhaltenden Niedrigzinsen belasten die Assekuranz und stürzen die gesamte Branche in eine Krise. Immer mehr Versicherer setzen auf garantielose Policen. Doch die Ausschüttungsbremse greift nicht richtig, und Auffanglösungen stoßen an ihre Grenzen. Neuverträge sind als Altersvorsorge kaum geeignet. Jammern und Klagen hilft nicht. Erstklassige Aktien mit hohen Dividenden sind für Langzeitanleger die bessere Lösung.		
Zahlenquelle: Handelsblatt Nr. 144, 30. Juli 2015		

5. Mit Frauen als Führungskräften auch in Großkonzernen den Arbeitskräftemangel abmildern und Potenziale nutzen

Ein Firmenschwerpunkt des im MDAX notierten Verkabelungsriesen LEONI mit seinen 68.000 Mitarbeitern heißt: Vom Talent zum Erfolg! Wie LEONI Talente gewinnt und an sich bindet, zeigt ein Auszug aus dem lesefreundlichen Geschäftsbericht 2014: *„Gewinnen – fördern – ausbilden – binden – entdecken – verstehen – umdenken – kämpfen – lernen – vertrauen – durchhalten – kommunizieren – ausprobieren – netzwerken – aufsteigen – kombinieren – lebenslang lernen – informieren – Potenzial nutzen und ausbauen."*

LEONI will nachhaltig und profitabel wachsen, insbesondere in den zukunftsträchtigen Regionen Asien und Amerika. Der weltweit führende Kabelanbieter aus Nürnberg sucht laufend neue Talente, um die angestrebte Expansion kompetent, engagiert und kreativ voranzutreiben. Es gilt, auf dem Weg zur Industrie 4.0, dem Internet der Dinge und der fortschreitenden Digitalisierung wegweisend zu sein. Um Talente zu entdecken, zu qualifizieren, zu begeistern und an sich zu binden, will LEONI ein begehrter Arbeitgeber sein und die Talentsuche weiter globalisieren. Für Frauen gibt es keine Extrawurst, was die Tüchtigen auch nicht wollen. Dafür mehr Wertschätzung, aber keine Benachteiligung und haltlosen Vorurteile.

Die Bundesrepublik kann selbst mit qualifizierten Einwanderern den Arbeitskräftemangel – bedingt durch den demografischen Wandel mit längerer Lebenserwartung und niedriger Geburtenrate – nicht ausgleichen. Wichtig ist es, Frauen etwas zuzutrauen und ihnen ebensolche Karrierechancen zu eröffnen wie tüchtigen Männern. Die verpflichtende Einführung einer 30-prozentigen Frauenquote im Aufsichtsrat der deutschen Börsenbarometer DAX, MDAX, TecDAX und SDAX ist ein erster Schritt auf dem holprigen Weg. Technologiekonzerne tun sich hier schwer, weil es an geeigneten Bewerbern mit Hochschulabschluss mangelt.

Weibliche Vorstandsmitglieder in deutschen Indizes 2015

Weibliche Vorstände deutsche Indizes		Anteil weiblicher Vorstände		Zumindest eine Frau im Vorstand
DAX	30. Juni 2015	2015: 7,8 %	2014: 5,6 %	2015: 40 % (+10 %)
MDAX	30. Juni 2015	2015: 2,6 %	2014: 3,5 %	2015: 10 % (-4 %)
TecDAX	30. Juni 2015	2015: 3,8 %	2014: 6,8 %	2015: 13 % (-10 %)
SDAX	30. Juni 2015	2015: 6,9 %	2014: 7,3 %	2015: 24 % (+2 %)
Insgesamt		2015: 5,4 %	2014: 5,6 %	2015: 21 % (+/-0 %)

Zahlenquelle: Handelsblatt Nr. 145, 31. Juli 2015

Über 50 % der betroffenen Unternehmen in Deutschland lehnen das neue Gesetz ab; die knappe Hälfte ist dafür und unterstützt es

Viele deutsche Unternehmen verhalten sich so, als ob es das neue Gesetz zur Frauenquote nicht gäbe. Dabei tritt es bereits ab Januar 2016 in Kraft. Die Hälfte der betroffenen Firmen, die laut Gesetz selbst Vorschläge für einen höheren Frauenanteil im Aufsichtsrat und Vorstand unterbreiten müssen, haben noch keine konkreten Zielvorstellungen formuliert. Lediglich jede vierte Gesellschaft hat die Auflagen bislang erfüllt.

Hoher Frauenanteil Aufsichtsrat DAX-Konzerne

Henkel	44,0 %
Deutsche Telekom	40,0 %
Munich Re	40,0 %
Merck KGaA	37,5 %
Commerzbank	35,0 %
Deutsche Post	35,0 %

Quelle: HANDELSBLATT 62, Stand: 1. April 2015

Die hundert größten börsennotierten Konzerne der deutschen Indizes DAX & Co. müssen zum Jahresbeginn 2016 eine feste Frauenquote im Aufsichtsrat von 30 % nachweisen. Fehlt eine geeignete Bewerberin, muss der zu besetzende Stuhl leer bleiben. Gut die Hälfte der befragten Vorstände lehnt einen verbindlichen Frauenanteil in der Führungsspitze ab, da es insbesondere in den Hightech-Gesellschaften noch nicht genug hochqualifizierte weibliche Führungskräfte für die obersten Managementebenen gibt. In ein oder zwei Jahrzehnten wird sich dieser Mangel sicherlich deutlich abschwächen, da zunehmend mehr junge Frauen Maschinenbau, Bauingenieurwesen und Informatik studieren.

„Das Gesetz ist ein historischer Schritt für die Gleichberechtigung der Frauen in Deutschland. Es wird einen Kulturwandel in den Unternehmen einleiten. Künftig werden in den Führungsetagen, wo über Lohn und Arbeitsbedingungen entschieden wird, mehr Frauen präsent sein. Damit entfaltet das Gesetz nicht nur in den Führungsetagen Wirkung, sondern kommt ganz konkret bei Millionen Frauen an." So lautet ein Kurzkommentar der Bundesfamilienministerin Manuela Schwesig.

Blick zurück in die Vorgeschichte: Vier Jahrzehnte Kampf um das erste vollverantwortliche Pfarramt für eine Frau im Jahr 1965

In einem am 22. November 2015 in der Schweiz ausgestrahlten eindrucksvollen Hörspiel erlebte ich auf spannende Weise mit, wie viel Mut, Zivilcourage, Ausdauer, Entschlossenheit und Hingabe erforderlich waren, um als erste Frau Europas nach erfolgreichem Examen nicht schon wie erhofft 1933, sondern erst 1965 vollverantwortlich in der Schweiz ein Pfarramt übernehmen zu dürfen – und dies als verheiratete Frau und Mutter.

6. Der gesellschaftliche Wandel mit der Flucht junger Leute vom Land in die großen westdeutschen Städte

Eine Völkerwanderung verändert den Wohn- und Gewerbe-Immobilienmarkt, den Hauptgeschäftssitz großer Konzerne, den Arbeitsmarkt, die Zu- bzw. Abwanderung der deutschen Bevölkerung. Die wachstumsstarken Städte freuen sich über Steuereinnahmen. Die schrumpfenden Gemeinden leiden unter der ansteigenden Schuldenspirale. In den Dörfern sieht es düster aus: leerer, älter, ärmer – ausgeprägt in den neuen Bundesländern. Dieser Trend wird sich trotz des gewaltigen Flüchtlingszustroms nicht umkehren. Junge, qualifizierte, gut ausgebildete berufstätige Leute zieht es in die Hauptstädte. Beim Zuwachsvergleich von 2008 bis 2013 sind es in Frankfurt +7,6 %, München +7,0 %, Berlin +4,3 %, Köln +4,2 % und Hamburg +2,6 %. Nur 137 von 4.500 Kommunen verzeichnen mehr Geburten als Sterbefälle. Die Wohnungs-Leerstandsquote liegt gegenwärtig in Ostdeutschland bei 9,2 %. Der Flüchtlingszustrom wird einiges verändern, ohne bereits verlässliche Aussagen machen zu können.

Für die finanzielle Gesundheit der Kommunen ist neben der Niederlassung kleiner, mittlerer und großer Unternehmen der Anteil der erwerbsfähigen Bevölkerung wichtig. Einen Zuwachs im Fünf-Jahresvergleich verzeichnen die westdeutschen Großstädte wie die Finanzmetropole Frankfurt +8,7 %, München +6,6 %, Köln +5,5 %, Berlin +2,4 % und Hamburg +1,8 %. Während in Westdeutschland rund 41 % aller Gemeinden schrumpfen, sind es in Ostdeutschland 84 %. Selbst die allgemein begrüßte Zuwanderung qualifizierter Ausländer vermag den Bevölkerungsschwund kaum auszugleichen. Um die Bevölkerungszahl stabil zu halten, müssten alljährlich 400.000 ausgebildete Erwerbstätige einreisen.

- In den schrumpfenden Gemeinden ist mindestens jeder zweite Bürger bereits 50 Jahre oder älter. Hier fehlt es an einer familien- und altengerechten Infrastruktur, an Ärzten, Apotheken, öffentlichem Nahverkehr, Einkaufszentren in Fußgängerentfernung, vielfältigen Kultur- und Freizeitangeboten.

Laut einer Studie des Bundesinstituts für Bau-, Stadt- und Raumforschung (BBSR) dürfen die Kommunen mit dieser Herausforderung nicht alleingelassen werden. BBSR-Direktor **Harald Herrmann** mahnt: *„Die strukturschwachen Regionen laufen Gefahr, wirtschaftlich weiter zurückzufallen. – Die Sicherung gleichwertiger Lebensbedingungen wird in diesen Regionen eine der Hauptaufgaben sein.“* Beginnt eine Region zu schrumpfen, droht als große Gefahr ein Teufelskreis, hängen doch Bevölkerungs- und Wirtschaftswachstum eng miteinander zusammen. So schwankt die Immobilienwirtschaft zwischen zwei Extremen: einerseits ein großer Mangel an bezahlbarem Wohnraum; andererseits ein dramatisch ansteigender Leerstand mit unbedingt notwendigem Um- und Rückbau.

7. Neue Trends in der Arbeitswelt durch das längere Leben: Durchstarten mit 50+ für jeden, der noch etwas bewegen will

Bislang schwirrten in den Köpfen der meisten älteren Arbeitnehmer als Wunschtraum eine abschlagfreie Frühverrentung, Altersteilzeit usw. Durchaus verständlich, war die Generation +45, +50 Jahre doch lange Zeit und mancherorts weiterhin in vielen Unternehmen von Fortbildungsveranstaltungen und Beförderungen ausgeklammert. Wer jenseits der Lebensmitte das Gefühl hat, nichts mehr gestalten, bewegen und verändern zu können, der malt sich den Ruhestand in schönen Farben aus. Er zählt die Wochen, Monate und Jahre. Erfreulicherweise ist eine Trendwende erkennbar, nicht bei der Mehrheit der Unternehmen, aber doch bei einer steigenden Zahl vorreitender Firmenchefs. Tüchtige ältere Mitarbeiter werden ermutigt, weiter für die Firma tätig zu sein.

Die Tatsache, dass es immer schwieriger wird, qualifizierten Nachwuchs an Bord zu holen, und die steigende Lebenserwartung setzen Umdenkprozesse in Gang. Wer heute im Alter von 55 oder 60 Jahren biologisch mit einem 45-Jährigen oder 50-Jährigen körperlich, geistig und psychisch mithalten kann, sich fit und gesund fühlt und vor neuen Herausforderungen nicht zurückschreckt, dem winken am Arbeitsplatz neue Chancen. Es geht um Sinnerfüllung, die Gewissheit, noch gebraucht zu werden, die Möglichkeit, eigene Ideen umzusetzen und die Zukunft mitzugestalten. Freiberufler, Gründer und Nachfahren von Familienunternehmen arbeiten oft noch mit 70, 75 oder gar 80 Jahren weiter – in Vollzeit, in Teilzeit im gut bestellten Haus, ohne Nachfolgeprobleme.

Es ist eine Frage der Einstellung und Haltung der Führungsspitze, ob sich ältere Mitarbeiter eher unauffällig dem Ruhestand nähern oder ob sie sich engagieren, neue Aufgaben suchen und sich mit ihrer Firma verbunden fühlen. Von 2002 bis 2012 stieg die Erwerbsquote der 60- bis 65-Jährigen in Deutschland von einem Viertel auf die Hälfte an. Der internationale Vergleich zeigt: Nur in Schweden sind in dieser Altersgruppe prozentual mehr Menschen aktiv im Job. Wer den Renteneintritt verschiebt, will sich nicht langweilen, sondern zeigen, dass er mithalten kann. Als Berater, Netzwerker, Moderator, Mediator, Prozessgestalter bringen Senioren Menschenkenntnis und Erfahrungsschatz ein.

Vorstand **Ulrich Weber** von der Deutschen Bahn favorisiert altersgemischte Teams: *„Es tut der Unternehmenskultur nur gut, wenn neben dem jungen Digitalprofi ein Kollege mit vielfältiger Erfahrung sitzt. Daher achten wir bei der Neubesetzung bewusst auf Ausgewogenheit und darauf, dass jüngere und ältere Kollegen ein Geschäft oder Projekt gemeinsam verantworten."* Die Bahn hat gemeinsam mit der Universität Heidelberg das Gesundheitsprogramm CLARA gestartet, mit dem es *„clever und aktiv in Richtung Alter"* gehen soll.

8. Chinesische Investitionen in Deutschland und gute Geschäfte deutscher Firmen im Riesenland prägen den Zukunftsmarkt

Untergangspropheten malen in düsteren Farben einen Börsenweltcrash aus – verursacht durch die sich abzeichnende Konjunkturschwäche in China. Das Riesenland wächst nicht mehr so stark wie vor einigen Jahren. Zweistellige Wachstumsraten gibt es nicht mehr. Aber es winkt keine Rezession. Der zuvor von Spekulation getriebene und danach abgestürzte Aktienmarkt, hohe Immobilienpreise, zurückgehende Umsätze in der Autobranche sind nicht als Katastrophe zu deuten, eher zurück auf den Weg zur Normalität. Bis 2013 war ein Wirtschaftswachstum von 10 bis 11 % im Riesenreich der Mitte Standard. 2014 waren es noch 7,4 %. 2015 sollten es mindestens 7,0 % sein. Die angegangene Korruptionsbekämpfung bremst das Wachstum aus. Die Diesel-Abgas-Manipulation von VW verschärft die Börsenturbulenzen. Positiv stimmt, dass China mittlerweile zum weltgrößten Onlineshopper aufgestiegen ist, mit einem Marktanteil von 610 Mrd. Dollar.

Umsatzbasis	**1.000.000 €**
+10 % Anstieg	100.000 €
nach 1 Jahr	**1.100.000 €**
+10 %	110.000 €
nach 2 Jahren	**1.210.000 €**
+10 %	121.000 €
nach 3 Jahren	**1.331.000 €**
+10 %	133.100 €
nach 4 Jahren	**1.464.100 €**
+10 %	146.410 €
nach 5 Jahren	**1.610.510 €**
+10 %	161.051 €
nach 6 Jahren	**1.771.561 €**
+10 %	177.156 €
nach 7 Jahren	**1.948.717 €**

Beispiel: Wie schwierig es ist, Jahr für Jahr ansehnliche Wachstumsraten ausgehend von einem sehr hohen Niveau zu präsentieren, soll mein kleines Rechenbeispiel zeigen. Dafür ist kein Taschenrechner notwendig. Beginnend mit einem Umsatz von 1 Mio. € schaffe ich im 1. Jahr einen Anstieg von 10 %. Mein Kapital beträgt nun 1.100.000 €. Sofern ich jedes Jahr ein Wachstum von 10 % erreiche und dieses jeweils von dem gestiegenen Niveau aus berechne, würde sich mein Kapital nach 7 Jahren nahezu verdoppeln. Berechne ich das 10-prozentige Wachstum immer von der Ausgangslage, hätte ich für die Verdopplung des Vermögens 10 Jahre Zeit.

Land/Zone (Statistik 1. Hj. 2015)	**Verschuldung 2015 in Euro**	**Bruttoinlandsprodukt 2015**	**Prozentsatz vom BIP 2015**	**Differenz Schulden 2007-2015**	**Differenz BIP 2007 bis 2015**
China	4.446 Mrd.	3.041 Mrd.	44 %	+250 %	+206 %
Deutschland	2.152 Mrd.	2.776 Mrd.	72 %	+35 %	+6,9 %
Eurozone	9.741 Mrd.	9.806 Mrd.	94 %	+60 %	+0,6 %
USA	17.633 Mrd.	15.261 Mrd.	105 %	+180 %	+11,5 %
Quelle: Zahlenmaterial aus dem HANDELSBLATT, Nr. 130, 10. Juli 2015, S. 46/47					

Die Geschäftsbeziehungen zwischen China und Deutschland dürften sich künftig in mehreren Sektoren positiv entwickeln – bevorzugt Industrie-Ausrüstungen, Anlagen, Roboter, Halbleiter, Umwelttechnologie, Bauteile, Komponenten, Umsetzung der Digitalisierung und Industrie 4.0. Dies ist der Zugang zu Deutschlands Trümpfen Spitzentechnik und höhere Lebensqualität. Genau hier sehen Experten große Chancen für deutsche Firmen, nachhaltig im Land der Mitte Fuß zu fassen. Auch die deutsche Premium-Autoindustrie dürfte nach der jetzigen Durststrecke wieder zulegen. Dass dies keine utopischen Zukunftsträume sind, dafür spricht die Tatsache, dass chinesische Unternehmen mit hochwertigen Produkten ganz oben im Weltmarkt mitspielen wollen. Es gilt, das Negativ-Image „Kopierweltmeister" rasch abzulegen, mit innovativer Technologie und guten Produkten zu überzeugen.

Kein Standort ist bei chinesischen Konzernen so beliebt wie die Bundesrepublik als Europas größte Volkswirtschaft. 2014 investierten chinesische Unternehmen in 210 deutsche Projekte nach 153 Aktivitäten ein Jahr zuvor. Ganz vorn auf der Liste der Begehrlichkeiten liegt Deutschland auch bei den Investitionen. Gegenüber den 79 Direktbeteiligungen 2014 waren es 2013 lediglich 46, im Jahr 2009 nur 45, vor einem Jahrzehnt gerade mal zwei Projekte.

Auch bei Übernahmen bevorzugen chinesische Konzerne bundesdeutsche Unternehmen. 2014 lag Deutschland mit 38 Akquisitionen uneinholbar vorn vor Großbritannien (26), Frankreich (13) und Italien (11). Aktuell will der chinesische Partner **BAIC** einen Anteil am Stuttgarter DAX-Konzern **Daimler** erwerben. Firmenchef **Dieter Zetsche** heißt den neuen Großaktionär aus strategischem Blickwinkel willkommen. 2014 erzielte der Stuttgarter Autokonzern in China einen Umsatz von 13,3 Mrd. € durch 292.700 verkaufte Autos der Marke **Mercedes.**

Wirtschaftlich ist Deutschland für China das attraktivste Land Europas. Der globale Wandel verstärkt diesen Trend, werden doch immer mehr westliche Lebensformen übernommen. Beobachten wir als neue Normalität, wie sich die Konsumbedürfnisse verändern. Halten wir uns vor Augen, was gegenüber früher jetzt bei der Mittelschicht zum Frühstück, Mittagessen und Abendbrot auf den Teller kommt. Niemand sollte sich übertriebene Sorgen machen, dass Chinas Investitionshunger in Deutschland dauerhaft gestillt ist, sollte sich das Wachstum im bevölkerungsreichsten Land in den nächsten Jahren weiter abschwächen.

China auf dem Weg zur Roboter- und Automatisierungs-Revolution

2010 erwirtschaftete das Riesenreich mit Roboter- und Automatisierungstechnik 37,3 Mrd. Yuan. 2015 wurde der Wert mit 76,1 Mrd. Yuan verdoppelt. 2020 soll diese Branche 177 Mrd. Yuan einbringen. China entwickelt sich zusehends von der Welt-Werkbank zum Zukunftsmarkt der Automatisierungstechnik. Deutschlands Industrie 4.0 ist Vorbild für die Etablierung bei Industrierobotern.

9. Die Lebenserwartung steigt, und ebenso der Bedarf an größeren Wohnflächen, bevorzugt ab der Lebensmitte

„Hotel Mama" ist kaum mehr gefragt. Junge Leute wollen ihr eigenes Zuhause, begnügen sich anfangs mit einer Wohnfläche von 30 bis 41 qm – wegen begrenzter Finanzen. In der Lebensmitte kommen auf einen Bundesbürger 40 qm. Jetzt sind größere Wohnflächen eher bezahlbar. Am geräumigsten leben Senioren bis über 80 Jahre mit einer Wohnfläche von gut 60 qm. Hier spiegelt viel Platz nicht unbedingt die Erfüllung eigener Wünsche wider. Meist leben Senioren in zu großen Wohnungen und Häusern, weil die Kinder wegzogen und der Ehepartner oder Lebensgefährte gestorben ist. Mag die Bevölkerung in Deutschland auch schrumpfen, die Wohnfläche pro Person dürfte eher noch steigen – neue Migranten ausgenommen. Hunderttausende von Flüchtlingen, die bei uns Schutz suchen, müssen großteils auch künftig beengt wohnen. Junge Leute träumen vom Reihenhaus mit Kind, sicher und im Grünen, aber ohne Eltern.

In den Ballungszentren, den begehrtesten westdeutschen Großstädten, sind auch Wohnimmobilien mit kleineren, effizienten Grundrissen gefragt. Ohne Qualitätsverlust lässt sich der Wohnraum um 15 % verringern, wenn bei wenig genutzten Flächen gespart wird. So kann Wohnen in begehrten Lagen leichter finanzierbar sein – für Bauherren und Mieter. Dazu meint Geschäftsführer **Andreas Fohrenkamm**, NCC Deutschland: *„Je stärker die Preise steigen, desto häufiger wird es Haushalten nicht mehr möglich sein, sich eine große Wohnung zu leisten. Eine Wohnküche beispielsweise vereint zwei Bereiche, die nicht notwendigerweise getrennt sein müssen, und spart dabei Flächen."* Die Wohnansprüche werden in den nächsten eineinhalb Jahrzehnten weiter wachsen. Demnach steigt die Pro-Kopf-Wohnfläche in Westdeutschland bis zum Jahr 2030 von 47,4 auf 52,4 qm, in Ostdeutschland von 41,5 auf 46,7 qm. Hauptsächlich hängt es vom Einkommen bzw. Vermögen des Einzelnen ab, wo und wie er künftig wohnt und wie groß die Räumlichkeiten sind.

Mit zunehmendem Alter steigt hierzulande die Wohnfläche

Wohnfläche im Schnitt nach Altersgruppe	1984	2013
Altersgruppe 19 bis 24 Jahre	30,7 qm	35,5 qm
Altersgruppe 25 bis 44 Jahre	32,8 qm	39,7 qm
Altersgruppe 45 bis 64 Jahre	39,6 qm	50,9 qm
Altersgruppe 65 bis 79 Jahre	49,3 qm	61,4 qm
Altersgruppe 80 Jahre und älter	53,1 qm	63,7 qm
Zahlenquellen: HANDELSBLATT, Ausgabe 02. Sept. 2015, S. 36/37; IW, SOEP		

10. Roboter bieten einfache Portfolios einer automatisierten Vermögensverwaltung für Normalverbraucher an

Die Grenzen von Industrie 4.0, Digitalisierung und weltweiter Vernetzung sind kaum mehr auszumachen. Schon jetzt gibt es Produkte und Dienstleistungen, die vor wenigen Jahren kaum vorstellbar waren. Die meisten Bundesbürger zählen zur Gruppe der Aktienmuffel. Aber an einer einfachen, automatisierten und damit kostengünstigen Vermögensverwaltung, um die sich Roboter statt echte Bankberater kümmern, besteht durchaus Interesse. Da können auch Bürger der Mittelschicht zugreifen, die sich in finanziellen Fragen schlecht auskennen und wenig Lust verspüren, sich gründlich mit Vermögensaufbau und Altersvorsorge zu befassen. Die einfache Vermögensverwaltung, **Robo-Advisors** genannt, ist zu begrüßen, weil immer mehr Geldinstitute Filialen komplett schließen bzw. die Öffnungszeiten kürzen. Da ist es oft schwierig, einen Termin zu einer angenehmen Zeit zu erhalten. Die Kosten sind verhältnismäßig niedrig – für kleine Vermögen ein interessantes Geschäftsmodell mit dem Ziel, die eigene Altersvorsorge zu starten. Wie sehen die Schritte bei den neu eingeführten Robo-Advisors aus? Wie funktioniert die automatisierte Vermögensverwaltung?

1. **Schritt:** Die Geldanlage ist auf unterschiedliche Anlegertypen zugeschnitten. Das System will wissen, ob man sich selbst als konservativ, sicherheitsbewusst, neutral, chancenbewusst, risikofreudig, spekulativ einstuft.
2. **Schritt:** Nach dieser Selbsteinschätzung legt der Roboter dem Kunden einen Portfoliovorschlag mit oder ohne Alternativen vor.
3. **Schritt:** Nun ist abzuklären, ob eine **Einmaleinlage** oder ein **Sparplan** gewünscht wird. Eine Einmaleinzahlung ist insofern vorteilhaft, als nur einmal Transaktionskosten anfallen. Ein Sparplan macht bei Aktienfonds oder Indexfonds (ETF) den **Cost-Average-Effekt** möglich. Bei hohen Kursen werden weniger, bei niedrigen Kursen mehr Anteile erworben, also ein günstiger Durchschnittskurs erzielt. **Thesaurierend** bedeutet, dass Dividenden gleich wieder angelegt werden. **Ausschüttend** heißt, dass die Dividende ausgezahlt wird, mindestens einmal jährlich.
4. **Schritt:** Nun wird die Portfolio-Strategie in der gewünschten und vorgeschlagenen bzw. darauf angepassten Form umgesetzt.
5. **Schritt:** Je nach Absprache bzw. bestehender Kündigungsvereinbarung wird die hoffentlich im Plus befindliche Geldanlage ausgezahlt.

Bislang werden bevorzugt zwei Kanäle bis zum vertraglichen Abschluss neuer Bankprodukte gewählt: Bankfiliale (Info 39 %, Beratung 44 %, Abschluss 74 %), Online (Info 26 %, Beratung 19 %, Abschluss 18 %).

1.6 Die Schulden von Staaten, Firmen, Privatleuten als explosiver Zündstoff für die Börse

Als Schulkind lernte ich: *„Schulden sind zurückzuzahlen. Niemand sollte mehr ausgeben, als er einnimmt! – Wer auf Pump lebt, nimmt ein schlimmes Ende!"* Von Großprojekten abgesehen, wie der Erwerb oder die Sanierung einer eigenen Immobilie, habe ich mich stets an diese Regel gehalten, mag sie auch kaum noch in unsere Zeit passen. Etliche Staaten verschulden sich bis zur Halskrause und scheinen davon auszugehen, dass Schulden nie zurückzuzahlen sind. Man denke an Ausgaben in Milliardenhöhe für die Bekämpfung von Seuchen, Terrorismus und Kriminalität, für Infrastruktur, Gesundheits- und Verkehrswesen, Bildung, Kultur, Militär, Sicherung der Lebensgrundlagen, aber auch kostspielige Prestigeprojekte, die man besser unterließe. Schließlich steht jedem Schuldner ein Gläubiger gegenüber.

Letztlich wirkt verhängnisvoll, dass die Regierungen demokratischer Staaten in guten Zeiten als Wahlkampfmittel übertriebene Wohltaten ausschütten, die in Krisen jedoch kaum zurücknehmbar sind. In Anlehnung an den Wissenschaftler **Frederick Herzberg** (Pittsburgh-Studie 1968) muss nicht jede Begehrlichkeit erfüllt werden. Es ist unnötig, dem Bürger, Mitarbeiter, Vereinsmitglied oder Kind alles zu geben, was gefordert wird. Bei einem gebrochenen Versprechen oder einer gestrichenen Vergünstigung drohen Frust, Ärger, Vertrauensverlust. Man denke an Demonstrationen, Streiks und die Deutschland überziehenden Klagen, wenn Eltern keinen KITA-Platz für den Nachwuchs bekommen oder die Eingliederung behinderter Kinder an Regelschulen (Inklusion) scheitert, weil hochgesteckte Elternansprüche bezüglich des Schultyps ihrer Wahl unerfüllt bleiben.

Hier wirkt noch die Bedürfnispyramide des Amerikaners Abraham Maslow nach – sein als Stufenmodell dargestelltes Menschenbild. Maslow unterscheidet in einer hierarchischen Struktur fünf voneinander abhängige aufbauende Gruppen: physiologische Bedürfnisse, Sicherheits-, Sozial- und Individualbedürfnisse sowie Selbstverwirklichung. Jede höhere Bedürfnisstufe setzt die Befriedigung der davorstehenden Ebene voraus. Erst wenn die Existenzgrundlagen Essen, Trinken Kleidung, Wohnraum befriedigt sind, verlangt der Mensch nach mehr Schutz und Sicherheit. Danach stehen Sozialbedürfnisse im Vordergrund, wie Familie, Freunde, Bildung, Kultur, Sport, Unterhaltung, Freizeit, Reisen, Mode usw. Danach werden unterschiedliche persönliche Ansprüche immer wichtiger, wie Einkommen, Lebensstandard, Wohn- und Lebensverhältnisse. Ganz oben steht das Streben nach Selbstverwirklichung, wie Anerkennung und Wertschätzung im Beruf, Karriere, Wunsch, selbst etwas zu gestalten, zu verändern und zu bewegen.

Die riesige weltweite Verschuldung mit Aufschwung auf Pump entwickelt eine gefährliche Eigendynamik

Zahlreiche Regierungen – getrieben von Machtanspruch, Herdentrieb, Verdrängung und Selbstrechtfertigung – scheinen nach dem Prinzip zu handeln: *„Schulden sind nicht zurückzuzahlen! Die anderen Staaten denken ja auch nicht daran, ihren riesigen Schuldenberg abzutragen."* So wächst – befeuert von einer Zinspolitik nahe 0 % und niedrigen Kreditzinsen – der Aufschwung auf Pump. Soziale Wohltaten für Bürger als Wahlkampfversprechen, Umstellung auf erneuerbare Energie, Sanierungen bei Kanalisation, Stromversorgung, Schienennetz, Straßen- und Wohnungsbau, Verbesserung der Infrastruktur, hoher militärischer Aufwand, Verbrechensbekämpfung, Bildung, Gesundheits- und Verkehrswesen usw. stellen die Tilgung der Verbindlichkeiten zurück.

Der Rotstift wird kaum angesetzt bei Prestigeprojekten und Großveranstaltungen wie Weltmeisterschaften und Olympiaden – von Bescheidenheit ist hier nur selten etwas zu spüren. Bei den seit Jahren extrem niedrigen Zinsen wäre eine sinkende oder zumindest gleichbleibende Verschuldung möglich. Aber das Gegenteil ist der Fall. *„Gürtel enger schnallen"* ist kaum gefragt – weder im übertragenen Sinne noch tatsächlich. Ein Spiegelbild ist der stetig steigende, die Gesundheit gefährdende Anteil übergewichtiger Menschen in Amerika, Deutschland, Mexiko und anderen Industrie- und Schwellenländern.

- **Die weltweite Verschuldung lag um die Jahrtausendwende bei 87 Billionen Dollar, 2007 bei 141 und 2014 bereits bei 199 Billionen US-Dollar – weitaus mehr als eine Verdopplung allein in den letzten 14 Jahren.** Der Löwenanteil des Schuldenbergs fällt auf die Staaten mit 58 Billionen Dollar. Es folgen die Unternehmen mit 56, der Finanzsektor mit 45 und am Ende der Schuldenspirale die privaten Haushalte mit 40 Billionen Dollar. Rechnerisch steht jeder Mensch mit 27.000 Dollar in der Kreide. Das Leben auf Pump ist teurer, als Menschen in den Armutsregionen der Dritten Welt in ihrem ganzen Leben verdienen.

- **Laut HANDELSBLATT, Nr. 165, 28. August 2015, könnten Großkonzerne und Finanzinvestoren mit dem Schuldenberg von 199 Billionen Dollar das weltweit wertvollste Unternehmen, die Hightechschmiede APPLE, 320-mal kaufen.** 199 Billionen Dollar in 100-Dollar-Scheinen wiegen zwei Millionen Tonnen – mehr als zwölf voll belastete Riesencontainer-Schiffe.

- **Der demografische Wandel mit der alternden Gesellschaft verstärkt den Trend zu wachsender Verschuldung.** Riesige Investitionsprogramme, finanziert mit Ersparnissen, könnten die Gesamtnachfrage anregen und das Steueraufkommen erhöhen – ein erster Schritt, mit Wachstum die Verbindlichkeiten zu verringern, mag auch kurzfristig ein Abbau die Konjunktur belasten.

Die Hauptrisiken für die in Aufruhr befindlichen Finanzmärkte: Pessimisten warnen vor einem Weltcrash

Es dauerte gut sieben Jahre, bis der deutsche Leitindex DAX seinen Höchststand von 8.136 Punkten am 7. März 2000 endlich mit 8.152 Punkten überspringen konnte – das neue Allzeithoch vom 13. Juli 2007. Wieder vergingen 7 Jahre, um 2014 endlich die Marke von 10.000 Punkten zu knacken. Danach ging es rasant aufwärts, bis zu 12.391 Punkte am 10. April 2015. Der Höhenflug hielt nicht lange an. Beim heftigen Börsenbeben am „Schwarzen Montag", 24. August 2015, brachen die Rohstoff- und Aktienmärkte rund um den Globus ein.

China entwickelte sich wegen des Konjunkturabschwungs zum Schreckgespenst. Der DAX stürzte auf 9.744, der Dow Jones auf 16.097, der Shanghai Composite auf 3.210 Punkte ab. War dies die Vorstufe eines neuen Weltcrashs, vor dem Untergangspropheten gebetsmühlenähnlich warnten? Wer ahnte schon, dass bereits am nächsten Tag, Dienstag, 25. August 2015, fast alle Verluste ausgeglichen wurden und zum Wochenschluss ein mageres Kursplus zu vermelden war? Dennoch: Die Gefahr ist nicht gebannt. Börsenexperten nennen als die fünf größten Risiken mit Blick auch auf den demografischen Wandel für die Finanzmärkte:

- **Extremes Auf und Ab, hohe Volatilität (Schwankungsbreite) bei Aktien**
- **Ausufernde Überschuldung von Staaten, Unternehmen und Privatpersonen als gefährliche Zeitbombe mit Eigendynamik**
- **Die Notenbanken mit ihren hochtourig laufenden Gelddruckmaschinen, dramatischen Zinsschritten, ungebremsten Käufen von Staatsanleihen und ultralockerer Geldpolitik als Brandbeschleuniger**
- **China, das Riesenland der Mitte, als „Konjunkturlokomotive für die Ewigkeit" überschätzt und nun auf den Boden der Tatsachen zurückgeholt**
- **Die Probleme am Anleihenmarkt mit Gefahr der Blasenbildung – verschärft durch eine Zinspolitik nahe 0 %, Negativverzinsung großer Guthaben und Käufe der EZB von derzeit 60 Mrd. € monatlich**

All diese Verwerfungen, Börsenunwetter und Kurskapriolen an den weltweiten Finanzmärkten rechtfertigen es zwar nicht, von einer demografischen Katastrophe zu sprechen, die das Vermögen von Aktionären bei fehlender Gegenwehr vernichten wird. Aber Vorsicht, Umsicht, Geduld, Selbstkontrolle und eine auf Wissen und Erfahrung gründende Fachkompetenz sind hilfreich, um Krisen erfolgreich zu meistern. Erdbeben, Kernkraftgau, Tsunami, Sturmflut können Menschen-, Tier- und Pflanzenleben auslöschen, eine Infrastruktur dauerhaft vernichten, Straßenzüge und Häuser dem Erdboden gleich machen. Umgekehrt sind Höhenflüge bei genialen Geschäftsideen möglich: siehe Apple, Google, Amazon, Facebook.

- Kein Börsencrash währt ewig, sondern wird abgelöst von Erholungsphasen mit neuen Chancen und steigenden Kursen. Offen bleibt allein die Frage: wann, wie lange, wie heftig? Da ich immer noch selbst entscheiden kann, wie ich darauf reagiere, bin ich solchen Börsenturbulenzen zumindest bei Langzeitanlage mit einem breit gestreuten Depot keineswegs hilflos ausgeliefert.

Die Verschuldung von zehn Staaten im 1. Halbjahr 2015 mit Bezug zum Bruttoinlandsprodukt und Veränderungen binnen acht Jahren

Die Aufstellung zeigt kein Vorbildverhalten. Wir erleben nicht nur die griechische Tragödie mit einer drückend hohen Schuldenlast, am Abgrund stehend vor dem Grexit, dem Verlassen der Eurozone, der Staatspleite, dem Feilschen um milliardenschwere Hilfspakete im Frühjahr/Sommer 2015. Es gibt große Staaten wie China und die USA, die einen riesigen Schuldenberg auftürmen und ihr Wirtschaftswachstum nicht dafür einsetzen, ihn zu verringern. In allen zehn aufgeführten Staaten ist die Schuldenlast binnen acht Jahren im Vergleich 2007 bis 2015 gestiegen, mit einer beängstigenden Zunahme von 250 % in China, 185 % in Japan und 180 % in den USA. In Amerika hat der Schuldenturm das schwindelerregende Ausmaß von 17.633 Mrd. € erreicht, katapultiert auch durch die extrem hohen Militärausgaben.

Land/Zone (Statistik 1. Hj. 2015)	Verschuldung 2015 in Euro	Bruttoinlandsprodukt 2015	Prozentsatz vom BIP 2015	Differenz Schulden 2007-2015	Differenz BIP 2007 bis 2015
Deutschland	2.152 Mrd.	2.776 Mrd.	72 %	+35 %	+6,9 %
Eurozone	9.741 Mrd.	9.806 Mrd.	94 %	+60 %	+0,6 %
USA	17.633 Mrd.	15.261 Mrd.	105 %	+180 %	+11,5 %
China	4.446 Mrd.	3.041 Mrd.	44 %	+250 %	+206 %
England	2.300 Mrd.	2.411 Mrd.	90 %	+161 %	+6,6 %
Frankreich	2.107 Mrd.	2.083 Mrd.	96 %	+68 %	+3,3 %
Griechenland	320 Mrd.	188 Mrd.	180 %	+33,5 %	-25,4 %
Italien	2.176 Mrd.	1.547 Mrd.	133 %	+35,5 %	-8,4 %
Japan	9.565 Mrd.	3.723 Mrd.	251 %	+68 %	+1,8 %
Spanien	1.095 Mrd.	1.083 Mrd.	100 %	+185 %	-2,3 %
Quelle: Zahlenmaterial aus dem HANDELSBLATT, Nr. 130, 10. Juli 2015, S. 46/47					

Die Überschuldung deutscher Bürger mit Angaben zur Insolvenz

Es stellt sich die Frage nach den Auslösern der Verschuldensspirale, der Gefahr, Privatinsolvenz zu erleiden mit der drohenden Folge Altersarmut.

Oft führt nicht nur ein Grund zur Überschuldung von Bundesbürgern. Meist treffen mehrere Faktoren zusammen. Die Zahlungsunfähigkeit verschärft sich stufenweise. Charaktermängel und Fehlerziehung, geringes Wissen und Leichtfertigkeit spielen eine Rolle. Schwere Schicksalsschläge, Verletzungen und Krankheiten, Trennung und Scheidung, Arbeitslosigkeit, selbst verschuldete Unfälle und Straftaten leiten das Drama ein. Es ist leicht, seinen Lebensstandard bei Erfolg zu erhöhen, aber schwierig, den Gürtel in einer Krise enger zu schnallen und auf Dinge zu verzichten, an die man sich gewöhnt hat, die aber entbehrlich sind. Das gilt für auffallend viele Fußballprofis am Ende ihrer aktiven Spielerkarriere.

Ein überschuldeter Deutscher hat im Schnitt 34.500 € Außenstände. Trotz höherer Einkommen und Renten sowie erheblicher Ersparnis bei den Sprit- und Heizkosten wird zu wenig oder gar nicht am Schuldenabbau gearbeitet. Die Gläubiger von Privatleuten sind Banken (16.700 €), öffentliche Geldgeber (5.100 €), Inkassobüros (2.300 €), Vermieter, Telekommunikationsunternehmen, Privatpersonen, Versicherungen und Versandhäuser (jeweils über 500 bis rund 1.000 €). Nachdem viele Bundesbürger aber nicht bereit sind, für ihre Altersvorsorge regelmäßig Geld zurückzulegen, sondern lieber Einkaufs- und Urlaubsfreuden genießen, sprudelt diese Kapitalquelle nicht, um im Notfall, bei einem plötzlichen Schicksalsschlag, dem drohenden Schuldendesaster zu entgehen. Fast die Hälfte aller berufstätigen Bundesbürger hat bislang ihre Altersvorsorge nicht geregelt. Nur jeder Dritte ist bereit, sich finanziell einzuschränken.

Hauptgründe für Verschuldung

Arbeitslosigkeit	19,1 %
Trennung/Scheidung/Partnertod	12,4 %
Krankheit, Sucht, Unfall	12,1 %
Schlechte Haushaltsführung	11,2 %
Gescheiterte Selbstständigkeit	8,1 %
Zahlungsverpflichtungen (Bürgschaft, Übernahme, Mithaftung)	2,4 %
Gescheiterte Finanzierung von Eigentumswohnung/Haus	2,4 %
Anlagebetrug/Fehlberatung	2,1 %

Aktuell liegt hierzulande die Zahl der Privatinsolvenzen bei 11.270 Fällen. 8,5 % der Girokontoinhaber überziehen jeden Monat ihr Konto, 6,5 % über ein halbes Jahr. Dabei sind der Dispositionskredit und vor allem die geduldete Überziehung teuer. Zweistellige Jahreszinssätze bei geduldeter Überziehung sind üblich. Wer dauerhaft über seine Verhältnisse lebt, mehr ausgibt als einnimmt, gerät nicht nur mit seinem Girokonto in ein Minus. Kredite bei Anschaffungen werden zur Regel. Die Mahngebühren und Zahlungsbefehle für nicht bezahlte Rechnungen häufen sich. Dies ist der erste Schritt auf dem Weg zur drohenden Privatinsolvenz und damit allerhöchste Zeit, die Probleme in den Griff zu bekommen und professionelle Hilfe zu nutzen. Brutale Kredithaie reißen ihr Maul weit auf, um sich neue Opfer einzuverleiben.

China vervierfacht seinen Schuldenberg seit 2007, zeigt Wachstumsschwächen, stürzt mit eigenen Aktien an der Börse in Shanghai bis zu 40 % ab, leidet unter faulen Krediten, sorgt im Sektor Autoindustrie für Unruhe und ist Hauptauslöser für den Börsencrash bei DAX & Co.

Die Abkühlung der chinesischen Konjunktur zeigt sich im brutalen Absturz der Börse Shanghai im Sommer 2015 mit einem zeitweiligen Tief bis zu 40 %. Darunter leiden die Kursentwicklungen in Amerika, Europa und insbesondere beim DAX. Der deutsche Leitindex kann am 18. September 2015 nicht einmal die Marke von 10.000 Punkten verteidigen und verliert seit dem Allzeithoch am 11. April 2015 von 12.360 Punkten rund 25 %. Besonders leidet darunter die deutsche Premium-Autoindustrie. Es fehlen Geld und Zuversicht, weiterhin im Riesenland der Mitte Luxus-Limousinen, kompakte Gelände- und technologisch brillante Sportwagen mit schickem Design anzuschaffen. Bei Daimler, BMW, VW, Porsche und AUDI bewegen sich die Kurseinbrüche zwischen 20 und 30 %. Analysten empfehlen, stufenweise zuzugreifen. Mit dem Aufdecken der Diesel-Abgaswerte-Manipulation von VW mit 11 Millionen betroffenen Fahrzeugen weltweit wirkt alles, was zuvor geschah, wie die Einleitung zu einem Trauerspiel ungewöhnlicher Art.

Die Abkühlung der chinesischen Konjunktur spült grobe Fehler gepaart mit Missmanagement an die Oberfläche. Besorgniserregend ist der Anstieg der „faulen" Kredite. Sie erhöhten sich bei den vier großen chinesischen Staatsbanken im ersten Halbjahr 2015 um ein Drittel auf 83 Mrd. € und liegen nun bei rund 1,5 %. Der Aufsichtsratchef **Wang Hongzhang** von der China Construction Bank versucht, die Investoren zu beruhigen: *„Es gibt viel Gerede über faule Kredite. Aber wir haben die Probleme im Griff. Es gibt keine großen Gefahren. Im internationalen Vergleich stehen wir damit doch noch relativ gut da."* Das sieht **Helen Zhu** vom weltgrößten Vermögensverwalter **Blackrock** ganz anders. **Andra Heep** vom Berliner China-Forschungsinstitut **MERICS** mahnt nachdrücklich: *„Zudem haben die von den Banken finanzierten Interventionen an den Börsen die notleidenden Kredite in ihren Büchern noch einmal deutlich erhöht."* Die Expertin ergänzt: *„Um die Verschuldung der subnationalen Regierungen in den Griff zu bekommen, muss Peking eine Umverteilung der Steuermittel vornehmen."*

Weltweite Schulden 2014: Sparten/Bruttoinlandsprodukt					
Abgrenzung	**Deutschl.**	**USA**	**Spanien**	**Irland**	**Japan**
Öffentliche Haushalte	80 %	89 %	132 %	115 %	234 %
Unternehmen	54 %	67 %	108 %	189 %	101 %
Private Haushalte	54 %	77 %	73 %	85 %	65 %
Zahlenquellen: HANDELSBLATT, Ausgabe 62, 30. März 2015; Mc Kinsey					

1.7 Die Gen-Analyse mit Erbgutentschlüsselung als Wachstumstreiber dieses Jahrhunderts

Über ein Jahrzehnt hatten weltweit über 1.000 Wissenschaftler in einem Kraftakt daran gearbeitet, das menschliche Erbgut zu entschlüsseln. Endlich, im Millenniumsjahr 2000, erfolgte der Durchbruch.

Erstmals gelang es, die Grobversion eines kompletten menschlichen Genoms mit seinen 3 Mrd. Einzelbausteinen zu präsentieren und das Geheimnis um Herkunft und Aufbau zu lüften. Der Grundstein für eine bessere Diagnose und Behandlung vor allem bei Krebserkrankungen war gelegt. Aber es vergingen weitere 15 Jahre, bis sich die Gen-Analyse mit ihrem hohen Potenzial in der Medizin etablierte. Gene sind gespeicherte Erbanlagen in 3,2 Mrd. Bausteinen des Nukleinsäure-Moleküls DNA. Es kommt in jeder Körperzelle in Form von 23 Chromosomenpaaren, also in doppelter Ausführung, vor. Bei den einfach vertretenen Geschlechtschromosomen bedeutet **y** männlich und **x** weiblich.

Mithilfe von Gentests werden bekannte DNS-Abfolgen untersucht und ausgewertet. Die Gen-Diagnostik eröffnet erfolgversprechende Therapien nicht nur bei Krebs, verlangt in ethischer Hinsicht aber strenge Regeln. Vorgeburtliche genetische Untersuchungen sind ein heikles Thema. Arbeitgeber dürfen keine Gen-Tests verlangen, um anhand der Ergebnisse Bewerber einzustellen oder abzuweisen. Ein ähnliches Verbot gilt für Lebensversicherer.

Die ersten Steh- und Gehversuche waren mühsam und kostspielig. Zu Beginn verschlang die Erbgutanalyse für ein einziges menschliches Genom 95 Mio. US-Dollar. 2005 fielen noch 17,5 Mio. Dollar an, 2010 knapp 47.000 und 2015 lediglich 1.000 Dollar. CEO **Peer Schatz** vom TecDAX-Unternehmen **Qiagen** geht davon aus, dass eine Entschlüsselung bald nur noch 10 Dollar kostet. Qiagen will bis Jahresende erste Analysegeräte anbieten, um die großen Chancen zu nutzen. Die Fortschritte in der Gentechnologie sind rasant. Die Entschlüsselung des Erbguts wird weltweit bald größere Datenmengen erzeugen als Youtube oder Facebook. Nachdem der Aufwand für eine Gen-Analyse drastisch sinkt, dürfte sich der Markt für Gen-Analysen bis 2020 auf mehr als 20 Mrd. Dollar vervielfachen.

Überaus beeindruckend präsentiert sich die komplette Genom-Entzifferung im Zeitraffer. 2005: 1,3 Genome, 2009: 10 Genome, 2011: 20 Genome, 2013 ein rasanter Anstieg auf 623 Genome und 2014 ein Höhenflug auf 18.000 entschlüsselte Erbanlagen. Die beiden TecDAX-Firmen **Qiagen** bei Diagnostik und **Sartorius** bei Entwicklung und Einsatz spezieller Laborgeräte sind wegweisende Anbieter in diesem spannenden Zukunftsmarkt. Neben dem Gesundheitswesen sind Polizei und Gerichtsmedizin Nutznießer der DNA-Erforschung.

1.8 Flüchtlingszuzug: Chance für Arbeitsmarkt und Altersstruktur oder Katastrophe?

2014 flüchteten 200.000 Menschen nach Deutschland. 2015 wird die Zahl bei 1,5 Mio. liegen, verbunden mit großen Sorgen, hohen Kosten und einer Bevölkerung schwankend von willkommen bis gewalttätig.

Die Zahl der Asylsuchenden gleicht einer Völkerwanderung mit immer mehr Zulauf, trotz Gefahr für Leib und Leben. Bundesländer und Kommunen stöhnen unter der Last, für eine halbwegs menschenwürdige Unterkunft und Verpflegung zu sorgen und den ständig wachsenden Aufwand zu schultern. Im Vorjahr fielen in Deutschland Kosten von rund 2,2 Mrd. € an. 2015 dürfte sich diese Summe zumindest verdreifachen. Die Schätzung beläuft sich auf über 6 Mrd. €. Täglich müsste ein Hochhaus gebaut und bezugsfertig sein, um den Flüchtlingszustrom bewältigen zu können. Unbeheizte Zelte sind im Winter nicht zumutbar; und es fehlt an der benötigten Zahl und dem Platz für Wohncontainer.

Hinzu kommt die ablehnende Haltung vieler Bundesbürger, geboren aus Angst, Hass, Unsicherheit, Unwissenheit, Egoismus und fehlendem Verständnis. Sie kann gipfeln in widerwärtigen Straftaten, ausgedrückter Verachtung und Gewalt, gipfelnd in Brandsätzen, geworfen von Rechtsradikalen in Notunterkünfte für Neuankömmlinge. Demgegenüber stehen junge und alte ehrenamtliche Helfer, die alles tun, um das Leid der Asylsuchenden zu lindern, ihnen das Gefühl von Solidarität und Willkommensein zu vermitteln – eine Gratwanderung zwischen Zuversicht und Hoffnungslosigkeit. Nordrhein-Westfalen nahm in der ersten Jahreshälfte 2015 über 35.000 Flüchtlinge auf, dahinter mit je knapp 30.000 Asylsuchenden Baden-Württemberg und Bayern. Im zweiten Halbjahr vervielfachten sich die Zahlen.

Was tun? Einheitliches Vorgehen der EU? Neues Einwanderungsgesetz? Rasches Abschieben von Asylsuchenden aus dem Balkan?

Die Bundeskanzlerin und der Bundespräsident machen mobil gegen Fremdenhass, ausgeübt meist von Rechtsradikalen, vor allem aus Ostdeutschland. Die Regierung stellt weitere Milliardenhilfe in Aussicht. Der Innenminister will chancenlose Asylbewerber aus „sicheren Herkunftsländern" schneller abschieben. Vordringlich erscheint ein einheitliches Vorgehen seitens der EU mit gerechten Aufnahmequoten. Es darf nicht länger angehen, dass sich einige Länder vollkommen aus der Verantwortung stehlen. Den kriminellen Schleppern und Schleusern ist ihr einträgliches Geschäft durch hartes Eingreifen zu vermasseln. Deutschland braucht ein neues Einwanderungsgesetz, um Fachkräfte auch unter den Asylsuchenden zu finden und für den Arbeitsmarkt zu gewinnen.

Tröstlich stimmt, dass es großteils jüngere Menschen sind, die ihr Leben waghalsig in seeuntüchtigen, schrottreifen Booten, Lastwagen oder zu Fuß aufs Spiel setzen für eine bessere Zukunft. Sie wollen in Deutschland arbeiten, sich sicher fühlen und genug verdienen für ein menschenwürdiges Dasein – möglichst mit eigener Familie. Die günstige Altersstruktur der Neuankömmlinge kann den Alterungsprozess in unserer Gesellschaft nicht aufhalten, aber etwas abmildern. 80-Jährige dürften nur in Ausnahmefällen unsere Gesellschaft durch Innovationen, Mut, Courage und Investitionsbereitschaft positiv verändern. Eher ist dies von den nachrückenden Generationen zu erhoffen, sofern sie Eingliederungs- und Entfaltungschancen haben und erkennen, dass Wertschätzung und Achtung winken. All dies gilt in besonderem Maße für Flüchtlinge. Eine Willkommenskultur muss verbunden sein mit sozialer Eingliederung, dem Erlernen der deutschen Sprache und Ausbildungsverträgen toleranter Arbeitgeber, bevorzugt im Handwerk. Stehen wir zusammen, lassen sich die schwierigen Herausforderungen vielleicht meistern. Mit Blick auf all das Leid müssen wir uns gefordert, aber nicht zwingend überfordert fühlen.

- **Der Flüchtlingszustrom wird erst enden, wenn sich die Lebensbedingungen im Herkunftsland, allen voran Syrien, ändern.** Die Asylsuchenden suchen Schutz vor Verfolgung, Verschleppung, Menschenhandel, Diskriminierung, Rache- und Gewaltakten, Ausweisung und Trennung von ihren Familien. Sie müssen sich aber zu unseren Werten und unserer Kultur bekennen.
- **Unverzichtbar sind klare und verbindliche Vereinbarungen der EU:** gerechte Verteilungsquoten, menschenwürdige Unterkünfte, Bekämpfung rechtsextremer Gewalt, Zugang beruflich qualifizierter Asylbewerber zum deutschen Arbeitsmarkt und Reform des Einwanderungsgesetzes.

Die Wirtschaft stellt folgende Fragen: *Soll die Einwanderung gesetzlich geregelt werden? (82 % Ja). Soll Flüchtlingen der Zugang zum Arbeitsmarkt erleichtert werden? (90 % Ja). Kann der Flüchtlingszuzug helfen, den absehbaren Fachkräftemangel zu verringern? (67 % Ja, Großkonzerne 74 % Ja). Gibt es in 5 Jahren durch den Flüchtlingsstrom mehr Arbeitslose? (62 % Ja).*

Kriminellen Schlepper- und Schleuser-Banden ist durch intensive Fahndung und harte Strafen der Boden zu entziehen

Allein im 1. Halbjahr 2015 gab es hierzulande 6.700 illegale Grenzübertritte – quasi eine Verdopplung gegenüber dem Gesamtjahr 2014. Die Kosten, die Flüchtlinge an die Schlepper zu bezahlen haben, sind trotz unerträglicher Zustände und akuter Lebensgefahr hoch. Sie liegen zwischen 500 € und 20.000 €, auch abhängig von der Reiseroute. Wer von Syrien nach Europa flieht, muss mit 10.000 € rechnen – ohne Erfolgsgarantie. Erste Fortschritte bei der Schleuserbekämpfung sind intensive Grenzkontrollen und bei Festnahme langjährige Haftstrafen.

Die Wirtschaft hilft mit Spenden und Arbeitsplätzen, nachdem die Bundesregierung Hunderttausende von Flüchtlingen einreisen lässt

Über 12.000 Flüchtlinge strömten allein am ersten Septembersonntag von Ungarn, Hauptbahnhof Budapest startend, mit 80 Zügen aus Salzburg in den Münchner Hauptbahnhof. Wenige Tage später waren es dreimal so viele Migranten. Mit diesem humanitären Akt gewann Deutschland weltweit viel Ansehen, zumal Tausende von ehrenamtlichen Helfern mit Kleidung, Spielsachen, Essen und Trinken die von der wochen- und monatelangen Flucht gezeichneten notleidenden Menschen vor allem aus Syrien herzlich willkommen hießen. Hier wurde die von der Bundeskanzlerin Angela Merkel eingeleitete mitmenschliche Solidarität beispielhaft vorgelebt.

An Goethes Zauberlehrling erinnernd gerät diese Hilfe jedoch aus dem Ruder. Abscheuliche Gewaltakte wie Brandanschläge rechtsradikaler Gruppen nehmen zu. Mehrheitlich positive Umfragen kehren sich um in negative Ergebnisse. Die Kosten steigen ins Unermessliche, pro Flüchtling jährlich auf schätzungsweise 12.000 Euro. Der Flüchtlingszustrom wird 2015 die Millionengrenze deutlich überschreiten. Kommunen und Bundesländer fühlen sich überfordert. Die Messe München bietet in drei Hallen eine vorübergehende Unterkunft an. Messezentren in Deutschland sorgen für Schlafplätze, ebenso vorübergehend die Sporthallen von Schulen. Fehlende Unterkünfte an allen Ecken und Enden! Viele Städte sind überfordert und stoßen an die Grenzen des Machbaren. Es wächst die Angst vor Enteignung bei leerstehenden Häusern und Wohnungen.

Die Bundesregierung will 6 Mrd. € für die Flüchtlingshilfe 2016 locker machen, wovon die Hälfte an die Kommunen und Bundesländer geht. Wegen der hohen Ausgaben für große Hilfspakete sind neue Schwerpunkte zu setzen. Etliche Projekte, darunter geplante soziale Wohltaten, werden verschoben. Der schuldenfreie Bundeshaushalt 2016, der Kampf um die schwarze Null, gerät in Gefahr.

Freilich ist große Hilfsbereitschaft die richtige Antwort auf Fremdenhass, Terrorismus und Rechtsradikalismus. Es geht eben nicht immer nur um Geld, um Profit. Hoffnungsbringer ist die Überwindung des Arbeitskräftemangels. Unter den Migranten befinden sich junge, gut ausgebildete, arbeitswillige, motivierte Menschen, aber auch viele Analphabeten, Kinder und Jugendliche nur mit Grundschulbesuch. Die größte Hürde sind fehlende Deutschkenntnisse. Bei vielen Personalchefs muss ein Umdenken einsetzen. Bislang blieb es beim Flüchtlingsthema eher still in den Vorstandsetagen. Es gilt, gebotene Chancen in den Zeiten des globalen Wandels und einer aus Not geborenen Völkerwanderung zu nutzen. Trendforscher halten die Flüchtlingswelle als willkommene Gelegenheit, den Arbeitskräftemangel zu lindern und die Rentenlücke in Deutschland zu schließen.

Gelingt die Eingliederung, können diese Menschen einen wichtigen Teil der Zukunft Deutschlands sichern. Der Präsident der IHK München bestätigt: *„Wir suchen händeringend überall Menschen."* Er selbst musste schon Aufträge wegen fehlender Mitarbeiter ablehnen. Auf der Unternehmerseite wird nicht nur geredet, sondern spontan und rasch geholfen. Dafür gibt es zahlreiche Beispiele, von denen ich einige aufgreife: Der Bergbaukonzern **RAG** bietet 17 Flächen mit Wohncontainern und Gebäuden für die Unterbringung an. Der Versorger **E.ON** (DAX) stellt ein leer stehendes Gebäude mietfrei für fünf Jahre als Unterkunft bereit. Der Essener Chemiekonzern **EVONIK** (MDAX) lindert Not mit einer Soforthilfe von 1 Mio. €. **ThyssenKrupp** (DAX) führt an mehreren Standorten Sammelaktionen durch. Die **Deutsche Telekom** (DAX) stellt WLAN für Flüchtlingsunterkünfte zur Verfügung und hilft bei der Prüfung von Asylanträgen. Der Maschinenbauer **TRUMPF** organisiert Deutschkurse in seinem Ausbildungszentrum und schafft neue Ausbildungsplätze für Flüchtlinge mit Arbeitserlaubnis. Der Pharmariese **BAYER** (DAX) entwickelt Lernprojekte für Flüchtlingskinder und unterstützt die Fort- und Weiterbildung der Lehrer. Der **Langenscheidt**-Verlag stellt die Online-Ausgabe seines Wörterbuchs Deutsch-Arabisch kostenlos ins Internet. (Quelle für die aufgeführten Firmenhilfen: HANDELSBLATT, Ausgabe Nr. 175, 09. September 2015).

- **Die EU muss zusammenstehen, um diese schwere Krise zu meistern. Die Flüchtlinge sind nach einem gerechten Schlüssel aufzuteilen.** Gelingt es, ist dies ein Signal für die Zukunft, als Mitglied nicht nur Wohltaten einzufordern, sondern ernste Krisen gemeinsam anzupacken und zu bewältigen. Die EU-Kommission plant, Hunderttausende von Flüchtlingen vor allem aus Syrien nach verbindlichen Quoten auf die Mitgliedsstaaten zu verteilen. Sonst droht der große Marsch nach Westen Europa zu spalten. Eine feste Migranten-Quote ist jedoch nicht in Sicht. Osteuropäische Länder sperren sich hartnäckig.

Welche positiven Signale sendet der Flüchtlingszustrom bezüglich des demografischen und gesellschaftlichen Wandels?

- **Wandern pro Jahr über 500.000 bis eine Million Flüchtlinge in Deutschland ein, verbessert sich die Altersstruktur der Bevölkerung.** Es sind großteils junge Leute, Jugendliche, Heranwachsende und Familien.

- **Die ostdeutschen Bundesländer sollten die Chance nutzen, ihren eigenen Bevölkerungsschwund durch Aufnahme von Migranten und aufrichtige Willkommenskultur aufzufangen.**

- **Der Absatz zahlreicher Produkte steigt.** Dies sind vor allem Nahrungsmittel, Essen und Trinken, Kleidung, Babyzubehör, Schulbedarf, Sportartikel, Spielzeug, einfache Möbel und sonstige Konsumgüter. Ebenso profitieren die Bauindustrie, Hersteller von Wohncontainern sowie Immobilienunternehmen.

Blick in die Statistik: Wachstumstreiber oder Wohlstandsbremse durch über eine Million Flüchtlinge allein 2015 in Deutschland?

Einfluss des Flüchtlingszustroms auf unsere Wirtschaft

Positive Zukunftsaussichten	**Negative Zukunftsaussichten**
Deutschland wird längerfristig von den Flüchtlingen profitieren: mehr Offenheit für andere Menschen, Lebensformen, Kulturen und Ideen als Säule künftiger wirtschaftlicher Erfolge. Die meisten Migranten sind jung, können mit Aus-, Fort- und Weiterbildung sowie Umschulung Qualifikationen erwerben. Voraussetzung sind gute Deutschkenntnisse, ein Schul- und Berufsabschluss und Motivation. Robotik ersetzt einfache Arbeitsplätze. Qualifizierte Leute sind begehrt.	Die Aufnahme von Flüchtlingen zeugt von anständiger Moral und Gesinnung, bürdet aber Bundesländern und Kommunen, Steuerzahlern und letztlich der einheimischen Bevölkerung große Lasten auf. Deutschland gelangt wirtschaftlich an die Grenzen des Machbaren und wird künftig durch steigende Arbeitslosenzahlen und wachsende HARTZ-IV-Ansprüche leiden. Viele Einwanderer ohne Schul- und Berufsausbildung bewirken finanzielle Verluste.
Fazit: Nur mit massiver Zuwanderung kann Deutschland den Lebensstandard langfristig sichern und den Mangel an qualifizierten Arbeitskräften ausgleichen.	**Fazit:** Robotik und Digitalisierung verstärken den Stellenabbau bei Ungelernten. Viele Migranten sind Analphabeten oder besuchten nur die Grundschule.
Bruttoveränderung BIP	**Nettoveränderung BIP**
2016: +0,30 %, 2020: +0,54 %	**2016: -0,30 %, 2020: -0,66 %**

Bildungsniveau Deutschland		**Bildungsniveau Ausländer**	
Ohne Berufsausbildung	**16 %**	Ohne Berufsausbildung	**41 %**
Betriebliche/schul. Ausbildung	**62 %**	Betriebliche/schul. Ausbildung	**27 %**
Studium	**13 %**	Studium	**11 %**

Alter der Asylbewerber nach Erstanträgen in Deutschland 2014			
Von 0 bis unter 16 Jahre	**48.362**	Von 45 bis unter 50 Jahre	**4.782**
Von 18 bis unter 25 Jahre	**6.626**	Von 50 bis unter 55 Jahre	**3.155**
Von 25 bis unter 30 Jahre	**40.355**	Von 55 bis unter 60 Jahre	**2.116**
Von 30 bis unter 35 Jahre	**26.717**	Von 60 bis unter 65 Jahre	**1.214**
Von 35 bis unter 40 Jahre	**12.063**	65 Jahre und älter bis 100 J.	**1.299**
Von 40 bis unter 45 Jahre	**7.605**	Ohne dauerhaften Job: hohe Kosten	

Flüchtlingspolitik: Zum Ansehen der Bundeskanzlerin Angela Merkel	
Weltweit hohes Ansehen und Sympathie wegen Mitmenschlichkeit und tätiger Hilfe	Hierzulande: Sympathie- und Stimmenverlust für die CDU, Rechtsruckgefahr

Quelle für Zahlenmaterial: HANDELSBLATT Nr. 210, 30. Oktober 2015

1.9 Alzheimer: Demografie-Katastrophe oder erfolgreicher Wettlauf der Pharmakonzerne?

Vor einem halben Jahrhundert war Alzheimer, die tödliche Krankheit des Vergessens und Persönlichkeitsverfalls bis hin zu völliger geistiger Umnachtung, noch kein Thema. Der deutsche Psychiater Alois Alzheimer (1864-1915) beschrieb als Erster die schwere Form von Alters-Demenz, der vor hundert Jahren gewöhnlich der Tod zuvorkam.

Die Alzheimer-Demenz bedeutet nicht nur für die Kranken und ihre Angehörigen ein oft viele Jahre währendes Leid und unsägliche Mühsal. Alzheimer, die Krankheit des Vergessens, stellt Volkswirtschaften und Gesellschaften rund um den Globus vor wachsende Probleme. Die Pharma- und Biotechnologie-Industrie forscht unter enormem Aufwand an erfolgreichen Gegenmitteln. Eine wirksame, nicht nur den Ablauf verlangsamende, sondern Heilung versprechende Arznei wäre viele Milliarden wert.

Der Wettlauf der führenden Gesundheitskonzerne hat längst begonnen. Wer die Jagd nach der Wunderpille gewinnt, dem winken Milliardenerträge. Und auch die Aktionäre der Sieger werden mit drei- bis vierstelligen Kursgewinnen im Verlaufe einiger Jahre belohnt. Weltweit sind rund 40 Mio. Patienten davon betroffen, darunter so kluge Köpfe, Prominente und Weltstars wie der Literaturexperte Walter Jens, der amerikanische Ex-Präsident Ronald Reagan, der Fußballmanager Rudi Assauer von Schalke 04, die Schauspieler Omar Sharif und Peter Falk, der frühere Torschützenkönig der Fußball-Nationalelf Gerd Müller. Die Zahl der Demenzkranken wird bis 2050 weltweit auf 135 Mio. Patienten steigen. In Deutschland werden dann 3 Mio. Betroffene und deren Angehörige darunter leiden, dass Geisteskräfte, Erinnerung, Persönlichkeit und Kontrollvermögen jeden Tag weiter verblassen und sie in ihrer eigenen bizarren Welt leben. Zwischen dem 65. und 90. Lebensjahr wächst der prozentuale Anteil rapide.

Alzheimer entwickelt sich als Folge der steigenden Lebenserwartung immer mehr zu einer Unsummen verschlingenden Volkskrankheit. Höchste Zeit, diese grausame Heimsuchung zu heilen! Im Hirn eines Erkrankten sterben nach und nach Milliarden von Nervenzellen ab. Vermutlich treibt hier ein Protein im Gehirn sein Unwesen. Genetische Faktoren spielen mit, bilden aber nicht das Hauptrisiko. Je älter ein Mensch wird, desto höher ist das Erkrankungsrisiko. Bislang gibt es nur lindernde Medikamente gegen die Symptome und Vorbeugung durch gesunden Lebenswandel. Überall in der Welt investieren Pharma- und Biotechnologie-Konzerne Milliardensummen in Forschung und Entwicklung; denn das Marktpotenzial bei Erfolg ist riesig.

Alzheimer-Forschung: wichtige börsennotierte Akteure				
Aktie und Unternehmen	**WKN**	**Kurs 03.10.15**	**52 Wochen-Hoch/Tief**	**Kursentwicklg. 1, 3, 5 Jahre**
Allergan (Actavis)	**A14 U12**	252,30 €	310,0/163,5 €	**+34/+284/+705 %**
Börsenwert 101,2 Mrd. €, KGV 27, Ergebnis/Aktie 5,6/7,7/9,1 €, Div.-Rendite 0,2 %, S&P 500, Irland. Nach Übernahme von Allergan nahm Actavis diesen Namen an.				
AstraZeneca, GB	**886 455**	56,85 €	69,05/51,80 €	**+3/+56/+52 %**
Börsenwert 71,3 Mrd. €, KGV 15, Ergebnis/Aktie 0,9/3,8/3,7 €, **Div.-Rendite 4,5 %,** Stoxx 50, neue Wirkstoffe, klinische Phase II, weltweit achthöchster Pharmaumsatz				
Biogen, USA	**789 617**	255,55 €	447,0/229,2 €	**Keine Angaben**
Börsenwert 60,8 Mrd. €, KGV 14, Ergebnis/Aktie 11,1/14,6/17,5 €, Div.-Rendite 0 %, Nasdaq, Biotech/Pharma, klinische Phase II, Alzheimer-Wirkstoff weckt Fantasie.				
Eli Lilly, USA	**858 560**	76,25 €	82,15/47,95 €	**+46/+102/+181 %**
Börsenwert 86,8 Mrd. €, KGV 22, Ergebnis/Aktie 2,0/2,9/3,4 €, Div.-Rendite 1,8 %, S&P 500, Arzneimittelforschung, klinische Phase III, Alzheimer: Ziel Langzeitwirkung				
Merck & Co., USA	**A0Y D8Q**	43,10 €	56,15/41,65 €	**-6/+25/+63 %**
Börsenwert 127,0 Mrd. €, KGV 13, Ergebnis/Aktie 1,6/1,6/1,7 €, **Div.-Rendite 3,7 %,** Dow J., weltweit fünfhöchster Pharmaumsatz, Phase III, Ziel: Proteinspaltg. stoppen				
Novartis, Schweiz	**904 278**	82,10 €	99,05/65,10 €	**+12/+72/+98 %**
Börsenwert 196,3 Mrd. €, KGV 15, Ergebnis/Aktie 3,9/5,1/5,4 €, **Div.-Rendite 3,1 %,** Stoxx 50, Pharma/Bio-/Medtech, klinische Phase II, weltweit höchster Pharmaumsatz				
Pfizer, USA	**852 009**	28,85 €	33,65/21,55 €	**+26/+49/+132 %**
Börsenwert 185,7 Mrd. €, KGV 13, Ergebnis/Aktie 1,3/2,0/2,1 €, **Div.-Rendite 3,5 %,** Dow J., etliche Therapien, klinische Phase II, weltweit zweithöchster Pharmaumsatz				
Roche, CH, Aktie	**851 311**	235,65 €	270,0/202,8 €	**+4/+57/+125 %**
Börsenwert 202,4 Mrd. €, KGV 15, Ergebnis/Aktie 3,0/3,3/3,7 €, **Div.-Rendite 3,3 %,** Stoxx 50, Topkandidat Antikörper, Phase III, weltweit dritthöchster Pharmaumsatz				
Roche, Genussschein	**855 167**	235,90 €	274,8/209,1 €	**+3/+59/+132 %**
Börsenwert 202 Mrd. €, KGV 14, Ergebnis/GS 10,1/14,2/15,7 €, **Div.-Rendite 3,5 %,** Stoxx 50, forschungsintensiver Pharmariese, Wahl zwischen Aktie/Genussschein				
Anmerkung: 2013 wurden mit Alzheimer-Präparaten, die nur lindern, aber noch nicht heilen, immerhin 4,9 Mrd. US-Dollar eingenommen. Die Umsatzprognose für 2023 beläuft sich auf 13,3 Mrd. Dollar, nahezu eine Verdreifachung.				
36 % der Pflegebedürftigen hierzulande haben Alzheimer – die Hälfte aller Pflegeheimbewohner. 2010 verursachte Alzheimer weltweit Kosten von 450 Mrd. €. Bis 2030 dürfte sich der Behandlungsaufwand verdoppeln. Die jährlichen Kosten pro Patient belaufen sich bei schwerer Erkrankung auf 42.000 €.				

Herausforderungen in Verbindung mit Alzheimer-Demenz

Über einen Zeitraum von 2003 bis 2050 dürfte die Zahl der Demenzkranken weltweit steigen: USA um 250 %, Europa 90 %, Afrika 345 %, Asien 225 %. Die politischen, sozialen und wirtschaftlichen Risiken lassen sich kaum abschätzen. Es bleibt zu hoffen, dass bald wirksame Medikamente auf den Markt kommen. Die Herausforderungen sind groß:

- **Finanzielle Sorgen; denn die stationäre Pflege ist sehr teuer. 25 Mrd. € betragen allein die jährlichen Ausgaben der Pflegeversicherung.**
- **Eine häusliche Betreuung ist ideal, kann aber von Angehörigen, sofern vorhanden, immer seltener geleistet werden. Hilfreich wären ein barrierefreier Wohnraum und ein wohnortnahes Angebot an professioneller Hilfe.**
- **Die Patienten brauchen Freiraum. Ans Bett gefesselt und mit Psychopharmaka ruhiggestellt, dies verträgt sich nicht mit Menschenwürde.**
- **Es mangelt an allen Ecken und Enden an Fachpersonal. Bis 2030 dürften mindestens 170.000 Pflegekräfte fehlen. Mithilfe des Flüchtlingsstroms lässt sich dieses Problem vielleicht abschwächen, nicht aber lösen.**

Kursplus auch in den Zeiten von Börsencrash, Angst und Unsicherheit

Dieses Buch enthält Kurslisten zu unterschiedlichen Zeiten – sowohl auf dem Weg zum Jahres- und Allzeithoch im April 2015 als auch im aktuellen, von großen Kurskapriolen geprägten Absturzszenario. Betrachten wir die vorstehende Kursliste über die in der Alzheimer-Forschung führenden Pharma- und Biotech-Konzerne, so wirkt tröstend und beruhigend, dass mit einer einzigen Ausnahme dennoch sämtliche Aktien Anfang Oktober 2015 im Ein-, Drei- und Fünf-Jahres-Vergleich ein Plus aufweisen, im Fünf-Jahresverlauf meistens sogar dreistellig.

Für mutige Langzeitanleger eröffnet ein zweistelliger Kursabsturz bei Qualitätsaktien eine ideale Einstiegschance. Leider scheuen deutsche Privatanleger die von ihnen als spekulativ eingestuften und nur für Reiche geeignet erscheinenden Aktien wie der Teufel das Weihwasser. Trotz weitgehend abgeschaffter Guthabenzinsen halten die meisten Bundesbürger treu und brav am schleichenden Kapitalvernichtungs-Sparbuch fest. Dass die Bewohner anderer Länder der Aktie viel positiver gegenüberstehen, zeigen folgende Zahlen:

Anteil der Aktionäre an der Gesamtbevölkerung: USA 56 %, Niederlande: 30 %, Japan: 28 %, Großbritannien: 23 %, Schweiz: 20 %, Schweden: 17 %, Frankreich: 9 %, Deutschland: 7 %, Österreich: 5 %. So befinden sich auch die DAX-Aktien mehrheitlich in ausländischen Händen.

❷ Markt, Börse und Aktien in Zukunft

2.1 Wer profitiert vom demografischen Wandel?

Der größte Nutznießer des demografischen Wandels ist das Gesundheitswesen mit Biotech, Medtech und Pharma. Gut geführte Pflegeheimbetreiber, Gesundheitsdienste und Privatkliniken zählen dazu.

Ebenso profitieren die Reisebranche, bestimmte Freizeitsparten und Konsumgüter von dieser Entwicklung. Um die richtige Aktienauswahl rund um den Globus treffen zu können, das eigene Depot breit zu streuen und Wachstumssektoren von schrumpfenden Bereichen abzutrennen, biete ich für zukunftsfähige Geschäftsfelder alphabetisch geordnete Kurzkommentare und Kurslisten chancenreicher Unternehmen mit wichtigen Kennzahlen und Miniprofilen an.

1. Alten- und Pflegeheime, Privatkliniken, Gesundheitsdienste

Das Gesundheitswesen boomt. Das Ansehen der Alteneinrichtungen aber hat sich kaum gebessert. In Verbindung mit Altenpflegeeinrichtungen häufen sich negative Vorurteile und Vorstellungen wie Gurte für den Rollstuhl, Bettgitter, Spezialstühle, Psychopharmaka, um Patienten ruhigzustellen und zu fixieren. Allgemeiner Kommentar: *„Da will ich meinen Lebensabend nicht verbringen, sondern möglichst in den eigenen vier Wänden bleiben.“*

In deutschen Altenheimen werden Pflegebedürftige mit eingeschränkter Mobilität oder Demenz immer noch fixiert – zu ihrer eigenen Sicherheit, wie es heißt. Sicherlich geschieht dies aber auch, um die überarbeiteten und nicht gut bezahlten Pflegeheimmitarbeiter zu entlasten. Dabei sind in Pflegeeinrichtungen alle die Freiheit einschränkenden Maßnahmen nur zulässig, wenn sie zuvor ein Amtsrichter genehmigt hat. Die negative Einschätzung in der Bevölkerung wird sich so schnell nicht ändern, wenn auch die Bewertungsrichtlinien aktuell neu gefasst werden mit Schwerpunkt Fachkompetenz und Menschenwürde.

Das Gesundheitswesen mit Altenpflege und Klinikbetrieb zählt zu den am stärksten wachsenden Bereichen. Schließlich nimmt die Zahl betagter Patienten durch die steigende Lebenserwartung dramatisch zu – in 6 Jahrzehnten durchschnittlich 15 Jahre. Die letzte Lebensphase bei hohem Alter ist oft von nachlassender Mobilität, schweren Erkrankungen wie Krebs, Diabetes und Demenz geprägt.

Qualitativ gut und wirtschaftlich geführte Alten- und Pflegeheime sowie Krankenhäuser bieten ein hohes Wertsteigerungspotenzial für Betreiber und Aktionäre. Allerdings gilt es, die Spreu vom Weizen zu trennen. Nicht alle Unternehmen und Aktien entwickeln sich aufwärts. Mitunter drohen Pleite und Totalverlust. Eine kluge Aktienauswahl ist wichtig, aber schwierig. Dies erfordert Börsenwissen, Marktkenntnis und viel Zeitaufwand insbesondere bei internationaler Ausrichtung. Die folgende Zusammenstellung soll Ihnen die Auswahl erleichtern.

➢ Denken Sie daran, dass sich der demografische Wandel keineswegs auf Pflegeheim- und Klinikbetreiber beschränkt. Der dominante zukunftsträchtige Bereich Gesundheitswesen mit Biotechnologie, Medizintechnik und Pharma rund um den Globus wird in eigenen Kapiteln abgedeckt. Orientieren Sie sich am besten am Inhalts- und Sachwortverzeichnis.

Pflegeheim-/Klinikbetreiber, Gesundheitsdienste, Zubehör

Aktien/ Unternehmen	WKN	Kurs am 04.11.15	52-Wochen-Hoch/Tief	Kursverlauf 1, 3, 5 Jahre
Addus Homecare	A0Y BKM	19,55 €	30,90/15,55 €	+43/+403/+1.017 %
Amerikanischer Heimpflegedienst-Betreiber und häusliche Pflege; geringer Handel				
AEVIS Holding	925 444	39,55 €	44,35/29,75 €	+18/+52 %/keine A.
Zweitgrößte Schweizer Privatklinik, medizinische Betreuung, Lifestyle-Dienstleistung				
ALMOST Family	874 806	37,95 €	45,05/20,85 €	+42/+99/+21 %
Amerikanischer Pflegedienstbetreiber, allgemein geringer Handel nur in Frankfurt				
AMEDISYS Inc.	915 582	36,85 €	44,00/19,65 €	+76/+308/+85 %
Häuslicher Pflegedienstbetreiber USA, Infusionstherapie, auch ambulante Chirurgie				
FMC	578 580	80,30 €	83,25/56,50 €	+41/+58/+82 %
DAX, Tochter von Fresenius SE, Dialyse-Marktführerschaft, starkes USA-Geschäft				
Fresenius SE	578 560	65,30 €	67,75/39,90 €	+64/+136/+216 %
DAX-Konzern, führender Spezialist für medizinische Produkte und Dienstleistungen				
HUMANA	856 584	162,50 €	206,5/106,0 €	+46/+178/+289 %
Amerikanischer Dienstleister für gesunde Ernährung, vor allem Babys und Senioren				
KUKA (MDAX)	620 440	78,10 €	82,80/49,80 €	+55/+241/+416 %
Der führende Roboter-Spezialist will verstärkt Krankenhäuser/Pflegeheime beliefern				
Maternus-Klinik	604 400	1,85 €	2,25/0,30 €	+560/+269/+36 %
Betreiber von Pflegeeinrichtungen, Reha-Zentren und Dienstleistungs-Gesellschaften				

Pflegeheim-/Klinikbetreiber, Gesundheitsdienste, Zubehör				
Aktien/ Unternehmen	**WKN**	**Kurs am 04.11.15**	**52-Wochen-Hoch/Tief**	**Kursverlauf 1, 3, 5 Jahre**
MEDNAX	**A0R ELL**	66,65 €	78,25/40,30 €	**+29/+127/+211 %**
Amerikanischer Pflegedienstbetreiber, starker Aufwärtstrend, nur geringer Handel				
Ramsay Health	**874 338**	40,70 €	48,85/35,20 €	**+9/+109/+232 %**
Amerikanischer Pflegedienstbetreiber, allgemein geringer Handel nur in Frankfurt				
Rhön-Klinikum	**704 230**	**27,30 €**	**27,30**/21,90 €	**+14/+76/+59 %**
Klinikbetreiber MDAX, weitgehend von Fresenius übernommen, reger Börsenhandel				
Univ. Health S.	**866 462**	111,95 €	136,30/77,60 €	**+35/+235/+279%**
Großer amerikanischer Pflegedienstbetreiber, allerdings nur geringer Börsenhandel				

Die umsatzstärksten Gesundheitskonzerne im Jahr 2014

Sieger Umsatzrendite 2014, Branche Gesundheitswesen				
Aktien/ Unternehmen	**WKN**	**Umsatz-rendite**	**Kurs 11.09.15**	**52 Wochen-Hoch/Tief**
Shire (Großbritannien)	**80M MAG**	**56,6 %**	66,75 €	81,10/45,25 €
Gilead (USA)	**885 823**	**48,6 %**	94,05 €	110,40/70,60 €
Biogen (USA)	**789 617**	**30,2 %**	275,60 €	447,8/230,2 €
Novo-Nordisk (Dänemark)	**A1X A8R**	**29,8 %**	49,55 €	55,25/32,85 €
Anmerkung: Die Biotechfirmen bzw. Pharmakonzerne mit Biotech liegen weit vorn.				

Mehr Klinikbetten für Senioren durch demografischen Wandel

Die Herausforderungen, die mit der alternden Bevölkerung auf unsere Gesellschaft zukommen, sind gewaltig und betreffen sowohl die Digitalisierung, beispielsweise die elektronische Gesundheitskarte, als auch den höheren Bedarf an Klinikbetten für Senioren.

Während derzeit in Deutschland nur vier von fünf Krankenhausbetten belegt sind, wird die Quote bis 2030 voraussichtlich deutlich steigen. Die Altersgruppe ab 60 bis über 80 Jahre dürfte dann doppelt so viele Betten belegen wie die Patienten ab Säuglingsalter bis zu 60 Jahren, nämlich zwei von drei Klinikbetten. Jeder vierte stationäre Patient wird 2030 bereits über 80 Jahre alt sein. Während die deutsche Einwohnerzahl tendenziell abnimmt, verschwinden die Überkapazitäten bei Krankenhausbetten.

Auch wenn die Bevölkerung trotz des ungebremsten Flüchtlingsstroms möglicherweise weiter schrumpft, werden die Krankenhäuser 2030 deutlich mehr Patienten als heute behandeln müssen. Es sei denn, es setzen sich intelligentere Versorgungsstrukturen durch. Die wachsende Altersgruppe der über 60-Jährigen wird so viele Leistungen beanspruchen, dass die Fallzahlen wieder steigen dürften, auch wenn derzeit über zu hohe Kapazitäten geklagt wird. Der Migrantenansturm wird wegen der schlimmen Strapazen auf der Flucht, verschleppter Krankheiten und der Traumatisierung vieler Kinder und Jugendlichen eine stationäre Behandlung notwendig machen, mit entsprechend hohem Bettenbedarf in Kliniken.

Die Aktien guter Klinik- und Pflegeheimbetreiber dürften durch längere Lebenserwartung und wachsenden Bettenbedarf steigen

Die benötigten Klinikbetten steigen bis 2030 um über 12 %

Bettenzahl nach Alter	2015	2020	2025	2030
Insgesamt	**19,5 Mio.**	**20,5 Mio.**	**21,3 Mio.**	**21,9 Mio.**
0 bis 20 Jahre (Abnahme)	**2,23 Mio.**	**2,20 Mio.**	**2,15 Mio.**	**2,13 Mio.**
20 bis 60 Jahre (Abnahme)	**7,25 Mio.**	**7,16 Mio.**	**6,80 Mio.**	**6,46 Mio.**
60 bis 80 Jahre (Zunahme)	**6,81 Mio.**	**6,87 Mio.**	**7,61 Mio.**	**8,30 Mio.**
Über 80 Jahre (Zunahme)	**3,24 Mio.**	**4,29 Mio.**	**4,72 Mio.**	**5,03 Mio.**

Die Digitalisierung der Gesundheitsdaten nimmt zu und bescheinigt innovativen börsennotierten Firmen hohes Wachstumspotenzial

Jeder zweite Deutsche befürwortet mittlerweile die **elektronische Patientenakte**. Davon profitieren die auf das Gesundheitswesen spezialisierten Software-Unternehmen, wozu auch der Spezialist für Augenheilkunde **ifa systems** mit Geschäftssitz in Köln (WKN 783 078) zählt. Hier stieg der Aktienkurs, befeuert durch ein Übernahmeangebot, Mitte November 2015 in Augenhöhe zum Allzeithoch auf 14,35 €. Das Jahrestief lag bei 5,25 €.

Das Institut für Angewandte Sozialforschung **infas** startete kürzlich eine Umfrage bei 2.000 Personen mit folgendem Ergebnis *„Die Befragten befürworten mehrheitlich eine elektronische Patientenakte und damit die Sammlung ihrer gesundheitsbezogenen Daten. Das zeigt uns, dass die Deutschen dem Thema gegenüber aufgeschlossener sind, als es gemeinhin angenommen wird und uns auch manche Lobbyisten weismachen wollen.*" Gesunde Menschen sind bei der Freigabe ihrer Daten reservierter als Patienten mit häufigen Arztbesuchen. Frauen reagieren zurückhaltender (nur 54 % dafür) als Männer (64 % Zustimmung).

2. Autoindustrie: lange Top, danach Flop durch Manipulation

Damit die Automobilindustrie auch künftig boomt, geht es nicht nur um gewichtsreduzierte Benzinmotoren und Elektromobilität, sondern auch um selbst fahrende Autos, Navigationssysteme, Einparkhilfen und Unfallwarnsysteme. Es gilt, die Bedürfnisse unterschiedlicher Alters- und Vermögensgruppen zu erfüllen und Senioren die Möglichkeit zu bieten, noch mit 70, 80 oder 90 Jahren Auto zu fahren, um mobil zu bleiben. Aktien erstklassiger Fahrzeughersteller und Zulieferer sind wegen des demografischen Wandels – 15 Jahre längeres Leben in 6 Jahrzehnten – chancenreich. Die Industrie 4.0, das Internet der Dinge, macht Produkte und Dienstleistungen möglich, von denen wir derzeit nur träumen. Die Juni-Kursliste stammt von vor dem Crash. Die Vergleichsliste von Ende September 2015 veranschaulicht Börsenturbulenzen. Sie wird 5 Seiten später präsentiert.

Autobauer, Zulieferer, Vermietung, Aktienauswahl weltweit

Aktien/ Unternehmen	WKN	Kurs am 15.06.15	52-Wochen-Hoch/Tief	Kursverlauf 1, 3, 5 Jahre
AUDI (VW-Tochter)	**675 700**	799,00 €	840,0/540,0 €	**+28/+51/+43 %**
Firmensitz Ingolstadt, KGV 7,5; EK-Quote 38 %; Dividende 5,20 €; Div.-Rend. 0,6 %				
Bertrandt (SDAX)	**523 280**	113,90 €	137,9/86,65 €	**+5/+100/+307 %**
KGV 15,5; Buchwert 25,6 €; EK-Quote 59 %; Dividende 2,60 €; Div.-Rendite 2,3 %				
BMW (DAX)	**519 000**	100,00 €	123,7/74,90 €	**+10/+71/+152 %**
KGV 9,6; Buchwert 54,1 €; EK-Quote 24 %; Dividende 3,10 €; **Div.-Rendite 3,2 %**				
Continental (DAX)	**543 900**	210,80 €	234,2/136,8 €	**+22/+211/+391 %**
KGV 13,2; Buchwert 50,9 €; EK-Quote 36,5 %; Dividende 3,50 €; Div.-Rendite 1,7 %				
DAIMLER (DAX)	**710 000**	84,00 €	96,00/55,20 €	**+22/+141/+98 %**
KGV 9,5; Buchwert 38,4 €; EK-Quote 23,5 %; Dividende 2,60 €; **Div.-Rendite 3,2 %**				
ElringKlinger	**785 602**	25,05 €	32,25/21,60 €	**-18/+36/+34 %**
KGV 12,6; Buchwert 11,2 €; EK-Quote 50 %; Dividende 0,60 €; Div.-Rendite 2,4 %				
FORD	**502 391**	13,35 €	15,50/10,40 €	**+11/+66/+45 %**
US-Autobauer, Index S&P 500, der Aktienkurs hat sich seit 2008/09 versiebenfacht				
Goodyear	**851 204**	26,40 €	29,85/14,85 €	**+41/+162/+231 %**
S&P 500, USA, Reifen für viele Fahrzeugarten, Truck-Services, KGV 9, Div. 0,9 %				
Harley Davidson	**871 394**	50,64 €	59,30/42,30 €	**+1/+45/+146 %**
S&P 500, Motorräder mit Kultstatus, Zubehör, beste Analysen, KGV 15, Div. 2,0 %				

Aktien/ Unternehmen	WKN	Kurs am 15.06.15	52-Wochen-Hoch/Tief	Kursverlauf 1, 3, 5 Jahre
Hyundai	885 166	39,80 €	60,40/38,15 €	-24/+79/+152 %
Leitindex Korea Composite, dividendenstarker Autobauer mit Börsenwert 24 Mrd. €				
Porsche Vz	PAH 003	75,90 €	94,55/57,30 €	+1/+88/+160 %
Stuttg., VW-Tochter, KGV 5,8; EK-Quote 97 %; Dividende 2 €; Div.-Rendite 2,6 %				
Renault	893 113	92,10 €	100,0/50,50 €	+36/+192/+200 %
Leitindex Frankreich CAC 40, STXE 600, steigende Dividende, klarer Aufwärtstrend				
SHW	A1J BPV	40,55 €	49,60/28,75 €	-6/+62/+17 %
KGV 10,1; Buchwert 12,2 €; EK-Quote 40 %; Dividende 1,30 €; **Div.-Rendite 3,2 %**				
SIXT St (SDAX)	723 132	38,10 €	47,70/32,65 €	+25/+188/+279 %
KGV 14,3; Buchwert 14,49 €; EK-Quote 26 %; Dividende 1,00 €; **Div.-Rendite 2,7 %**				
TESLA Motors	A1C X3T	220,55 €	231,0/149,3 €	+45 %/Börsengang
Amerikanischer Autobauer (Elektromobilität), Nasdaq 100, viel Umsatz, kein Gewinn				
TomTom	A0E T88	10,25 €	10,60/5,05 €	+67/+230/+115 %
AMX, NL, Ortungs-/Navigationslösungen, exaktes Kartenmaterial, KGV 20, Div. 0 %				
Toyota Motor	853 510	60,90 €	68,00/41,90 €	+41/+95/+104 %
Japan, Leitindex NIKKEI, KGV 11,6, steigende Dividende, Börsenwert 206,5 Mrd. €				
VW Vz (DAX)	766 403	208,05 €	262,7/147,4 €	+9/+72/+196 %
Gezeichnet vom Diesel-Abgaswerte-Skandal, riesige Kosten, Schadensersatzklagen				
LYXOR ETF	965 868	614,20 €	694,3/407,9 €	+20/+125/+149 %
Lyxor ETF Stoxx Europe 600 Automobiles & Parts, Indexfonds Euroland				

Die umsatzstärksten Fahrzeugunternehmen und Zulieferer 2014

Umsatzrenditesieger 2014, Branche Automobilindustrie				
Aktien/ Unternehmen	**WKN**	**Umsatz-rendite**	**Kurs 11.09.15**	**52 Wochen-Hoch/Tief**
Harley-Davidson (USA)	871 394	13,6 %	50,64 €	59,30/42,30 €
Goodyear Tire (USA)	851 204	13,5 %	26,40 €	29,85/14,85 €
Audi (VW-Tochter)	675 700	8,1 %	795,00 €	861,0/540,0 €
BMW (DAX)	519 000	7,2 %	85,50 €	123,8/74,60 €
Anmerkung: Erfreulich, dass zwei deutsche Premium-Autobauer vorn dabei sind.				

Technologische Innovationen für Autos der Zukunft als Nutznießer der längeren Lebenserwartung und des globalen Wandels

Die Wissenschaft mit innovativen Visionen für das marktbeherrschende Zukunftsauto erforscht den Automobilbau, Kfz-Teile, Umweltfolgen, Sicherheit von Produkten, Anlagen und Prozessen, zu verwendende Materialien, Werkstoffe und Komponenten. Gearbeitet wird an Brennstoffzellen, Batterien, Hybridtechnik, Energieersparnis durch verringertes Gewicht, Rußpartikelfilter auch für Benziner. Es geht um bessere Motor- und Bremstechnik, Fahrsicherheit und Assistenzsysteme für Navigation, Ein- und Ausparken, Unfallverhütung beim selbst fahrenden Auto. Die Erkenntnisse der Nanotechnologie sind einzubringen. Forschung und Entwicklung sind der Motor für die Zukunft mit Schwerpunkt Digitalisierung. Jeder dritte Euro, der für F&E aufgebracht wird, stammt aus der Autoindustrie.

Die längere Lebenserwartung führt dazu, dass 70- und 80-Jährige immer seltener daran denken, ihren Führerschein abzugeben. Es besteht der Wunsch nach einem sicheren Auto für das nächste Jahrzehnt. Selbst fahrende Autos regen die Fantasie an, vielleicht auch noch jenseits des 9. Jahrzehnts mit dem eigenen Auto mobil zu sein und dort motorisiert hinzukommen, wo es wichtig ist. Dies sind: Einkaufen, Arzt-, Apotheken- und Friseurbesuch, Fitnessstudio, Sozialkontakte, Teilhabe am gesellschaftlichen und kulturellen Leben.

Ein paar Stichpunkte, was sich heute neben einem immer aufwändigeren Design im Automobilsektor abspielt:

- **Faserverstärkte Kunststoffe für mobile Leichtbauanwendungen sorgen für mehr Komfort und bessere Internetverbindungen.**
- **Die digitale Revolution erobert das Auto.** Moderne elektronische Steuergeräte beeinflussen die Motorleistung, die Lenkung und das Bremsverhalten.
- **Intelligente Autos stimmen sich mit ihrer Umwelt ab und gipfeln im führerlosen Fahren.** Ingenieure arbeiten an einer noch leistungsfähigeren Sensorik und hoher Rechenleistung bei Robotern und Computersystemen.
- **Deutschland kann sich nur dann zum Leitmarkt für Elektromobilität entwickeln,** wenn sich die Reichweite der Batterien erhöht, die Karosserien und Motoren weniger wiegen durch faserverstärkte Kunststoffe und Leichtbauteile. Vordringlich ist eine darauf abgestimmte Infrastruktur mit genügend Ladestationen in größeren Städten und an allen Autorastplätzen.
- **Die Entwicklung smarter Leichtfahrzeuge für die Städte muss vorankommen.** Drei von vier Europäern leben heute in den Ballungsräumen. Neue Konzepte wie Carsharing dürften sich verstärkt durchsetzen.

Das VW-Desaster: Manipulation bei Diesel-Abgaswerten, Rücktritt VW-Chef Winterkorn – Schäden für deutsches Ansehen und Export

Seit Juli 2015 erleben wir ein Crashszenario. Ab dem 11. September befinden sich die deutschen Autobauer mit VW als Verursacher in einem beispiellosen Abwärtssog. Der DAX notiert zeitweilig unter 9.400 Punkten – ein Abschlag von 3.000 Zählern gegenüber dem Allzeithoch im April. VW büßt an zwei Tagen hintereinander fast die Hälfte der Marktkapitalisierung ein auf knapp 100 € pro Vorzugsaktie. Das 52-Wochenhoch lag bei stolzen 262 €. Was geschah? Ein Blick auf einige Schlagzeilen in der Tages- und Wirtschaftspresse vom 22. bis 24. September 2015:

„VW im Chaos – 11 Milliarden Dieselautos betroffen – Kurssturz und Gewinnwarnung lassen die Aktie in zwei Tagen um 40 % einbrechen – VW-Chef Winterkorn erklärt nach acht Jahren an der Spitze seinen Rücktritt – Binnen 40 Stunden 15 Milliarden Euro Börsenwert vernichtet – VW legt 6,5 Milliarden Euro für die finanziellen Folgen des Abgasskandals zurück“

Der Abgasbetrug wird viele Milliarden Euro verschlingen und das Ansehen der gesamten Branche beschädigen. Seit 2009 haben Software- und Entwicklungsingenieure von VW die Abgaswerte bzw. den Abgasausstoß bei Dieselfahrzeugen heruntergerechnet. Der Branchenverband erklärt: *„Diesel ist für den Klimaschutz sehr wichtig. Daher werden wir an der Dieselstrategie weiter festhalten.“* Der Anteil an neu zugelassenen Dieselfahrzeugen 2014 betrug bei BMW 74 %, AUDI 67 %, Mercedes 59 % und VW 54 %. Abgaswerte lassen sich technisch relativ einfach manipulieren. Es ist zu befürchten, dass dies nicht allein ein VW-Problem ist, sondern der Ausstoßbetrug Wellen schlägt – vielleicht auch außerhalb Deutschlands.

Es kann lange dauern, bis sich die VW-Aktie nachhaltig erholt. Nicht viel besser sieht es bei den VW-Töchtern Porsche und AUDI aus. Vorübergehend wurde gemunkelt, dass auch die Bayerischen Motorenwerke den Abgasausstoß nicht ganz korrekt vermerkten. Aber es liegen keine Fakten auf dem Tisch, die den Verdacht stützen. Letztlich geht es nicht nur um die materielle Schadensbegrenzung, sondern um den Ruf des Gütesiegels *„Made in Germany“*. Der Ansehensverlust bedeutet eine Katastrophe für VW, die gesamte Autoindustrie und den Export.

- **Was zu denken gibt:** *„Diese überhaupt nicht neuen Tricks der Autokonzerne sind nur möglich, weil die Bundesregierung die Augen schließt, sie gewähren lässt und nicht ausreichend kontrolliert.“* (Zitat Sabine Leidig, Die Linke)
- **Was zu hinterfragen ist:** Wäre es nicht auch Aufgabe des Aufsichtsrates, eine so wichtige Technologie wie die Software für den Abgasausstoß, der viele Millionen Fahrzeuge betrifft, auf Wahrheitsgehalt zu überprüfen?

Die Dieselaffäre stürzt nicht nur den Weltkonzern VW und seine Zulieferer in eine schwere Krise. In den USA wächst der Druck auf VW. Die Angst vor einem Flächenbrand durch Vertrauensverlust im Zuge der manipulierten Abgastests rund um den Globus wächst. Sie beschädigt die **Stadt Wolfsburg** und ebenso den Bundesligaclub **VFL Wolfsburg**, deutscher Vizemeister und Pokalsieger, also Ort und Verein, die es ohne das Werk in dieser Größenordnung nicht gäbe.

Dazu ein Kurzkommentar von **Mathias Wissmann**, Präsident des Verbands der Automobilindustrie: *„Software-Manipulation ist das eine, die Dieseltechnik das andere. Das eine gehört abgestellt und geahndet, der Dieselmotor aber muss weiterlaufen."* Beschwichtigt und beruhigt es tatsächlich, seitens VW ganzseitige Anzeigen zu schalten? Der Schlusstext lautet: *„Aber wir möchten jetzt nur einen einzigen Satz sagen: „Wir werden alles tun, um Ihr Vertrauen zurückzugewinnen."* Vielleicht wäre es angesichts der geplanten großen Sparpakete besser gewesen, die Anzeige auf eine Viertelseite zu verringern oder ganz darauf zu verzichten.

Es gibt erste Geständnisse in der VW-Affäre. Mehrere VW-Ingenieure sagten bei Befragungen aus, sie hätten bereits im Jahr 2008 die Manipulations-Software installiert. Zu diesem Zeitpunkt stand der Dieselmotor EA 189 kurz vor der angestrebten Serienreife. Das Problem, sowohl die Abgasnormen zu erfüllen als auch die strikten Kostenvorgaben einzuhalten, war damals trotz großen Drucks noch nicht lösbar. So wurde als Ausweg entschieden, die Manipulations-Software zu verwenden, zweifellos ein schwerer Verstoß gegen Glaubwürdigkeit, Anstand, Moral und Aufrichtigkeit.

Die Vorwürfe richten sich insbesondere gegen den damaligen Entwicklungschef **Ulrich Hackenberg**. Allerdings seien die Aussagen der Befragten widersprüchlich. Bundeskanzlerin Angela Merkel betont in einem dpa-Bericht vom 5. Oktober 2015: *„Ich glaube aber, dass die Reputation der deutschen Wirtschaft, das Vertrauen in die deutsche Wirtschaft damit nicht nachhaltig erschüttert ist."*

Trauerspiel Kurslistenvergleich der deutschen Autoindustrie von Juni 2015 (heile Welt) und September 2015 (Crashszenario)

Spaß macht es nicht, die Kursentwicklung im Automobilsektor im Abstand von einem Vierteljahr zu vergleichen. Aber es kann eine heilsame Lehre sein, geduldig und diszipliniert zu sein, nur häppchenweise zuzugreifen und keineswegs wutentbrannt alle Autoaktien in den Markt zu werfen. Der Großteil der auch in Sippenhaft abgestraften Aktien dürfte sich erholen – schnell oder langsam, stark oder schwach. Niemand weiß, wie der bislang seriös bilanzierende VW-Konzern das Desaster bewältigt, ob Firmentöchter zu verkaufen sind und eine Kapitalerhöhung ansteht. Einige Wettbewerber im In- und Ausland dürften Nutznießer sein.

Deutsche Autobauer und Zulieferer im Fadenkreuz von Crash, VW-Debakel, falschen Abgaswerten und Herdentrieb				
Aktien/ Unternehmen	**WKN**	**Kurs am 24.09.15**	**52-Wochen-Hoch/Tief**	**Kursverlauf 1, 3, 5 Jahre**
AUDI (VW-Tochter)	**675 700**	705,30 €	858,2/540,0 €	**+15/+31/+15 %**
Einer der weltweit erfolgreichsten Premium-Autobauer, KGV 5,4; Div.-Rend. 0,8 %				
Bertrandt (SDAX)	**523 280**	90,75 €	137,90/86,65 €	**-2/+66/+139 %**
International aktiver Ingenieur-Dienstleister Fahrzeugindustrie, KGV 13; Div. 2,5 %				
BMW (DAX)	**519 000**	75,85 €	123,70/74,50 €	**-6/+34/+66 %**
Weltweit führender Premium-Hersteller Sportwagen/Motorräder, KGV 8, **Div. 4,2 %**				
Continental (DAX)	**543 900**	177,15 €	234,2/136,8 €	**+18/+123/+241 %**
Marktführer bei Reifen/Komponenten/Modulen/Bremssystemen, KGV 11, Div. 2,5 %				
Daimler (DAX)	**710 000**	63,80 €	96,00/55,20 €	**+9/+66/+50 %**
Globaler Premium-Produzent Pkw/Lkw/Busse, Marke Mercedes, KGV 7, **Div. 4,5 %**				
ElringKli. (MDAX)	**785 602**	18,00 €	32,25/16,60 €	**-22/-18/-18 %**
Zulieferer für alle Autoantriebe/Spezialdichtungen/Abgastechnik, KGV 9, **Div. 3,1 %**				
HELLA (MDAX)	**A13 SX2**	31,30 €	48,30/27,00 €	**-30 %**/Neuemission
Spezialist Lichtsysteme/Fahrzeugelektronik/Batterie-Sensoren, KGV 10, Div. 1,8 %				
Porsche Vz	**PAH 003**	42,15 €	94,50/38,60 €	**-34/-12-/+40 %**
Produzent Premium-Sport-/Geländewagen/Luxus-Limousinen, KGV 5, **Div. 5,2 %**				
SHW (SDAX)	**A1J BPV**	**23,10 €**	49,50/**23,10 €**	**-30/-18 %**/keine Ang.
Auto-Zulieferer Pumpen/Motorkomponenten/Bremsscheiben, KGV 11, Div. 2,8 %				
VW Vz (DAX)	**766 403**	112,55 €	262,30/97,50 €	**-35/-29/+25 %**
Es ist nicht abzuschätzen, wie VW das Desaster meistert u. ob sich die Aktie erholt				
LYXOR ETF	**965 868**	456,95 €	694,3/407,8 €	**+2/45/+67 %**
Lyxor ETF Stoxx Europe 600 Automobiles & Parts, Indexfonds Euroland				

Ein Blick auf weltweit aktive Aktienfonds mit hohen VW-Anteilen

Seitdem der Abgaswerte-Skandal bei VW aufgedeckt und die Betrugssoftware, seit 2008 bei Dieselmotoren eingebaut, als Auslöser des unredlichen Geschäftsgebarens identifiziert wurde, rollen die Köpfe in den Entwicklungsabteilungen des Konzerns. Es wird Jahre dauern, bis VW den Vertrauensverlust aufarbeiten und als verlässlicher Geschäftspartner Gewinne erzielen kann.

Institutionelle Anleger haben sich weitgehend von der VW-Aktie verabschiedet. Privatanleger sind beim Tief knapp über oder unter 100 € massiv eingestiegen. Ob dies langfristig eine kluge Entscheidung war, lässt sich derzeit noch nicht sagen. Niemand weiß, wie hoch der Schaden aus Strafen, Rückrufaktionen, Schadensersatz und Schmerzensgeld sein wird. Fest steht, dass die Rechtsanwaltskanzleien große Geschäfte wittern und gezielt Kläger unter den Aktionären, Autohändlern und Fahrzeugbesitzern im In- und Ausland suchen. Selbst die Fußball-Bundesligisten, die bislang großzügig von VW unterstützt wurden, werden kaum tatenlos zusehen, sollte der Konzern die Zuwendungen drastisch kürzen.

Internationale Publikumsfonds mit hohem VW-Aktien-Anteil

Name des Fonds 8. Oktober 2015	WKN	Wert VW-Aktien	Anteil VW %	Kursverlauf 1, 3, 5 Jahre
Franklin Mutual Global	**A0M NNL**	279 Mio. €	**1,2 %**	**-2/+11/+34 %**
Volumen 1,3 Mrd. €, Alter 8 Jahre, Ausgabeaufschlag 5,25 %, Jahresgebühr 1,50 %, Sparplan ja, thesaurierend. Der Fonds sucht weltweit nach stark unterbewerteten Value-Aktien. Größte Positionen: Merck, Koninklijke, Microsoft, Eli Lilly, Vodafone.				
Fidelity European Growth	**973 270**	258 Mio. €	**3,0 %**	**+13/+42/+52 %**
Volumen 7,8 Mrd. €, Alter 15 Jahre, Ausgabeaufschlag 5,25 %, Jahresgebühr 1,5 %, Sparplan ja, ausschüttend, Mindestanlage 2.500 €. Seit Auflage Kursgewinn 980 %. Aktiv verwalteter Stock-Picking-Fonds, Europa-Aktien, größte Posten: Sanofi, SAP.				
Vanguard Global Stock I.	**A0F 5L0**	236 Mio. €	**0,2 %**	**-1/+30/+44 %**
Volumen 7,8 Mrd. €, Alter 17 Jahre, Jahres-Pauschalgebühr 0,5 %, Sparplan nein, thesaurierend. Aktien aus Industrieländern, Auswahl MSCI World, bevorzugt USA. Größte Posten: Apple, Exxon Mobil, Microsoft, Alphabet (Google), Johnson & Johns.				
iShares Core DAX ETF	**593 393**	273 Mio. €	**3,2 %**	**+10/+34/+53 %**
Volumen 8,3 Mrd. €, Alter 15 Jahre, Jahresgebühr 0,15 %, Sparplan ja, thesaurierend. Der passiv gemanagte Indexfonds bildet den deutschen Leitindex DAX nach. Größte Posten: Bayer/Daimler/Siemens/BASF/Allianz/SAP. Hoch/Tief 110,3/74,15 €.				
Anmerkung: In keinem Aktien- und Indexfonds bildet die VW-Aktie eine der größten Positionen. Dennoch ist der Börsenwert der hier investierten VW-Aktien nicht zu unterschätzen. Durch die breite Streuung ist das Minus bei einem Aktienfonds selbst dann begrenzt, wenn die VW-Aktie binnen Tagen zeitweilig um rund 50 % in den Keller stürzt. Dies ist ein großer Vorteil. Nachteilig ist dagegen die hohe Gebühr. Da hebt sich der **ETF iShares Core DAX** mit nur 0,15 % Verwaltungskosten und Verzicht auf einen Ausgabeaufschlag positiv ab, zumal er auch bei der Gewinnentwicklung im Zeitraum von 1, 3 und 5 Jahren mit den Aktienfonds mithalten kann.				

3. Biotechnologie als Nutznießer des demografischen Wandels

In den letzten fünf Jahren haben sich die Kurse von Biotechnologieaktien rund um den Globus vervierfacht. Dieser Sektor ist kerngesund. Die Zukunftschancen sind vortrefflich. Die meisten Experten sehen ein weiteres Aufwärtspotenzial; denn die Innovationskraft der Branche ist überzeugend. Die zahlreichen Übernahmen heizen die Kurse an. Die Pharmariesen haben das Geld, die Biotechschmieden die Ideen. Neue Therapien und Wirkstoffe erobern den Markt. Letztlich sind dies Wetten auf die Wunderpillen, um bestimmte Krebsarten und andere unheilbare Krankheiten tatsächlich heilen zu können. Der US-Index Biotechnology Total Return notierte 2012 bei gut 1.000 € und sprang bis zum Allzeithoch im Frühjahr 2015 auf 4.000 € nach oben – eine Kursvervierfachung in zweieinhalb Jahren. Was zuversichtlich stimmt, ist die Tatsache, dass es 2014 in Amerika 41 Neuzulassungen gab – eine Verdopplung gegenüber 2010.

Ist Ihnen, lieber Leser, bewusst, dass Sie laut Altersforscher Prof. Vaupel pro Jahrzehnt im Schnitt 2,5 Jahre länger leben? Ist dies der ersehnte Jungbrunnen, der Kraftquell für Glückseligkeit? Wenn auch moderne Computeruhren durch Auswertung zurückgelegter Laufstrecken als Gesundheitscheck dienen und mit Sensoren bestückte Pulsmesser-Armbänder vor drohendem Herzinfarkt warnen: Unsere vernetzte Welt kennzeichnet den technologischen Fortschritt, ohne den Weg zum Jungbrunnen zu ebnen.

Mit den geschenkten Lebensjahren mehren sich in der Endphase Demenz, Diabetes und Krebs. Die Volkskrankheit Alzheimer dürfte sich weltweit bis 2050 auf 135 Mio. Fälle verdreifachen. Laut WHO erkranken alljährlich mehr als 12 Mio. Patienten neu an Krebs – in über der Hälfte der Fälle tödlich endend. Pro Jahr werden rund 62 Mrd. Dollar mit Krebspräparaten umgesetzt. Das auffallend steigende Übergewicht erhöht die Anfälligkeit für schwere Gesundheitsstörungen, vor allem Zuckerkrankheit (Diabetes), Herz-Kreislauf-Leiden und Krebs. Zudem mutiert der alternde Mensch zum Ersatzteillager von Kopf bis Fuß.

Um die Jahrtausendwende war es für einen dauerhaften Durchbruch der Biotech-AGs noch zu früh. So wie ein bösartiger Krebstumor seine tödlichen Metastasen in den Organismus ausstreut, blähten sich riesige Spekulationsblasen auf, die mit Getöse irgendwann platzen mussten. Bis ein neuer Wirkstoff die begehrte behördliche Arzneimittelzulassung erhält, vergehen ca. 15 Jahre. Nicht einmal jeder 100. Wirkstoffkandidat ist siegreich. Nur ihm winken riesige Einnahmen als Blockbuster.

- **Für Einsteiger und Anleger mit geringer Kapitaldecke oder begrenzter Zeit für Marktbeobachtung empfiehlt sich der ETF iShares Nasdaq Biotechnology Indexfonds, Wertpapierkenn-Nr. 657 791, mit einer Kursentwicklung von +82 % in einem Jahr, +199 % in 3 Jahren, +355 % in fünf Jahren.**

Eine Biotech-Geldanlage verlangt Wissen, Können, Marktbeobachtung, mutiges, entschlossenes Handeln und eine kluge Strategie. Medizinische Fachkompetenz erweist sich als vorteilhaft. Ohne gute Börsenkenntnis ist dieser auch wegen des demografischen Wandels chancenreiche Aktienmarkt dennoch zu spekulativ.

Kostenlawine Alzheimer als größte Heimsuchung der alternden Gesellschaft: Persönlichkeitsverlust droht 3 Mio. Deutschen

Alzheimer bedeutet ungeheures Leid. Die Krankheit des Vergessens stellt auch ein wachsendes Problem für die Volkswirtschaft dar. Pharma- und Biotechkonzerne forschen unter enormem Aufwand an Gegenmitteln. Wer eine wirksame Arznei herausbringt, dem winken Einnahmen in Milliardenhöhe. Wichtige Akteure in diesem Wettlauf sind die Pharmariesen **Novartis, Roche, Pfizer, Merck & Co., Astra-Zeneca, Eli Lilly, Allergan** (vormals Actavis) sowie der amerikanische Biotechkonzern **Biogen.** Bislang lassen sich nur die Symptome lindern und der Fortgang des Verfalls verlangsamen. 450 Mrd. € kostete 2010 die Pflege der Alzheimer-Patienten weltweit. Bis 2030 dürfte sich diese Summe verdoppeln. Die Zahl der Demenzkranken wird durch den demografischen Wandel von 101 Mio. im Jahr 2013 auf 227 Mio. im Jahr 2050 ansteigen.

Biotechnologie, chancenreiche Aktienauswahl weltweit

Aktien/ Unternehmen	WKN	Kurs am 05.11.15	52-Wochen-Hoch/Tief	Kursverlauf 1, 3, 5 Jahre
Actelion	936 767	129,85 €	140,9/90,15 €	+38/+253/+253 %
Schweiz, STXX 600, positive Analysen, KGV 23, Börsenwert 15 Mrd. €, Div. 1,0 %				
Alexion	899 527	159,70 €	190,0/128,3 €	+6/+130/+507 %
USA, S&P 500, KGV 26, steigendes Ergebnis/Aktie, Börsenwert 32 Mrd. €, Div. 0 %				
Amgen	867 900	146,75 €	163,7/115,0 €	+17/+122/+269 %
USA, S&P 500, KGV 16, Anstieg Ergebnis/Aktie, Börsenwert 108 Mrd. €, Div. 1,7 %				
BB Biotech	A0N FN3	266,15 €	338,9/167,3 €	+56/+262/+488 %
Schweizer Beteiligungskonzern, fondsähnlich, niedriges KGV 7, **Dividende ca. 5 %**				
Biogen	789 617	266,55 €	447,8/223,0 €	-7/+115/+375 %
Ertragsstärkste Konzerne: 7. Platz weltweit, 41 %, 2. Platz Biotechsektor, USA				
Biomarin	924 801	101,75 €	140,5/65,15 €	+54/+174/+477 %
USA, Nasdaq, Enzyme-Therapien, aber negatives Ergebnis/Bilanzverlust, Div. 0 %				
Celgene	881 244	110,80 €	128,5/82,65 €	+38/+249/+309 %.
Ertragsstärkste Konzerne: 5. Platz Gesundheitswesen weltweit, 33 %, Nasdaq				

Aktien/ Unternehmen	WKN	Kurs am 05.11.15	52-Wochen-Hoch/Tief	Kursverlauf 1, 3, 5 Jahre
Eurofins Scien.	**910 251**	321,50 €	340,0/181,5 €	**+68/+178/+641 %**
Frankreich, STXE 600, KGV 32, Börsenwert 3,9 Mrd. €, Kursplus 1.550 % seit 2001				
Genmab AS	**565 131**	**94,70 €**	**94,70**/35,90 €	**+166/+744/+926 %**
Dänemark, STXE 600, substanzstark, hohes KGV, Börsenwert 4,5 Mrd. €, Div. 0 %				
Gilead Science	**885 823**	98,10 €	99,30/70,35 €	**+14/+282/+597 %**
2014: ertragsreichste Firma weltweit, 61 % operativ. Gewinn, KGV 10, Nasdaq				
Illumina	**927 079**	147,00 €	225,1/120,5 €	**-5/+275/+260 %**
USA, S&P 500, KGV 55, steigendes Ergebnis/Aktie, Börsenwert 28 Mrd. €, Div. 0 %				
Incyte	**896 133**	107,45 €	118,0/53,60 €	**+106/+740/+882 %**
USA, S&P 500, KGV 73, steigendes Ergebnis/Aktie, Börsenwert 18 Mrd. €, Div. 0 %				
ISIS Pharmac.	**881 866**	50,05 €	72,70/33,90 €	**+33/+641/+647 %**
USA, überbewertet, Börsenwert 7 Mrd. €, Kursplus ca. 1.000 % seit 2006, Div. 0 %				
Medivation	**A0E TXH**	40,50 €	64,15/34,55 €	**-1/+126/+1.932 %**
USA, KGV 33, Börsenw. 8 Mrd. €, Kursgewinn vierstellig seit Börsengang, Div. 0 %				
MorphoSys	**663 200**	54,00 €	89,00/47,75 €	**-30/+102/+212 %**
TecDAX, KGV negativ, Eigenkapitalquote 82 %, Ergebnis/Aktie schwankt, Div. 0 %				
Neurocrine Bio.	**900 964**	49,50 €	51,50/9,65 €	**+400/+680/+1.155 %**
USA, Bewegungsstörung/Schizophrenie, neg. KGV , Börsenwert 4 Mrd. €, Div. 0 %				
Novozymes	**A1J P9Y**	43,45 €	48,80/33,40 €	**+17/+103/+124 %**
Dänemark, STXE 600, KGV 36, Börsenwert 11 Mrd. €, Dividenden-Rendite 1,0 %				
Regeneron	**881 535**	519,00 €	552,0/292,7 €	**+75/+356/+2.683 %**
S&P 500, KGV 39, stark steigendes Ergebnis/Aktie, Börsenwert 48 Mrd. €, Div. 0 %				
United Therap.	**923 818**	138,30 €	178,7/97,95 €	**+34/+279/+230 %**
USA, faires KGV 18, Börsenwert 44 Mrd. €, Aktie seit 2014 im Höhenflug, Div. 0 %				
Vertex Pharma	**882 807**	115,30 €	130,5/86,90 €	**+297+227/+364 %**
S&P 500, KGV 26, stark steigendes Ergebnis/Aktie, Börsenwert 28 Mrd. €, Div. 0 %				

Deutsche Biotechfirmen: hoher Nachholbedarf bei Finanzierung

Während 2014 amerikanische Biotechfirmen durch Börsengänge, Kapitalerhöhungen und Beteiligungen die stolze Summe von 19,54 Mrd. € als Eigenkapitalzufluss einstreichen konnten, waren es in Europa nur 4,41 Mrd. € und in Deutschland der bescheidene Betrag von gerade einmal 340 Mio. €.

4. Bauwirtschaft: Immobilien chancenreich in Wachstumszonen

Die Bevölkerungsentwicklung – niedrige Geburtenrate gepaart mit steigender Lebenserwartung – lässt bei oberflächlicher Betrachtung eher auf zurückgehende Bautätigkeit und stagnierende Immobilienmärkte schließen. Doch das Gegenteil ist der Fall. Es gibt einen riesigen Sanierungs- und Renovierungsbedarf durch Verschleiß, Umstellung auf umweltfreundliche Materialien und erneuerbare Energien beim Heizen und bei der Stromversorgung. Die Ansprüche an das eigene Zuhause, die Eigentums- oder Mietwohnung steigen.

Die Zahl der Singlehaushalte nimmt zu. Wer heute allein lebt, wünscht mindestens 40 qm, besser 60 qm Wohnfläche. Der Bedarf an altersgerechten Wohnungen wächst, in denen Senioren noch mit 70, 80 oder 90 Jahren leben können – oft ambulant betreut. Alten- und Pflegeheime sind wenig begehrt. Dass betagte Mütter und Väter den Lebensabend bei ihren Kindern verbringen, wird vom Regel- zum Ausnahmefall, da Frauen immer häufiger berufstätig sind und die Pflege der Eltern oder Schwiegereltern zu Hause als belastend und störend empfunden wird.

Experten betrachten den deutschen Immobiliensektor als stabil und zukunftsträchtig. Auf den Aktionär warten großteils üppige Dividenden. Das A und O ist eine gute Lage in süddeutschen Wachstumsstädten, ebenso im „Speckgürtel“ rund um Berlin. Das Übernahmekarussell treibt die Aktienkurse nach oben. Beim Bauen, Sanieren und Renovieren von Mietshäusern zählt barrierefreies Wohnen mit Aufzügen zu den Schwerpunkten, damit auch betagte Mieter zu Hause wohnen können. Unter den 350.000 Vonovia-Wohnungen sind 40 % der Mieter über 65 Jahre alt, darunter ein Drittel alleinlebende Senioren. Deshalb gilt beim DAX-Neuling **Vonovia,** früher **Deutsche Annington,** der Aufzug mehrstöckigen Häusern als Chefsache.

Aussichtsreiche deutsche Bau- und Immobilien-Firmen

Aktien/ Unternehmen	WKN	Kurs am 18.11.15	52-Wochen-Hoch/Tief	Kursverlauf 1, 3, 5 Jahre
Adler Real Es.	**500 800**	14,30 €	16,20/7,20 €	**+99/+885/+2.500 %**
SDAX, KGV 10,1, Adler kauft laufend Wohnungen, Kurs steigt vierstellig, Div. 0 %				
Alstria Office	**A0L D2U**	12,10 €	13,95/9,75 €	**+23/+35/+27 %**
SDAX, KGV 11,7, Übernahmeangebot für Deutsche Office AG, **Div.-Rendite 4,4 %**				
Aareal Bank	**540 811**	33,60 €	41,40/30,30 €	**-1/+108/+68 %**
MDAX, KGV 10,4, Spezialbank für gewerbliche Hypothekenfinanzierung, **Div. 4,4 %**				
Bilfinger	**590 900**	43,65 €	60,10/31,40 €	**-8/-41/-24 %**
MDAX, Gewinnwarnungen; Baudienstleistungen und Wartungsverträge, **Div. 5,4 %**				

Aktien/ Unternehmen	**WKN**	**Kurs am 18.11.15**	**52-Wochen-Hoch/Tief**	**Kursverlauf 1, 3, 5 Jahre**
Dt. Euroshop	**748 020**	39,80 €	48,15/33,95 €	+18/+34/+57 %
MDAX, KGV 19,4, Supermarkt-Immobilien, verlangsamtes Wachstum, **Div. 3,2 %**				
Dt. Wohnen	**A0H N5C**	24,55 €	26,20/15,70 €	+35/+75/+204 %
MDAX, KGV 16,6, zahlreiche Übernahmen, Kapitalerhöhung, Div.-Rendite 2,4 %				
DIC Asset	**A1X 3XX**	8,75 €	9,95/6,75 €	+27/+36/+30 %
SDAX, KGV 21,8, künftig mehr Verkäufe, um Verschuldung zu senken, **Div. 4,2 %**				
Do Dt. Office	**PRM E02**	3,45 €	4,85/2,55 €	+24 %/IPO 2014
SDAX, KGV 12,3, Büro-Immobilien, Übernahmeangebot von Alstria, **Div. 3,5 %**				
Gagfah	**A0L BDT**	15,95 €	20,20/11,85 €	+5/+99/+165 %
Prime Standard, KGV 13,2, Indexabstieg durch Annington-Übernahme, **Div. 4,0 %**				
GSW Immob.	**GSW 111**	59,00 €	61,00/36,45 €	+42/+106/+132 %
Prime Standard, KGV 12, trotz Abstieg/Übernahme deutliches Kursplus, Div. 2,6 %				
Hamborner R.	**601 300**	9,60 €	11,30/7,80 €	+21/+40/+36 %
SDAX, KGV 30, bei Reit Steuervorteil, Ausgleich: höhere Ausschüttung, **Div. 4,6 %**				
Helma Eigenh.	**A0E Q57**	42,45 €	43,95/23,80 €	+75/+350/424 %
Entry Standard, KGV 16, Eigenheimbauer, vor allem Speckgürtel Berlin, Div. 1,6 %				
Hochtief	**607 000**	87,75 €	87,75/54,50 €	+47/+129/+43 %
MDAX, KGV 15,8, Übernahme von ACS, erfolgreiche Neuausrichtung, **Div. 3,0**				
LEG Immobil.	**LEG 111**	72,80 €	79,75/56,55 €	+30 %/IPO 2014
MDAX, KGV 15,2, Kapitalerhöhung für Erwerb neuer Wohnungen, **Div.-Rend. 3,2 %**				
Patrizia Immo.	**PAT 1AG**	22,85 €	26,00/9,95 €	+129/+453/+855 %
SDAX, KGV 24, Hausverwalter, Fondsanbieter, **10 % Gratisaktien statt Dividende**				
STO SE Vz	**727 413**	114,60 €	162,6/110,0 €	-8/+8/+30 %
KGV 14, Bauindustrie, Börsenwert 400 Mio. €, **Sonderausschüttung über 25 %**				
TAG Immobil.	**830 350**	11,15 €	13,10/8,90 €	+25/+32/+85 %
MDAX, KGV 13,9, Aktienrückkauf, Börsenwert 1,5 Mrd. €, **Dividenden-Rend. 4,9 %**				
TLG Immobil.	**A12 B8Z**	16,65 €	17,50/10,75 €	+59 %/IPO 2015
SDAX, KGV 13,8, Ausgabepreis IPO: 10,75 €, Börsenwert 900 Mio. €, **Div. 4,1 %**				
VIB Vermögen	**245 751**	17,75 €	18,30/13,80 €	+25/+98/+122 %
m:access, Börse Mü., KGV 12,6, Gewerbe-Immobil. süddeutscher Raum, **Div. 3,4 %**				

Vonovia	**A1M L7J**	28,85 €	33,65/23,50 €	**+21 %**/IPO 2014
DAX, vormals Dt. Annington, KGV 15,6, Übernahmen, Ergebnisschub, **Div. 3,4 %**				
Westag & G. Vz	**777 523**	20,20 €	20,95/18,20 €	**+6/+23/+15 %**
Westag & G. St: WKN **777 520**, KGV 16, Prime Standard, Bauindustrie, **Div. 5,1 %**				

Immobilien und demografischer Wandel mit Blickpunkt Anleger: Eigennutzung und Vermietung von Häusern und Wohnungen

Die städtischen Ballungsräume Berlin, Dresden, Düsseldorf, Frankfurt, Freiburg, Hamburg, Heidelberg, Ingolstadt, Köln, München, Nürnberg, Stuttgart, Ulm usw. wachsen. Die ostdeutschen Länder Sachsen-Anhalt, Mecklenburg-Vorpommern und Thüringen, vor allem die ländlichen Regionen, verlieren dramatisch Einwohner. Hier wird es immer schwieriger, Wohnungen und Häuser gewinnbringend zu verkaufen oder zu vermieten. Was ist zu tun? Die Städte und Gemeinden müssen auf die schrumpfenden Einwohnerzahlen reagieren. Die zu bewältigenden Aufgaben sind riesig. Zum einen muss bezahlbarer Wohnraum bereitgestellt werden. Zum anderen zählt eine Infrastruktur mit intakter Verkehrseinbindung, medizinischer Versorgung, guten Einkaufsmöglichkeiten, Freizeitangeboten und schnellem Internet ebenso dazu wie ein ausgefeiltes Bildungs- und Kulturangebot mit Übernahme von Eingliederungsaufgaben.

Qualifizierte Zuwanderer lassen sich lieber in Ballungsräumen als in ländlichen Regionen nieder. Nachdem bereits im Jahr 2030 die Hälfte der Bundesbürger älter als 48 Jahre sein wird – in den einzelnen Regionen zwischen 41 und 53 Jahren schwankend – steigt der Bedarf an Alten- und Pflegeeinrichtungen sowie ambulanten Diensten. 2030 dürfte der Anteil der über 80-Jährigen unter den knapp 80 Mio. deutschen Bewohnern auf 6,3 Mio. Senioren wachsen. Wie sich der Ansturm von einigen Millionen Flüchtlingen auf die Einwohnerzahlen in den einzelnen Kommunen und Bundesländern auswirkt, ist noch nicht auszumachen.

Einige Eckdaten zur Wohnsituation in Deutschland

- **Es gibt in der Bundesrepublik 41 Mio. Wohnungen,** darunter 18,5 Mio. in Häusern mit einem Anteil von 66 % an Einfamilien-, 17 % an Zweifamilien- und 17 % an Mehrfamilienhäusern ab drei Einheiten.
- **Lag die Wohnfläche im Schnitt pro Kopf 1990 lediglich bei 34,8 Quadratmetern, waren es 2013 bereits 46,3 Quadratmeter,** Tendenz steigend durch höhere Ansprüche und Zunahme an Single-Wohnungen.
- **In Deutschland leben derzeit rund 53 % der Menschen in eigenen Wohnungen oder Häusern.** In Europa beträgt die Quote sogar 70 %.

Die Kaufpreise für Immobilien stiegen seit 1995 in Großbritannien um 273 %, Frankreich 147 %, Spanien 99 % und Deutschland 23 %. Von einer Blasenbildung im Immobilienbereich kann hierzulande keine Rede sein. Gegenüber dem Niveau von 2009 werden 20 % mehr Wohnungen fertiggestellt. Freilich reicht dies durch den Migrantenansturm nicht aus. Der Wohnraummangel ist riesengroß.

Kurzinfo: Das richtige Immobilien-Investment für Privatanleger

Eine Eigentumswohnung auch mit Hotelanbindung in Hochhausform, ein Reihenhaus oder freistehendes Haus zur Eigennutzung als Grundstock der Altersvorsorge: Entscheidend sind die Lage, die Infrastruktur mit Bildungs-, Freizeit- und Kulturangebot für Familien mit Kindern. Altersgerechte, barrierefreie Wohnungen mit Aufzug, moderner Bad- und Küchengestaltung, öffentlichem Nahverkehr und medizinischer Versorgung sind begehrt. Gut geführte Alten- und Pflegeheime sowie ambulante Dienste für ältere Menschen dürfen nicht fehlen.

Kauf von Mietshäusern bei hohem Vermögen, Fachkenntnis und Fitness, um den Zeit- und Arbeitsaufwand bewältigen zu können. Gute Lage, hohe Wohnungsqualität und intakte Infrastruktur bei wachsendem statt schrumpfendem Bevölkerungsanteil sind entscheidend. In ländlichen Regionen steigt das Leerstandsrisiko. Es kann Ärger mit den Mietern bis hin zu Gerichtsprozessen geben. Evtl. droht bei Leerstand sogar Enteignung durch den nicht zu deckenden Flüchtlingsbedarf.

Langfristige Anlage in erstklassige Einzelaktien bevorzugt aus MDAX und TecDAX, alternativ Immobilien-ETFs und Themenfonds. Die Kursliste bringt Immobilien-Indexfonds mit Ausrichtung weltweit, Europa, USA, Ostasien.

Immobilien-ETFs mit internationaler Ausrichtung

Aktien/ Unternehmen	WKN	Kurs am 04.12.15	52-Wochen-Hoch/Tief	Kursverlauf 1, 3, 5 Jahre
db x-trackers	DBX 0J0	16.437 €	18.081/12.427	+33/+80%/neu
db x-trackers FTSE EPRA/NAREIT Developed Europe; thesaurierend, Alter 4 J.				
Deutsche Asset & Wealth M., XETRA ETF, Volumen: 173 Mio. €, Gebühr: 0,40 %				
db x-trackers	DBX 0F1	24,35 €	25,40/19,40 €	+21/+64/+92 %
db x-trackers FTSE EPRA/NAREIT Developed Europe; ausschüttend, Alter 5 J.				
Deutsche Asset & Wealth M., XETRA ETF, Volumen: 173 Mio. €, Gebühr: 0,40 %				
Lyxor ETF FTSE	LYX 0FP	43,30 €	49,00/38,55 €	+18/+32/+52 %
Lyxor FTSE EPRA/NAREIT Global Developed; ausschüttend, 5 J., Währung: €				
Lyxor International Asset Man.; Volumen: 93 Mio. €, Gebühr: 0,45 %, XETRA ETF				

Aktien/ Unternehmen	WKN	Kurs am 04.12.15	52-Wochen-Hoch/Tief	Kursverlauf 1, 3, 5 Jahre
Lyxor ETF	LYX 0FL	43,75 €	47,00/36,20 €	+15/+47/+60 %
Lyxor ETF MSCI Europe Real Estate; ausschüttend, Alter: 5 Jahre, Währung: €				
Lyxor International Asset Man.; Volumen: 16 Mio. €, Gebühr: 0,40 %, XETRA ETF				
ComStage	ETF 074	29,90 €	31,80/23,90 €	+17/+59/+92 %
ComStage STOXX® Europe 600 Real Estate NR U., ausschüttend, 7 J., Währg: €				
Commerz Funds Solutions S.A.; Volumen: 25 Mio. €, Gebühr: 0,25 %, XETRA ETF				
Amundi ETF	748 020	39,40 €	48,15/34,70 €	+11/+26/+46 %
Amundi ETF FTSE EPRA Europe Real Estate UCITS; thesaurierend, Alter 6 Jahre				
Amundi Investment Solutions, Volumen: 23 Mio. €, Gebühr: 0,35 €, XETRA ETF				
Lyxor ETF	LYX 0FM	47,40 €	52,60/40,65 €	+11/+48/+85 %
Lyxor ETF MSCI USA Real Estate; ausschüttend, Alter: 5 Jahre, Fondswährung: €				
Lyxor International Asset Man.; Volumen: 27 Mio. €, Gebühr: 0,40 %, XETRA ETF				
iShares Asia	A0L GQJ	21,20 €	25,75/18,80 €	+2/+7/+15 %
iShares Asia Asia Property Yield UCITS ETF; ausschüttend, 9 Jahre, Währung: €				
BlackRock Asset Man. Ireland; Volumen: 213 Mio. €, Gebühr: 0,59 %, XETRA ETF				

Mit Vonovia erstmals ein Immobilien-Unternehmen im DAX

Seit Herbst 2015 ist mit Vonovia SE, vormals Dt. Annington, erstmals ein Immobilien-Unternehmen im DAX vertreten. Durch die Gagfah-Übernahme wurde der Aufsteiger aus Bochum mit 370.000 Wohnungen und 23 Mrd. € Börsenwert Europas größter Immobilienkonzern. CEO Rolf Buch spricht vom guten Branchensignal.

Die umsatzstärksten Bauindustrie- und Immobilienfirmen 2014

Umsatzrenditesieger 2014 bei Bauindustrie/Immobilien				
Aktien/ Unternehmen	**WKN**	**Umsatz-rendite**	**Kurs 11.09.15**	**52-Wochen-Hoch/Tief**
PORR (Österreich)	850 185	15,2 %	24,10 €	30,60/20,00 €
Persimmon (England)	882 058	14,2 %	29,05 €	30,35/8,00 €
Taylor Wimpey (England)	852 015	13,9 %	2,75 €	3,00/1,35 €
Assa-Abloy (Schweden)	A14 TVM	11,3 %	17,20 €	54,05/12,20 €
Im Bausektor sind die Umsatzerträge prozentual höher als im Immobilienbereich.				

Der Ansturm von 1,5 Millionen Flüchtlingen 2015 sorgt für mehr Wohnbedarf: Die Rallye für die Immobilienbranche geht weiter

Die vielen Tausend Migranten, die täglich nach Deutschland aus dem Bürgerkriegsland Syrien, aber auch aus eher sicheren Ländern einreisen, können nicht dauerhaft die Schulturnhallen und Messegelände der Großstädte bevölkern. Auch Wohncontainer bieten keine dauerhafte Bleibe für Flüchtlinge, die Schutz und Hilfe brauchen. Es muss gebaut werden. Einfach ausgestattete, bezahlbare Wohnungen werden händeringend gesucht. Davon dürfte die gesamte Immobilienbranche profitieren, und damit die Aktien der börsennotierten Unternehmen. Während DAX & Co. im Crash Sommer/Herbst 2015 auf Tauchstation gingen und der deutsche Leitindex wochenlang nicht einmal mehr die Marke von 10.000 Punkten verteidigen konnte, zeigen viele Immobilienwerte im MDAX und SDAX eine Kursentwicklung im grünen Bereich, gestützt auf eine üppige Dividende. Nach wie vor günstige Kredite bilden weiteren Treibstoff für den deutschen Immobilienboom. Nachdem die FED nicht vor Jahresende eine Änderung ihrer Zinspolitik einläutet, dürfte sich das Beschaffen von Fremdkapital kaum verteuern.

Der Wert der deutschen Wohnimmobilienfirmen hat sich seit 2012 an der Börse durch steigende Mietpreise, Kapitalerhöhungen und Übernahmen verzehnfacht. Sie sollten Ihre Spitzentitel pflegen, zumal sich die Dividendenrendite auf einem Niveau von ca. 4 % bewegt: **DAX:** Vonovia (2,9 %); **MDAX:** Dt. Wohnen (2,2 %), LEG Immobilien (3,1 %), TAG Immobilien (5,6 %); **SDAX:** Alstria (4,5 %), Do Dt. Office (3,6 %), Hamborner Reit (4,9 %), TLG Immobilien (3,6 %).

- Bei den Gewerbe-Immobilien-Aktien erzielte seit 2010 **TLG Immobilien** (SDAX) Kursgewinne von 59 %, **Deutsche Euroshop** (MDAX) 57 %. Bei den Wohn-Immobilien-Titeln schaffte **Adler Real Estate** (SDAX) das unglaubliche Plus von 2.500 %. Auch **Patrizia** (SDAX) wusste mit 855 % zu begeistern.

Wohnraum wird nicht nur durch Flüchtlingszustrom teurer

Erwartungen	mehr	gleich	weniger
Wertentwicklung der Immobilien	67,4 %	31,9 %	0,7 %
Veränderung des Immobilienbestands	70,9 %	15,6 %	13,5 %
Entwicklung der Wohnungsmieten	53,9 %	45,4 %	0,7 %
Umfang der Grundstückskäufe	46,4 %	37,7 %	15,9 %

Quellen: HANDELSBLATT Nr. 180, 18. Sept. 2015; IW-Immobilien-Index 2015

Die Differenz zwischen Baufertigstellungen 2014 und jährlichem Baubedarf bis 2020 spitzt sich zu – angefacht durch den überbordenden, die Bundesländer und Städte überfordernden Wohnraummangel. Der Unterschied beträgt bis zu 60 %.

5. IT-Branche im Aufschwung durch 4. industrielle Revolution, Internet der Dinge, Digitalisierung, Cloud und vernetzte Welt

Der bundesweit schnelle Internetanschluss ist eine Grundforderung, um das Wohnen in ländlichen Gegenden insbesondere für jüngere Leute wieder attraktiver zu machen. Geht es dagegen um die Zukunft der elektronischen Datenverarbeitung aus Unternehmens-, Privatkunden- und Anlegersicht, gehört sehr viel mehr dazu, um die Herausforderungen des demografischen Wandels zu meistern. Werfen wir einen Blick auf die Leitrichtlinien und Ziele einiger Geschäftsberichte von Agrar-, Industrie- und Softwarefirmen zwecks Präsentation auf den Hauptversammlungen 2015:

Beispiel BayWa AG, München, SDAX (WKN 519 406)

- **Mehr Zukunft. Digitale Perspektiven – das Internet der Dinge:** *„Industrie 4.0 und Digitalisierung läuten eine revolutionäre Entwicklung ein. Das bisherige Prinzip industrieller Produktion, das da lautet: noch größer, noch schneller, noch besser, funktioniert künftig nur bedingt.*
- *Es verlangt ganz neue und innovative Produkt- und Geschäftsmodellansätze: smarte, intelligente Produkte und ebensolche Dienstleistungen. Die Digitalisierung ist nicht aufzuhalten, und sie wird alle Lebensbereiche erfassen. Daraus das Beste zu machen, liegt – wie bei allen revolutionären Umwälzungen zuvor – in der Verantwortung der Menschen."*
- **Mehr Wissen. Die Digitalisierung von Industrie und Gesellschaft:** *„Die Digitalisierung bietet enorme Chancen – auf allen Gebieten. Sie bringt aber auch Herausforderungen mit sich. Eine der großen Zielsetzungen wird sein, IT-Sicherheit, Datenschutz und Schutz der Privatsphäre zu gewährleisten. Denn um all diese Neuerungen umsetzen zu können, müssen die Daten in die Cloud, wo sie mit anderen Daten zusammengeführt und ausgewertet werden können."*

Beispiel BECHTLE AG, Neckarsulm, TecDAX (WKN 515 870)

„Industrie 4.0 als Turbo und Wachstumsmotor der Wirtschaft – Wertschöpfungspotenzial für Deutschland bis 2025:

- ***23 Milliarden Euro im Maschinen- und Anlagenbau***
- ***15 Milliarden Euro im Automobilbau***
- ***14 Milliarden Euro in der Informations- und Kommunikationstechnik***
- ***12 Milliarden Euro in der chemischen Industrie***
- ***3 Milliarden Euro in der Landwirtschaft"***

„Nichts bewegt die deutsche Industrie mehr als die magische 4.0. Seit Jahren steht ‚Made in Germany‘ weltweit wieder hoch im Kurs. Nun wird die Digitalisierung der Dinge und Unternehmen zum zentralen Hebel künftiger Wertschöpfung und Wettbewerbsfähigkeit. Welches Potenzial die Industrie 4.0 entfalten kann, haben Unternehmen und Verbände der IT-Branche ebenso untersucht wie die Beraterbranche. Dabei sind die Datenvielfalt und Zahlengrößen gleichermaßen beeindruckend:

- **Ein 10 % steigender Digitalisierungsgrad eines Landes ergibt ein 0,75 % höheres Bruttoinlandsprodukt pro Kopf und eine 1,02 % geringere Arbeitslosenquote.**
- **Bis 2020 werden 50 Mrd. Dinge miteinander vernetzt sein. Die Produktionssteigerung, die durch Industrie 4.0 erwartet wird, beträgt bis zu 30 %.**

Industrie 4.0 schreibt man mit IT: *Die vierte industrielle Revolution – kurz Industrie 4.0 – steht im Zeichen der umfassenden Digitalisierung. Neben Terminkalendern und Konstruktionsplänen wird nunmehr jedes Ding digital und damit kommunikationsfähig. So können unter anderem auch Produktionsmaschinen und Fertigungskomponenten miteinander in Austausch treten und Herstellungsprozesse selbstständig effizient gestalten.“*

Beispiel Cancom SE, München, TecDAX (WKN 541 910)

- ***„Wir sind Cancom!*** *Cancom hat sich den Herausforderungen des Marktes erfolgreich gestellt. Wir haben unser Wachstum im Konzern vorangetrieben und die Positionierung vor allem in den IT-Zukunftsbereichen weiter ausgebaut.*
- *Die zunehmende Digitalisierung und Vernetzung von Unternehmen und Industrien, die nicht zuletzt tiefgreifende Veränderungen für die Arbeitswelt und Gesellschaft bedeuten, beeinflussen Trends wie Cloud Computing, Big Data und Security. Wir erleben, wie die IT zur treibenden Kraft für Innovationen wird.“*

Elektronische Datenverarbeitung: Ein wichtiger Partner beim demografischen Wandel

Die Softwarebranche wird geprägt von Big Data, der Digitalisierung in der vernetzten Datenwelt, dem Cloud Computing, also Auslagerung eigener Firmendaten in Softwarehäuser. Die leistungsfähigsten IT-Spezialisten wachsen kräftig. Der IT-Markt wird einerseits durch Übernahmen und Fusionen gekennzeichnet. Umgekehrt bereitet der Mangel an qualifizierten Arbeitskräften große Sorgen. Hier wird der Flüchtlingszustrom wenig ändern. Die führenden deutschen IT-Unternehmen sind im DAX und TecDAX notiert. Aber es gibt weitere chancenreiche Aktien aus dem Prime und Entry Standard, die es wert sind, beachtet zu werden. Auch die Bundesregierung entdeckt die großen Chancen mithilfe von Big Data.

Die auf Cloud Computing spezialisierten IT-Firmen verdienen mit der Vernetzung von Haushaltsapparaten, Uhren, Brillen, Messgeräten und Gesundheits-Apps viel Geld. Das Wachstumspotenzial ist riesig. Parallel dazu müssen der Datenschutz wirksamer und das Eindringen von Hackern erschwert werden. Auf dem IT-Weltgipfel im Herbst 2015 ging es nicht nur um den Online-Hochgeschwindigkeits-Express, sondern um mehr Datensicherheit bei Software-Firmen und -Anwendern.

Für Privatanleger gilt: Breit streuen, Gewinne laufen lassen, bei dreistelligen Erträgen Teilverkäufe vornehmen. Gesundheits-, Immobilien- und Softwareaktien waren Börsen-Spitzenreiter 2014 und erfreuen auch 2015 mit Allzeithochs. Die Kursliste überzeugt. Value ist eben nicht alles. Derzeit begeistert Growth.

Deutsche IT/Software-Aktien bevorzugt DAX und TecDAX

Aktie/ Unternehmen	WKN	Kurs am 19.11.15	52-Wochen-Hoch/Tief	Kursverlauf 1, 3, 5 Jahre
Adesso	**A0Z 23Q**	**22,85 €**	22,85/12,15 €	**+91/+266/+360 %**
Softwareentwicklung/Beratung, KGV 22, Ergebnis/Aktie: 0,59/0,85/1,05 €, Div. 2 %				
Atoss Software	**510 440**	**62,30 €**	62,30/29,80 €	**+108/+211/+266 %**
Prime St., Managementsoftware, KGV 18, Ergebnis/Aktie: 1,8/1,9/2,1 €, **Div. 2,3 %**				
Bechtle	**515 870**	**87,80 €**	87,80/59,25 €	**+38/+207/+203 %**
TecDAX, IT für Firmenkunden, KGV 18, Ergebnis/Aktie: 1,83/1,90/2,11 €, Div. 1,9 %				
Cancom SE	**541 910**	38,10 €	42,10/28,60 €	**+16/+237/+300 %**
TecDAX, IT-Infrastruktur, KGV 19, Ergebnis/Aktie: 1,72/2,14/2,64 €, Div. 1,75 %				
Cenit	**540 710**	20,45 €	20,60/11,00 €	**+80/+218/+316 %**
Prime St., Online-Technologie, KGV 15, Ergebnis/Aktie: 0,76/0,82/0,89 €, **Div. 5,5 %**				
CompuGroup	**543 730**	30,90 €	36,85/19,00 €	**+55/+118/+182 %**
TecDAX, medizinische Software, KGV 18, Ergebnis/Aktie: 1,3/1,6/2,0 €, Div. 1,3 %				
Datagroup	**A0J C8S**	**14,30 €**	**14,30**/9,15 €	**+40/+144/+191 %**
Entry Stand., IT-Infrastruktur, KGV 46, Ergebnis/Aktie: 0,21/0,73/0,95 €, Div. 2,1 %				
GFT Technologie	**580 060**	**20,20 €**	**20,20**/8,60 €	**+90/+590/+530 %**
TecDAX, IT Finanzen/Logistik, KGV 15, Ergebnis/Aktie: 0,79/0,94/1,13 €, Div. 1,5 %				
Ifa systems	**783 078**	14,10 €	15,00/6,65 €	**+106/+205/+70 %**
Entry St., Software Augenmedizin, KGV 13, Ergebnis/Aktie: 0,7/0,8/1,3 €, Div. 1,5 %				
Nemetschek	**645 290**	43,60 €	45,20/20,00 €	**+116/+445/+469 %**
TecDAX, international: Planen/Bauen/Verwalten/Multimedia, IT-Spitzenreiter 2015				

Aktie/ Unternehmen	WKN	Kurs am 19.11.15	52 Wochen-Hoch/Tief	Kursverlauf 1, 3, 5 Jahre
RIB Software	A0Z 2XN	9,10 €	17,00/9,10 €	+10/+132/-32 %
TecDAX, Baufirmen-Software, KGV 31, Ergebnis/Aktie: 0,45/0,45/0,59 €, Div. 1 %				
SAP	716 460	74,70 €	74,70/53,05 €	+36/+30/+102 %
DAX, Firmensoftware marktführend, KGV 17, Ergebnis: 3,49/3,71/4,03 €, Div. 1,8 %				
Software AG	330 400	25,65 €	28,05/19,55 €	+20/-17/-21 %
TecDAX, Infrastruktur-Software, KGV 12, Ergebnis: 1,94/1,95/2,02 €, Div. 2,2 %				
USU Software	A0B VU2	20,40 €	20,80/12,30 €	+57/+240/+380 %
Prime St., Management-Software, KGV 23, Ergebnis: 0,57/0,73, 0,93 €, **Div. 2,4 %**				
Vier IT/Software-Indexfonds (ETF) global ausgerichtet				
iShares MSCI	A0J 201	39,50 $	40,60/35,50 $	+10/+52/+77 %
iShares MSCI	A0J 206	36,75 €	38,35/30,00 €	+16/+73/+108 %
iShares MSCI North America UCITIS ETF (Kürzel: IGV), ausschüttend, 9 Jahre				
BlackRock Asset Management, Volumen: 2,26 Mrd. €, Anteil USA: 93 %, IT: 17,5 %, größte Positionen: Apple mit 2,8 % und Microsoft mit 1,7 %, Jahresgebühr: 0,40 %				
Powershares D.	A0F 56W	40,45 €	41,10/30,10 €	+32/+102/+137 %
Powershares Dynamik Software ETF (Kürzel: PSJ), thesaurierend, Alter: 10 Jahre				
Powershares D.	A0M 2EH	13,30 €	13,90/10,90 €	+19/+91/+121 %
Powershares US Market UCITIS ETF, ausschüttend, 8 Jahre, Gebühr: 0,75 %				

Internationale Aktienauswahl IT/Software

Aktie/ Unternehmen	WKN	Kurs am 19.11.15	52-Wochen-Hoch/Tief	Kursverlauf 1, 3, 5 Jahre
ADOBE	871 981	84,85 €	85,25/56,30 €	+53/+233/+297 %
Nasdaq, Bildbearbeitung/Webanalyse, KGV 36, Ergebnis: 0,48/1,85/2,92 €, Div. 0 %				
Electronic Arts	878 372	64,00 €	70,25/33,90 €	+89/+456/+472 %
(EA), Nasdaq, Unterhaltungssoftware, KGV 24, Ergebnis: 1,50/2,50/2,08 € Div. 0 %				
IBM	851 399	128,00 €	159,9/120,4 €	-2/-14/+19 %
Dow J., Weltmarktführer Info-Tech., KGV 10, Ergebnis: 10,7/15,0/16,2 €, **Div. 2,8 %**				
Microsoft	870 747	50,85 €	51,10/34,10 €	+29/+141/+164 %
Dow Jones, Betriebssysteme, Server-Softw., Ergebnis: 2,34/1,33/2,80 €, **Div. 2,7 %**				

Aktie/ Unternehmen	**WKN**	**Kurs am 19.11.15**	**52-Wochen-Hoch/Tief**	**Kursverlauf 1, 3, 5 Jahre**
Oracle	**871 460**	36,55 €	42,15/30,65 €	**+12/+55/+77 %**
S&P 500, Datenbank-Softw.-Lösg., KGV 16, Ergebnis: 2,56/2,01/2,95 €, Div. 1,2 %				
Symantec	**879 358**	18,65 €	24,45/16,80 €	**-7/+32/+48 %**
Nasdaq, Sicherheitssoftware, KGV 12, Ergebnis/Aktie: 1,71/1,13/2,80 €, **Div. 2,7 %**				
VeriSign	**911 090**	79,60 €	82,60/43,70 €	**+66/+147/+210 %**
Nasdaq, Internet-Infrastruktursoftware, KGV 19, Ergebnis: 2,50/2,76/2,99 €, Div. 0 %				

Umsatzstärkste Firmen: Software, Hightech, soziale Netzwerke 2014

Umsatzrenditesieger 2014, Branche Software/Hightech				
Aktien/ Unternehmen	**WKN**	**Umsatz-rendite**	**Kurs 11.09.15**	**52-Wochen-Hoch/Tief**
Qualcomm (USA)	**883 121**	**+30,1 %**	48,90 €	70,35/46,50 €
Oracle (USA)	**871 460**	**+28,6 %**	33,30 €	42,15/28,25 €
Corning (USA)	**850 808**	**+25,4 %**	15,60 €	22,85/13,25 €
Microsoft (USA)	**870 747**	**+25,4 %**	38,25 €	44,80/32,95 €
Facebook (USA)	**A1J WVX**	**+23,5 %**	81,55 €	91,40/55,30 €
Anmerkung: Alle Unternehmen aus dem Software-/Hightechbereich sind in Amerika beheimatet. Keine einzige europäische bzw. deutsche Gesellschaft ab einer Marktkapitalisierung von 10 Mrd. Euro kann hier mithalten. Ob Mittelständler oder Großkonzern: Die Sieger von morgen müssen bei den Digitalisierungs-Innovationen und der Umsetzung von Industrie 4.0 und Internet der Dinge ganz oben stehen.				

Ein Hase-/Igel-Rennen: Bessere Software? Mehr IT-Kriminalität?

Software-Ingenieure arbeiten unablässig daran, ihre IT für sich und die Kunden auf technologisch hohem Sicherheitsniveau zu entwickeln. Umgekehrt wenden Hacker und kriminelle Spezialisten all ihr Wissen, Können und ihre Kreativität auf, um sich dennoch in Datennetze einzuschleichen, Riesenschäden anzurichten und finanziell kräftig abzusahnen. Es ist ein Wettlauf wie zwischen Hase und Igel. Firmen verfügen heute zu 100 % über Passwortschutz auf jedem Gerät, Firewalls und Virenscanner, zu 80 % über verschlüsselte Netzwerkverbindungen und zu 45 % über verschlüsselte Daten von Datenträgern und E-Mails. Dennoch verursacht Computerkriminalität Kosten in Milliardenhöhe. Es drohen Umsatzeinbußen durch Plagiate, Patentrechtsverletzungen, Verlust von Wettbewerbsvorteilen infolge Diebstahls oder Schädigung von IT-Systemen.

Der digitale Wandel prägt das Geschäftsmodell von IT-Firmen und verändert Strukturen vieler Branchen und der Arbeitswelt rasant

Längst reagieren nicht nur die Softwarekonzerne auf den Digitalisierungsmegatrend. Bundesminister Alexander Dobrindt erklärt: *„Es geht darum, den digitalen Wandel zu gestalten, indem wir die Stärken der sozialen Marktwirtschaft nutzen. Digitale Souveränität erreichen wir durch Innovationsführerschaft."* Wie eine Manager-Umfrage zeigt, droht Mittelständlern das Aus, wenn sie den Anschluss verlieren. Dies haben die meisten Chefs zumindest von größeren Firmen mittlerweile erkannt und starten deshalb engagiert Projekte für die Digitalisierung ihres Geschäfts. Die Aktienkurse börsennotierter Gesellschaften dürften mittel- und langfristig nur steigen, wenn die Arbeit im Ökosystem Digitalisierung neu organisiert und an einer modernen, auf Nachhaltigkeit, Offenheit und Wertschätzung gründenden Ergebniskultur intensiv gefeilt wird. Mitarbeiter müssen sich digital qualifizieren und ganz neue Anforderungsprofile verinnerlichen.

Woran Firmen beim digitalen Wandel scheitern können	
HANDELSBLATT-Umfrage 2015, Mehrfachnennung möglich	
Übertriebenes Konkurrenzdenken	72 %
Zeitlich zu anspruchsvolles, überforderndes Kerngeschäft	65 %
Mangel an engagierten Fachkräften mit digitalem Know-how	56 %
Anhaltender Widerstand gegen wichtige Veränderungen	55 %
Keine übergreifende, auf andere Bereiche abgestimmte Planung	46 %
Nicht genug Budget, zu wenig Kapital, um die Ziele umzusetzen	36 %
Thema nachrangig, Prozesse zu unflexibel und festgefahren	35 %
Topmanager unterstützen Abteilungen und Fachkräfte zu wenig	15 %

Für den Chef des DAX-Konzerns SIEMENS (WKN 723 610), Joe Kaeser, ist *„die Digitalisierung die Schicksalsfrage der deutschen Industrie".* Der Personalvorstand des DAX-Unternehmens Dt. Telekom (WKN 555 750), Christian Illek, bestätigt, dass sich die Arbeit im Digitalzeitalter dramatisch verändert: *„Arbeit muss im Ökosystem Digitalisierung neu organisiert werden. Die Personalressorts müssen handeln."* Der Personalexperte Jochen Kienbaum, Chef von Kienbaum Consultants, erklärt: *„Junge Leute wollen an Zukunftsthemen arbeiten, und die sind heute nun mal digital. Wenn eine Firma das nicht bieten kann, fällt sie schnell zurück."* Künftig werden Arbeits- und Privatleben stärker verschmelzen. Wo gearbeitet wird, ist zweitrangig. Mitarbeiter müssen lernen, sich selbst besser zu managen. Und Chefs sollten nicht übertrieben kontrollieren und auch aus der Distanz führen.

6. Internet, Medien, Online-Portale, soziale Netzwerke, Telekom

Unglaubliche Produktvielfalt durch die industrielle Revolution 4.0

Durch den Internet-Siegeszug verstärkt sich der Wettbewerb bei Telekom- und Netzwerkanbietern, Online-Portalen und sozialen Netzwerken. Nur wer ein innovatives Geschäftsmodell pflegt, sich durch Ideenreichtum abhebt, eine attraktive Marke aufbaut, nachhaltig wirtschaftet und neben Wachstum Gewinne steigert, macht dauerhaft das Rennen. Die lange Zeit beschimpfte „Volksaktie Deutsche Telekom" bereitet aktuell Freude – auch dank der hohen steuerfreien Dividende, „Ertragsgutschrift" genannt. Die Telekommunikationsbranche zählt zu den Zukunftsmärkten mit vermutlich stabilem Aufwärtstrend. Überhaupt ist die heutige Medienwelt mit starken Aktivitäten auch in China von kaum vorstellbarer Vielfalt geprägt. Dazu zählen Film, Fernsehen, Presse und Werbung, Print und Online, Big Data, die rasant fortschreitende Digitalisierung in unserer vernetzten Welt. Die Medienwelt von heute beeinflusst unser Denken und Handeln in nahezu allen Lebensbereichen. Die Zuordnung wird erschwert durch Überschneidungen mit Software, Elektronik, Technologie, Industrie, Dienstleistungen. Die hier erfassten deutschen Aktien stammen aus dem TecDAX, MDAX und SDAX. Als besonders dividendenstark mit Renditen von rund 4 % bis über 5 % aus den deutschen Börsenbarometern sind Drillisch, Freenet, RTL Group und Pro7SAT.1 zu nennen.

Internationale Aktienauswahl: „rund um das Internet"

Aktie/ Unternehmen	WKN	Kurs am 19.11.15	52-Wochen-Hoch/Tief	Kursverlauf 1, 3, 5 Jahre
Adva Optical	510 300	10,65 €	11,60/2,70 €	+268/+149/+91 %
TecDAX, Netzwerk-Infrastruktur, KGV 22, Ergebnis/Aktie: 0,17/0,40/0,48 €, Div. 0 %				
Alibaba	A11 7ME	73,30 €	93,65/50,40 €	-19 %/Neuemission
Nasdaq, eine der weltweit größten Online-Handelsplattformen, KGV 36, Div. 0 %				
Alphabet (Google)	A14 Y6F	715,00 €	720,0/398,6 €	+65/+180/+224 %
Nasdaq, global: Suchmaschine/Netzwerk, KGV 18, Ergebnis: 26,3/30,2 €, Div. 0 %				
Amazon	906 866	615,10 €	634,2/236,3 €	+137/+242/+412 %
Nasdaq, weltweit führender Onlinehändler, KGV hoch, Ergebnis: 0,8/3,1 €, Div. 0 %				
Axel Springer	550 135	52,35 €	59,15/44,60 €	+15/+63/+38 %
MDAX, größter Zeitungsverlag BRD, KGV 23, Ergebnis 2,01/2,30/2,61 €, **Div. 3,4 %**				
BAIDU	A0F 5DE	192,30 €	208,8/107,0 €	-2/+159/+135 %
Nasdaq, führende China-Suchmaschine mit vielen Suchmöglichkeiten, Div. 0 %				

Aktie/ Unternehmen	**WKN**	**Kurs am 19.11.15**	**52-Wochen-Hoch/Tief**	**Kursverlauf 1, 3, 5 Jahre**
China Mobile	**909 622**	11,00 €	14,05/8,90 €	**+13/+29/+49 %**
Honkong, Mobilfunkanbieter China, KGV 13, Ergebnis: 0,78/0,76/0,81 €, **Div. 3,2 %**				
CISCO	**878 841**	25,35 €	27,25/21,00 €	**+19/+78/+75 %**
Dow Jones, Networking Internet, KGV 12, Ergebnis: 1,84/1,57/2,00 €, **Div. 2,8 %**				
Comcast	**157 484**	57,40 €	59,50/43,00 €	**+34/+106/+281 %**
Nasdaq, Video-/Telekom-Anbieter, KGV 18, Ergebnis: 2,89/2,95/3,40 €, Div. 1,6 %				
CTS Eventim	**547 030**	36,40 €	37,15/21,60 €	**+64/+210/+236 %**
MDAX, Ticket-Vermarktung, KGV 33, Ergebnis/Aktie: 0,82/0,97/1,10 €, Div. 1,5 %				
Dt. Telekom	**555 750**	17,20 €	17,65/12,40 €	**+35/+107/+69 %**
DAX, Telekom. weltweit, KGV 22, Ergebnis 0,55/0,70/0,83 €, **steuerfreie Div. 3,5 %**				
Drillisch	**554 550**	41,80 €	49,60/27,00 €	**+56/+311/+601 %**
TecDAX, Telekom. netzunabhängig, KGV 40, Ergebnis: 0,97/0,96/1,11 €, **Div. 4,6 %**				
EBAY	**916 529**	27,15 €	27,45/18,15 €	**+46/+71/+183 %**
Nasdaq, größte Internet-Tauschbörse, KGV 19, Ergebnis: 0,13/2,93/3,29 €, Div. 0 %				
Facebook	**A1J WVX**	101,40 €	102,30/57,70 €	**+70/+443** %/IPO
Nasdaq, größtes soziales Netzwerk, KGV 43, Ergebnis: 1,00/1,70/2,28 €, Div. 0 %				
F5 Networks	**922 977**	97,10 €	122,4/90,40 €	**-5/+42/+15 %**
USA, S&P 500, IT-Infrastruktur, KGV 18, Ergebnis/Aktie: 3,68/5,84/6,53 €, Div. 0 %				
Freenet	**A0Z 2ZZ**	32,45 €	33,10/21,80 €	**+40/+131/+301 %**
TecDAX, Telekom. netzunabhängig, KGV 16, Ergebnis 1,93/1,91/1,98 €, **Div. 5,2 %**				
Juniper Networks	**923 889**	27,80 €	29,50/16,80 €	**+63/+116/+13 %**
USA, Nasdaq, führender Netzwerkausrüster, KGV 15, positive Analysen, Div. 1,6 %				
Kabel Deutschl.	**KD8 888**	115,30 €	126,9/107,7 €	**+6/+112/+220 %**
MDAX, großer Kabelnetzbetreiber, KGV 37, Ergebnis: 2,70/3,15/3,76 €, **Div. 2,7 %**				
Netflix	**552 484**	113,00 €	118,0/36,30 €	**+160/+1150/+554 %**
USA, Nasdaq, führender Videoanbieter, KGV 14, Ergebnis: 0,6/4,3/6,7 €, Div. 0 %				
Nippon Telegraph	**873 029**	36,45 €	37,50/20,60 €	**+63/+108/+115 %**
Nikkei, Telekommunikat. Mobilfunk/Festnetz, Ergebnis: 1,75/2,25/2,48 €, **Div. 2,3 %**				
NTT Docomo	**916 541**	18,40 €	20,45/11,95 €	**+43/+66/+54 %**
Nikkei, Japan, Mobilfunk/Service, KGV 19, Ergebnis: 0,74/0,86/0,97 €, **Div. 2,9 %**				

Aktie/ Unternehmen	**WKN**	**Kurs am 19.11.15**	**52-Wochen-Hoch/Tief**	**Kursverlauf 1, 3, 5 Jahre**
Orange	**906 849**	16,90 €	16,90/12,50 €	**+29/+108/+1 %**
Euro Stoxx 50 (France Télécom), KGV 15, Ergebnis: 0,51/0,92/0,99 €, **Div. 4,3 %**				
Priceline.com	**766 054**	1.204,6 €	1.362/836,6 €	**+30/+151/+299 %**
Nasdaq, US-Internet-Reiseanbieter, KGV 20, Ergebnis/Aktie: 41/56/65 €, Div. 0 %				
Pro7SAT.1	**PSM 777**	50,70 €	50,70/32,65 €	**+50/+151/+137 %**
MDAX, führender Medienkonzern, KGV 20, Ergebnis: 1,96/2,22/2,46 €; **Div. 3,9 %**				
RELX Reed Els.	**A0M 95J**	16,75 €	16,75/13,05 €	**+26/+121/+163 %**
STXE 600, Infolösungen für Firmen, KGV 17, Ergebnis: 0,56/0,62/0,66 €, Div. 2,6 %				
RTL Group	**861 149**	83,45 €	97,00/69,50 €	**+12/+53/+20 %**
MDAX, Entertainment-Netzwerke, KGV 17, Ergebnis: 4,54/4,69/4,92 €, **Div. 6,6 %**				
Samsung Elec.	**881 823**	459,25 €	499,9/285,0 €	**+32/+58/+139 %**
Südkorea, Speicherchips, Riesen-Produktauswahl, positives Ergebnis, Div. 0 %				
Ströer Media SE	**749 399**	56,25 €	64,50/21,15 €	**+166/+709/+153 %**
SDAX, Außen- und Onlinewerbung, KGV 29, Ergebnis: 1,10/1,53/1,77 €, Div. 1,2 %				
Telefonica	**850 775**	11,75 €	14,30/10,65 €	**-4/+17/-34 %**
Euro Stoxx 50, Telekommunikation, KGV 14, Ergebnis 0,61/0,91/0,99 €, **Div. 5,5 %**				
Telefónica Dt.	**A1J 5RX**	5,35 €	6,00/4,05€	**+34/+25 %**/IPO
TecDAX, knapp 50 Mio. Kundenanschlüsse, KGV und Ergebnis negativ, **Div. 4,5 %**				
Thomson Reut.	**864 655**	37,20 €	39,60/30,20 €	**+20/+75/+37 %**
Kanada, Medien Finanzen/Steuern, KGV 17, Ergebnis 1,46/1,80/2,05 €, Div. 1,3 %				
Time Warner	**A0R GAY**	67,10 €	83,50/58,00 €	**+4/+98/+209 %**
S&P 500, Medien/Entertainment, KGV 19, Ergebnis: 3,97/4,23/5,18 €, Div. 1,5 %				
United Internet	**508 903**	48,30 €	48,85/34,45 €	**+38/+211/+327 %**
TecDAX, Internet-Applikationen, KGV 20, Ergebnis: 1,46/1,90/2,22 €, Div. 1,8 %				
Verizon	**868 402**	42,05 €	46,70/35,85 €	**+5/+10/+39 %**
Dow J., Mobilfunk/Internet/Festnetz, KGV, Ergebnis: 2,16/3,40/3,62 €, **Div. 4,6 %**				
Viacom	**A0H M1Q**	49,60 €	66,80/32,55 €	**-19/+24/+70 %**
Nasdaq, vielfältige Unterhaltung, KGV 10, Ergebnis: 4,85/5,47/6,15 €, Div. 2,2 %				
Vivendi	**591 068**	20,30 €	24,80/19,05 €	**+3/+25/+3 %**
Euro Stoxx 50, glob. Medienfirma, KGV 43, Ergebnis 0,46/0,54/0,57 €, **Div. 8,5 %**				

Aktie/ Unternehmen	WKN	Kurs am 19.11.15	52-Wochen- Hoch/Tief	Kursverlauf 1, 3, 5 Jahre
Vodafone Group	**A1X A83**	3,15 €	3,60/2,65 €	**+13/+36/+37 %**
Stoxx 50, 450 Mio. Mobilfunkkunden, KGV 44, Ergebnis: 6/5/6 Cent, **Div. 5,0 %**				
Walt Disney	**855 686**	110,35 €	111,5/70,45 €	**+51/+149/+370 %**
Dow Jones, Familien-Unterhaltung, KGV 23, Ergebnis: 3,85/4,16/4,84 €, Div. 1 %				
Wirecard	**747 206**	45,85 €	48,95/30,10 €	**+44/+147/+316 %**
TecDAX, Internetbezahldienst, KGV 29, Ergebnis/Aktie: 0,89/1,24/1,56 €, Div. 0,5 %				
Wolters Kluwer	**A0J 2R1**	**32,65 €**	**32,65**/22,45 €	**+45/+133/+109 %**
STXE 600, Verlag Fachinfos, KGV 15, Ergebnis/Aktie: 1,5/1,84/1,95 €, Div. 2,7 %				
XING	**XNG 888**	171,30 €	200,0/87,20 €	**+86/+290/+419 %**
TecDAX, Netzwerk Beruf/Karriere, KGV 48, Ergebnis: 2,47/3,32/4,56 €, Div. 1 %				
YAHOO	**900 103**	30,90 €	45,75/25,00 €	**-26/+117/+155 %**
Nasdaq, Medien, Suchmaschine, KGV 55, Ergebnis: 0,79/1,00/1,11 €, Div. 0 %				

Der TecDAX mit 30 Hightechtiteln, von denen diese Liste ein Fünftel bringt, schaffte seit Jahresbeginn ein Plus von 33 %, während der DAX 12 % zulegte und noch 1.400 Punkte bis zum Allzeithoch braucht. Rechnen wir die Medien vom MDAX/SDAX hinzu, zählen weitere fünf Firmen zu den Favoriten.

Kluge Worte eines Vorstandsvorsitzenden zur Industrie 4.0, dem Internet der Dinge, dem Digitalisierungs- und Vernetzungstrend

Firmenchef Dr. Thomas Ohlemotz berichtet im Vorwort „SPECIAL RELEASE" der BECHTLE AG unter dem Titel INDUSTRIE 4.0: *„Die Idee der Vernetzung von beinahe allem mit jedem übt große Faszination aus. Das ist gut, löst aber zunächst noch keine industrielle Revolution aus. Dafür braucht es mehr: Nur wer Offenheit gegenüber anderen Disziplinen zeigt, wem am Austausch von Wissen und Erfahrung gelegen ist und wer Forschung nicht als Theorie, sondern als Vorreiter der Praxis von morgen begreift, dem erschließt sich der Nutzen von Industrie 4.0 für unsere gesamte Wirtschaft, für unsere Arbeitswelt und für unser Verhalten als Konsument. Interessant ist dabei ein weiterer Gedanke:*

Die Wissensgesellschaft ersetzt oder verdrängt nicht etwa die Industriegesellschaft. Vielmehr ergänzen sich beide. Deshalb führt auch an der engen Zusammenarbeit von Herstellern, Dienstleistern und Forschungszentren kein Weg vorbei. Die Chance der Produktion liegt mehr denn je in der effizienten Nutzung der wichtigsten Ressource Wissen – und die IT spielt dabei eine zentrale Rolle."

„Ganz gleich, ob wir Industrie 4.0 tatsächlich als Revolution oder schlicht als dynamische Weiterentwicklung betrachten. – Unbestritten bleibt, dass die mit hohem Tempo fortschreitende Digitalisierung allumfassend ist, dass sie neue Geschäftsmodelle hervorbringt und für uns alle große Herausforderungen, aber auch ungeahnte Möglichkeiten im Berufs- wie Privatleben bereithält.

- *Deshalb tun wir gut daran, uns dem Thema Industrie 4.0 zu stellen. Der nüchterne, offene und unvoreingenommene Blick auf Neues sei allen empfohlen, die Zukunft aktiv gestalten wollen."*

Industrie 4.0: Turbo und Wachstumstreiber der gesamten Wirtschaft - Auszüge „SPECIAL RELEASE", BECHTLE AG, Neckarsulm

„Nichts bewegt die deutsche Industrie derzeit mehr als die magische 4.0. Seit Jahren steht ‚Made in Germany' weltweit wieder hoch im Kurs. Nun wird die Digitalisierung der Dinge und Unternehmen zu einem zentralen Hebel zukünftiger Wertschöpfung und Wettbewerbsfähigkeit.

Die Infrastruktur der Zukunft. *Im Internet laufen die Fäden der erneuten industriellen Revolution zusammen. Mit dem Internetprotokoll der 6. Generation sind die nötigen IP-Adressen für Milliarden mit Funksensoren ausgestattete Objekte schon jetzt verfügbar. Der Ausbau von Breitbandnetzen wird den Austausch der entsprechenden Datenmengen ermöglichen. Jetzt sind Schnittstellen und gemeinsame Standards gefragt, um in weltweit verzweigten Infrastrukturen nahtlos kommunizieren zu können. Schließlich gilt es, Akteure und Systeme entlang der gesamten Wertschöpfungskette zu integrieren. Von der CAD-Konstruktion über die Produktionsplanung und Fertigung bis zur Distribution. Von einzelnen Werkstücken über Schweißroboter und Förderbänder bis zu selbst fahrenden Gabelstaplern, mitdenkenden Hochregalen und automatisierten Containerhäfen.*

Vorn in Germany. *Maschinen- und Anlagenbau, Automotive und Chemie bilden deutsche Schlüsselindustrien und sind bei der Automatisierung von Prozessen am weitesten fortgeschritten. Beides verbindet sich zu einer exzellenten Ausgangsposition für eine positive Entwicklung der Industrie 4.0, Made in Germany. Populäres Beispiel ist der Automobilbau. Hier wandeln sich die vielstufigen, weitgehend linearen Fertigungs- und Logistikketten in flexible Netzwerke, die von Design bis Distribution alle Geschäftsbereiche integrieren. Auf dem Plan stehen individuelle Traumautos statt Massenfertigung. So können potenzielle Kunden ihr Wunschfahrzeug zukünftig nicht nur online von zu Hause aus konfigurieren: Das persönliche Modell wird gleich in Echtzeit virtuell durchgeplant, bepreist und mit Liefertermin offeriert. – Das Beispiel zeigt bildhaft die Möglichkeiten auf und macht gleichzeitig klar, vor welchen Herausforderungen alle Beteiligten stehen."*

7. Medizintechnik, Nutznießer des demografischen Wandels

Die Medizintechnik profitiert besonders von der längeren Lebenserwartung, entwickelt sich doch vor allem der betagte Mensch zusehends zum Ersatzteillager von den Haarspitzen bis zu den Fußsohlen. Als Wachstumstreiber mit immer innovativeren Produkten erweist sich auch hier die Industrie 4.0.

<table>
<tr><th colspan="5">Medizintechnik, chancenreiche Aktienauswahl weltweit</th></tr>
<tr><th>Aktien/ Unternehmen</th><th>WKN</th><th>Kurs am 20.11.15</th><th>52-Wochen-Hoch/Tief</th><th>Kursverlauf 1, 3, 5 Jahre</th></tr>
<tr><td>Abbott Labs</td><td>850 103</td><td>41,90 €</td><td>46,90/32,20 €</td><td>+23/+75/+147 %</td></tr>
<tr><td colspan="5">USA, S&P 500, KGV 30, Gerätemedizin, sehr gute Analystenbewertung, Div. 2,2 %</td></tr>
<tr><td>Carl Zeiss Med.</td><td>531 370</td><td>26,70 €</td><td>26,95/19,85 €</td><td>+20/+18/+105 %</td></tr>
<tr><td colspan="5">TecDAX, Augenheilkundespezialist, KGV 24, Ergebnis 0,92/0,93/1,13 €, Div. 1,8 %</td></tr>
<tr><td>Compugroup</td><td>543 730</td><td>30,35 €</td><td>36,35/18,95 €</td><td>+62/+128/+195 %</td></tr>
<tr><td colspan="5">TecDAX, Med.-Software, KGV 17,6, Ergebnisanstieg, Buchwert 3,01 €, Div. 1,4 %</td></tr>
<tr><td>Drägerwerk</td><td>555 063</td><td>69,05 €</td><td>123,70/58,35 €</td><td>-15/-2/+17 %</td></tr>
<tr><td colspan="5">TecDAX, KGV 14,4, schwankendes Ergebnis je Aktie, Buchwert 51,80 €, Div. 1,4 %</td></tr>
<tr><td>Essilor</td><td>863 195</td><td>120,45 €</td><td>120,5/82,95 €</td><td>+39/+72/+153 %</td></tr>
<tr><td colspan="5">FR, Euro Stoxx 50, Augenoptikspezialist, KGV 17, Ergebnisanstieg/Aktie, Div. 1,2 %</td></tr>
<tr><td>FMC Med Care</td><td>578 580</td><td>79,60 €</td><td>83,15/57,70 €</td><td>+36/+53/+80 %</td></tr>
<tr><td colspan="5">DAX, Dialyse-Spezialist, KGV 20,2, Ergebnisanstieg, Buchwert 23,80 €, Div. 1,1 %</td></tr>
<tr><td>ifa systems</td><td>783 078</td><td>14,20 €</td><td>14,50/6,60 €</td><td>+106/+205/+74 %</td></tr>
<tr><td colspan="5">Entry Standard, KGV 11, Augenheilkunde, Börsenwert 23 Mio. €, Div.-Rend. 1,3 %</td></tr>
<tr><td>MC Kesson</td><td>893 953</td><td>171,70 €</td><td>222,7/155,5 €</td><td>+10/+151/+278 %</td></tr>
<tr><td colspan="5">USA. S&P 500, KGV 18, Börsenwert 47 Mrd. €, große Produktpalette, Div. 0,5 %</td></tr>
<tr><td>Medtronic</td><td>A14 M2J</td><td>71,25 €</td><td>74,30/45,00 €</td><td>+25/+119/+177 %</td></tr>
<tr><td colspan="5">USA, S&P 500, KGV 17, weltweit Kardiologie, Börsenwert 66 Mrd. €, Div. 1,7 %</td></tr>
<tr><td>Sartorius Vz</td><td>716 563</td><td>214,50 €</td><td>223,10/91,30 €</td><td>+133/+226/+819 %</td></tr>
<tr><td colspan="5">TecDAX, KGV 25, Laboranbieter, hoher Ergebnisanstieg, Buchwert 20 €, Div. 0,8 %</td></tr>
<tr><td>St. Jude Medic.</td><td>864 096</td><td>58,20 €</td><td>71,15/51,05 €</td><td>+16/+118/+107 %</td></tr>
<tr><td colspan="5">USA, S&P 500, KGV 16, Gerätemedizin, führend bei Herzschrittmachern, Div. 1,6 %</td></tr>
<tr><td>Smith & Neph.</td><td>502 816</td><td>16,00 €</td><td>17,15/12,90 €</td><td>+19/+99/+127 %</td></tr>
<tr><td colspan="5">Großbritannien, STXX 600, KGV 18, Gerätemedizin Orthopädie, Div.-Rend. 1,8 %</td></tr>
</table>

Stratec Biomed.	**STR A55**	54,50 €	56,90/41,00 €	**+9/+69/+83 %**
TecDAX, Diagnostiksysteme, KGV 32, Ergebnis/Aktie: 1,69/1,81/2,08 €, Div. 1,4 %				
Thermo Fisher	**857 209**	127,90 €	129,80/97,55 €	**+35/+173/+248 %**
USA, S&P 500, KGV 17, Messsysteme Industrie, Börsenwert 47 Mrd. €, Div. 0,5 %				
Stryker	**864 952**	89,80 €	95,25/79,55 €	**+24/+115/+138 %**
USA, S&P 500, KGV 18, Spitzenbeurteilung, orthopädische Implantate, Div. 1,5 %				
Zimmer	**753 718**	96,75 €	112,20/70,85 €	**+11/+95/+165 %**
USA, S&P 500, KGV 16, Implantate/Prothesen, Börsenwert 20 Mrd. €, Div. 1,0 %				

Welche Bereiche deckt die Medizintechnik insbesondere ab?

- **Klinik- bzw. Krankenhaustechnik**
- **Medizinische Apparate wie Kernspintomografen, Ultraschallgeräte**
- **Zubehör wie Verkabelungen, Operationsschläuche, Laborgefäße usw.**
- **Bildgebende Diagnostik**
- **Medizinische Informatik**
- **Elektronische Patientenakten beispielsweise für Augenheilkunde**
- **Medizintechnische Produkte wie Prothesen, Implantate, 3-D-Drucker**
- **Zahnprothetik, Seh- und Hörhilfen**

Der demografische Wandel verhilft der Medizintechnik zu hohen Wachstumsraten. Allerdings ist der Wettbewerbsdruck extrem hoch. Im Bereich der Prothetik für Füße, Unterschenkel, komplette Beine, Arme und Hände kommen ständig neue Produkte auf den Markt, sodass der Veralterungsprozess die Gewinnmargen drückt und Innovationen erforderlich macht. 3-D-Drucker und Industrie 4.0 mit wachsender Digitalisierung regen zu kreativen Neuentwicklungen an. Man erinnere sich, wie viele neue Produkte die Fitnessstudios jetzt überschwemmen, Computeruhren und -brillen, verschiedenartige Mess- und Überwachungssysteme. Nicht alles, was die Werbung als gesundheitsfördernd anpreist, bestätigt im Lebensalltag die Erwartungen. Möglicherweise kommen Ängste auf, wenn das Messgerät anzeigt, dass man zu wenig Kilometer gelaufen ist und nicht lange genug geschlafen hat – und dies auch noch mit Unterbrechungen. Muss ich tatsächlich ständig meinen Puls überprüfen, um mich wohlzufühlen und sicherzugehen, bei körperlicher Anstrengung die zuträgliche Grenze nicht zu überschreiten?

- **Wie die vorstehende Kursliste zeigt, gibt es im TecDAX allein fünf Firmen aus dem Medizintechnikbereich – also ein Sechstel. Dabei schlägt der Laboranbieter Sartorius langfristig alle Rekorde. Wo gibt es schon in dieser Sparte binnen fünf Jahren einen Kursgewinn von 820 %?**

8. Pharma international, Aufwärtstrend durch Medizinfortschritt

Der Zukunftsforscher Leo Nefiodow hat als VI. Kondratjew das Gesundheitswesen ausgerufen. Der Wissenschaftler erklärt: *„Was wir Umweltschutz nennen, ist in Wirklichkeit Gesundheitsschutz."* Die langen Wellen der Konjunktur, der Kondratjew I bis VI, werden geprägt durch bahnbrechende Erfindungen und Entdeckungen wie Dampfmaschine, Stahl/Eisenbahn, Elektrotechnik/Chemie, Automobil, IT/Internet und Gesundheitswesen. Forschung und Entwicklung sind der eigentliche Jungbrunnen in der Pharmaindustrie. Annähernd 8 Mrd. € stecken Pharma- und Chemiekonzerne jährlich in F&E.

Da ist die Freude bei den Pharma-Aktionären groß, befinden sich doch unter den acht Spitzenwerten internationaler Experten drei Gesundheitsaktien – ein Anteil von deutlich über einem Drittel. Biotechnologie-, Pharma- und Medizintechnikaktien sowie die Papiere der führenden Klinik-, Alten- und Pflegeheimbetreiber werden durch den demografischen Wandel auch künftig zu den Siegern zählen, ebenso die Anbieter von ambulanten Gesundheitsdiensten und wegweisenden Produkten.

Der gewaltige medizinische Fortschritt gründet auf verfeinerten Diagnostik- und Operationsmethoden sowie neuartigen Wirkstoffen gegen die gefährlichsten Geißeln der Menschheit wie Krebs, Alzheimer, Diabetes, Multiple Sklerose und Hepatitis aus dem Schreckenskabinett schwerer Krankheiten. Nachdem die große Welle von Patentabläufen abebbt, dafür aber verbesserte Produkte, Verfahren, Therapien und Neuentwicklungen den Markt erobern, besteht weiter Wachstumspotenzial.

Die Marktführer mit gesunder Bilanzstruktur, steigendem Umsatz und Ertrag, ansehnlicher Dividende, attraktivem Produktportfolio, intakter Firmenkultur und interessanten Neuentwicklungen in den klinischen Phasen 2 und 3 dürften auch künftig für Kursgewinne sorgen. Der Bedarf an wirksamen Arzneimitteln allein im Kampf gegen die wichtigsten Krebsarten sollten Wachstumstreiber sein. Zudem regen interessante Übernahmen und Beteiligungen den Gesundheitsmarkt an. Hier zählen der DAX-Konzern **BAYER** und die beiden Schweizer Pharmariesen **Novartis** und **ROCHE** zu den Topfavoriten. Bei BAYER werden derzeit über 50 Wirkstoffe gründlich erforscht und weiterentwickelt. In Europa wuchs die Produktion in der Pharmaindustrie 2014 um fast 7 %. Die Auslastung lag bei 85 %. Von diesen Werten können die Auto- und Maschinenbauer nur träumen.

Derzeit wütet ein Preiskampf um teuerste Medikamente, aktuell Sovaldi und Havoni vom US-Biotechkonzern GILEAD, zur Heilung von Hepatitis. Die Nebenwirkungen sind gering, die Heilungsquoten von über 90 % hoch. Eine dreimonatige Behandlung kostet mindestens 40.000 €. Aus Konzernsicht liest sich dies so: *„Nur mit hohen Preisen für bahnbrechende Neuentwicklungen lassen sich die horrenden Summen für Forschung und Entwicklung einspielen!"*

Betrachten wir den DAX-Verlauf 2014. Wer führt die Rangliste an? Der deutsche Leitindex legte im Vorjahr um kümmerliche 2,7 % zu. Die großen Gewinner waren der Pharmakonzern Merck auf Platz 1 mit einem Kursanstieg von +20,4 %, Fresenius Medical Care (FMC) auf Rang 3 mit +19,6 %, dicht gefolgt vom Mutterkonzern Fresenius mit +16,0 %. BAYER erkämpfte Rang 57 unter den TOP-100-Unternehmen weltweit, sämtliche Branchen inbegriffen.

Auch in den internationalen Ranglisten dominiert der Gesundheitssektor. Im Stoxx 50 für Gesamteuropa führt der englische Pharmariese AstraZeneca mit einem Kursplus von 35 %, gefolgt vom Schweizer Pharmakonzern Novartis mit +32 %. Schauen wir auf den Schweizer Aktienindex SMI, so ist die Biotechfirma Actelion Erster mit +57 %. Auch ein Blick auf den US-Leitindex Dow Jones erfreut. Hinter der Technologieschmiede INTEL mit einem Kursanstieg von 64 % liegt der Pharmakonzern United Health mit einem Plus von 54 % auf Rang II.

Gründe für den Siegeszug der Pharmaindustrie

Im Zuge des demografischen Wandels ist die stetig längere Lebenserwartung zu nennen, allerdings verbunden mit schweren Krankheiten in der letzten Lebensphase. Bemerkenswert sind zahlreiche Übernahmen. Die Pharmariesen verleiben sich gern mittelständische Biotechfirmen ein, die mit brillanter Forschung die Hoffnung wecken, den großen Durchbruch zu schaffen. Gelingt dies, winken bei Zulassung Milliardenerträge, und der Aktienkurs springt dreistellig durch die Decke.

Erkenntnis: Die Pharmariesen haben das Geld, die Biotechschmieden die Innovation. Im Oktober 2014 bahnte sich ein Bieterkampf an um den Botox-Hersteller Allergan. Botox garantiert Milliardenumsätze als Preis ewiger Jugend, wie die Werbung uns vorgaukelt. Im Herbst 2015 – die Bieterfirma ACTAVIS hatte sich in Allergan umbenannt – verleibte sich PFIZER, Dow Jones, den Faltenglätter ein. Viagra und Botox sind nun unter einem Dach vereint, mit Geschäftssitz in Irland.

Um den Krebs zu besiegen, wird die Immunabwehr aktiviert

Analysten erwarten Milliardenumsätze. Vor allem Merck & Co. aus Amerika, der Schweizer Pharmariese ROCHE, der Marktführer AMGEN aus den USA, AstraZeneca aus Großbritannien und PFIZER, bekannt geworden durch den Erektions-Anreger Viagra, schmieden interessante Forschungs- und Entwicklungsallianzen. Hauptzielsetzung ist, bei Krebs mit neuen Immuntherapie-Ansätzen, oft begleitet von personalisierter Medizin, den Durchbruch einzuleiten. Im Wettlauf der Krebsspezialisten, Bereich Immunabwehr, zählen auch Bristol Myers und der Schweizer Pharmariese Novartis zu den Favoriten um die künftig höchsten Marktanteile. Schließlich hat die Immuntherapie gegen Krebs das Potenzial, die Behandlung der bösartigen Tumorerkrankungen zu revolutionieren.

Weshalb boomen Übernahmen bevorzugt mit US-Partnern?

Bei den großen Pharmakonzernen mit den bekannten Marken und Namen geht die M&A-Welle ungebrochen weiter. Geld ist billig zu leihen. Bankkredite sind zumindest in Amerika leicht zu bekommen, und die Pharmariesen sitzen auf hohen Cashbeständen. Oft werden Übernahmen angetrieben, weil Patente auslaufen, siehe Bieterkampf von AbbVie für HUMIRA. Anderen Pharmakonzernen geht es ähnlich. PFIZER, SANOFI und AstraZeneca suchen nach Wegen, zurückgehende Einnahmen durch Patentablauf auszugleichen. Meist sinkt der Kurs der Bieterfirma, vor allem, wenn heiße Übernahmekämpfe den Preis in die Höhe treiben. Ein Kurssprung von einem Drittel, ja der Hälfte gehört bei attraktiven Zielfirmen zum gewohnten Bild. Dann dürfte es zu spät sein, sich die Aktie ins Depot zu legen.

Die Rangliste der weltweit ertragsstärksten Unternehmen führt die Gesundheitsbranche an mit Platz I (GILEAD) und Rang 7 (BIOGEN)

- **Es ist sicherlich kein Wunder, dass der amerikanische Biotechriese GILEAD Science aktuell zum weltweit profitabelsten Konzern mit einer rekordverdächtigen operativen Umsatzrendite von über 61 % gekürt wurde. APPLE, Alibaba und Facebook schafften demgegenüber operative Renditen von rund 40 %.**

GILEAD, der amerikanische Senkrechtstarter, machte in jüngster Zeit wegen seiner 1.000-Dollar-Pille für die wegweisende Behandlung von Hepatitis C mit neuartigen Wirkstoffen von sich reden. Zu den Top 10 der weltweit profitabelsten Unternehmen zählt auf Platz 7 der Biotechkonzern BIOGEN mit einem Umsatzgewinn von 42 %. Betrachten wir allein den Gesundheitssektor rund um den Globus, so folgen nach GILEAD und BIOGEN der dänische Pharmakonzern Novo Nordisk (+33 %) knapp vor der US-Biotechschmiede Celgene (+33 %).

Pharmaindustrie – chancenreiche Aktienauswahl weltweit

Aktien/ Unternehmen	WKN	Kurs am 20.11.15	52-Wochen-Hoch/Tief	Kursverlauf 1, 3, 5 Jahre
ABBVIE Inc.	**A1J 84E**	56,75 €	65,60/42,45 €	+8 %/Börsengang
S&P 500, exzellente Forschungen, KGV 15, Ergebnis 0,98/3,77/4,46 €, **Div. 3,2 %**				
Abbott Labs	**850 103**	41,90 €	46,90/34,20 €	**+23/+75/+147 %**
USA, S&P 500, Gesundheitsfürsorge, Abspaltung von AbbVie, KGV 16, Div. 1,9 %				
Allergan/Actavis	**A14 U12**	282,50 €	325,0/204,7 €	**+33/+326/+663 %**
Irland, Botox-Therapie, Übernahme Allergan, KGV 17, Ergebnis 15/16 €, Div. 0,5 %				

Aktien/ Unternehmen	WKN	Kurs am 20.11.15	52-Wochen-Hoch/Tief	Kursverlauf 1, 3, 5 Jahre
AstraZeneca	886 455	64,00 €	69,00/51,85 €	+6/+80/+76 %
GB, Stoxx 50, verschreibungspflichtige Arznei, KGV 15, Ergebnis 2,70 €, **Div. 4,2 %**				
Bavarian Nord.	917 165	42,65 €	51,80/22,40 €	+76/+555/+43 %
DK, Index OMX, Impfstoffhersteller, KGV 50, Ergebnis +0,08/-0,71/+0,79 €, Div. 0 %				
BAYER	BAY 001	126,15 €	146,8/94,30 €	+11/+90/+118 %
DAX, Pharmazie/Pflanzenschutz, KGV 17, Ergebnis: 6,02/7,09/7,94 €, Div. 2,1 %				
Bristol Myers	850 501	62,90 €	65,30/46,40 €	+36/+153/+247 %
USA, S&P 500, Biopharmazie, KGV 29, Ergebnis/Aktie: 1,07/1,63/1,98 €, Div. 2,3 %				
Cardinal Health	880 206	81,10 €	85,20/62,75 €	+29/+169/+211 %
S&P 500, Pat.-Versorgung/Labor, KGV 19, Ergebnis: 3,84/4,37/4,94 €, Div. 1,6 %				
Edwards Life.	936 853	145,50 €	148,0/97,90 €	+43/+120/+207 %
USA, S&P 500, Herzkreislauf-Tech., KGV 32, Ergebnis: 3,40/3,88/4,44 €, Div. 0 %				
EISAI	855 526	58,40 €	76,00/28,30 €	+100/+81/+124 %
Nikkei, neuartige Wirkstoffe, Therapie seltene Krankheiten, hohes KGV, Div. 1,7 %				
Eli Lilly	858 560	78,70 €	82,15/53,20 €	+42/+109/+200 %
S&P 500, Arznei Neurowissenschaft, KGV 25, Ergebnis 1,97/2,91/3,19 €, Div. 2,3 %				
GlaxoSmithKli.	940 561	19,40 €	22,45/16,20 €	+4/+16/+32 %
GB, Stoxx 50, großes Arznei-Portfolio, KGV 14, Ergebnis 0,8/1,3/1,4 €, **Div. 6,7 %**				
Johnson & Joh.	853 260	95,90 €	96,70/73,55 €	+10/+75/+103 %
Dow Jones, Gesundheits-Produkte, KGV 14, Ergebnis 5,14/5,47/5,69 €, **Div. 2,8 %**				
McKesson	893 953	171,70 €	222,8/155,5 €	+10/+151/+278 %
USA, S&P 500, Arzneivertrieb/Service, KGV 14, Ergebnis 9,9/11,3/12,9 €, Div. 1 %				
Merck KGaA	659 990	96,10 €	111,9/74,60 €	+24/+94/+224 %
DAX, Stoffwechsel/Herzkreislauf-Arznei, KGV 15, Ergebnis 3,7/3,1/3,4 €, Div. 1,3 %				
Merck & Co.	A0Y D8Q	51,05 €	56,15/42,70 €	+9/+52/+102 %
Dow Jones, neuartige Impfstoffe/Arznei, KGV 16, Ergebnis 3,8/3,2/3,6 €, **Div. 3,2 %**				
MYLAN	A14 NYH	48,15 €	80,00/35,05 €	+3/+136/+240 %
Nasdaq, Entwicklung Generika, gute Analysen, Ergebnis 3,15/3,74/4,19 €, Div. 0 %				
Novartis	904 278	83,30 €	99,05/72,55 €	+9/+79/+100 %
Schweiz, Stoxx 50, Spezial-Medikamente, KGV 17, sehr gute Analysen, **Div. 2,7 %**				

Aktien/ Unternehmen	WKN	Kurs am 20.11.15	52-Wochen-Hoch/Tief	Kursverlauf 1, 3, 5 Jahre
Novo-Nordisk	**A1X A8R**	51,40 €	55,25/34,45 €	**+43/+113/+233 %**
DK, Euro Stoxx 50, Hormone/Gerinnung, ertragsstärkster Pharmakonzern weltweit				
PFIZER	**852 009**	30,50 €	33,65/24,15 €	**+24/+59/+144 %**
Dow Jones, Arznei für viele Therapien, KGV 15, Ergebnis 1,3/1,8/2,1 €, **Div. 3,1 %**				
Roche Holding	**851 311**	250,70 €	270,0/218,3 €	**+7/+68/+144 %**
CH, Genussschein Stoxx 50, neuartige Gesundheitslösungen, KGV 19, **Div. 3,0 %**				
Sanofi-Aventis	**920 657**	83,15 €	101,0/69,70 €	**+8/+23/+65 %**
FR, Euro Stoxx 50, Krebs/Herzkreislauf, KGV 17, Ergebnis 5,2/5,7/5,9 €, **Div. 3,1 %**				
Santhera	**A0L CUK**	89,70 €	126,5/69,05 €	**+18/+2606/+1295 %**
CH, Stoffwechsel-/muskuläre Krankheiten, KGV und Ergebnis negativ, Div. 0 %				
STADA	**725 180**	36,00 €	36,50/24,20 €	**+26/+60/+42 %**
MDAX, Generika/Selbstmedikation, KGV 11, Ergebnis 3,05/2,80/3,00 €, Div. 2,2 %				
Takeda Pharma	**853 849**	47,10 €	50,45/32,70 €	**+41/+32/+37 %**
Japan, Nikkei, Pharmazeutikaforschung, KGV 44, Ergebnis 1,0/0,9/1,0 €, **Div. 2,9 %**				
United Health	**869 561**	103,70 €	119,0/76,05 €	**+32/+154/+300 %**
Dow J., Dienstleistg. Gesundheitsvorsorge, KGV 19, Ergeb. 5,6/5,1/6,5 €, Div. 1,2 %				
Zioharm Oncol.	**A0J MYA**	11,90 €	13,70/2,85 €	**+323/+266/+330 %**
USA, Nasdaq, Krebsmedikamente, Börsenwert 1,5 Mrd. €, nur spärliche Information				

Übergewicht mit hohen Folgekosten auf dem Vormarsch

Werfen wir einen Blick auf die geschätzten jährlichen wirtschaftlichen Folgekosten weltweit, so führen Rauchen, Gewalt und Kriege die traurige Rangliste mit je 2,1 Billionen US-Dollar an. Ganz knapp dahinter landet die Volkskrankheit Fettleibigkeit, Fremdwort Adipositas, mit 2,0 Billionen US-Dollar, häufig begleitet von der gefährlichen Zuckerkrankheit, Fachausdruck Diabetes.

Um sich ein besseres Bild machen zu können: Mit überraschend deutlichem Abstand reiht sich die Alkoholabhängigkeit mit 1,4 Billionen US-Dollar auf den dritten Platz dieser Negativ-Rangliste ein. Die Auswirkungen von krankhaftem Übergewicht zerstören nicht nur Gesundheit, Selbstwertgefühl und Wohlbefinden. Sie verkürzen die Lebenserwartung und bedeuten einen großen wirtschaftlichen Schaden. Denken wir an häufige Krankheitsfehltage, geringere Produktivität, Invalidität und Arbeitslosigkeit. Neben Deutschland und den USA sind insbesondere Mexiko und Ägypten stark betroffen.

Während die Betroffenen stark leiden, verdienen zahlreiche Firmen mit den unterschiedlichsten Diäten und Schlankheitskuren richtig viel Geld – auf seriöse und unseriöse Weise. Neue Apps und Fitnessarmbänder wollen eine gesunde Lebensweise erleichtern, schüren aber auch Ängste, wenn die Vorgaben nicht erfüllt bzw. Abweichungen vom Soll angezeigt werden.

- Bei der Frage, welche Pharmakonzerne sich intensiv neuartigen Produkten widmen, stoßen wir vor allem auf das DAX-Unternehmen Fresenius und den dänischen Pharmakonzern Novo Nordisk. Für beide „Marathon"-Aktien gibt es Kaufempfehlungen, gestützt auf eine jahrelange positive Kursentwicklung.

Erstmals seit einem Jahrzehnt wächst die Pharmabranche deutlich durch neue Produkte, Medikament-Zulassungen und Übernahmen

Mit Blick auf den demografischen Wandel müssen wir uns bezüglich Wachstum und Ertrag bei den großen Pharma- und Biotech-Konzernen keine Sorgen machen. Die Weichen sind auf Grün gestellt. Der Branche wird bis 2018 ein jährliches Wachstum bis zu 7 % zugetraut.

Die große Welle von Patentabläufen, damit verbundene Umsatzeinbußen und Flauten in der Forschung wurden nachhaltig bewältigt. 2014 war seit zwei Jahrzehnten das erfolgreichste Jahr mit 48 Erstzulassungen für neuartige Wirkstoffe mit den Vorreitern GILEAD und AbbVie. Mit zahlreichen Neuentwicklungen ist zu rechnen: Immuntherapie gegen Krebs, neue Wirkstoffe bei Alzheimer, Diabetes, zu hohem Cholesterin-Spiegel, Herzschwäche u. a. m. Erfreulicherweise sank der Durchschnittsaufwand je Neuzulassung 2014 mit 2,7 Mrd. Dollar auf den niedrigsten Stand seit einigen Jahren. Der Schweizer Pharmariese Novartis schaffte es in die Top Ten der wertvollsten Unternehmen weltweit. Der BAYER-Konzern aus Leverkusen verteidigt den höchsten Börsenwert im DAX. Weltranglistenerster bleibt beim Wachstum der US-Biotechkonzern GILEAD mit einer Umsatzrendite von über 60 %. Ein zweistelliges Wachstum melden die Pharma-Konzerne AbbVie und Bristol Myers sowie die amerikanischen Biotechfirmen BIOGEN und CELGENE.

Überhaupt kletterten die Aktien zahlreicher Biotechnologie-Unternehmen in den letzten Jahren in schwindelerregende Höhen, allerdings belastet durch starke Kursschwankungen und gelegentliche Korrekturphasen, wie wir sie derzeit erleben. Es mag die große Ausnahme sein, dass Omeros nach Veröffentlichung der neuesten Studie Klinische Phase II an einem einzigen Tag den Aktienkurs um mehr als 100 % verdoppelte, aber mittlerweile vom Jahreshoch 2015 wieder die Hälfte eingebüßt hat. Der Schweizer Pharmakonzern Santhera konnte binnen drei Jahren um unglaubliche 2.840 % zulegen. Aber der Abschlag zum Jahreshoch beträgt nun auch rund 30 % (Stand: Mitte November 2015).

Die rosigen Aussichten für den Pharmasektor werden nur insofern etwas ausgebremst, als die großen US-Versicherungen deutliche Rabatte für die neuesten Präparate – beispielsweise das Hepatitis-C-Mittel von **AbbVie** – aushandeln konnten. Auch bei Diabetes- und Asthmamitteln spielten die US-Versicherer ihre Marktstellung aus. Selbst patentgeschützte Produkte dürften preislich nicht mehr grenzenlos nach oben rennen – gut für die Krankenkassen und Selbstzahler, schlecht für die Hersteller, Finanzinvestoren und Händler.

Der Übernahmeboom im Pharmamarkt geht ungebrochen weiter

Allein bis Juli 2015 gab es ein Dutzend in die Wege geleitete oder vollzogene milliardenschwere Akquisitionen im Pharma-/Biotechnologie-Bereich. Ganz oben im Übernahmekarussell stehen die Einverleibung von **TEVA** für die Generikasparte von **Allergan** im Wert von 40,5 Mrd. US-Dollar und die schon abgeschlossenen oder zumindest vereinbarten freundlichen Übernahmen seitens **AbbVie** (19,7 Mrd. Dollar), **PFIZER** (16,8 Mrd. Dollar) und **VALEANT** (12,5 Mrd. Dollar). Von solchen Angeboten können die deutschen Biotech-Mittelständler nur träumen. Ihnen fehlt es keineswegs an Ideenreichtum und Forschungskompetenz, aber am Geld, die Pläne selbst umzusetzen, und an reichen Finanzinvestoren, die sich für eine Beteiligung begeistern lassen.

Angst vor Fehlentscheidungen lähmt die Handlungsfähigkeit

Oft wird das angepeilte Ziel nur deshalb nicht erreicht, weil Angst vor falschen Entscheidungen zum Zaudern und Zögern führt. Wer zu spät kommt, den bestraft das Leben, warnte der frühere russische Regierungschef Michail Gorbatschow. Die Gefahr, danebenzuliegen, ist allgegenwärtig. Ob Unternehmer, Manager oder Privatanleger. In folgende vier Fallen sollten Sie nicht tappen:

- **Überheblichkeit, Arroganz und Selbstüberschätzung,**
- **Unbelehrbarkeit, Sturheit, Starrsinn, Ignoranz,**
- **Irrationalität, Emotionalität, Bauchgefühl, mangelnde Logik,**
- **Unsicherheit, Unentschlossenheit, zu wenig Selbstvertrauen.**

Das Gesundheitswesen mit der Biotech-, Pharma- und Medizintechniksparte sowie Gesundheitsdiensten, Kliniken, Alten- und Pflegeheimbetreibern verfügt weltweit über viele seriöse Marktteilnehmer, aber auch schwarze Schafe. Es ist schwierig, eine kluge Auswahl zu treffen. Recht einfach ist es, wichtige Bereiche mit ETFs abzudecken. Höchstrenditen gibt es nicht, aber auch keine großen Kurseinbrüche wie bei **Valeant** mit zwei Dritteln (WKN A1C 6JH, 52-Wochen-Hoch/Tief: 242 €/65 €). Die vorliegenden Kurslisten sollen Ihnen Ihre Entscheidung erleichtern. Aber eigenverantwortlich und zügig handeln müssen Sie selbst.

9. Industrie mit Elektrotechnik: Hightech als Nutznießer des globalen Wandels und der Aussöhnung mit dem Iran

Die 4. industrielle Evolution mit Internet der Dinge und Digitalisierungsmegatrend mischt die Karten neu – auch bei mittelständischen Unternehmen und Großkonzernen rund um den Globus. Neue Produkte, Prozesse, Verfahren und Dienstleistungen entstehen, die unserer heutigen Vorstellungswelt die Grenzen aufzeigen. Was uns die Industrie 4.0 aber in diesem und nächstem Jahrzehnt sowie in einem halben Jahrhundert bescheren wird, das lässt sich nicht verlässlich voraussagen. Fest steht, dass der demografische Wandel mit dem höheren prozentualen Anteil älterer Menschen die Bedürfnisse und Wünsche, die Infrastruktur, Lebens- und Wohnformen entscheidend verändert. Es ist ähnlich wie beim Olympia-Marathonlauf, wo schon längst nicht mehr gilt: *„Dabei sein ist alles!"*

- **Die deutsche Elektrotechnik befindet sich weiter auf Rekordkurs und kann die imposanten Zuwachsraten von 2014 nochmals überbieten. Großen Anteil daran hat der Export.** Die Ausfuhren lagen um mehr als 6 % über dem hohen Vorjahresniveau und erreichten einen Rekord von 13,3 Mrd. €, teilte der Branchenverband **ZVEL** mit. Den Löwenanteil hatten die Lieferungen in die USA mit einem Anstieg um über 15 % auf 1,2 Mrd. €. Auch die Vorausschau für 2016 überzeugt. Die Weichen stehen auf Grün.

Die neuen Möglichkeiten in der Haushaltselektronik, z. B. vom Sofa aus alles bequem steuern – wie Kühlschrank kontrollieren, elektronischen Einkaufszettel erstellen, Wasch- und Spülmaschine bedienen, Rollläden aktivieren, Heizung ein- und ausschalten – sind trotz engagierter Werbung bei Verbrauchern bislang weniger gefragt als erhofft. Vielleicht spielt eine Rolle, dass viele Leute mit mir darin übereinstimmen, dass es keineswegs schädlich, sondern gesund und kostensparend ist, sich in seinen vier Wänden zu bewegen, statt der Bequemlichkeit ständig Tribut zu zollen. Und was passiert, wenn die Technik nicht funktioniert?

Die Aktienauswahl im Industrie- und Technologiebereich wird belastet durch Überschneidungen mit Autoindustrie, Chemie, Pharma, Medizintechnik, Maschinenbau, Konsumgütern und Internet. Außerdem sind etliche Unternehmen in mehreren Branchen tätig. Dies gilt vornehmlich für die weltweit tätigen Mischkonzerne.

Einige Beispiele: Wo würden Sie den Windrad-Turbinenhersteller **NORDEX** aus dem TecDAX einordnen? Erneuerbare Energie, Technologie oder beides? Ist **Continental** aus dem DAX ein Autozulieferer oder ein globaler Technologiekonzern, der es verdient, in beiden Bereichen aufgelistet zu werden? Und wie sieht es mit **Alphabet** (zuvor Google) aus? Hightech pur mit immer neuen innovativen Ideen oder Netzwerk mit Internet-Suchmaschine?

Deutsche Indexaktien Industrie, Elektrotechnik (ohne Auto, Chemie, Energie, IT, Masch.-Bau, Mode, Pharma, Nahrung)				
Aktien/ Unternehmen	**WKN**	**Kurs 20.11.15**	**52-Wochen-Hoch/Tief**	**Kursverlauf 1, 3, 5 Jahre**
Airbus Group	**938 914**	66,30 €	67,90/39,65 €	**+41/+158/+282 %**
MDAX, Nr. 1 Luft-/Raumfahrt, beste Analysen, KGV 18, Ergebnisanstieg, Div. 2,2 %				
Aurubis	**676 650**	58,60 €	62,25/41,40 €	**+33/+20/+50 %**
MDAX, weltweit führender Kupferproduzent, KGV 13, Ergebnis 4,3/4,5 €, **Div. 2,3 %**				
Dialog Semicond.	**927 200**	34,60 €	53,85/26,50 €	**+26/+135/+163 %**
TecDAX, GB, integrierte Halbleiterlösung, KGV 18, Ergebnis 1,9/2,8/3,3 €, Div. 0 %				
DÜRR	**556 520**	79,85 €	109,8/58,20 €	**+20/+179/+654 %**
MDAX, Anlagenbau, Elektrotechnik, KGV 18, Ergebnis 4,35/4,80/5,75 €, **Div. 2,1 %**				
GEA Group	**660 200**	38,30 €	47,40/31,20 €	**+4/+61/+98 %**
MDAX, Prozesstechnik/Komponenten, KGV 18, Ergebnis: 2,1/2,6/3,3 €, Div. 1,8 %				
Gerresheimer	**A0L D6E**	75,55 €	76,45/42,00 €	**+69/+102/+164 %**
MDAX, Verpackungs-/Systemlösungsanbieter Glas/Kunststoff, KGV 18, Div. 1,4 %				
Grammer	**589 540**	27,35 €	34,45/18,40 €	**-11/+91/+57 %**
SDAX, Hersteller von Komponenten, Fahrer-/Passagiersitzen, KGV 11, **Div. 2,2 %**				
Heidelberg Cement	**604 700**	74,45 €	77,10/54,50 €	**+30/+89/+57 %**
DAX, Bauindustrie Zement/Beton/Baustoff, Ergeb. 3,4/4,7/5,7 €, KGV 15, Div. 1,7 %				
Infineon	**623 100**	11,85 €	12,50/7,80 €	**+51/+109/+84 %**
DAX, Halbleitertechnologie Mobilität/Sicherheit/Energieeffizienz, KGV 19, Div. 1,7 %				
Jenoptik	**622 910**	14,05 €	15,10/8,80 €	**+49/+89/+171 %**
TecDAX, integrierte Opto-Elektronik für industrielle Bereiche, KGV 13, Div. 1,9 %				
KION Group	**KGX 888**	**46,50 €**	**46,50**/28,40 €	**+63 %**/Börsengang
MDAX, Hersteller Gabelstapler, Flurfördergeräte, Lagertechnik, KGV 15, Div. 1,9 %				
LEONI	**540 888**	36,05 €	63,05/31,35 €	**-21/+48/+26 %**
MDAX, weltweit: Drähte/Kabel/Bordnetzsysteme, Ergebnis: 3,5/4,1/6,4 €, **Div. 2,5 %**				
MTU Aero	**A0D 9PT**	84,85 €	96,60/66,15 €	**+22/+33/+100 %**
MDAX, Triebwerksmodule/Komponenten/Turbinen, Ergeb. 4,5/5,2/5,7 €, Div. 2,0 %				
Nordex	**A0D 655**	30,20 €	31,65/13,80 €	**+91/+944/+496 %**
TecDAX, große Windkraftanlagen und Rotorblätter, Ergebnis 0,5/0,9/1,1 €, Div. 0 %				

Aktien/ Unternehmen	WKN	Kurs 20.11.15	52-Wochen- Hoch/Tief	Kursverlauf 1, 3, 5 Jahre
NORMA	A1H 8BV	51,10 €	51,60/36,35 €	+32/+166 %/IPO
MDAX, Befestigungsschellen/Verbindungselemente, Ergeb. 2,2/2,8/3,1 €, Div. 1,9 %				
OSRAM	LED 400	38,65 €	55,25/30,55 €	+17 %/Börsengang
MDAX, Siemens-Abspaltung, Beleuchtungskörper und Halbleiter, KGV 20, Div. 2 %				
Pfeiffer Vacuum	691 660	105,65 €	117,5/61,95 €	+70/+30/+20 %
TecDAX, Vakuumpumpen/Systeme, Analysegeräte, Ergeb. 3,3/3,4/4,8 €, **Div. 3,2 %**				
Rational	701 080	393,50 €	395,6/244,0 €	+57/+94/+154 %
SDAX, Kochgeräte, thermische Speisezubereitung Profiküchen, KGV 29, Div. 2,4 %				
Rheinmetall	703 000	58,60 €	63,90/32,70 €	+79/+78/+17 %
MDAX, strategische Managementholding/Verteidigungselektronik, KGV 14, Div. 1 %				
Salzgitter	620 200	24,85 €	36,25/21,15 €	-8/-21/-51 %
MDAX, Walzstahl-/Röhrenerzeugnisse, über 200 Firmentöchter, KGV 33, Div. 0,3 %				
Sartorius Vz	716 563	215,10 €	220,2/91,45 €	+133/+225/+815 %
TecDAX, Laborprodukte/Biopharmazeutik, KGV 29, Ergebnis 2,7/5,0/6,0 €, Div. 1 %				
Schaltbau	717 030	51,50 €	54,60/38,00 €	+13/+77/+153 %
SDAX, Komponenten/Systeme Bahntechnik/Industrie, Ergeb. 4,0/3,0/4,2 €, Div. 2 %				
Siemens	723 610	96,20 €	106,3/77,75 €	+6/+27/+17 %
DAX, Elektronik/Elektrotechnik Industrie, Energie, Gesundheit, KGV 15, **Div. 3,5 %**				
Symrise	SYM 999	62,65 €	64,40/47,65 €	+30/+138/+204 %
MDAX, weltweit führend in Duft- und Geschmacksstoffindustrie, KGV 25, Div. 1,7 %				
Thyssen Krupp	750 000	19,65 €	26,40/14,95 €	-3/+18/-31 %
DAX, Stahlindustrie, Industriegüter/Dienstleistung, Ergebnis 0,3/1,0/1,6 €, Div. 1,1 %				
Villeroy & Boch	765 723	13,85 €	15,30/11,15 €	+25/+121/+200 %
SDAX-Abstieg, Badarmaturen/Küchen/Porzellan, Ergebnis 0,8/1,0/1,1 €, Div. 0,5 %				
Vossloh	766 710	62,40 €	69,50/46,40 €	+24/-18/-29 %
SDAX, Bahnverkehr, Schienen-/Kontrollsysteme, Turnaround, KGV 33, Div. 0,5 %				
Wacker Neuson SE	WAC K01	13,10 €	24,90/10,95 €	-22/+44/+11 %
SDAX, Baumaschinen Kompaktklasse, Baugeräte-Industrie, KGV 14, **Div. 2,6 %**				
Wincor Nixdorf	A0C AYB	47,70 €	49,50/32,65 €	+22/+43/-18 %
MDAX, Kassen-/Automatisierungssysteme, Dibold-Übernahme, KGV 12, Div. 0,5 %				

Internationale Aktien Industrie, Elektrotechnik (ohne Autos, Chemie, Energie, IT, Masch.-Bau, Mode, Pharma, Nahrung)

Aktien/ Unternehmen	WKN	Kurs 20.11.15	52-Wochen-Hoch/Tief	Kursverlauf 1, 3, 5 Jahre
3M	851 745	148,05 €	158,4/116,2 €	+19/+16/+139 %
Dow Jones, ertragsstarke Technologie Medizin/Elektronik/Industrie, KGV, **Div. 3,4 %**				
ABB	675 089	17,45 €	20,50/15,00 €	-3/+23/+21 %
Stoxx 50, CH, Elektrotechnik/Anlagenbau, KGV 14, Ergebnis 1,0/1,3/1,5 €, **Div. 4 %**				
Agilent	929 138	35,85 €	41,30/29,35 €	+11/+76/+90 %
S&P 500, USA, Kommunikat.-Elektronik, medizinische Industrie, KGV 19, Div. 1 %				
ALPS Electric	856 461	31,10 €	31,10/14,90 €	+111/+565/+341 %
Nikkei, Japan, Elektrotechnik/Netzwerkaufbau/Chips/Halbleiter, KGV 15, Div. 0,5 %				
Amadeus Holding	A1C XN0	38,50 €	42,65/31,00 €	+26/+109/+163 %
STXE 600, span. Familienfirma, Technologieprodukte/Reise/Tourismus, Div. 0,8 %				
APPLE	865 985	111,90 €	124,4/80,00 €	+21/+79/+246 %
Dow Jones, Elektronikprodukte wie Mobilgeräte, Musikplayer, KGV 14, Div. 1,8 %				
ARM Holdings	913 698	15,50 €	17,10/11,30 €	+38/+70/+251 %
STXE 600, GB, Familienfirma, Mikroprozessoren, Ergeb. 0,3/0,4/0,5 %, Div. 0,8 %				
ASML Holding	A1J 4U4	87,00 €	105,1/70,65 €	-5/+72/+168 %/
Euro Stoxx 50, NL, Familienfirma, Halbleiterindustrie/Lithographiesysteme, Div. 1 %				
Boeing	850 471	140,60 €	146,6/96,50 €	+34/+152/+205 %
Dow Jones, Luft-/Raumfahrt-/Rüstungstechnik, KGV 16, Ergeb. 7,9/8,5 €, **Div. 3,0 %**				
Bridgestone	857 226	33,95 €	40,50/26,45 €	+29/+86/+157 %
Nikkei, Japan, führender Industriekonzern, KGV 10, Ergebnis 2,8/3,2/3,4 €, Div. 1 %				
Broadcom	913 684	49,05 €	52,85/33,15 €	+48/+102/+53 %
Nasdaq, USA, integrierte Schaltkreise und Chips, Ergebnis 1,0/3,0/3,2 €, Div. 0,5 %				
CANON	853 055	28,50 €	35,60/24,90 €	+16/+8/-19 %
Nikkei, Japan, Kamera-/Optik-/Bürogeräte, KGV 16, Ergeb. 1,7/1,7/1,8 €, Div. 1,2 %				
CISCO	878 841	25,90 €	27,25/21,05 €	+22/+82/+82 %
Dow Jones, Daten-/Sprach-/Videokommunikation, Ergeb. 1,9/2,0/2,1 €, Div. 2,0 %				
EMC	872 526	23,55 €	26,80/20,15 €	-1/+27/+49 %
S&P 500, Informations-Infrastruktur, Applikations-Optimierung, KGV 12, Div. 0,5 %				

Aktien/ Unternehmen	WKN	Kurs 20.11.15	52-Wochen-Hoch/Tief	Kursverlauf 1, 3, 5 Jahre
Gamesa	**A0B 5Z8**	15,45 €	16,70/7,45 €	+88/+818/+204 %
STXE 600, Spanien, nachhaltige Windkraftenergie, Ergeb. 0,4/0,7/0,8 €, Div. 0,2 %				
Garmin	**A1C 06B**	34,90 €	49,60/27,85 €	**-27/+205/+66 %**
Nasdaq, CH, Navigations-/Komm.-/Infogeräte, GPS-Technik, KGV 13, **Div. 4,8 %**				
GDF Suez/Engie	**A0E R6Q**	16,65 €	20,50/13,85 €	**-10/+1/-40 %**
Euro Stoxx 50, FR, Energieversorg. Strom/Erdgas, pos. Analyse, KGV 14, **Div. 6 %**				
General Electric	**851 144**	**29,00 €**	**29,00**/19,00 €	**+33/+79/+146 %**
Dow J., Mischkonzern, industrielle Vielfalt, KGV 14, Ergeb. 1,4/1,6/1,7 €, Div. 0,8 %				
Hewlett-Packard	**851 301**	24,65 €	34,90/24,10 €	Aufspaltg. 2 Firmen
S&P 500, Kerngeschäft mit Computern/Druckern bleibt bei HP, KGV 8, Div. 0,6 %				
Hewlett-Enterprise	**A14 0KD**	13,35 €	13,70/12,10 €	Aufteilg. Nov. 2015
Zuständig für Informationstechnologie: Server/Netzwerk/Software/Speichersysteme				
Hitachi	**853 219**	5,50 €	7,00/4,35 €	**-9/+31/+57 %**
Nikkei, Japan, Info/Telekom/Strom/Industrie-/Transportsysteme, KGV 10, Div. 0,2 %				
Honeywell	**870 153**	97,95 €	98,85/75,60 €	**+28/+110/+169 %**
S&P 500, USA, Luft-/Raumfahrt, Automation/Kontrolltechnik, KGV 16, Div. 2,0 %				
IBM	**851 399**	130,30 €	159,9/120,4 €	**+3/-12/+23 %**
Dow Jones, Info-/Speichertechnik, Business, Computersysteme, KGV 9, **Div. 4,2 %**				
INTEL	**855 681**	32,70 €	33,20/23,50 €	**+20/+116/+112 %**
Dow Jones, Halbleiterchips, digitale Technologie-Lösungen, KGV 12, Div. 1,0 %				
Kyocera	**860 614**	44,90 €	55,90/37,00 €	**+18/+26/+22 %**
Nikkei, elektronische Bauelemente, Chip-/Halbleiterproduzent, KGV 20, Div. 0,7 %				
Legrand	**80J KB2**	53,50 €	57,30/40,10 €	**+32/+86/+83 %**
STXE 600, FR, familiengeführt, digitale Gebäude-Infrastruktur, KGV 21, Div. 1,2 %				
Lenovo Group	**894 983**	1,05 €	1,64/1,00 €	**-3/+48/+99 %**
Hongkong, Computertechnologien auch mit mobilen Geräten, KGV 11, **Div. 2,8 %**				
Lockheed Martin	**894 648**	**212,80 €**	**212,8**/147,3 €	**+32/+151/+226 %**
S&P 500, USA, Technologie/Rüstung, KGV 17, Ergeb. 10,4/10,5/11,6 €, **Div. 3,5 %**				
Michelin	**850 739**	94,00 €	103,5/69,05 €	**+33/+41/+226 %**
STXE 600, FR, Reifen/Verkehrszubehör/Sportgeräte/Kleidung, KGV 13, **Div. 2,9 %**				
Mitsubishi Elec.	**856 532**	10,60 €	12,75/7,85 €	**+13/+80/+51 %**
Nikkei, industrielle Automatisierungs-/Info-/Kommunikat.-Systeme, KGV 13, Div. 2 %				

Aktien/ Unternehmen	WKN	Kurs 20.11.15	52-Wochen-Hoch/Tief	Kursverlauf 1, 3, 5 Jahre
NVIDIA	**918 422**	**29,65 €**	**29,65**/15,50 €	**+87/+231/+193 %**
Nasdaq, USA, Grafik- u. Medien-Kommunikations-Prozessoren, KGV 17, Div. 1,8 %				
NOKIA	**870 737**	6,95 €	7,90/4,90 €	**+10/+231/-5 %**
Euro Stoxx 50, FI, Kommunikat.-Industrie, KGV 23, Ergebnis 30/34 Cent, Div. 2,4 %				
Panasonic	**853 666**	10,75 €	13,75/8,50 €	**+9/+174/+1 %**
Nikkei, weltweit größter Elektronikproduzent, KGV 15, Ergeb. 0,6/0,7/0,8 €, Div. 2 %				
Philips	**940 602**	25,25 €	27,95/20,80 €	**+12/+27/+10 %**
Euro Stoxx 50, NL, Gesundheitstechnologie, vor allem Medtech, KGV 18, **Div. 3,3 %**				
Saint Gobain	**872 087**	41,10 €	44,65/31,70 €	**+19/+42/+11 %**
Euro Stoxx 50, FR, Materialprodukte Bau-/Renovierungsindustrie, KGV 17, **Div. 3 %**				
Samsung Elec.	**881 823**	466,00 €	499,6/287,9 €	**+35/+58/+141 %**
Südkorea, KOSPI, marktführendes 3-D-Produktsortiment, z. B. TV, KGV 6, Div. 0 %				
Schneider Electric	**860 180**	58,30 €	75,25/48,80 €	**-4/+14/+4 %**
Euro Stoxx 50, FR, elektrische Energieverteilung/Automation, KGV 15, **Div. 3,3 %**				
Seagate Techno.	**A1C 08F**	31,70 €	58,40/31,10 €	**-37/+52/+192 %**
Nasdaq, Irland, Festplatten/Datenspeicherung, KGV 8, Ergeb. 4,8/5,3 €, **Div. 4,5 %**				
SONY	**853 687**	25,10 €	30,25/15,70	**+56/+222/-3 %**
Nikkei, Hightechprodukte: Audio/Video, Komm.-/Info-Technologie, WKN 18, Div. 1 %				
TDK	**857 032**	68,25 €	74,85/46,95 €	**+46/+133/+43 %**
Nikkei, elektron. Bauelemente/Chips/Halbleiter, KGV 14, Ergeb. 3,9/4,5 €, Div. 1,6 %				
Texas Instruments	**852 654**	45,95 €	55,05/32,90 €	**+32/+143/+133 %**
Nasdaq, USA, Halbleiter/Analogchips, digitale Signalprozesse, KGV 17, **Div. 2,6 %**				
TomTom	**A0E T88**	**11,35 €**	**11,35**/5,15 €	**+100/+227/+63 %**
AMX, NL, Ortungs-/Navigationslösungen, exaktes Kartenmaterial, KGV 20, Div. 0 %				
United Technolog.	**852 759**	93,30 €	116,5/76,00 €	**+6/+28/+30 %**
Dow J., Raum-/Luftfahrt Sicherheit/Kühlung, KGV 13, Ergebnis 6,7/7,2 €, Div. **2,6 %**				
VINCI	**867 475**	61,50 €	62,50/39,80 €	**+42/+87/+30 %**
Euro Stoxx 50, FR, Autobahnkonzession/Verkehrsinfrastruktur, KGV 15, Div. 1,8 %				
Voestalpine	**897 200**	31,15 €	41,95/28,70 €	**-3/+33/+52 %**
Euro Stoxx 50, AT, hochwertige Stahlproduktion/Verarbeitung, KGV 11, **Div. 3,0 %**				

Elektrotechnik und Elektronik als deutsche Wachstumstreiber

Untersuchen wir das Nettoergebnis bzw. den Reingewinn der weltweit besten Unternehmen, so führt die Sparte Elektro/Elektronik ganz klar die Rangliste an mit Apple (29,1 Mrd. €) auf Platz I vor Microsoft (16,3 Mrd. €), General Electric (11,5 Mrd. €), Google (10,9 Mrd. €) und IBM (9,1 Mrd. €).

Das Exportgeschäft der deutschen Elektroindustrie läuft auf Hochtouren. Technologie mit Big Data, künstlicher Intelligenz, dem Internet der Dinge darf nicht nur wissenschaftlichen Forscherdrang befriedigen, sondern muss dem Menschen dienen. Nicht alles, was möglich ist, wird gebraucht und ist sicher. Die Gefahr liegt im Missbrauch zu schützender Daten, kriminellem Abgreifen auf dem Weg zum gläsernen Menschen. Technologie sollte nicht dazu führen, dass sich viele Menschen überfordert fühlen und in das gesellschaftliche Abstellgleis bewegen.

Es ist schwierig, vernunftbetont abzuschätzen, was tatsächlich dem eigenen Wohlbefinden und Glücksgefühl, der Gesunderhaltung, dem familiären, beruflichen und privaten Anspruch auch an Freizeit und Urlaub gerecht wird. Werbung dient dazu, Umsatz und Ertrag zu steigern. All das kostet Geld. Auch Sie und Ihre Zielgruppe sollten sich fragen: *Was habe ich tatsächlich davon? Welche Schwerpunkte bzw. Prioritäten will ich selbst setzen, und wer unterstützt mich dabei? Was kann ich mir dauerhaft leisten, ohne in die Schuldenspirale zu gelangen?*

Die Konsequenz aus dem demografischen Wandel: Wer länger lebt, braucht mehr Kapital mit dem Ziel, den Ruhestand ohne Geldnot zu genießen. Die richtigen Aktien, wozu Technologie/Industrie zählt, machen es möglich, Vermögen aufzubauen statt zu verzehren. Da Sie selbst zu den Siegern zählen, sofern Sie mindestens 14 Jahre breit gestreut in Aktien anlegen, seien Sie froh, wenn Sie schon investiert sind. Je nach Streuung, Aktienauswahl, Strategie und Börsenwissen sind seit 1991 jährlich im Schnitt 8 % Rendite möglich. Zaudern Sie nicht. Pflegen Sie Ihr ETF- und Einzelaktiendepot. Jedes Hinauszögern kann bei ungenutzten Chancen nachteilig sein. Versäumen Sie nicht den Start für Vermögensaufbau und erfolgreiche Altersvorsorge bei übertriebener Kursschwäche.

Konsumgüterindustrie, Chemie, Anlagen- und Maschinenbau stelle ich in eigenen Abschnitten mit Kurslisten dar. Der demografische Wandel mit längerer Lebenserwartung und großen gesellschaftlichen Veränderungen führt zu Umbrüchen, Neuentwicklungen bei Produkten und Dienstleistungen, Logistik und Vertrieb. Industrie 4.0, Internet der Dinge, Digitalisierungs- und Vernetzungstrend eröffnen neue Möglichkeiten. Zu befürchten sind aber ebenso Verwerfungen und der Niedergang bestimmter Geschäftsfelder, Sparten und Berufe. Hirnforscher warnen vor digitalisierter Überfütterung bei Kindern und Jugendlichen durch Smartphones, erkennbar an wachsender Konzentrationsschwäche und Oberflächlichkeit.

10. Maschinenbau, Deutschlands Markenzeichen, bei innovativer Industrie 4.0 und Digitalisierung auch künftig chancenreich

Im deutschen Maschinenbau gibt es zahlreiche Weltmarktführer. In den beiden klassisch ausgerichteten Indizes MDAX und SDAX sind die Unternehmen mit der höchsten Marktkapitalisierung und entsprechenden Umsätzen notiert, darunter zahlreiche Familienfirmen. Die Branche wird belastet durch die von der EU verhängten harten Wirtschaftssanktionen gegenüber Russland und die von Regierungschef Putin eingeleiteten Gegenmaßnahmen. Zudem erschweren die von China ausgeübte Produktpiraterie, der konjunkturelle Rückschlag im Riesenreich der Mitte sowie dortige Börsenturbulenzen die Wachstums- und Ertragschancen deutscher Maschinenbauer. Überschneidungen mit Technologie/Industrie sind unvermeidbar. Langfristig ist Maschinenbau ein wichtiger Zukunftsmarkt.

Deutsche Maschinenbau-Aktien bevorzugt aus MDAX/SDAX				
Aktien/ Unternehmen	**WKN**	**Kurs 20.11.15**	**52-Wochen- Hoch/Tief**	**Kursverlauf 1, 3, 5 Jahre**
Airbus Group	**938 914**	66,35 €	67,85/39,70 €	**+42/+161/+289 %**
M-DAX, beste Analysen, Luft-/Raumfahrt-/Verteidigungstechnik, KGV 17, Div. 1,3 %				
BAUER	**516 810**	18,20 €	19,35/12,40 €	**+39/+11/-41 %**
Prime St., Baumaschinen/Spezialtiefbau, KGV 14, Ergebnis 0,9/1,1/1,6 €, Div. 1,7 %				
Bertrandt	**523 280**	107,60 €	137,9/86,65 €	**+1/+59/+123 %**
SDAX, beste Analysen, Ing.-Dienstleister Autoindustrie, Ergeb. 6,8/7,5 €, **Div. 2,6 %**				
Continental	**543 900**	221,35 €	234,2/158,3 €	**+40/+182/+263 %**
DAX, Reifen/Komponenten/Module/Sicherheitssysteme, Ergeb. 14,2/15,5 €, Div. 2 %				
DMG Mori Seiki	**587 800**	37,50 €	37,90/20,25 €	**+82/+183/+166 %**
MDAX, vorm. Gildemeister, Hightech-Masch., KGV 18, Ergeb. 1,7/1,8 €, Div. 0,6 %				
DÜRR	**556 520**	79,20 €	109,5/58,45 €	**+18/+174/+659 %**
MDAX, Lackieranlagen/Endmontagewerke, KGV 18, Ergeb. 4,3/4,8/5,7 €, Div. 2,1 %				
GEA Group	**660 200**	38,15 €	47,10/31,20 €	**+4/+60/+101 %**
MDAX, Nahrungsmittelverarbeitungs-Industrie, KGV 18, beste Analysen, Div. 1,8 %				
Heidelberger Druck	**731 400**	2,25 €	2,80/1,90 €	**+11/+128/-35 %**
SDAX, Gewinnschwelle, Komplettanbieter für die Druckindustrie, KGV 10, Div. 0 %				
Hermle Masch. Be.	**605 283**	202,05 €	223,4/160,0 €	**+20/+130/+233 %**
General St., Fräsmaschinen Industrie/Luftfahrt/Auto/Medtech, KGV 17, **Div. 5,4 %**				

Aktien/ Unternehmen	WKN	Kurs 20.11.15	52-Wochen-Hoch/Tief	Kursverlauf 1, 3, 5 Jahre
HOMAG	**529 720**	35,60 €	37,60/28,70 €	**+20/+130/+233 %**
Prime Stand., DÜRR-Übernahme, Holzverarbeitungsmaschinen, KGV 17, **Div. 3,4 %**				
Jungheinrich	**621 993**	71,10 €	72,20/46,75 €	**+53/+148/+160 %**
MDAX, gute Analyse, Flurförderzeug-/Lager-/Materialflusstechnik, KGV 15, Div. 2 %				
KION Group	**KGX 888**	**46,50 €**	**46,50**/28,40 €	**+63 %**/Börsengang
MDAX, Gabelstapler/Flurfördergeräte, KGV 15, Ergebnis 2,12/2,50/2,92 €, Div. 1,9 %				
König & Bauer	**719 350**	34,45 €	35,95/9,75 €	**+249/+183/+129 %**
SDAX, breite Druckmaschinenpalette/Zeitungsrotationsmaschinen, KGV 12, Div. 1 %				
Krones	**633 500**	114,65 €	115,2/75,50 €	**+46/+171/+173 %**
MDAX, Getränkeabfüll-/Verpackungsanlagen, KGV 19, Ergeb. 4,8/5,3 €, Div. 1,5 %				
KUKA	**620 440**	78,20 €	82,85/53,10 €	**+35/+226/+448 %**
MDAX, Roboter/Automatisierungsanlagen, KGV 30, Ergebnis 2,0/2,4/3,3 €, Div. 1 %				
LINDE	**648 300**	166,05 €	195,0/142,0 €	**+13/+30/+57 %**
DAX, Industriegase, Industrieanlagen, Übernahme von Lincare, KGV 20, Div. 2,0 %				
MANZ Automation	**A0J Q5U**	39,00 €	96,10/33,20 €	**-36/+123/-9 %**
TecDAX-Abstieg 21.12.15, Produktlinien Solarzellen, Prozessautomation, Div. 0 %				
Pfeiffer Vacuum	**691 660**	105,60 €	117,5/61,95 €	**+70/+30/+20 %**
TecDAX, Vakuumpumpen/Analysegeräte, KGV 19, Ergeb. 3,9/3,8/4,3 €, **Div. 3,2 %**				
Rational	**701 080**	393,50 €	395,6/244,0 €	**+57/+94/+154 %**
SDAX, Profiküchen, Geräte für thermische Speisenzubereitung, KGV 27, **Div. 2,5 %**				
Siemens	**723 610**	96,20 €	106,4/77,75 €	**+6/+27/+17 %**
DAX, Produktvielfalt: Elektronik/Bahn/Pharma/Gebäudetechnik, KGV 14, **Div. 3,8 %**				
Technotrans	**A0X YGA**	17,50 €	18,75/8,60 €	**+96/+174/+17 %**
Prime St., Mess-/Dosier-/Prozesstechnik, KGV 17, Ergeb. 0,7/0,9/1,1 €, **Div. 2,6 %**				
ThyssenKrupp	**750 000**	19,65 €	26,45/14,85 €	**-3/+18/-31 %**
DAX, Edelstahl, Anlagenbau, Industriegüter, Dienstleistungen, KGV 22, Div. 0,3 %				
Wacker Neuson	**WAC K01**	13,10 €	24,95/14,95 €	**-3/+18/+31 %**
SDAX, kompakte Baumaschinen/Baugeräte, KGV 14, Ergeb. 1,5/1,6 €, Div. 2,5 %				
Washtec	**750 750**	29,00 €	30,10/12,00 €	**+141/+220/+230 %**
Prime St., Waschanlagenbau, Börsenwert 400 Mio. €, EK 50 %, KGV 16, Div. 2,4 %				

Vorsprung für Maschinenbau auch in schwierigen Zeiten durch ausgefeilte Dienstleistungen und verstärkte Digitalisierung

Der Branchenverband VDMA mit seinem Sprecher Frank Bünting sieht seine Mitgliedsfirmen trotz wachsenden Wettbewerbs- und Preisdrucks in den Zeiten des demografischen Wandels gut im Rennen: *„Der Service des deutschen Maschinenbaus ist gegenüber den Wettbewerbern weltweit führend. – Die Mitarbeiter von deutschen Unternehmen entscheiden eigenständig vor Ort, wie sie am besten helfen können. – Der Abstand wird zwar geringer werden, weil die Chinesen parallel zur Expansion auf andere Märkte auch ihren Service ausweiten müssen. Aber sie werden nicht in kurzer Zeit aufholen können. – Dank der permanenten Analyse von Produktionsdaten lassen sich eher als bisher Maschinenfehler oder Reparaturen erkennen, bevor ein Ausfall droht. Damit können wir unseren Vorsprung weiter halten."* Große Chancen im Wettbewerb rechnen sich die deutschen Unternehmen mittels verstärkter Digitalisierung bei der Produktion und im Service aus. Prompt erhöhten sich die Ausgaben für Forschung und Entwicklung 2015 auf 6 Mrd. € gegenüber 4,5 Mrd. € im Jahr 2009 – ein Anstieg um ein Viertel.

Nach Iran-Aussöhnung Maschinenbauexporte über 8 Mrd. €?

Mit Beginn der Sanktionen gegen den Iran gewannen die Maschinenbauer aus China und Korea deutliche Marktanteile hinzu. Der Anteil deutscher Firmen schrumpfte auf knapp ein Achtel. China versechsfachte den Marktanteil und katapultierte ihn um ein Drittel nach oben. Mit Aufhebung der Strafmaßnahmen gegen den Iran hofft der Berufsverband VDMA auf einen Exportanstieg deutscher Maschinenbauer bis zu 20 %. Wird diese Erwartung erfüllt, könnten die Ausfuhren nach der Aussöhnung mit dem Iran mittelfristig auf einen Wert von 8 Mrd. € steigen. Dies würde der deutschen Vorzeigebranche Rückenwind verschaffen.

Die umsatzstärksten Firmen aus Maschinen-/Anlagenbau 2014

Umsatzrenditesieger 2014, Sparte Maschinen-/Anlagenbau

Aktien/ Unternehmen	WKN	Umsatz-rendite	Kurs 27.11.15	52-Wochen-Hoch/Tief
Boskalis (Niederlande)	**A0M R3M**	**15,5 %**	42,00 €	48,35/38,35 €
Rockwell Coll. (USA)	**694 062**	**12,5 %**	88,30 €	93,10/65,50 €
Flowserve (USA)	**864 999**	**10,6 %**	43,40 €	55,35/34,85 €
Kone Corp. (Finnland)	**A0E T4X**	**10,3 %**	40,20 €	44,15/31,50 €
Der deutsche Maschinenbau ist qualitativ Weltspitze, nicht aber beim Börsenwert.				

11. Deutsche und internationale Groß- bzw. Spezialchemie mit nachhaltigem Geschäftsmodell weiterhin interessant

Die deutschen DAX-Chemieunternehmen sind führend auf dem Weltmarkt und Spitzenreiter im Export. Dies gilt für BAYER, BASF, HENKEL und LINDE. Auch die MDAX-Konzerne Brenntag, Fuchs Petrolub, Symrise und Wacker Chemie erfreuen mit jahrelangen Kursgewinnen. Der Fokus liegt auf Forschung und Entwicklung, auf neuen Anwendungen und Technologien. BAYER aus Leverkusen verfügt über eine international herausragende Stellung und enteilt den Konkurrenten im Pharma- und Agrochemiebereich. Die Abgrenzung zum Pharma-, Konsum- und Industriebereich ist bei den Kurslisten schwierig.

Deutsche Chemieaktien aus den Indizes DAX und MDAX

Aktien/ Unternehmen	WKN	Kurs 20.11.15	52-Wochen-Hoch/Tief	Kursverlauf 1, 3, 5 Jahre
BASF	BAS F11	77,55 €	97,20/64,25 €	+10/+18/+35 %
DAX, Euro Stoxx, Spezialchemie/Kunststoff, KGV 14, Ergebnis 5,4/6,1 €, **Div. 3,7 %**				
BAYER	BAY 001	126,20 €	146,5/94,20 €	+11/+88/+122 %
DAX, Euro Stoxx, Spezialchemie/Kunststoff/Pharma/Life Science, KGV 19, Div. 2 %				
Beiersdorf	520 000	88,80 €	89,35/65,45 €	+28/+50/+98%
DAX, Chemie/Konsumgüter, vor allem Kosmetik/Klebebänder, KGV 25, Div. 1,0 %				
Brenntag	A1D AHH	51,10 €	59,40/42,50 €	+19/+63/+140 %
MDAX, Spezialchemie-Distribution, Holding, KGV 18, Ergeb. 2,2/2,7/3,0 €, Div. 2,0 %				
Evonik	EVN K01	33,60 €	37,75/25,40 €	+31 %/Börsengang
MDAX, Spezialchemie, Konsumgüter Gesundheit/Tiernahrung, KGV 14, **Div. 3,2 %**				
FUCHS Petrolub	579 043	44,50 €	45,5/31,85 €	+39/+72/+140 %
MDAX, Schmierstoffe/Speziallösungen, KGV 23, Ergebnis: 1,6/1,7/1,9 €, Div. 2,0 %				
Henkel	604 843	106,55 €	115,7/84,60 €	+26/+78/+175 %
DAX, Produkte/Technik für Verbraucher/Industrie, Ergebnis: 4,4/4,8/5,6 €, Div. 1,5 %				
K+S	KSA G88	24,15 €	40,30/21,85 €	+1/-27/-49 %
DAX, Kalidünger/Streusalz, Übernahme geplatzt, Ergebnis: 1,9/2,8/3,1 €, **Div. 3,1 %**				
Lanxess	547 040	47,80 €	56,20/33,75 €	+25/-25/-9 %
MDAX, Basis-/Spezial-/Feinchemikalien, KGV 20, Ergebnis: 2,0/2,2/3,3 €, Div. 1,1 %				
LINDE	648 300	166,05 €	195,6/142,9 €	+13/+30/+57 %
DAX, Technologie/Gase/Chemieverarbeitung, KGV 20, Ergeb. 7,1/8,1/9,1 €, Div. 2 %				

SGL Carbon	723 530	13,95 €	17,80/12,10 €	+1/-52/-47 %
SDAX, Elektrotechnik/Metallindustrie, KGV negativ, Ergeb. -1,1/-0,1/+0,2 €, Div. 0 %				
Symrise	SYM 999	62,65 €	64,40/47,65 €	+30/+138/+204 %
MDAX, Duftstoffe Konsumgüter, auch Nahrung, KGV 24, Ergeb. 2,0/2,5, Div. 1,5 %				
Wacker Chemie	WCH 888	83,00 €	117,8/65,15 €	-13/+98/-37 %
MDAX, Polymer-/Silikon-/Silicium-/Feinchemie, KGV 21, Ergeb. 3,2/4,6 €, Div. 1,4 %				

Die deutsche Großchemie ist führend auf dem Weltmarkt und gibt für Forschung und Entwicklung allein 2015 rund 8 Mrd. € aus. Wettbewerber sind innovative ausländische Konzerne mit zukunftsträchtigen Produkten und Aufwärtspotenzial. Bei der Großchemie bestehen Überschneidungen mit Pharma und Industrie. Dies ist der Grund, dass ich wichtige Titel nicht nur einmal bringe.

Internationale Chemieaktien oft mit Pharma kombiniert

Aktien/ Unternehmen	WKN	Kurs 20.11.15	52-Wochen-Hoch/Tief	Kursverlauf 1, 3, 5 Jahre
Airgas	872 942	129,60 €	129,60/77,45 €	+42/+88/+169 %
USA, S&P 500, Spezialchemie, KGV 19, Ergebnis/Aktie: 4,31/4,60/5,21 €, Div. 2,1 %				
Air Liquide	850 133	116,20 €	128,4/93,55 €	+17/+38/+53 %
FR, Euro St. 50, Industriegas/Flüssiggas Med., KGV 21, Ergeb. 5,4/5,8 €, Div. 2,3 %				
Air Products	854 912	130,20 €	145,4/109,5 €	+15/+107/+108 %
USA, S&P 500, Prozessgase und atmosphärische Spezialgase, KGV 19, **Div. 3,0 %**				
Akzo Nobel	914 188	66,15 €	75,25/53,00 €	+25/+59/+50 %
NL, STXE 600, Spezialchemie/med. Produkte, KGV 16, Ergeb. 3,7/4,1 €, Div. 2,4 %				
Arkema	A0J LZ0	66,20 €	75,20/49,80	+34/-6/+43 %
FR, Euro Stoxx, Hightec-Chemie, Produktvielfalt, KGV 16, Ergeb. 4,2/5,3 €, Div. 2 %				
Celanese	A0D P2A	66,85 €	67,50/44,80 €	+40/+116/+147 %
NYSE, USA, Spezialchemie/Kunststoff, KGV 11, Ergebnis 5,11/5,06/5,47 €, Div. 1 %				
Clariant	895 929	17,35 €	21,10/13,25 €	+19/+107/+27 %
CH, STXE 600, Veredlungschemie/Farben/Oberflächenstruktur, KGV 13, Div. 2,3 %				
Dow Chemical	850 917	50,00 €	50,00/34,40 €	+22/+85/+68 %
USA, S&P 500, Spezialchemie/Produktvielfalt, KGV 13, Ergeb. 3,1/3,7 €, Div. 1,4 %				
Eastman Chemie.	889 082	66,05 €	74,70/55,90 €	-2/+46/+129 %
S&P 500, Chemikalien/Kunststoff/Faser/Farbe, KGV 10, Ergeb. 6,3/7,5 €, Div. 1,3 %				

Aktien/ Unternehmen	WKN	Kurs 20.11.15	52-Wochen-Hoch/Tief	Kursverlauf 1, 3, 5 Jahre
Givaudan	**938 427**	1.699 €	1.761/1.366 €	**+24/+121/+123 %**
CH, STXE 600, Spezialchemie/Aroma/Duftstoffe, KGV 13, Ergeb. 68/75 €, **Div. 3,1 %**				
Koninklijke	**A0J LZ7**	48,45 €	55,20/39,10 €	**-6/+17/+23 %**
NL, STXE 600, Ernährung, Pharma, Hochleistungsmaterialien, KGV 20, **Div. 3,3 %**				
LONZA Group	**928 619**	145,10 €	145,9/88,55 €	**+55/+300/+144 %**
CH, STXE 600, Spezialchemie/Biotech, KGV 19, Ergebnis 4,3/6,4/7,1 €, Div. 2,4 %				
Lyondellbasell	**A1C WRM**	87,15 €	95,50/56,20 €	**+22/+133/+317 %**
NL, S&P 500, Kunststoffe/Raffinerie, KGV 9, Ergebnis 8,84/10,12/10,57 €, **Div. 3,3 %**				
Methanex	**882 639**	35,00 €	54,20/27,80 €	**-21/+58/+64 %**
Kanada, Nasdaq, Spezialchemie/Pharma, KGV 8, Ergebnis 3,9/4,8/5,7 €, Div. 1,0 %				
Monsanto	**578 919**	89,70 €	114,4/73,50 €	**-6/+30/+99 %**
USA, S&P 500, Spezialchemie/Biotech/Gentechnologie Agrar, KGV 16, Div. 1,9 %				
Plastic Omnium	**871 780**	26,10 €	27,20/19,30 €	**+36/+267/+410 %**
FR, CAC, Kunststoffe, Börsenwert 4 Mrd. €, KGV 13, Ergeb. 1,6/1,9/2,1 €, Div. 1,9 %				
Potash Corp.	**878 149**	19,25 €	33,00/17,40 €	**-34/-35/-44 %**
CA, S&P 500, Dünger/Chemie/Industrie, KGV 13, Ergebnis 1,6/1,9/2,0 €, **Div. 5,2 %**				
Shin-Etsu	**859 118**	53,75 €	62,90/42,55 €	**+5/+22/+49 %**
Japan, Nikkei, Chemikalien/Kunststoffe, KGV 19, Ergebnis 2,2/2,5/2,8 €, Div. 1,4 %				
Solvay	**856 200**	104,00 €	140,8/89,35 €	**-5/+10/+35 %**
BE, STXE 600, Spezialchemikalien/Hightech, KGV 14, Ergeb. 8,4/9,5 €, **Div. 2,8 %**				
Sumitomo Chem.	**853 490**	5,70 €	5,80/2,85 €	**+84/+134/+68 %**
Nikkei, Chemikalien, Börsenwert 7,7 Mrd. €, KGV 11, Ergebnis 0,4/0,5 €, Div. 2,2 %				
Syngenta	**580 854**	348,80 €	421,7/244,9 €	**+31/+16/+66 %**
CH, STXE 600, Spezialchemie/Life Science, KGV 18, Ergeb. 16/19/22 €, **Div. 2,8 %**				
Takeda Pharma.	**853 849**	47,50 €	50,45/32,75 €	**+43/+34/+38 %**
Japan, Nikkei, weltweite Forschungen Chemie/Medizin/Arznei, KGV 45, **Div. 3,0 %**				
Westlake Chem.	**A0B 7ET**	56,00 €	73,30/42,70 €	**+1/+95/+303 %**
USA, Kunststoff-Chemie, KGV 10, Ergebnis/Aktie 4,95/5,26/5,52 €, Div.-Rend. 1,0 %				
YARA Internat.	**A0B L7F**	43,45 €	51,80/31,80 €	**+14/+19/+16 %**
OBX Norwegen, Agrarchemie/Pharma, Börsenwert 12,5 Mrd. €, KGV 15, **Div. 2,7 %**				

12. Konsumgüterindustrie ohne Autosektor, Essen und Trinken

Bei Konsumgütern spielen Haushalts-, Freizeit- und Sportgeräte eine große Rolle. Hier kommen Digitalisierung und Vernetzung voran. Jedoch spielen die Verbraucher nicht überall wie gewünscht mit. Nicht jeder, der es sich leisten kann, nutzt die neuen Möglichkeiten der Vernetzung von Haus und Wohnung. Es ist zwar angenehm, vom Sofa aus alles zu dirigieren, wie Bedienen der Rollläden, Ein- und Ausschalten von Heizung, Wasch- und Spülmaschine, Kühlschrankkontrolle mit Online-Einkauf. Bequemlichkeit verstärkt den Bewegungsmangel und die Abhängigkeit von der Technik. Wehe, wenn sie nicht funktioniert!

Globale Aktienauswahl: Konsumgüter (Essen, Trinken, Genussmittel, Autoindustrie und Chemie in eigenen Kapiteln)				
Aktie/ Unternehmen	**WKN**	**Kurs 20.11.15**	**52-Wochen-Hoch/Tief**	**Kursverlauf 1, 3, 5 Jahre**
Adidas	A1E WWW	88,00 €	91,45/53,75 €	+35/+35/+83 %
DAX, Sportschuhe/Bälle/Kleidung/Zubehör, KGV 18, Ergeb. 2,6/2,3/2,5 €, Div. 1,6 %				
Amazon	906 866	623,75 €	634,2/236,3 €	+136/+243/+405 %
Nasdaq, Onlinehandel international: Bücher/Musik/DVD usw., KGV negativ, Div. 0 %				
APPLE	865 985	111,90 €	124,4/80,00 €	+21/+77/+246 %
Dow Jones, internationaler Hightechkonzern Hardwareprodukte, KGV 12, Div. 1,8 %				
Beiersdorf	520 000	88,80 €	89,35/65,45 €	+28/+50/+98 %
DAX, Markenartikel Kosmetik/Klebebänder, KGV 26, Ergebnis: 2,9/3,1 %, Div. 0,9 %				
Burberry	691 197	18,30 €	26,60/17,00 €	-8/+19/+51 %
STXE 600, GB, Oberbekleidung/Lederwaren/Produktlizenzen, KGV 20, **Div. 2,8 %**				
CeWe Stiftung	540 390	54,00 €	62,85/45,80 €	+8/+71/+67 %
SDAX, Fotobücher, Digitaldruck Geschäftsberichte/Präsentationen usw., **Div. 3,2 %**				
Colgate-Palmolive	850 667	62,80 €	66,25/51,95 €	+16/+51/+124 %
S&P 500, Haushalts-/Hygieneartikel, Zahnpasta/Körperpflege, KGV 22, Div. 2,3 %				
EA Electronic Arts	878 372	58,55 €	70,10/24,80 €	+96/+496/+513 %
Nasdaq, hochwertige Unterhaltungssoftware/Videospiele/Computergrafik, Div. 0 %				
EBAY	916 529	27,25 €	27,45/18,25 €	+39/+43/+128 %
Nasdaq, Konsumgüter/Internet/Auktionshandel, KGV 7, Ergebnis 2,9/3,2 €, Div. 0 %				
Fielmann	577 220	64,80 €	66,55/53,10 €	+22/+78/+87 %
MDAX, führender Augenoptiker, preisgünstige Brillen/Hörgeräte, KGV 27, **Div. 3,2 %**				

Aktie/ Unternehmen	**WKN**	**Kurs 20.11.15**	**52-Wochen-Hoch/Tief**	**Kursverlauf 1, 3, 5 Jahre**
Henkel	**604 843**	106,85 €	115,7/84,50 €	**+26/+78/+128 %**
DAX, Produkte Haushalt/Beruf/Handwerk/Schule/Körperpflege, KGV 19, Div. 1,6 %				
Hennes & Mauritz	**872 318**	34,90 €	39,45/31,20 €	**+5/+42/+42 %**
STXE 600, Damen-/Herren-/Sportbekleidung/Schuhe/Wäsche, KGV 22, **Div. 3,7 %**				
Hermés internat.	**886 670**	329,80 €	364,5/258,0 €	**+28/+42/+133 %**
STXE 600, FR, hochwertige Modeartikel, 300 exklusive Läden, KGV 32, Div. 1,2 %				
Hewlett-Packard	**851 301**	24,65 €	35,85/21,45 €	Aufspaltung 2 AG
S&P 500, Kerngeschäft 2015: Drucker/PC, 2. Firma Hewlett-Enterprise, Div. 2,2 %				
Home Depot	**866 953**	**120,60 €**	**120,6**/77,70€	**+57/+143/+416 %**
Dow Jones, Baumarkt für Hand-/Heimwerker mit 2.300 Läden, KGV 22, Div. 2,1 %				
Hugo Boss	**A1P HFF**	86,60 €	120,0/84,70 €	**-16/+9/+113 %**
MDAX, hochwertige Herren- u. Damenmode Business/Freizeit, KGV 17, **Div. 4,5 %**				
Inditex	**A11 873**	33,20 €	34,65/21,70 €	**+49/+64/+181 %**
Euro Stoxx 50, Textil, 100 Tochterfirmen, Kleidung/Accessoires, KGV 30, Div. 2,0 %				
Kyocera	**860 614**	44,95 €	55,90/37,00 €	**+18/+26/+22 %**
Nikkei, Elektrotechnik/Konsumgüterindustrie, Büro-Hardware, KGV 19, Div. 1,7 %				
L'Oreal	**853 888**	168,65 €	180,6/129,7 €	**+27/+66/+96 %**
Euro Stoxx 50, FR, Kosmetik, Schönheits-/Haarpflegeprodukte, KGV 25, Div. 2,1 %				
LVMH	**853 292**	162,45 €	176,4/123,8 €	**+22/+35/+43 %**
Euro Stoxx 50, FR, Luxusgüter Spirituosen/Lederwaren/Uhren, KGV 16, **Div. 2,7 %**				
NIKE	**866 993**	123,70 €	124,5/74,90 €	**+60/+230/+312 %**
Dow Jones, Sportausrüster Schuhe/Kleidung/Geräte/Zubehör, KGV 27, Div. 1,1 %				
Nintendo	**864 009**	149,65 €	183,0/82,45 €	**+72/+52/-22 %**
Japanischer Unterhaltungskonzern Spielkonsolen/Videospiele, KGV 50, Div. 1,6 %				
Panasonic	**853 666**	10,75 €	13,75/8,50 €	**+9/+174/+1 %**
Nikkei, Unterhaltungselektronik/Bürogeräte/Computerhardware, KGV 19, Div. 1,2 %				
Procter & Gamble	**852 062**	71,35 €	82,90/58,00 €	**+2/+174/+1 %**
Dow Jones, Markenartikel für Körper-/Textil-/Haushaltspflege, KGV 19, **Div. 3,4 %**				
Reckitt-Benckiser	**A0M 1W6**	**92,30 €**	**92,35**/59,80 €	**+45/+99 %**/k. A.
Stoxx 50, GB, Markenprodukte Gesundheit/Hygiene/Haushalt, KGV 22, Div. 2,3 %				

Aktie/ Unternehmen	WKN	Kurs 20.11.15	52-Wochen-Hoch/Tief	Kursverlauf 1, 3, 5 Jahre
CIE Fin. Richemont	**A1W 5CV**	71,75 €	83,50/61,50 €	**+2+27/+80 %**
Euro Stoxx 50, Luxusgüter Uhren/Schmuck/Mode/Accessoires, KGV 20, Div. 2,4 %				
Samsung Electron.	**881 823**	463,00 €	499,9/285,0 €	**+35/+58/+141 %**
Südkorea, Unterhaltungselektronik/Fernseher/Handys, Ergebnis 93/102 €, Div. 0 %				
SONY	**853 687**	25,10 €	30,25/15,70 €	**+56/+222/-2 %**
Nikkei, Konsolen/Navigationssysteme/Musikanlagen/Fernseher, KGV 20, Div. 0 %				
TAKKT	**744 600**	17,50 €	18,50/12,45 €	**+34/+72/+80 %**
SDAX, Büromöbel, Betriebs-/Lagerausstattg., Arbeitssicherheit, KGV 13, Div. 2,4 %				
Tiffany	**872 811**	70,50 €	90,10/66,00 €	**-15/+48/+65 %**
S&P 500, Hersteller/Vermarkter Schmuck/Porzellan/Lampen, KGV 20, Div. 1,8 %				
Villeroy & Boch	**765 723**	13,90 €	15,30/11,15 €	**+25/+121/+200 %**
SDAX-Abstieg, Keramik/Badarmaturen/Küchenbedarf/Porzellan, KGV 12, **Div. 4,2 %**				
Wal Mart	**860 853**	56,80 €	79,35/51,45 €	**-15/+7/+44 %**
Dow Jones, Konsum-Mischkonzern, z. B. Haushaltswaren/Autozubehör, **Div. 3,0 %**				
Walt Disney	**855 686**	**112,05 €**	**112,1/70,55 €**	**+59/+174/+308 %**
Dow Jones, Erlebnispark Disneyland, Riesenproduktauswahl, KGV 21, Div. 1,3 %				
Whirlpool	**856 331**	147,60 €	193,2/128,9 €	**+4/+93/+164 %**
S&P 500, Spül-/Waschmaschinen/Kühlschränke/Küchengeräte, KGV 13, Div. 2,0 %				
Zalando	**ZAL 111**	31,40 €	33,95/18,75 €	**+68 %**/Börsengang
MDAX, Online-Händler für Schuhe/Mode/Sportartikel, sehr hoch bewertet, Div. 0 %				

Es fällt schwer, verlässlich vorauszusagen, welche neuen Trends nur ein vorübergehender Modeschrei sind und welche wirklich einen nachhaltigen Wandel der Verbrauchergewohnheiten und -vorlieben auslösen. Welche Produkte, Materialien, Werkstoffe, Formen und Farben, welche Dienstleistungen und welches Design erscheinen ausbau- und zukunftsfähig?

Niemals darf schönes Aussehen die Funktionalität beeinträchtigen, wie dies leider öfter bei Möbeln und in Hotels zu beobachten ist. Auch bei Büroeinrichtungen sollte das Design, der äußere Eindruck nie zulasten moderner Erkenntnisse der Arbeitswissenschaft (Ergonomie) gehen. Je nachdem, wie vorausschauend und innovativ die vielfältigen Ansprüche und die sich ändernden Bedürfnisse aufgegriffen werden, steigt oder sinkt das Wohlergehen der Firmen und bei börsennotierten Unternehmen die Kursentwicklung der Aktien und Aufnahme in Themenfonds.

Nur regelmäßige Marktbeobachtung und breite Depotstreuung helfen weiter. Dabei bietet sich auch die Marktabdeckung für den Konsumgüterbereich mithilfe eines ETF oder guten Themenfonds an.

Ein Unternehmen, das nicht vom Tsunami Digitalisierung und Vernetzung in den Abgrund geschleudert werden will, muss seinen Onlinemarkt auf Vordermann bringen. Die einzelnen Branchen entwickeln sich unterschiedlich. Im Möbelbereich wollen drei von vier Kunden die Möbel anschauen und ausprobieren, ob alles so ist wie gewünscht. Bei Kleinmöbeln wird gern direkt online bestellt, bei Kompletteinrichtung oft erst nach Ansicht im Geschäft. Für die Unternehmen stellt sich nicht die Frage, ob Digitalisierung, sondern wie rasch dies geschieht.

- **Diese Aktienauswahl erfasst Konsumgüterhersteller, Händler und Mischkonzerne.** Die Zuordnung ist schwierig, gibt es doch Überschneidungen mit Mode, Luxus, Pharma, Chemie, Elektronik und Technologie.

Die Kursentwicklung über einen Zeitraum von 3 und 5 Jahren zeigt, wie lukrativ es sein kann, Gewinne anwachsen zu lassen. Es empfiehlt sich, zur Sicherheit und bei Kapitalbedarf nur einen Teil zu verkaufen und die **Hoch/Tief-Mutstrategie** erfolgreich anzuwenden. Dass Irrtümer vorkommen, zeigt die miserable Kursentwicklung von **TESCO** mit einem zeitweiligen Jahresminus von über 40 %. Die US-Investor-Legende Warren Buffett hat in diese britische Einzelhandelskette investiert.

Innovationen können trotz bestehender Risiken unser Leben günstig beeinflussen und Aktienkurse aufwärts bewegen

Zu den technologischen Innovationen, die unsere Welt verändern, zählen laut BÖRSE ONLINE, Ausgabe 37, September 2015, selbst fahrende Autos bis hin zu Drohnen, die Pakete ausliefern, Roboter, die Räume pflegen, miteinander kommunizierende Haushaltsgeräte oder Brillen mit Computerfunktionen.

Schöne Träume und Fantasiewelten können wahr werden. Geniale Innovationen, wozu auch die Grundlagenwissenschaft Nanotechnologie mit ihrem Miniaturisierungs-Trend zählt, breiten sich in unserem Alltag zusehends aus. Es drängen so viele technische Innovationen auf den Massenmarkt wie nie zuvor – häufig mit Messsensoren ausgestattet, die unsere heutige Vorstellungswelt übertreffen.

- **Damit steigt jedoch das Risiko, selbst als einstiger Marktführer ins Abseits zu geraten und dauerhaft den Anschluss zu verlieren.** Diese Gefahr droht, wenn ein Unternehmen wie der frühere Platzhirsch **Eastman Kodak** zu lange am Gewohnten festhält und sich Neuerungen verschließt. Darunter leidet auch der Aktienkurs, möglicherweise bis hin zum Totalverlust. Eine regelmäßige Depotüberprüfung ist deshalb unverzichtbar.

13. Erneuerbare und fossile Energie: Kampf gegen Klimawandel, aber eine von heftigen Kursschwankungen geprägte Branche

Die Autoindustrie stellt nicht nur Weichen für selbst fahrende Autos, sondern auch für umweltfreundliche, aber bislang wenig wirtschaftliche Elektroautos. Das dürfte sich Ende dieses Jahrzehnts ändern. Es stellt sich die brennende Frage: Haben Aktien für erneuerbare Energien eine Zukunft? Vor gut einem Jahrzehnt lauteten die Kommentare so oder ähnlich: *„Solarstrom, Windkraft, Erdwärme und Biomasse unter Verwertung von schnell wachsenden Nutzpflanzen, Stroh, Holzresten und Nahrungsmittelabfällen zeigen einen langfristigen Megatrend. Er schafft viele neue Arbeitsplätze und zieht die Aktienkurse bei gutem Börsenklima nach oben."*

Davon ist in weiten Teilen Europas aktuell wenig zu spüren. Vor allem im Solarstrombereich erschrecken schrumpfende Einnahmen, rote Zahlen, Pleiten und Übernahmen zum Schnäppchenpreis. Die starke Konkurrenz aus China und Amerika, Überkapazitäten und Preisdruck sorgen dafür, dass es den deutschen Mittelständlern, die nicht auf großzügige Staatshilfen wie in China vertrauen können, schlecht geht. Mag sich auch das eine oder andere Unternehmen wieder hochrappeln. Die brutale Marktbereinigung führt zu einem gnadenlosen Überlebenskampf. Schauen wir auf den TecDAX! Den Spitznamen Sonnen-DAX trägt er nicht mehr. Von elf Aktien für erneuerbare Energien blieben lediglich der Wechselrichter-Weltmarktführer **SMA Solar,** der Hightech-Maschinenbauer für Green Technology **MANZ Automation** und der Windkraft-Turbinenbauer **Nordex** übrig.

Fotovoltaik 2010 bis 2018: Asien gewinnt, Europa verliert: jährlicher Zubau von Solaranlagen, Leistung in Gigawatt

Kontinent	2010	2012	2014	2016(e)	2018(e)
insgesamt	20,0 GW	31,5 GW	44,1 GW	63,0 GW	68,4 GW
Asien	2,1 GW	9,5 GW	26,4 GW	34,6 GW	39,5 GW
Amerika	1,3 GW	4,1 GW	8,4 GW	17,2 GW	12,7 GW
Afrika/Naher Osten	0,1 GW	0,2 GW	1,5 GW	2,5 GW	4,8 GW
Europa	16,5 GW	17,7 GW	7,8 GW	8,7 GW	11,4 GW
Zahlenquelle: HANDELSBLATT Nr. 162, 25. August 2015, Seite 20					

Solarstrom hilft, den drohenden Klimawandel zu bekämpfen. Bis 2020 sollen die alternativen Energien den Strombedarf in Deutschland zur Hälfte abdecken und den Ausstoß von Kohlendioxid deutlich verringern. Das traurige Dasein etlicher Fotovoltaikaktien spiegelt Zukunftsvisionen kaum wider. Selbst unsere Enkel dürften die alten Höchststände nicht erleben. Freuen wir uns über jeden Aufschwung!

Die Energiemenge, die jährlich von der Sonne auf die Erde strahlt, entspricht dem Zehntausendfachen des Welt-Energiebedarfs. Die Sonne schickt in sechs Stunden mehr Energie zur Erde, als die Menschheit pro Jahr verbraucht. Netzparität heißt, dass Solarstrom nicht teurer ist als Steckdosenstrom. Deutschland ist kein sonnenreiches Land. Dies erschwert die Zielerfüllungen.

Durch technologischen Fortschritt, Standardisierung, Serienfertigung, Massenproduktion und harten Wettbewerb dürften bei Fotovoltaik die Preise weiter fallen, während durch die Umlageregelung die Stromkosten für Privathaushalte bestenfalls stagnieren. Finanz- und substanzstarke Firmen werden das Rennen machen, sofern sie die Digitalisierung gekonnt umsetzen. Kleinen AGs drohen Übernahmen zum Schnäppchenpreis, evtl. auch Pleiten. Im Windkraftbereich dominiert „raus aus der Nische“. Turbinenbauer Nordex will sich an die Weltspitze fusionieren.

Nutzung Solarstrom: Aktien Deutschland und international

Aktie, Land bzw. Index	WKN	Kurs am 01.09.15	52-Wochen-Hoch/Tief €	Entwicklung 1, 3, 5 Jahre
Canadian Solar	**A0L CUY**	16,65 €	35,75/13,40 €	**-37/+617/+84 %**
Führender Hersteller Module/Wafer/Zellen, KGV 4, Ergebnis 3,4/3,9/3,9 €, Div. 0 %				
First Solar	**A0L EKM**	42,50 €	60,95/32,80 €	**-20/+154/-57 %**
USA, S&P 500, Hersteller Dünnschichtmodule, KGV 7, Ergeb. 2,4/4,1/3,6 €, Div. 0 %				
JinkoSolar	**A0Q 87R**	17,80 €	28,85/12,05 €	**-19/+572/-10 %**
China, führender Hersteller Wafer/Module/Zellen/Siliziumbarren, KGV 5, Div. 0 %				
Manz Automation	**A0J Q5U**	64,00 €	96,10/49,90 €	**-15/+183/+26 %**
Hightechanlagen-/Maschinenbauer Green Technology, KGV dreistellig, Div. 0 %				
Phoenix Solar	**A0B VU9**	3,75 €	5,90/1,55 €	**+121/+292/-86 %**
Prime Standard, Systemhaus Fotovoltaik-Großkraftwerke, KGV negativ, Div. 0 %				
SMA Solar	**A0D J6J**	32,70 €	37,50/10,30 €	**+43/+118/-59 %**
TecDAX, Weltmarktführer Wechselrichter/Solarkomponenten, KGV negativ, Div. 0 %				
SolarWorld	**A1Y CMM**	14,30 €	17,60/9,40 €	**+4/-91/-98 %**
Prime St., Hightech-Solarstromlösungen, alle Produktionsstufen, KGV neg. Div. 0 %				
Trina Solar	**A0L F3P**	7,80 €	12,00/6,15 €	**-15/+118/-60 %**
China, Solar-Module mono/multikristallin, KGV 7, Ergebnis: 0,8/1,2/1,5 €, Div. 0 %				
Wacker Chemie	**WCH 888**	74,25 €	117,8/73,00 €	**-13/+51/-35 %**
MDAX, Polysilizium, Reinsilizium für Wafer, KGV 21, Ergeb. 4,1/3,6/4,6 €, Div. 1,5 %				

Große Herausforderung und Chance: Windenergie auf dem Meer

Die einst verhöhnten und erbittert bekämpften Windräder befinden sich weltweit im Aufwind. Seit 2014 zeigt sich dies an steigenden Börsenkursen nach dem starken Einbruch zuvor. Den Offshore-Projekten auf dem Meer gehört die Zukunft, mögen auch Tsunamibrecher zu überwinden sein. Es geht um Netzwerke, Speicherkapazitäten, Kredite, Forderungen von Umweltschützern, Aufbau der Anlagen, Wartung und Reparatur – alles kostspielig und zeitraubend. Es gilt, den Problemen in der Meerestiefe an den 30 bis 50 Kilometer von der Küste entfernten Standorten zu trotzen. Installierte Windkraftanlagen dürften bis 2030 zwanzigmal mehr Windenergie erzeugen als augenblicklich. Der dänische Branchenprimus Vestas wächst kräftig, und auch Nordex verspürt Aufwind.

Aussichtsreiche Windkraft-Aktien rund um den Globus

Aktie/Kontinent bzw. Index	WKN	Kurs am 06.12.15	52-Wochen-Hoch/Tief	Entwicklung 1, 3, 5 Jahre
Gamesa	A0B 5Z8	16,10 €	16,70/7,45 €	+88/+841/+225 %
Spanien, STXE 600, Windkraftanlagen Produktion und Wartung, KGV 17, Div. 1,3 %				
Nordex	A0D 655	32,45 €	32,45/13,70 €	+106/+979/+570 %
TecDAX, große Windkraftanlagen, Rotorblätter Megawattklasse, KGV 21, Div. 0 %				
Vestas	913 769	61,20 €	61,20/27,55 €	+99/+1448/+182 %
STXE 600, DK, Weltmarktführer Windkraftanlagen u. Turbinen, KGV 18, Div. 1,5 %				

Fossile Energien Erdöl und Erdgas

Wirtschaftlichkeit, Umweltschutz und Nachhaltigkeit sind oberste Gebote einer vernünftigen Energiepolitik. Der Trend geht in Richtung erneuerbare Energien, verlangt doch der Klimawandel ein Umdenken beim Umweltschutz. Trotz der momentanen Ölschwemme verknappen sich mittel- bis längerfristig die fossilen Energien Erdöl und Gas. Dabei eröffnet Fracking trotz Gefahr für das Grundwasser neue Perspektiven und bewirkt wohl, dass die USA als dann größter Ölproduzent der Welt 2016 an Russland und Saudi-Arabien vorbeiziehen werden.

Bei der Ölproduktion führt derzeit Russland mit 10,1 Mio. Barrel pro Tag vor Saudi-Arabien 10,0, USA 8,5, Iran 3,1 und Venezuela 2,3 Mio. Barrel täglicher Förderung. Die Schiefersteingasförderung wird in 20 Jahren die Hälfte der amerikanischen Gas- und Ölproduktion ausmachen. Zur Energiewirtschaft zählen auch die großen DAX-Versorger E.ON und RWE. Inwieweit Sie selbst in russische Energietitel mit niedrigem KGV unter 5 investieren wollen, hängt von Ihrer Risikofreude und Nervenstärke ab. Ich habe hier schrittweise kleine Positionen aufgebaut.

- **Lesen wir die Horror-Kursliste vom 1. September 2015 aus dem Bereich fossile Energie – Erdöl und Erdgas – stellt sich die Frage: Was tun?** Wer sich hier langfristig eingedeckt hat, für den ist es zu spät, jetzt zu verkaufen. Früher oder später werden sich die Kurse erholen. Der russische Markt ist interessant. Am Schluss dieses Kapitels folgt darüber eine Aufstellung.
- **Die Weltbevölkerung steigt. Mit erneuerbaren Energien lässt sich der gesamte Bedarf nicht decken.** Fossile Energien sind nicht unbegrenzt verfügbar, mögen auch neue, schwer zugängliche Förderquellen entdeckt werden. Sie auszubeuten, setzt wie beim Fracking höhere Handelspreise voraus. Es ist unsinnig, wenn Sie Ihren Bestand nur deshalb aufstocken wollen, um einen niedrigeren Einstandspreis zu erzielen. Dies ist ein typischer Einsteigerfehler.
- **Es ist sinnvoll, bei langem Anlagehorizont breit gestreut zu investieren. Sind Öl und Gas im eigenen Depot kaum vorhanden, bieten niedrige Kurse eine attraktive Einstiegschance.** Vorteil der Kursschwäche ist, dass viele Energiekonzerne hohe Dividenden auszahlen – teilweise über 5 %. Dies gilt auch für russische Firmen, die verlässlich ausschütten und meist in Dollar abrechnen, sodass der Rubel-Verfall weniger stört.

Internationale Aktien fossile Energien, Schwerpunkt Erdöl				
Aktie/ Unternehmen	**WKN**	**Kurs 01.09.15**	**52-Wochen-Hoch/Tief**	**Entwicklung 1, 3, 5 Jahre**
BP British Petrol	**850 517**	4,80 €	6,80/4,45 €	**-19/-10/+8 %**
GB, STOXX 50, Versorger Öl/Gas, Rohstoffe, KGV 12, Ergeb. 0,6/07 €, **Div. 7,4 %**				
C.A.T OIL	**A0J KWU**	6,90 €	17,45/6,45 €	**-54/+25/+6 %**
Austria, Prime Standard, Öl-/Gas-Services Russland/Kasachstan, KGV 8, Div. 2,0 %				
Chevron	**852 552**	69,60 €	104,35/60,00 €	**-27/-20/+24 %**
USA, Dow Jones, Öl/Gas/Rohstoff/Kunststoff, KGV 8, Ergeb. 9,1/,6/9,9 €, **Div. 5,5 %**				
Conoco Phillips	**575 302**	44,35 €	65,00/37,20 €	**-27/+13/+53 %**
S&P 500, Förderung/Transport Erdöl/Gas, KGV 8, Ergebnis 4,9/4,8/5,6 €, Div. 2,7 %				
ENEL	**928 624**	3,90 €	4,50/3,40 €	+1/+53/+7 %
Italien, Euro Stoxx 50, Energie/Netzwerke, KGV 13, Ergebnis: 0,32 €, **Div. 3,8 %**				
ENI	**897 791**	14,45 €	19,65/12,75 €	**-23/-17/-9 %**
Italien, Euro Stoxx 50, Erdöl, Gas, eigene Förderplattformen, KGV 20, **Div. 5,5 %**				
E.ON	**ENA G99**	10,00 €	15,45/9,55 €	**-27/-44/-54 %**
DAX, Versorger mit Wind-/Wasserkraft/Biomasse/Solarstrom, KGV 12, **Div. 5,0 %**				

Aktie/ Unternehmen	WKN	Kurs 01.09.15	52-Wochen- Hoch/Tief	Entwicklung 1, 3, 5 Jahre
EXXON Mobil	**852 549**	64,00 €	83,20/57,95 €	**-12/-5/+42 %**
USA, Dow Jones, Öl-/Gasförderung, Raffinerie, starke Marken, KGV 16, **Div. 3,9 %**				
FUCHS Petrolub	**579 040**	34,00 €	39,35/24,45 €	**+12/+52/+180 %**
MDAX, Schmierstoffe Gütertransport/Personenverkehr/Bergbau, KGV 21, Div. 2,3 %				
GDF Suez/Engie	**A0E R6Q**	15,45 €	20,50/14,75 €	**-16/-17/-34 %**
FR, Euro Stoxx 50, Versorger Energie-/Wasser-/Abfallwirtschaft, KGV 11, **Div. 6,7%**				
Halliburton	**853 986**	34,15 €	52,30/28,15 €	**-33/+32/+48 %**
USA, S&P 500, Energie/Rohstoffe, KGV 8, Ergebnis: 3,65/4,26/4,89 €, Div. 2,0 %				
Iberdrola	**A0M 46B**	5,95 €	6,55/5,15 €	**+8/+662/+334 %**
Spanien, Euro Stoxx 50, Erzeugung/Vermarktg. Elektrizität/Gas, KGV 15, **Div. 4,7 %**				
Lukoil	**899 954**	33,35 €	49,60/24,55 €	**-19/-24/-18 %**
RTX, Russland, Förderung/Produktion Erdöl/Erdgas, niedriges KGV 3, **Div. 3,2 %**				
Occidental Pete	**851 921**	62,20 €	79,30/57,40 €	**-17/-4/+8 %**
USA, S&P 500, Erdöl/Gas/Spezialchemie/Rohstoffe, sehr hohes KGV, **Div. 4,3 %**				
OMV	**874 341**	22,60 €	30,95/19,65 €	**-23/-13/-12 %**
Austria, STXE 600, Exploration/Förderg. Öl/Gas, Tankstellennetz, KGV 9, Div. 1,2 %				
Repsol	**876 845**	**12,30 €**	19,45/**12,30 €**	**-33/-123/-29 %**
Spanien, Euro Stoxx 50, Förderung Rohöl/Erdgas, Petrochemie, KGV 10, **Div. 8,2 %**				
NK Rosneft	**A0J 3N5**	3,30 €	5,00/2,10 €	**-30/-29/+12 %**
RTX, Russland, Erdöl/Rohstoffe, geringes KGV 3, Ergebnis 1,0/1,0/1,1 €, **Div. 7,5 %**				
Royal Dutch Sh.	**A0D 94M**	22,50 €	31,10/21,35 €	**-13/-16/+12 %**
Stoxx 50, GB, Versorger Öl/Gas, Rohstoffe/Tankstellen, Ergeb. 1,4/1,5 €, **Div. 7,2 %**				
RWE	**703 712**	**13,00 €**	32,80/**13,00 €**	**-55/-60/-73 %**
DAX, Opfer Kernkraftausstieg, Energieversorger fossil/erneuerbar, KGV 7, **Div. 6 %**				
Schlumberger	**853 390**	66,80 €	87,55/59,90 €	**-19/+18/+53 %**
USA, S&P 500, Energie/Rohstoffe, KGV 11, Ergebnis: 3,71/5,61/6,36 €, Div. 2,4 %				
Schoeller-Bleck.	**907 391**	49,50 €	80,80/42,55 €	**-38/-34/+20 %**
Austria, ATX, Hochpräzisions-Komponenten Öl-/Gasfeldservice, KGV 20, Div. 1,4 %				
Southern	**852 523**	37,80 €	46,55/33,30 €	**+16/+8+36 %**
USA, S&P 500, Stromerzeuger/Kraftwerkbetreiber/Glasfaser, KGV 15, Div. 2,2 %				

Aktie/ Unternehmen	WKN	Kurs 01.09.15	52-Wochen-Hoch/Tief	Entwicklung 1, 3, 5 Jahre
Statoil	**675 213**	13,20 €	24,40/12,05 €	**-40/-35/-11 %**
STXE 600, Norwegen, Exploration/Förderung/Veredlg. Öl/Gas, KGV 13, **Div. 6,3 %**				
Surgutneftegaz	**904 596**	4,70 €	7,35/2,50 €	**-6/-28/-32 %**
RTX, Russland, Versorger Erdöl/Erdgas, Rohstoffe, niedriges KGV 3, **Div. 3,7 %**				
Tatneft	**A0L CQB**	25,75 €	34,00/14,80 €	**-13/-21/+3 %**
RTX, Russland, Energie/Rohstoffe, niedriges KGV 4, Ergebnis: 6,4/5,6 €, Div. 1,4 %				
TOTAL	**850 727**	40,35 €	52,05/37,00 €	**-18/+3/+13 %**
Euro Stoxx 50, Förderung/Verarbeitung Öl/Gas, Petrochemie, KGV 12, **Div. 5,4 %**				

Positive und negative Auswirkungen des Ölpreisverfalls verbunden mit extrem starken Kursschwankungen

Das billige Öl verleitet die Bundesbürger dazu, mehr zu konsumieren. Die Ersparnis bei Sprit und Heizkosten fördert die Konsumfreude – auch sichtbar an der Kauflaune, sich einen Geländewagen zuzulegen. Das ist kurzsichtig gedacht. Die Preise dürften wieder anziehen. Nur weiß niemand, wann dies geschieht und ob der leichte Anstieg bereits eine Trendwende einläutet. Das billige Öl macht die Deutschen zu Sanierungsmuffeln. Es sinkt der Anreiz bei Hauseigentümern, günstige Kredite für die Sanierung von Heizanlagen aufzunehmen. Die starken Kursturbulenzen am Ölmarkt verunsichern die Anleger und schüren Ängste.

Am 1. September 2015 schoss der Euro um mehr als 1 % nach oben; der Ölpreis rutschte dagegen zeitweilig bis um 8 % ab. Die heftigen Ausschläge sind ein Fluch für Börse und Anleger, ruinieren sie doch die Aktienkultur. Solche Turbulenzen sind nicht dazu angetan, die ungewöhnlich niedrige Aktienquote von 13 % bei den Bundesbürgern zu stoppen. Dabei wäre es für die Altersvorsorge ungemein wichtig, in Aktien zu investieren. Es wird Zeit, dass Ruhe am Energie- und Aktienmarkt einkehrt. Heftige Marktverwerfungen wie der kürzliche Börsencrash mit einem Minus von über 25 % beim DAX gegenüber dem Allzeithoch (am 4. September 2015 nur noch 10.038 Punkte gegenüber 12.360 Punkten am 10. April 2015) gefährden Wirtschaftswachstum, Arbeitsplätze und Wohlstand. Angst und Panik sind Konjunkturkiller.

- **So verwundert es nicht, dass unter den von Experten aktuell genannten künftigen Bedrohungsszenarien für die Wirtschaftsleistung in deutschen Großstädten Börsencrash, Ölpreisschock, Überflutung und Hackerangriff die vorderen Alarmstufenplätze einnehmen.**

Sechs der zehn größten Russland-Konzerne sind Energiefirmen

Russische Aktien, die in Moskau notieren, sind extrem günstig zu haben. Das KGV liegt meistens zwischen 3 und 6 – eine günstige Einstiegschance für mutige, vor allem an Öl und Gas interessierte Anleger. Hinzu kommt oft eine üppige Dividende von 4 % bis über 6 %, berechnet auf den Dollar, also vom Rubelverfall kaum betroffen. Ausgezahlt wird verlässlich.

Russlandaktien Top 10 nach Börsenwert – sechsmal Energie

Aktie, Firma, Branche	WKN	Börsenwert €	KGV 2016	Kurs 09.10.15	Hoch/Tief 52 Wochen
❶ Gazprom (Energie)	**903 276**	44,2 Mrd.	2,4	4,05 €	5,70/2,80 €
RTX, Förderung 90 % vom russischen Gas, Pipelinesystem 161.000 km, **hohe Div.**					
❷ NK Rosneft (Öl)	**A0J 3N5**	35,9 Mrd.	5,2	3,90 €	4,80/2,10 €
RTX, Öl und andere Rohstoffe, Ergebnis/Aktie: 0,74/0,58/0,66 €, **Div.-Rendite: 4 %**					
❸ Lukoil (Öl)	**899 954**	26,0 Mrd.	5,0	34,45 €	49,60/24,55 €
Weltweit führend: Förderung/Produktion Öl/Gas, Ergebnis: 6,9/6,1/6,6 €, **hohe Div.**					
❹ Novatek (Energie)	**A0E TK2**	25,8 Mrd.	6,8	86,00 €	101,0/54,50 €
Führender Energie- und Rohstoffkonzern, Info-Mangel, Kurse: 1 J. +7 %, 3 J. -5 %					
❺ Sberbank (Finanzen)	**A1J B8N**	24,0 Mrd.	5,1	5,10 €	6,15/2,40 €
RTX, Eines der größten Geldinstitute Russlands, Ergeb. 0,18/0,11/0,21 €, **hohe Div.**					
❻ MMC Norilsk Nickel	**A14 0M9**	20,4 Mrd.	6,8	**13,70 €**	**13,70**/12,50 €
RTX, Bergbau Metalle, Nickel/Platin/Palladium, hoher Gewinnanstieg, **üppige Div.**					
❼ Surgutneftegaz (Energie)	**904 596**	20,4 Mrd.	5,6	5,15 €	7,35/2,50 €
RTX, Öl/Gas/Rohstoffe, Produktion, Versorger, dürftige Informationen, **üppige Div.**					
❽ Magnit (Konsum)	**A0M VY2**	19,5 Mrd.	k. A.	42,35 €	57,45/30,00 €
Konsumgüter/Maschinenbau, Trend positiv, unterbewertet, wenig Infos, **hohe Div.**					
❾ VTB Bank (Finanzen)	**A0M Q3G**	11,9 Mrd.	8,4	2,10 €	2,95/1,20 €
Umzug Frankfurt geplant, Kursanstieg 1 Jahr: +36 %, Risiko gering, keine Div.-Info					
❿ Tatneft (Öl)	**A0L CQB**	9,4 Mrd.	5,6	28,70 €	34,00/14,80 €
RTX, Öl-/Gas-Produktion/Vertrieb, Raffinerien/Tankstellen, wenig Infos, **hohe Div.**					
db x-tracker MSCI Russia	**DBX 1RC**	Währung: Euro		17,20 €	21,60/10,20 €
ETF, Volumen: 128 Mio. €, Alter: 8 Jahre, Verwaltungsgebühr: 0,45 €, thesaurierend					
Parvest Equity Russia	**A0N CZP**	Währung: Dollar		58,35 $	68,10/41,90 $
Aktienfonds, Umfang: 72 Mio. €, 8 Jahre, Aufschlag: 3 %, Gebühr: 1,75 %, thesaur.					

14. Schwankende Rohstoffpreise verunsichern: Aufwärtstrend Kakao, Absturz Metall, Riesenproblem Trinkwassermangel

Das Riesenreich China als der der wichtigste Importeur profitiert vom Preiseinbruch vieler Rohstoffe. Nachdem die chinesische Wirtschaft nicht mehr so gut läuft, gingen nicht nur die Preise von Erdöl und Erdgas, sondern auch von Eisenerz und anderen Metallen unterschiedlich stark zurück. Lediglich Gold konnte sich zuletzt wegen der heftigen Börsenturbulenzen etwas erholen, ohne jedoch zur alten Stärke zurückzufinden. Gegen den Trend verzeichnet der Kakaopreis ein Vierjahreshoch, vor allem wegen der weltweit hohen und weiter anziehenden Nachfrage nach Schokolade. Die milliardenschweren Bergbaukonzerne wie BHP Billiton, Rio Tinto, China Shenhua, Vale und Angló American leiden seit Jahren unter sinkenden Rohstoffpreisen trotz gestiegener Förderkosten. Sie starten neue Kostensenkungsprogramme und rüsten sich für Übernahmen. Dies gilt auch für den Rohstoffhändler Glencore. Langfristig dürften sich die meisten Rohstoffpreise wieder erholen. Die Weltbevölkerung wächst bedrohlich. Wie das Fallbeispiel zeigt, sind Rohstoffe in allen Lebensbereichen unverzichtbar, wobei die Nachfrage abhängig ist von den Produkten. Hier spielt der Umbruch in den Zeiten der Industrie 4.0, des Internets der Dinge und des Digitalisierungsmegatrends eine wichtige Rolle. Prognosen zur Rohstoffentwicklung sind also spekulativ.

Ein Fallbeispiel: Rohstoffe begleiten Ihr Leben jeden Tag

Es vergeht kein Tag ohne Rohstoffkontakt. Sie stehen morgens auf, verlassen Ihr Bett, dessen Gestell aus Holz, Kunststoff oder Metall besteht, schlagen Ihre Bettdecke zurück, vielleicht mit Gänsedaunen gefüllt. Sie duschen, trocknen sich mit einem baumwollenen Badetuch ab, ziehen Ihren Bademantel aus Naturfasern an und bereiten das Frühstück. Es gibt Kaffee, Kakao oder Tee mit Zucker, Milch oder Kaffeesahne, Orangensaft, Getreidemüsli oder Joghurt, Brötchen oder Brot mit Butter, Konfitüre, Honig, wahlweise Schinken, Wurst, Käse und Bio-Ei. Sie frühstücken an einem hölzernen Tisch; auf dem Boden liegt ein wollener Teppich. Sie fahren mit dem Rad, öffentlichen Verkehrsmitteln oder Ihrem Auto zur Arbeit, freuen sich über den noch niedrigen Spritpreis. Sie kommen am Arbeitsplatz an. Überall begegnen Sie Rohstoffen, z. B. den Industriemetallen im Fahrstuhltrakt! Im Büro besteht der Fußboden aus Naturholz oder Holzwerkstoffen. Computeranlage, Bildschirm, Tastatur, Drucker, Kopierer und sonstige Geräte enthalten unterschiedlichen Materialien. Nach der Arbeit sind Sie auf der Suche nach einem passenden Schmuckstück aus Gold oder Silber mit einem Edelstein besetzt. Eventuell spielen Sie abends Tennis auf einem Sandplatz mit Ziegelmehlbelag. Danach mundet ein kühles Bier. Vielleicht genießen Sie Ihre Rolle als Hobbykoch. Was Sie auch kochen, anrichten, garnieren – ohne Agrarprodukte geht nichts.

Rohstoffe werden in drei große Gruppen aufgeteilt

- **Energie:** Fossile Energieträger wie Erdöl, Erdgas, Kohle und nachwachsende Agrargüter und erneuerbare Energien, insbesondere Wind- und Sonnenenergie, Wasserkraft, Biomasse und Erdwärme.
- **Industriemetalle:** Aluminium, Chrom, Gallium, Indium, Kobalt, Kupfer, Lithium, Nickel, Palladium, Stahl, Zinn; **Edelmetalle:** Gold, Silber, Platin, Palladium.
- **Land- und viehwirtschaftliche Produkte:** Baum- und Schurwolle, Getreide, Zucker, Kaffee, Kakao, Mais, Raps, Rind- und Schweinefleisch, wobei Weichwaren wie Mais, Zucker, Weizen, Raps auch zu Ethanol und Biodiesel verarbeitet werden. ***„In den Tank statt auf den Teller"*** verschärft Ernährungssorgen.

Der Preisverfall wird nicht anhalten. Offen bleibt: Wann erfolgt die Trendwende? Bei welchen Rohstoffen? In welchem Ausmaß?

Rohstoffpreise im Schnitt: 05.09.2012 bis 05.09.2015

Rohstoffklasse	Rohstoff	Einheit	% 1 Jahr	% 3 Jahre
Energierohstoffe	**Erdöl**	Barrel	**-46,0 %**	**-47,4 %**
	Erdgas	BTU	**-39,0 %**	**-34,5 %**
	Heizöl	Gallone	**-42,0 %**	**-45,0 %**
	Benzin	Gallone	**-47,1 %**	**-50,6 %**
Edelmetalle	**Gold**	Feinunze	**-10,4 %**	**-32,8 %**
	Silber	Feinunze	**-24,5 %**	**-56,9 %**
	Platin	Feinunze	**-30,6 %**	**-41,5 %**
	Palladium	Feinunze	**-34,7 %**	**-7,00 %**
Industriemetalle	**Kupfer**	Tonne	**-26,4 %**	**-33,1 %**
	Aluminium	Tonne	**-23,5 %**	**-16,3 %**
	Nickel	Tonne	**-48,9 %**	**-38,5 %**
Agrarrohstoffe	**Feines Mehl**	Scheffel	**-12,7 %**	**-53,3 %**
	Getreidekörner	Scheffel	**-6,6 %**	**-41,9 %**
	Soja	Scheffel	**-6,2 %**	**-15,1 %**
	Zucker	Pfund	**-25,8 %**	**-44,0 %**
	Kaffee	Pfund	**-40,7 %**	**-29,8 %**
	Baumwolle	Pfund	**-4,4 %**	**-22,0 %**
	Reis	Zentner	**-10,8 %**	**-24,4 %**

Aktienauswahl: Bergbau und Rohstoffe (ohne Öl/Gas/Gold)				
Aktie, Firma, Index, Land	**WKN**	**Kurs 05.09.15**	**Hoch/Tief 52 Wochen**	**Entwicklung 1, 3, 5 Jahre**
ALCOA	**850 206**	8,55 €	14,95/6,80 €	**-39/+5/-35 %**
S&P 500, Metall/Kohle, Schwerpunkte Aluminium/Stahlindustrie, KGV 17, Div. 1 %				
ArcelorMittal	**A0M 6U2**	**6,45 €**	11,75/**6,45 €**	**-42/-43/-73 %**
STXE 600, größter Stahl-/Bergbaukonzern, Flach-/Langstahl, KGV neg., Div. 2,2 %				
Aurubis	**676 650**	57,85 €	61,00/35,15 €	**+50/+36/+77 %**
MDAX, Verarbeitung Kupferkonzentrate/Altkupfer/Recycling, KGV 12, Div. 2,6 %				
BHP Billiton	**908 101**	14,50 €	23,25/13,00 €	**-38/-34/-34 %**
Bergbau, Stoxx 50, GB, führender Exporteur Kohle/Eisenerz, KGV 17, **Div. 6,3 %**				
Glencore	**A1J AGV**	**1,70 €**	4,70/**1,70 €**	**-63/-64/-56 %**
Stoxx 50, Schweiz, Rohstoffhändler Nr. 1, Übernahme Xstrata, KGV 12, **Div. 9,5 %**				
Klöckner & Co.	**KC0 100**	8,25 €	11,65/7,60 €	**-21/+15/-45 %**
MDAX, herstellerunabhängiger Stahl- und Metallhändler, KGV negativ, Div. 0,7 %				
Norilsk Nickel	**A14 0M9**	14,05 €	19,20/10,50 €	**-7/+21/+6 %**
RTX, Russland, Rohstoffförderung Edel-/Industrie-/Buntmetalle, KGV 6, Div. 2,0 %				
Norsk Hydro	**851 908**	3,10 NOK	5,55/2,70 NOK	**-33/-9/-23 %**
OBX Norwegen, Stahl-/Metallindustrie, KGV 12, Ergebnis: 1,6/2,7/2,6 €, **Div. 3,9 %**				
POSCO	**893 094**	34,70 €	67,20/30,50 €	**-44/-45/-56 %**
Südkorea, Eisen-/Stahl-/Metallindustrie, Börsenwert 19 Mrd. €, KGV 5, **Div. 4,7 %**				
Rio Tinto	**852 147**	30,75 €	44,65/28,65 €	**-25/-11/-26 %**
Stoxx 50, GB, Rohstoffförderung Diamanten/Edel-/Industriemetall, KGV 13, Div. 6,3				
Salzgitter	**620 200**	26,30 €	36,40/21,00 €	**-10/-8/-48 %**
MDAX, Produktion Walz-/Flachstahl/Röhren/Bleche/Bauelemente, KGV 25, Div. 1 %				
ThyssenKrupp	**750 000**	18,25 €	26,45/16,85 €	**-16/+18/-19 %**
DAX, Stahlverarbeitung/Anlagenbau/Industrie/Dienstleistung, KGV 20, Div. 1,2 %				
UPM Kymmene	**881 026**	14,75 €	18,90/10,60 €	**+26/+68/+27 %**
STXE 600, Finnland, Forst- und Papierkonzern, Holzprodukte, KGV 11, **Div. 5,0 %**				
VALE	**897 136**	4,25 €	9,95/3,70 €	**-57/-68/-80 %**
Brasilien, Bergbau Diamanten/Edel-/Industriemetall/Kohle, KGV negativ, **Div. 8,4 %**				
Voestalpine	**897 200**	32,95 €	41,90/28,65 €	**-1/+44/+31 %**
STXE 600, Austria, Stahl-/Verarbeitungs-/Dienstleistungskonzern, KGV 10, **Div. 3 %**				

Der lebensbedrohliche Trinkwassermangel in Afrika, Südamerika und Ostasien als tickende Zeitbombe mit Gewaltpotenzial

In einem Jahrzehnt dürfte der globale Wassermarkt die Marke von einer Billion Dollar erreichen. Trotz des Grundrechts auf Zugang zu sauberem Trinkwasser mangelt es vor allem in Afrika, Südamerika, in ostasiatischen Schwellenländern und dem Riesenreich China daran. Wie der Fernsehsender 3SAT im September 2015 dokumentierte, leiden 800 Mio. Menschen unter zu wenig Wasser. Über 80 % des Süßwasserverbrauchs gehen zulasten der Landwirtschaft, vor allem Fleischerzeugung. Das kostbare Nass wird verschwendet. Der Klimawandel legt die Welt trocken. In den bedrohten Regionen regnet es immer seltener – auch wegen abgeholzter Regenwälder. Korruption im Bergbau und eine marode Kanalisation in Großstädten verstärken den Wassermangel wie die Tatsache, dass z. B. Erdbeeren, Orangen, Tomaten das ganze Jahr über erhältlich sind. Regionale Kost hilft, Wasser zu sparen. Das dürre Kalifornien klagt über Wasserklau.

Weltweit stieg der Wasserverbrauch in den letzten 50 Jahren doppelt so schnell wie die Weltbevölkerung. Den Hauptgrund liefert der Ausbau der Bewässerungslandwirtschaft, um den Nahrungsmittelbedarf zu decken. Der industrielle Anbau von Tomaten, Erdbeeren, Orangen usw. bedeutet einen Anteil am Wasserverbrauch von 70 %, in manchen Jahren 90 %. Spanien, das weite Teile Europas mit Obst und Gemüse versorgt, steht oben auf der Verschwenderliste. Riesengroß ist der Wassereinsatz für Fleischprodukte: 6.000 Liter für 1.000 Gramm vom Schwein, 15.500 Liter für 1.000 Gramm vom Rind. 5.550 Liter sind für 1.000 Gramm Butter, 3.265 Liter für ein Kilo Eier, 1.645 Liter für ein Kilo Getreide und 325 Liter für 2 Pfund Gemüse einzuplanen. Eine Jeans verschlingt 8.000 Liter Wasser. Deckt jemand ein Fünftel seiner Nahrung mit Fleisch ab, verdoppelt sich sein indirekter Wasserverbrauch. Jeder dritte Mensch leidet schon jetzt unter der Wasserknappheit. An den Folgen verschmutzten Wassers sterben täglich 5.000 Kinder in den Armutsregionen. Groß ist der Wassermangel in Ländern südlich der Sahara, in Äthiopien, Nigeria und im Tschad. Ohne Trinkwasser überlebt nichts, kein Mensch, kein Tier, keine Pflanze. Wir sprechen deshalb vom **„blauen Gold Wasser"**.

Wasserknappheit in bedrohten Ländern von 2000 bis 2025

Jahr	Extrem knapp	Ziemlich knapp	Menge reicht aus
2000	5 %	20 %	75 %
2025	16 %	38 %	46 %

Nur 3 % des Wasservorrats ist für Süßwasser und Trinkwasser geeignet. 2050 droht zwei Dritteln der Menschheit akute Wassernot. Es ist aufwändig, Trinkwasser aus dem Meer und Kanalisations-Abwasser zu gewinnen, aber technologisch möglich.

Neben Landwirtschaft und Industrie sind es vor allem die klimatischen Veränderungen, die zum Wassermangel führen – erkennbar am Ausbleiben des ersehnten Regens im Südosten Brasiliens und in anderen Dürreregionen. Immer mehr Experten befürchten kriegerische Auseinandersetzungen im Kampf um das Wasser. Der Direktor der Stadtwerke von Sao Paulo brachte den Notstand auf den Punkt: *„Hier gibt es kein Wasser – nicht zum Baden, nicht zum Saubermachen, nicht mal für Mineralwasser in der Flasche."* Das Wasser in Sao Paulo wird künftig pro Woche nicht mehr nur zeitweilig an zwei, sondern an fünf Tagen abgeschaltet. Es regnet auch seit Jahren kaum mehr im Nordosten Kolumbiens. Durch Korruption verfügen zwar die Bergwerke über genug Wasser, aber nicht die dortigen Bewohner.

In Mitteleuropa gibt es andere Sorgen. Der Umweltforscher **Klaus Kümmerer** warnt vor zu vielen Medikamenten. Vermutlich befinden sich schon mehrere Tausend Chemikalien im genutzten Wasserkreislauf. Über deren Wirkung wissen wir nur wenig. Zu den Ursachen zählt Arznei für Mensch und Tier, die über Ausscheidungen ins Wasser gelangt oder einfach weggeschüttet wird. Schmerzmittel und Hormone aus Antibabypillen schädigen laut Studien bereits den Fischbestand.

Ein Wasser-ETF gilt als langfristig risikoarm und verlangt weniger Wissen, Zeit und Mühe als die Einzelaktien-Anlage

Die drei ETFs in meiner Kursliste bieten eine sichere und weniger mühsame Kapitalanlage als Wasser-Einzelaktien, die – wie ich immer wieder beobachte – meist nur selten gehandelt werden und schon deshalb an einem Tag überdurchschnittlich steigen oder abstürzen können. Der Platzhirsch mit der besten Kursentwicklung und vertretbaren Gebühren ist der **LYXOR ETF WORLD WATER.** Ich pflege ihn im steuerfreien Altbestand schon seit 2008, Kaufpreis rund 18 €, im Vergleich zum Jahreshoch fast eine Verdopplung.

Drei Wasser-ETF für langfristig recht sichere Geldanlagen				
ETF- bzw. Index-fonds-Name	**WKN**	**Kurs 04.12.15**	**Hoch/Tief 1 Jahr**	**Entwicklung 1, 3, 5 Jahre**
Lyxor ETF World Water	**LYX 0CA**	32,75 €	34,25/25,9 €	**+23/+76/+94 %**
Jahresgebühr: 0,6 %, Alter 8 Jahre, kein Sparplan, Dividende ausschüttend, wichtige Aktien: Danaher, Geberet, Pentari, Veolia, United Utilities; 58 % Wasserunternehmen				
iShares Global Water	**A0M SAG**	30,45 €	32,80/25,4 €	**+14/+55/+72 %**
Jahresgebühr: 0,65 %, Alter 8 Jahre, Volumen: 353 Mio. €, Dividende ausschüttend				
PowerShares Global W.	**A0M 2EF**	10,55 €	12,20/9,40 €	**+5/+47/+32 %**
Jahresgebühr: 0,75 %, Alter 8 Jahre, Volumen: 4 Mio. € (riskant), Div. ausschüttend)				

Boden gesucht bei den auch durch die chinesische Konjunkturkrise abgestürzten Rohstoffpreisen

Vor zwölf Jahren, nämlich 2003, und danach 2007/2008, kurz vor dem Ausbruch der weltweiten Wirtschaftskrise, notierte der GSCI-Rohstoff-Index noch deutlich über 5.000 Punkten. Davon blieben am 28. August 2015 nur noch 2.670 Punkte übrig. Woher rührt dieser Preisverfall? Wann ist der Boden gefunden und es bieten sich günstige Einstiegs- bzw. Zukaufpreise an? Ein schlechtes Börsenklima, verursacht durch die konjunkturelle Chinakrise, Aktiencrash, Verunsicherung bezüglich der künftigen Zinspolitik und teilweise enttäuschende Firmennachrichten schlagen besonders stark bei den Rohstoffpreisen durch.

Erste Anleger kehren in den Markt zurück. Das untere Preisniveau lockt und verstärkt die Gier. **Bernd Wenger** von Securities beobachtete: *„Die Investoren haben die niedrigen Preise für Aluminium und Kupfer bereits für Zukäufe genutzt.“* Zudem seien ETFs auf Rohöl gekauft worden. *„Dadurch könnten die Preise zum Ende des Jahres wieder ansteigen.“* Die britische Großbank Barclay rechnet mit einer Kupferpreiserholung auf 6.200 US-Dollar pro Tonne. Derzeit pendelt das Industriemetall bei rund 5.000, also 1.200 Dollar darunter. Entscheidend ist bei Kupfer wie bei anderen Industrie- bzw. Buntmetallen die weitere Entwicklung in China als Hauptabnehmer. Keine Sorgen gibt es bei Rohstoffen mit Geschmack. Orangensaft, Kakao und Kaffee entziehen sich dem Abwärtstrend. Vor allem Kakao steigt wegen des Heißhungers auf Schokolade rund um den Globus.

Wie sollten Sie als Anleger auf den Rohstofftrend reagieren?

- **Institutionelle Anleger investieren Milliardensummen in Rohstoffe.** Machen Sie in bescheidenem Rahmen mit! Sie können Rohstoff-Indexfonds, internationale Bergbau- und Öltitel ordern, sich nach Minenaktien in den USA, Kanada, Südafrika und Australien umsehen, Ihr Augenmerk auf Rohstofftitel in Russland, Südafrika, Südamerika und Asien richten.

- **Was Sie nicht tun sollten:** Rohstoffe physisch zu ordern, ist mit Ausnahme von Gold, Platin, Silber-Anlagemünzen und Diamanten wegen Lagerung, Gefahr des Verderbs, Diebstahls und fehlenden Marktzugangs viel zu riskant. Im Edelmetallsektor sind Münzen bei Privatanlegern wieder sehr begehrt.

- **Die vorstehende Aktien-Auswahl-Liste präsentiert großteils ein Horrorszenario bei der Kursentwicklung.** Ein Einstieg verlangt Mut, sollte maßvoll und stufenweise erfolgen und darf nicht zur Übergewichtung des abgestraften Sektors führen. So mancher, aber nicht jeder Aktienkauf zum Niedrigstkurs erweist sich als preisgünstiges Schnäppchen. Die Zunahme im Depot ermöglicht bei hohem Aufwärtspotenzial spätere Teilverkäufe.

15. Die Tourismusbranche mit Fluglinien, Reisebüros, Transport, Hotels und Schifffahrt muss auf neue Trends reagieren

Nicht jedem, der nach oben springt, bekommt der Höhenflug. Nicht jeder, der zu Boden stürzt, bleibt liegen. Gerade in der Tourismusbranche ist vieles im Umbruch. Es gehört ein feines Gespür dazu, was Urlauber und Geschäftsleute wünschen, was ihnen gefällt und was sie ablehnen. Dabei kommt es nicht nur auf den Geldbeutel an, sondern ebenso auf die Altersgruppe, das Bildungsniveau, die Freizeitinteressen, die verfügbare Zeit. Wichtig ist auch, ob dies als Single, Familie, auf Partnersuche, gemeinsam mit Freunden oder Berufskollegen, in der Haupt- oder Nebensaison, im In- oder Ausland geschieht. Verlässliche Empfehlungen, welche börsennotierten Unternehmen vom demografischen Wandel profitieren oder durch drückende Sorgen belastet werden, sind kaum möglich.

Positiv ist zu vermerken, dass durch das längere Leben Senioren auch noch jenseits der 70 Jahre gern verreisen, sofern es Gesundheit, Mobilität und Geldbeutel erlauben. Seit einigen Jahren befinden sich Kreuzschifffahrten im steilen Aufwärtstrend. Damit steigen auch die Aktien der marktführenden Gesellschaften. Grundsätzlich wächst das Reise-Interesse bei Wohlstand, sicherem Arbeitsplatz, guter Gesundheit und intaktem Privatleben. Gibt es finanzielle Engpässe, muss ein Urlaub auf Pump tabu sein. Wer Freizeitreisen mit Krediten finanziert, wird vermutlich auch sonst leicht über seine Verhältnisse leben.

Internationale Aktienauswahl: Tourismus/Reisen/Transport

Aktie, Firma, Index, Land	WKN	Kurs 07.09.15	Hoch/Tief 52 Wochen	Entwicklung 1, 3, 5 Jahre
Alaska Air Group	**869 843**	71,00 €	74,40/32,30 €	**+102/+440/+1465 %**
S&P 500, USA, Transport/Flugverkehr, KGV 11, Ergebnis: 3,7/4,1/4,4 €, Div. 0,5 %				
Carnival	**120 071**	46,00 €	51,00/27,00 €	**+57/+71/+68 %**
STXE 600, GB, Touristik/Kreuzschifffahrt, KGV 20, Ergebnis 1,4/2,0/2,7 €, Div. 1 %				
Ctrip.com	**A0B K6U**	58,00 €	79,00/33,00 €	**+16/+357/+81 %**
Nasdaq, Urlaubs-/Geschäftsreisen China, Flugtickets/Hotels, hohes KGV, Div. 0 %				
Delta Air Lines	**A0M QV8**	40,55 €	45,85/24,05 €	**+11/+404/+254 %**
S&P 500, Luftfahrt, erstklassige Analysen, Börsenwert 36 Mrd. €, KGV 9, Div. 1,0 %				
Deutsche Post	**555 200**	24,20 €	31,15/21,55 €	**-5/+58/+83 %**
DAX, weltweit führender Post-/Logistik-Konzern, Briefe/Pakete, KGV 14, **Div. 3,7 %**				
Easyjet	**A1J TC1**	24,00 €	26,75/16,40 €	**+41/+240/+431 %**
GB, Billig-Fluglinie, 600 Routen, 30 Länder, 65 Mio. Passagiere, KGV 13, **Div. 3,0 %**				

Aktie, Firma, Index, Land	WKN	Kurs 07.09.15	Hoch/Tief 52 Wochen	Entwicklung 1, 3, 5 Jahre
Expedia	**A1J RLJ**	98,60 €	118,70/55,90 €	**+48/+147/+412 %**
Nasdaq, S&P 500, USA, weltweit größtes Internet-Reisebüro, KGV 25, Div. 0,6 %				
Fraport	**577 330**	53,30 €	63,05/46,25 €	**+1/+20/+29 %**
MDAX, Flughafen, Zentrum Frankfurt, KGV 20, Ergebnis: 2,5/3,0/3,4 €, Div. 2,4 %				
HHLA	**A0S 848**	15,65 €	21,55/14,80 €	**-17/-21/-44 %**
SDAX, *Hamburger Hafen und Logistik AG*, Transportsysteme, KGV 20, **Div. 3,2 %**				
Intercontinental	**A11 58X**	32,60 €	40,20/26,20 €	**+13/+73/+90 %**
STXE 600, GB, Hotelkonzern: 720.000 Zimmer/100 Nationen, KGV 21, Div. 2,3 %				
Jetblue Airways	**541 867**	20,75 €	22,30/7,25 €	**+119/+431/+352 %**
Nasdaq, USA, Luftfahrt-Gesellschaft, gute Analyse, Ergebnis 0,6/0,9/1,1 €, Div. 0 %				
Lufthansa	**823 212**	11,50 €	15,50/10,25 €	**-15/+19/-11 %**
DAX, Luftfahrtlinie/Logistik, Marke „Kranich", KGV 5, Ergebnis 2,6/2,2 €, **Div. 4,5 %**				
Marriott Internat.	**913 070**	62,90 €	79,00/47,80 €	**+18/+112/+131 %**
Nasdaq, Hotelbetreiber/Franchise, 4.200 Hotels in 80 Ländern, KGV 22, Div. 1,3 %				
Nippon Express	**857 297**	4,20 €	5,65/3,05 €	**+12/+43/+44 %**
Nikkei, Luftfracht/Seetransport/Spezialdienste/Logistik/Pakete, KGV 24, Div. 1,5 %				
Norwegian Cruise	**A1K BL8**	51,25 €	56,95/24,00 €	**+86 %**/keine Ang.
Tourismus, Norwegen, Börsenwert 12 Mrd. €, KGV 15, Ergebnis 2,4/3,0 €, Div. 0 %				
Priceline.com	**766 054**	1.123 €	1.290/793,00 €	**+14/+166/+397 %**
Nasdaq, Internet-Reiseanbieter Hotels/Flugtickets/Mietwagen, KGV 21, Div. 0 %				
Royal Caribbean	**886 286**	78,50 €	84,20/42,00 €	**+61/+272/+262 %**
S&P 500, Touristik/Kreuzschifffahrt, stellt Börsenhandel in Oslo ab März 2016 ein				
Ryanair Holdings	**A14 01Z**	**13,05 €**	**13,10**/6,65 €	**+73/+205/+272 %**
STXE 600, Irland, Billig-Luftfahrtlinie: Niedrigstpreise/keine Extras, KGV 21, Div. 2 %				
SIXT St	**723 132**	39,35 €	47,90/21,95 €	**+37/+176/+224 %**
SDAX, Mobilitätsdienstleister/Autovermieter, KGV 15, Ergebnis 2,4/2,6 €, **Div. 2,6 %**				
Stagecoach Gr.	**A1J KFH**	4,90 €	5,85/4,45 €	**+5/+36/+178 %**
STXE 600, Transport/öffentlicher Verkehr, 8.000 Busse in GB, KGV 12, **Div. 2,9 %**				
Starwood	**A0J KQB**	63,50 €	79,30/54,00 €	**-1/+44/+61 %**
S&P 500, weltweiter Hotelbetreiber, bevorzugt Luxusangebote, KGV 23, Div. 2,2 %				

Aktie, Firma, Index, Land	WKN	Kurs 07.09.15	Hoch/Tief 52 Wochen	Entwicklung 1, 3, 5 Jahre
Southwest Airlin.	862 837	33,75 €	43,80/22,25 €	+42/+511/+369 %
S&P 500, Billig-Luftfahrtlinie, gute Analysen, KGV 11, Ergebnis 2,2/2,6 €, Div. 0,6 %				
TUI	TUA G00	16,05 €	17,85/9,50 €	+41/+162/+90 %
Führender Tourismuskonzern, Reisebuchung/breites Angebot, KGV 14, Div. 0,5 %				
United Continent.	A1C 6TV	50,90 €	65,35/31,40 €	+38/+249/+194 %
S&P 500, USA, Reisedienstleister/Fluggesellschaft, gute Analyse, KGV 12, Div. 0 %				
VTG	VTG 999	23,45 €	24,70/13,30 €	+58/+80/+90 %
SDAX, Logistik/Transport, gute Analyse, KGV 18, Ergebnis 1,0/1,2/1,7 €, Div. 2,3 %				
Wyndham World.	A0J 37Z	68,85 €	86,50/56,15 €	+12/+67/+248 %
S&P 500, USA, Reisedienstleister/Hotel, KGV 21, Ergebnis 4,0/4,4/4,9 €, Div. 2,3 %				

Die umsatzstärksten internationalen Unternehmen aus der Luft- und Raumfahrt 2014

Umsatzrenditesieger 2014, Flugverkehr/Luft- und Raumfahrt

Aktien/ Unternehmen	WKN	Umsatz-rendite	Kurs 11.09.15	52-Wochen-Hoch/Tief
Rockwell Collins (USA)	694 062	12,1 %	74,40 €	93,10/57,75 €
Alaska Air (USA)	869 843	11,3 %	71,85 €	74,40/32,30 €
Ryanair Irland)	A14 01Z	10,4 %	13,85 €	14,20/10,15 €
Easyjet (Großbritannien)	A1J TC1	9,9 %	24,40 €	26,75/16,40 €

Anmerkungen: Warum zählt die Deutsche Lufthansa, Marke „Kranich“, nicht zu den Umsatzrendite-Spitzenreitern? Insbesondere sind es die häufigen, oft tagelangen Streiks der Piloten. Aber auch die Preiskämpfe mit den Billigfluglinien schmälern den Gewinn. Hohe Energiekosten belasten Langstreckenflüge besonders. Der gegenwärtige Ölpreisverfall erhöht dagegen den operativen Ertrag erheblich.

Die Lufthansa will die hochpreisige Privatjet-Sparte zum Flaggschiff machen. Dies ist ein Ausgleich zu der Billigplattform Eurowings als Kampfansage gegen Ryanair und Easyjet. Einerseits Luxus mit der Privatjet-Sparte für Geschäftsleute bei individueller Reiseplanung. Gern wird die betuchte Kundschaft auch von zu Hause mit einer Limousine abgeholt und zurückgebracht. Andererseits gibt es niedrigste Preise. So sieht die Konzeption in den Zeiten des demografischen Wandels aus.

Führende in Europa verkehrende Fluglinien im Brennpunkt: Die Nachfrage wächst ebenso wie der Preisdruck und die Reiselust

Wichtige Kennzahlen 2014 eines Fluglinien-Quartetts				
Fluglinie	**Umsatz in Euro**	**Operatives Ergebnis**	**Operative Marge**	**Zahl der Fluggäste**
Lufthansa	**30,0 Mrd.**	954 Mio. €	3,2 %	**106,0 Mio.**
Ryanair	5,7 Mrd.	**1.042 Mio. €**	**18,4 %**	90,6 Mio.
Easyjet	**5,6 Mrd.**	**721 Mio. €**	12,8 %	**64,8 Mio.**
Air France-KLM	24,9 Mrd.	751 Mio. €	**3,0 %**	77,5 Mio.
Zahlenquelle: HANDELSBLATT Nr. 197, 15. Oktober 2015				

Ein Blick auf die Aktienkurse dieses Fluglinienquartetts				
Aktie, Firma, Index, Land	**WKN**	**Kurs 13.10.15**	**Hoch/Tief 52 Wochen**	**Entwicklung 1, 3, 5 Jahre**
Lufthansa	**823 212**	13,55 €	15,50/10,25 €	**+24/+26/-5,5 %**
DAX, Luftfahrtlinie/Logistik, Marke „Kranich“, KGV 5, Ergeb. 0,1/2,6/2,2 €, **Div. 4,0 %**				
Ryanair Holdings	**A14 01Z**	13,05 €	14,20/6,65 €	**+87/+182/+219 %**
STXE 600, Irland, Billig-Luftfahrtlinie: Niedrigstpreise/keine Extras, KGV 21, Div. 2 %				
Easyjet	**A1J TC1**	22,85 €	26,75/16,40 €	**+33/+204/+346 %**
GB, Billig-Fluglinie, 600 Routen, 30 Länder, 65 Mio. Passagiere, KGV 13, **Div. 3,2 %**				
Air France-KLM	**855 111**	6,50 €	8,90/5,60 €	**+8/+20-44 %**
STXE 600, FR, große Europa-Fluglinie: Passagier/Fracht/Wartung, KGV 8, Div. 0 %				

Streiks und drückende Pensionsansprüche belasten die Lufthansa

Lufthansa-Piloten stehen im Ruhestand bestens da. Dennoch wird oft gestreikt. 5.400 Piloten dürfen trotz längeren Lebens und angehobenen Renteneintrittsalters auf 67 Jahre bereits mit 55 Jahren aussteigen und eine Übergangsversorgung verlangen. Sie beträgt bis zu 60 % des letzten Einkommens – im Schnitt 124.000 € im Jahr. Auch nach Rentenbeginn mit 65 Jahren sind Piloten gut versorgt. Neben der betrieblichen Altersversorgung über 54.000 € steht ihnen eine gesetzliche Rente von 23.000 € zu. Die Lufthansa verfügt über ein Eigenkapital von 4,03 Mrd. €. Die Pensionsrückstellungen sind mit 7,23 Mrd. € fast doppelt so hoch. Ein Rentner erhält Altersbezüge von 1.080 €, ein Lufthansa-Flugbegleiter 3.660 €, der Chef der Kabinencrew 4.800 € und ein Pilot 6.420 €. Ist es da klug, sich die Aktie vom Branchenprimus auch bei niedrigen Spritkosten ins Depot zu legen?

16. Banken und Versicherungen: Hier erwarten wir große Veränderungen; aber niemand kennt Weg und Richtung

Wird es in 20 oder 30 Jahren noch Bargeld in Scheinen und Münzen geben? Wie sehen die vom Digitalisierungs- und Vernetzungstrend geprägten Banken morgen und übermorgen aus? Laut Studie vom Herbst 2015 nutzen von den Bankkunden 22 % das Internet für die Abwicklung von allgemeinen Finanzgeschäften, 14 %, um einen Kredit aufzunehmen, 11 %, um über eigene Finanzen Rat einzuholen und 7 %, um zumindest teilweise das Privatmögen verwalten zu lassen.

Die Deutsche Bundesbank mit ihrem Präsidenten Jens Weidmann, neuer Chef der Bank für den Internationalen Zahlungsausgleich BIZ, rät den Geldinstituten zum Abbau von Filialen, um durch Kostensenkung die Ertragskraft zu steigern. Vor allem bei den Volks- und Raiffeisenbanken dürfte die Zahl der Zweigstellen weiter schwinden. Die nächsten Jahre werden vom Filialsterben vieler Geldinstitute und von kürzeren Öffnungszeiten geprägt sein, wickeln doch immer mehr Bankkunden ihr Geldgeschäft online ab. Es ist viel bequemer, von zu Hause aus gemütlich seine Finanzgeschäfte zu erledigen, unabhängig von den Öffnungszeiten zu sein, Wege und Zeit zu sparen. Eher sind es die älteren und wenig internet- und computerkundigen Leute, die gern noch die Zweigstellen aufsuchen. Aber ihre Zahl schwindet. Die nachrückenden Generationen beherrschen den Online- wie den Telefonhandel und nutzen bei Aktienorders immer häufiger den außerbörslichen Handel.

Uneins sind sich die Experten, ob und wie lange noch mit Bargeld bezahlt werden darf. Noch weiß niemand, wo es langgeht. Die anhaltende Niedrigzinspolitik macht viele Bank- und Versicherungsgeschäfte unrentabel. Mit dem Sparbuch lässt sich kein Vermögen mehr aufbauen, sondern nur schleichend Kapital verringern. Steigt die Inflationsrate deutlich an, fühlt sich der Sparbucheinzahler enteignet. Aktien bleiben die richtige Alternative. Aber Deutschland gilt als Angsthasenvolk mit großer Aktienscheu. Was oft übersehen wird: Bei plötzlichen hohen Ausgaben lässt sich mit guten Aktien im breit gestreuten Depot blitzschnell Kapital beschaffen.

Probleme hat auch die Versicherungswirtschaft. Das frühere Zugpferd Kapital-Lebensversicherung ist nicht mehr attraktiv wegen gestrichener Garantiezinssätze bzw. einer Minimalverzinsung, die kaum die Inflationsrate abdeckt. Die Angebote der Assekuranz verändern sich. Nur wer frühzeitig auf den demografischen Wandel und den Siegeszug der Digitalisierung reagiert, wird sich in diesem schwierigen Marktumfeld behaupten. Nur wer mit interessanten, zukunftsfähigen Geschäftsmodellen die Kunden bei Laune hält, nachhaltig wirtschaftet, seriös bilanziert und die Verschuldung zurückfährt, kann erfolgreich sein. Ein warnendes Beispiel, wie schnell man im Abwärtssog versinken kann, ist die Pleite der US-Großbank **Lehman Brothers**, Hauptauslöser für die Weltwirtschaftskrise 2008/2009.

Große Übernahmen und Börsengänge als Geldregen für Banken

Aufschwung und Boom im Übernahme- und Fusionsgeschäft, Mergers & Acquisition, M&A genannt, lassen die Einnahmequellen der Investmentbanken kräftig sprudeln. In Deutschland sorgte der Übernahmefeldzug des bisherigen MDAX-Unternehmens **Deutsche Annington,** neuer Name **Vonovia,** für Schlagzeilen. Zuerst verleibte sich der Bochumer Immobilienriese **Gagfah** aus dem SDAX ein. Danach folgte die Übernahme der **Südewo** Gruppe. Mit einem Börsenwert von 31 Mrd. € und 350.000 Wohnungen schaffte Vonovia im September 2015 als erster deutscher Immobilienkonzern den DAX-Aufstieg. Abstiegsopfer war der Spezialchemiekonzern **Lanxess,** eine ehemalige **Bayer**-Abspaltung. Die zweitgrößte deutsche Immobilien-AG **Deutsche Wohnen** festigte mit der Akquisition von **GSW** ihre gute Position und vertrieb die neue Firmentochter aus dem MDAX.

Danach wirbelte die geplatzte Übernahme von **Potash** viel Staub auf. Der kanadische Düngerkonzern wollte sich **K&S** aus dem DAX einverleiben. Dies hätte die Weltmarktführerschaft bedeutet. Das Angebot von 41 € pro Aktie erschien K&S zu niedrig. Potash drohte mit feindlicher Übernahme, zog sich dann aber zurück. Mit M&A verdienen Banken viel Geld, dagegen nicht mit der Kontenführung.

Einen Geldregen dürften die aktuell geplanten bzw. schon durchgeführten großen Börsengänge in die Banken-Kassen spülen. Dies sind das Online-Kleinanzeigenportal **SCOUT 24,** der Baustoffhersteller **XELLA,** die Containerreederei **Hapag Lloyd,** der Autozulieferer **Schaeffler** und der Zugproduzent **Bombardier.** Hier geht es um milliardenschwere Neuemissionen von 4,3 Mrd. € plus Provisionen von rund 130 Mio. €. In unsicheren Zeiten kommen bei Anlegern große Börsengänge besser an als kleine. Als Privatanleger müssen Sie nicht zwingend zeichnen. Oft lohnt sich das Abwarten, und Sie können ein paar Wochen später den Titel günstiger erwerben. Ich habe das öfter erfolgreich so gemacht.

Finanzdienstleistungs-Aktien aus DAX, MDAX und SDAX

Die deutschen Börsenindizes enthalten mehrere Versicherungs-, Banken- und Finanzberater-Aktien, sodass sich alternativ ein ETF anbietet. Die Geldinstitute leiden noch unter früheren Verwerfungen mit toxischen Kreditderivaten und der Abschaffung von Guthabenzinsen. Dies schmälert die Ertragschancen in dieser Branche. Hartes Sparen ist angesagt. Dies wird deutlich beim Zahlenvergleich der Mitarbeiter und Filialen in Deutschlands und Europas Bankenlandschaft: 2008 waren es insgesamt 675.000 Mitarbeiter, 2014 nur noch 640.000 Leute. 2008 gab es 39.565 Filialen, aktuell gerade mal 35.302 Zweigstellen. Die **Deutsche Bank** mit ihrem hoch bezahlten und zwischenzeitlich ausgetauschten Vorstand erzielt nicht zuletzt wegen ständiger Rechtsstreitigkeiten nur eine dürftige Rendite.

Die Versicherungskonzerne können ihre Kapitallebensversicherungen kaum mehr schmackhaft machen. Die sich häufenden Umweltkatastrophen im Zuge des Klimawandels – wie Sturmflut, Tsunami, Orkan, Erdbeben – schmälern den Gewinn. Dies ist nicht zeitnahe mit Beitragserhöhungen ausgleichbar. Die US-Notenbank FED und die Europäische Zentralbank EZB bestimmen den geldpolitischen Kurs. Solange Gelddruckmaschinen ungebremst laufen, bleiben die Zinsen niedrig. Mit Sparbuch und seriösen Staatsanleihen lässt sich kein Kapital vermehren. Umso interessanter sind Aktien. Mit hohen Kursgewinnen ist im Finanzsektor kaum zu rechnen. Freude machen üppige Dividenden. Vorsicht vor Betrug auf dem Grauen Kapitalmarkt! Was wird nicht alles angeboten, um die Gier anzustacheln! Als Richtschnur gilt: Hohe Rendite mit großer Sicherheit gibt es nicht.

Deutsche Bank-/Versicherungsaktien: DAX, MDAX, SDAX				
Aktie/ Unternehmen	**WKN**	**Kurs am 11.09.15**	**Hoch/Tief 1 Jahr**	**Kursentwicklg. 1, 3, 5 Jahre**
Allianz (DAX)	**840 400**	141,20 €	170,3/115,8 €	**+6/+50/+66 %**
Führender Versicherer/Finanzdienstleister/Vermögensverwalter, KGV 9, **Div. 5,1 %**				
Aareal Bank (MDAX)	**540 811**	33,40 €	41,40/27,70 €	**-17/+94/+137 %**
Finanzdienstleister/Immobilien, gute Analysen, KGV 12, Ergeb. 2,8/3,3 €, **Div. 4,4 %**				
Capital Stage (SDAX)	**609 500**	8,45 €	9,10/3,55 €	**+119/+182/+315 %**
Investition Solar-/Windparks, Projektrechte, sehr gute Analysen, KGV 27, Div. 2,2 %				
Comdirect (SDAX)	**542 800**	9,75 €	10,30/7,70 €	**+21/+27/+43 %**
Discount-Broker, mittlere Analysen, KGV 19, Ergebnis: 0,47/0,46/0,48 €, **Div. 4,2 %**				
Commerzbank (DAX)	**CBK 100**	10,20 €	13,40/9,30 €	**-20/-7/-73 %**
Bank Privatleute/Firmen, gute Analysen, KGV 10, Ergeb. 0,23/0,95/1,05 €, Div. 1,5 %				
Dt. Bank (DAX)	**514 000**	25,75 €	33,40/22,65 €	**-6/-18/-39 %**
Größte deutsche Bank, Finanzdienstleister, KGV 10, Ergeb. 1,3/2,3/2,9 €, **Div. 3,0 %**				
Ferratum (SDAX)	**A1W 9NS**	23,15 €	26,30/17,50 €	Neuemission 2015
Verbraucherkredit 22 Länder bis 2.000 €, KGV hoch, Ergeb. 0,3/0,5/1,0 €, Div. 0,5 %				
Hannover R. (MDAX)	**840 221**	91,70 €	102,55/58,30 €	**+46/+88/+157 %**
Rückversicherung, alle Schadenssparten, KGV 10, Ergebnis 8,2/8,2/7,9 €, **Div. 5,1 %**				
Munich Re (DAX)	**843 002**	166,30 €	206,6/141,5 €	**+8/+37/+59 %**
Führender Rück- und Erstversicherer, KGV 9, Ergebnis 18,3/18,5/17,0 €, **Div. 4,9 %**				
Talanx (MDAX)	**TLX 100**	26,00 €	31,79/23,30 €	**-2 %**/IPO 2013
Mehrmarkenanbieter Versicherung/Finanzdienste, KGV 9, Ergeb. 2,8/3,2 €, **Div. 5 %**				

Internationale Bank-, Finanz-, Versicherungsaktien: USA/Europa

Um Ihnen Ihre Anlageentscheidungen zu erleichtern, folgt nach der Kursliste für deutsche Aktien die Übersicht über bekannte Finanztitel aus Amerika und Europa.

Finanz-, Bank- und Versicherungsaktien: USA und Europa				
Aktie/ Unternehmen	**WKN**	**Kurs am 11.09.15**	**Hoch/Tief 1 Jahr**	**Kursentwicklung 1, 3, 5 Jahre**
AEGON	**A0J L2Y**	5,35 €	7,70/5,00 €	**-16 %/+23/+19 %**
Euro Stoxx 50, NL, Lebens-/Rentenversicherung/Finanzprodukte, KGV 9, **Div. 3,6 %**				
AFLAC	**853 081**	51,00 €	60,85/42,30 €	**+10/+37/+30 %**
S&P 500, Kranken-/Lebensversicherungen, über 50 Mio. Kunden, KGV 9, Div. 2,8 %				
American Express	**850 226**	66,45 €	77,90/62,00 €	**-1 %/+55/+120 %**
Dow Jones, Finanz-/Reisedienste/Kreditkarten, KGV 13, Ergeb. 5,4/6,0 €, Div. 1,5 %				
AXA	**855 705**	22,25 €	25,15/16,35 €	**+16/+78/+68 %**
Euro Stoxx 50, Versicherungen/Finanzdienste, KGV 9, Ergebnis 2,3/2,4 €, **Div. 4,8 %**				
Báloise	**853 020**	105,65 €	129,00/91,65 €	**+6/+71/+56 %**
SMI, CH, Versicherungen/Finanzdienste Vermögen/Vorsorge, KGV 10, **Div. 4,7 %**				
Banco Santander	**858 872**	**5,05 €**	7,40/**5,05 €**	**-29/+7/-24 %**
Euro Stoxx 50, spanische Universalbank Firmen-/Privatkunden, KGV 9, **Div. 4,0 %**				
Bank of America	**858 388**	14,10 €	16,90/11,95 €	**+10/+107/+30 %**
S&P 500, 4.800 Filialen, viele Finanzprodukte/Dienstleistungen, KGV 10, Div. 1,3 %				
Barclays Capital	**850 403**	3,50 €	4,15/2,60 €	**+24/+43/-1 %**
Stoxx 50, GB, Investment-Banking/Investment-Management, KGV 9, **Div. 3,8 %**				
Blackrock	**928 193**	266,10 €	362,0/234,0 €	**+6/+114/+160 %**
S&P 500, Vermögensverwaltung/Beratung/Risikomanagement, KGV 16, Div. 2,6 %				
BNP Paribas	**887 771**	55,55 €	60,95/43,20 €	**+3/+41/-1 %**
Euro Stoxx 50, Investmentbank/Broker, Immobilien/Übernahmen, KGV 9, **Div. 4,4 %**				
Citigroup	**A1H 92V**	45,00 €	55,30/37,65 €	**+12/+77/+45 %**
S&P 500, weltweites Filialnetz, Finanzservices/Anlageprodukte, KGV 10, Div. 0,3 %				
Credit Agricole	**982 285**	11,80 €	14,45/9,95 €	**-1 %/+99/+2 %**
STXE 600, FR, führendes Kreditinstitut Europa/11.300 Filialen, KGV 10, Div. 1,4 %				
Credit Suisse	**876 800**	23,35 €	27,50/18,30 €	**+137-42/-32 %**
Stoxx 50, CH, Vermögensverwaltung Firmen, Investmentbanking, KGV 11, **Div. 3 %**				

Aktie/ Unternehmen	WKN	Kurs am 11.09.15	Hoch/Tief 1 Jahr	Kursentwicklung 1, 3, 5 Jahre
Erste Group BNK	909 943	26,85 €	28,90/16,70 €	+35/+47/-9 %
STXE 600, Austria, Vermögensverwaltung/Kredit/Versicherung, KGV 12, Div. 1,9 %				
Generali	850 312	16,40 €	19,05/14,55 €	+1/+31/+10 %
Euro Stoxx 50, führender Versicherer Italien, KGV 9, Ergeb. 1,1/1,5/1,7 €, **Div. 4,7 %**				
Goldman Sachs	920 332	164,35 €	197,2/134,1 €	+16/+84/+39 %
Dow Jones, führendes Bankhaus, Börsengänge/Übernahmen, KGV 11, Div. 2,6 %				
HSBC Holdings	923 893	6,95 €	9,20/6,65 €	-16/-2/-15 %
Stoxx 50, GB, Großbank, Finanzdienstleister, Investmentfonds, KGV 10, **Div. 6,4 %**				
ING Group	907 466	13,15 €	15,90/9,95 €	+21/+100/+69 %
Euro Stoxx 50, Niederlande, internationaler Finanzdienstleister, KGV 23, **Div. 5,6 %**				
Intesa Sanpaolo	850 605	3,20 €	3,65/2,00 €	+31/+142/+39 %
Euro Stoxx 50, größte Bank Italiens mit vielen Filialen weltweit, KGV 14, **Div. 4,1 %**				
Morgan Stanley	885 836	29,95 €	37,50/24,75 €	+11/+96/+162 %
S&P 500, USA, Investmentbanker/Broker/Finanzdienstleister, KGV 10, Div. 1,7 %				
Mastercard	A0F 602	84,25 €	84,25/65,45 €	+27/+135/+433 %
S&P 500, Kreditkarten/Zahlungsdienste, KGV 25, Ergebnis 3,1/3,4/4,0 €, Div. 0,7 %				
J.P. Morgan Ch.	850 628	55,20 €	64,35/42,45 €	+20/+79/+72 %
Dow Jones, Finanzdienstleistung/Investmentbanking/Beteiligung, KGV 11, Div. 2,6 %				
Prudential	852 069	19,50 €	24,60/16,15 €	+8/+93/+162 %
Stoxx 50, GB, breite Palette Versicherungen/Fonds/Direktbank, KGV 12, Div. 2,8 %				
Société Générale	873 403	42,50 €	48,60/32,20 €	+3/+73 /+3 %
Euro Stoxx 50, FR, Investment/Versicherung Firmen/Privatleute, KGV 8, **Div. 5,1 %**				
SWISS RE	A1H 81M	76,00 €	102,20/70,60 €	+22/+53 %/k. A.
STXE 600, CH, zweitgrößter Rückversicherer, etliche Produkte, KGV 9, **Div. 4,7 %**				
Travelers	A0M LX4	87,90 €	87,90/61,15 €	+22/+86/+142 %
Dow Jones, weltweiter Erst-/Rückversicherer, KGV 10, Ergeb. 8,3/8,3 €, Div. 2,3 %				
UBS Group	A12 DFH	18,15 €	21,90/11,55 €	+35/+86/+29 %
Stoxx 50, Investmentbanking/Vermögensverwaltg. Firmen/privat, KGV 13, **Div. 4,0 %**				
Unicredit	A1J RZM	5,75 €	6,65/4,85 €	-9/+52/-57 %
Euro Stoxx 50, umfassende Finanzdienstleistung, 8.500 Filialen, KGV 12, Div. 2,4 %				

Aktie/ Unternehmen	WKN	Kurs am 11.09.15	Hoch/Tief 1 Jahr	Kursentwicklung 1, 3, 5 Jahre
Visa Inc.	**A0N C7B**	61,70 €	70,80/38,25 €	**+50/+72/+390 %**
Dow Jones, USA, Branchen Bank/Finanzdienstleistung/Software, KGV 23, Div. 0,8 %				
Wells Fargo	**857 949**	46,25 €	53,80/36,50 €	**+16/+72/+144 %**
S&P 500, Hypothek/Leasing/Aktienhandel/Vermögensberatung KGV 23, Div. 2,7 %				
Zurich Insurance	**579 919**	239,65 €	319,3/217,8 €	**+4/+23/+31 %**
Stoxx 50, CH, Versicherung/Vorsorge/Vermögensaufbau, KGV 10, **Dividende 6,5 %**				

Wie beurteilen führende Rückversicherer ihre Zukunftschancen?

Die Einschätzung der Marktführer Munich Re, Swiss Re und Hannover Rück vom Branchentreffen in Monte Carlo, Sommer 2015, lautet: Knallharter Wettbewerb, klassisches Hase- und Igelspiel, keine großen Sprünge im Neugeschäft, aber ein Silberstreifen am Horizont bezüglich Stabilisierung an der Preisfront. Der große Zukunftsmarkt heißt Versicherungen gegen Cyber-Attacken.

- **Rückversicherer übernehmen Anteile großer Risiken für Erstversicherer.** Dies gilt für die Milliardensummen verschlingenden weltweiten Umweltkatastrophen wie Erdbeben, Überflutungen, Waldbrände, Wirbelstürme. Hinzu kommen regionale Umweltschäden, verursacht durch Unwetter mit Feuerausbruch, Orkan, Wolkenbruch, Hagel- und Blitzschlag. Wer sein Haus bzw. Gebäude gegen Umweltschäden nicht versichern lässt, hat keinen Anspruch auf Ersatzleistung. Hier müssen Rückversicherungen nicht haften.

Wie präsentiert sich der typische deutsche Versicherungskunde?

Profil: der deutsche Versicherungskunde von heute	
Fakten/Verhalten	**Beschreibung**
Anzahl der Policen	**Abschluss von durchschnittlich 5 Versicherungen**
Geld und Umfang	**Jährliche Kosten: 2.370 €** (1.160 € für Lebens- und 770 € für Schadens- bzw. Unfallversicherungen)
Art der Kontaktaufnahmen	**Der Durchschnittsbürger kontaktiert einmal jährlich seinen Versicherungsberater und ruft ebenso oft seine Versicherung an.** Internetkontakte pflegt er selten und nutzt noch kaum die Angebote über soziale Netzwerke.
Zufriedenheitsgrad	**33 % der Kunden sind mit ihrer Versicherung zufrieden.** Den besten Service mit 45 % Anteil bieten die Vertreter, gefolgt von Online-Service und Telefonberatung.

Industrie 4.0 als künftiger Schutzengel für Versicherungskonzerne bei Cyberattacken?

Im Zeitalter der digitalisierten und vernetzten Industrie wittern die Versicherer Einnahmen und Profite in Milliardenhöhe durch teure Policen gegen Cyberattacken – ein eminent wichtiger Zukunftsmarkt auch als Ausgleich für das eingebrochene Geschäft mit Kapitallebensversicherungen. Wie neue Studien beweisen, sind viele Unternehmen auf folgende Risiken zu wenig vorbereitet: Cyberangriffe 29 %, Störung des Betriebsablaufs 18 %, Naturkatastrophen 16 %, politische und soziale Unruhen 7 %, Terrorismus 6 %. Hinzu kommt der noch nicht erfasste Flüchtlingsansturm. Kürzlich wurde noch mit 800.000 Zuwanderern gerechnet. Jetzt wird von 1,5 Millionen Migranten allein im Jahr 2015 gesprochen. Auf das Bruttoinlandsprodukt bezogen, liegen die derzeitigen Kosten von Cyberangriffen in Deutschland bei 1,6 %.

Für Mittelständler kann im 4.0-Zeitalter die Onlinekriminalität existenzbedrohend sein. Je enger Maschinen und Unternehmen vernetzt sind, desto anfälliger sind sie für Virenattacken, Datendiebstahl und -zerstörung. Eine Cyberversicherung dürfte künftig wichtiger Bestandteil des Risikomanagements von Unternehmen sein. Der Markt wird laut Experteneinschätzung in den nächsten Jahren prozentual zweistellig wachsen. Aktuell stahlen Hacker bei einem Angriff auf T-Mobile US, eine Tochter der Deutschen Telekom, Millionen von Daten.

➢ **Es gibt nicht nur Bedrohungen von außen, die Sorgen machen, sondern auch von innen. Mitarbeiter sind zu schulen. Das Einhalten von Sicherheitsvorgaben ist regelmäßig zu überprüfen. Das Management legt fest, welche Daten in die Cloud gehören und was für wen verfügbar ist.**

Schaden Internetkriminalität für deutschen Mittelstand	
Art des Schadens	**Kosten**
Verletzung von Geschäfts- und Betriebsgeheimnissen	609.000 €
Datendiebstahl	348.000 €
Erpressung	337.000 €
Ausspähen oder Abfangen von Daten	253.000 €
Systembeschädigungen oder Computer-Sabotage	241.000 €
Computerbetrug	199.000 €
Manipulation von Konten- und Finanzdaten	128.000 €
Quellen: HANDELSBLATT, Nr. 191, 05.10.15, KPGM, Allianz-Risikobarometer 2015	

17. Roboter mit menschlichen Eigenschaften erobern nach dem industriellen Siegeszug viele neue Lebensbereiche

Die verschiedenartigsten Roboter sind weltweit im Einsatz. Sie fahren allein Auto, steuern selbstständig Schiffe, fliegen, schwimmen, spielen Schach und Klavier, hüpfen auf dem Wasser, werden militärisch eingesetzt und bewähren sich bei Naturkatastrophen. Sie mähen den Rasen und erobern sich den Haushalt durch höhere Perfektion. Sie halten die Wohnung sauber, kümmern sich um das Wohl der Gäste, pflegen betagte und kranke Angehörige. Sie entwickeln Spielzeug und Kuschelwesen mit stärkerem Eigenleben, sind eingeschränkt geeignet für Kinderkrankenstationen und Altenpflegeeinrichtungen. Den Wissenschaftlern fallen für ihre flexiblen Supermaschinen weitere Anwendungen ein, z. B. Einsatz bei Lehr- und Lernsystemen in der Schule, Universität und Berufsausbildung.

Roboter beschwören aber auch Ängste herauf. Die Befürchtung nimmt zu, dass die mit künstlicher Intelligenz ausgestatteten Supermaschinen bald klüger als Nobelpreisträger sein könnten und die Richtung, wo es künftig langgeht, bestimmen. Die Roboter der Zukunft werden besser sprechen und Emotionen ihrer menschlichen Partner exakter deuten können. Letztlich tun sie aber das, was einprogrammiert wurde. Ein Superroboter dürfte dem Schach-Weltmeister kaum eine Gewinnchance lassen. Aber fühlen wird er als seelenloses Wesen selbst nie können.

- **Humanoide Roboter, ausgestattet mit menschlichen Eigenschaften, werden ständig leistungsfähiger.** Sie gehen, sehen, hören, sprechen, ähneln uns immer mehr und finden Eingang in unser Alltagsleben. Humanoide Roboter können uns helfen, eine neue Stufe der Zivilisation erreichen. Dank ausgefeilter Technologie wären die Supermaschinen aber auch fähig, einen universalen Vernichtungskrieg zu führen und uns in den Abgrund zu stürzen. In diese Richtung zielen bereits angepriesene Roboterkämpfe, deren Vorstufe frühere brutale Hahnenkämpfe bildeten.

Ein Beispiel: Im Juni 2015 kam der 1,20 Meter kleine Roboter namens **PEPPER** auf den Markt, entwickelt vom japanischen Konzern **SoftBank** in Zusammenarbeit mit **Aldebaran.** Die ersten 1.000 lieferbaren Roboter waren binnen einer Minute ausverkauft. Jeden Monat kommt nun eine begrenzte Menge in den Handel. Die Neuschöpfung PEPPER spricht einfache Sätze aus dem Alltagswortschatz, erkennt Stimmungen und reagiert darauf. Um die menschliche Gefühlswelt entziffern zu können, wertet PEPPER Mimik, Tonfall und Sprache seines menschlichen Gegenübers aus. Dazu stecken in seinem haarlosen Kopf Kameras, Laser und Infrarot. Der rollende PEPPER kostet rund 1.450 €. Er soll nicht den Geschirrspüler ein- oder ausräumen und den Boden aufwischen, sondern emotionale Unterstützung liefern – z. B. für vereinsamte Menschen mit Depressionen.

Internationale Roboter- und Automatisierungs-Aktien				
Aktie/ Unternehmen	**WKN**	**Kurs am 11.09.15**	**Hoch/Tief 1 Jahr**	**Kursentwicklg. 1, 3, 5 Jahre**
ABB Ltd.	**919 730**	16,45 €	20,95/15,50 €	**-7/+12/+4 %**
Stoxx 50, Schweiz, Elektronik, Automations-/Robotertechnik, KGV 16, **Div. 4,1 %**				
Alphabet (Google)	**A14 Y6F**	574,90 €	654,1/398,6 €	**+26/+114/+207 %**
Nasdaq, viele Produkte, Hightech/Robotik (selbst fahrende Autos), KGV 20, Div. 0 %				
FANUC	**863 731**	146,00 €	220,0/127,7 €	**+9/+13/+60 %**
Nikkei, Robotik/Anlagen-/Maschinenbau, KGV 23, Ergebnis 7,7/6,2/6,6 €, **Div. 3,7 %**				
Intuitive Surgical	**888 024**	449,90 €	525,0/351,0 €	**+22/+18/+103 %**
Nasdaq, USA, Medizintechnik/Medizin-Roboter, KGV 27, Ergeb. 15,9/17,9, Div. 0 %				
KUKA	**620 440**	71,25 €	82,05/42,60 €	**+51/+229/+410 %**
MDAX, Industrieroboter/Automationslösungen, KGV 26, Ergebnis 2,5/3,4 €, Div. 1 %				
Mitsubishi Electric	**856 532**	8,55 €	12,75/8,15 €	**-13/+40/+36 %**
Nikkei, industrielle Automationssysteme/Robotik, KGV 12, Ergeb. 0,7/0,8 €, Div. 2 %				
Rockwell Automation	**903 978**	92,20 €	114,60/77,10 €	**+4/+65/+108 %**
S&P 500, industrielle Automatisierungsprodukte/-plattformen, KGV 14, Div. 2,4 %				
SoftBank	**891 624**	48,30 €	65,75/46,40 €	**-16/+49/+111 %**
Nikkei, riesige Produktpalette, Roboter Pepper, KGV 12, Ergeb. 4,0/3,8 €, Div. 0,6 %				
SONY	**853 687**	23,10 €	30,50/12,75 €	**+53/+151/-2 %**
Nikkei, Hightech, Spiel-/Unterhaltungsroboter, KGV 15, Ergeb. 1,2/1,5 €, Div. 0,2 %				
Skyworks Solutions	**857 760**	77,00 €	102,00/59,00 €	**+43/+350 %**/k. A.
Nasdaq, USA, Halbleiter/Elektronik/Robotik, sehr gute Analysen, KGV 16, Div. 0,7 %				
Yamaha Electronic	**855 314**	19,70 €	22,50/9,15 €	**+83/+160/+139 %**
Nikkei, Elektronik Industrie/Unterhaltg./Robotik, KGV 16, Ergeb. 1,0/1,2 €, Div. 1,7 %				

Hochleistungsroboter als Spiegelbild der industriellen Revolution

Die beiden mit dem deutschen Wirtschaftsbuchpreis 2015 ausgezeichneten Wissenschaftler Erik Brynjolsson und Andrew McAffee beschreiben in ihrem Buch *„The Second Machine Age"*, wie die digitale Revolution unser aller Leben verändern wird. Die Arbeitswelt dürfte sich wandeln wie während der industriellen Revolution vor rund 200 Jahren. Robotik, Nutzung und Vernetzung riesiger Datenmengen mit künstlicher Intelligenz werden die treibende Kraft sein.

Operative Gewinne 2014 in einzelnen Branchen	
Pharma/Medizin	19,8 %
Telekommunikation	13,4 %
Medien	12,4 %
IT/Software	11,7 %
Dienstleistungen	8,5 %
Versorger	8,5 %
Maschinenbau mit Robotik	**6,8 %**
Automobilindustrie	5,4 %
Bauwirtschaft	4,4 %
Einzelhandel	3,5 %

Den Robotermarkt dominieren Japan und Amerika. Auch China ist mit dabei. Neue Jobs entstehen. Aber auch ganze Branchen, Firmen, Berufe und Arbeitsplätze sind bedroht. Denken wir an fahrerlose Autos, 3-D-Drucker, die selbst wichtige Präzisionsteile für Flugzeugtriebwerke, für künstliche Hüftgelenke und unterschiedlich geformte Nahrungsmittel ausspucken. Erinnern wir uns an die Spracherkennung, die bereits so vollkommen ist, dass wir uns mit Computern wie mit gebildeten und lernfähigen Kollegen unterhalten können. Es ist ermutigend, dass es für engagierte Schüler-Projektgruppen bereits **Robotik-Weltmeisterschaften** gibt, z. B. 2014 in Brasilien, wo unsere deutsche Fußball-Nationalelf neuer Titelträger wurde. 2013 siegte in Indonesien die Robotik-Gruppe eines Neu-Ulmer Gymnasiums.

Es wird Gewinner wie Verlierer der digitalen und vernetzten Gesellschaft geben. Mitarbeiter in Industrieunternehmen und in einigen Sparten des Gesundheitswesens werden künftig vermutlich vor allem danach bezahlt, wie gut, innovativ und produktiv sie mit Robotern zusammenarbeiten können und dies auch wollen. Für un- und angelernte Arbeitskräfte wird es immer schwieriger, einen Job zu finden.

Wer zu Hause und in der Schule durch den Umgang mit Computern eine hohe Digitalisierungskompetenz erwirbt, erzielt dadurch keine höheren Lernerfolge. Die neueste OECD-Studie zeigt, dass das Viertel der Schüler mit niedrigem sozialen Status in der Freizeit gleich viel Zeit am Computer verbringt wie der Nachwuchs aus Familien mit höherem Einkommen. Während diese Schüler das Internet vorwiegend zum Beschaffen von Informationen nutzen, verwenden Kinder und Jugendliche aus unteren Bildungs- und Einkommensschichten Computer und Internet bevorzugt für Netzwerkkontakte, Filme, Musik, Spiele und seichte Unterhaltung.

Deutschland im weltweiten Innovationsindex nur auf Rang 12

Was verbinden Sie mit Innovation? Roboter, Drohnen, selbst fahrende Autos? Und wie schätzen Sie Deutschland als Volk der Denker und Dichter in Sachen Kreativität ein? Die Geschäfte mit Ideenreichtum machen andere. Als weltweit führende Innovationsschmiede gilt das kalifornische Silicon Valley. Der globale Innovationsindex, mit dem führende Wissenschaftler 141 Länder vergleichen und dafür 73 Beurteilungskriterien einsetzen, platziert Deutschland nach der Schweiz, GB, Schweden, den Niederlanden und Amerika lediglich auf Platz 12. Kaum trostreich, dass Japan und Frankreich noch schlechter abschneiden.

18. Der Unterhaltungssektor mit innovativer Elektronik als Nutznießer der Digitalisierung und weltweiten Vernetzung

Niemand weiß, welche Unterhaltungsaktien künftig das Rennen machen und welche Unternehmen gegen den Untergang ankämpfen. Die innovative Umsetzung von Industrie 4.0, Internet der Dinge und weltweiter Vernetzung ist die Grundlage für jetzige und künftige Erfolge. Werfen Sie nur einen Blick auf die modernen Video- und Computerspiele! Technologische Glanzleistungen bei der Gestaltung von Fantasiewelten faszinieren und ziehen nicht nur Kinder und Jugendliche, sondern auch Erwachsene beiderlei Geschlechts in ihren Bann. Es dürfte unser Vorstellungsvermögen übertreffen, was hier noch alles möglich ist.

- Es geht nicht nur um Unterhaltungselektronik, sondern auch um Sport als Freizeitaktivität und für Profis. Hier kommen das DAX-Unternehmen **Adidas**, der Dow-Jones-Konzern **NIKE**, die SDAX-Firma **PUMA** und die börsennotierten Fußballvereine **Borussia Dortmund** (BVB), SDAX, und der englische Spitzenclub **Manchester United** (MANU) ins Spiel. Fußballaktien sind interessant für Fans, ein Signal für die Anbindung zum Club. Viel hängt ab vom Tabellenplatz, von der Teilnahme an internationalen Wettbewerben und dem Spielertransfer.

- Auch die führenden Konzerne für Familienunterhaltung mit Erlebnisparks wie **Walt Disney** oder **CBS**, die Aktien von erfolgreichen Spielzeugherstellern, Film- und Fernsehsendern zählen zu dieser Gruppe. Freilich kommt es öfter zu Überschneidungen mit der Elektrotechnik und der Konsumgüterindustrie.

- Heute bestimmen die großen Hightechkonzerne und sozialen Netzwerke wie **Apple**, **Alphabet** (Google) und **Facebook**, wo es langgeht, welche Unterhaltungsarten künftig bei Jung und Alt gefragt sind. Für Mittelständler wird es schwierig, gegen die nimmersatten Unterhaltungs- und Medienriesen ihre mühsam aufgebauten Marktnischen zu verteidigen. Cloud Computing und der weit über Bücher hinausgehende Konsumgüterhandel machen **Amazon** stark.

- Die längere Lebenserwartung, ein Ruhestand bzw. eine Rentendauer von ein, zwei, drei Jahrzehnten macht Unterhaltung auf verschiedenen Ebenen immer wichtiger. Art, Niveau und Anspruch sind sehr unterschiedlich, entscheidend geprägt von Erziehung, Bildung, Freundeskreis und Gewohnheiten.

- Bei langem Anlagehorizont und wenig Lust, ständig sein Depot zu überprüfen, sind die Aktien der Weltmarktführer aus Amerika und Japan weniger riskant als Nebenwerte. Alternativ bieten sich ETFs und Themenfonds an. In einem breit gestreuten Aktiendepot darf der Unterhaltungssektor nicht fehlen. Ein Blick auf die Kursentwicklung der Videospielhersteller wird Sie überzeugen. Suchen Sie am besten jene Aktien aus, die Ihre Unterhaltungsinteressen widerspiegeln.

Nationale und internationale Aktien: Unterhaltungssektor				
Aktie/ Unternehmen	**WKN**	**Kurs am 16.09.15**	**Hoch/Tief 1 Jahr**	**Kursentwicklung 1, 3, 5 Jahre**
Activis. Blizzard	**A0Q 4K4**	26,80 €	26,80/14,25 €	**+49/+184/+199 %**
Nasdaq, USA, Video-/Computerspiele, zahlreiche Bestseller, KGV 20, Div. 0,4 %				
Adidas	**A1E WWW**	66,95 €	78,05/52,95 €	**+14/+3/+51 %**
DAX, Sportsachen/Geräte/Kleidg., Freizeit-/Leistungs-/Profisport, KGV 18, Div. 1,6 %				
Alphabet (Google)	**A14 Y6F**	593,50 €	654,1/398,6 €	**+32/+118/+219 %**
Nasdaq, Suchmaschine Info/Unterhaltung, selbst fahrende Autos, KGV 20, Div. 0 %				
Apple	**865 985**	103,80 €	124,4/73,50 €	**+30/+35/+248 %**
Dow Jones, innovative Hightechprodukte Unterhaltung/Beruf, KGV 13, Div. 2,0 %				
Axel Springer	**550 135**	52,80 €	59,15/40,35 €	**+19/+45/+71 %**
MDAX, Online-/Printmedien Unterhaltung/Info, KGV 21, Ergeb. 2,3/2,6 €, Div. 1,9 %				
Borussia Dortm.	**549 309**	4,10 €	4,95/3,10 €	**-14/+50/+268 %**
SDAX, BVB, Profifußballclub, Tickets/Fanartikel/Spielertransfer, KGV 14, Div. 1,5 %				
Canon	**853 055**	26,80 €	35,60/22,80 €	**+6/-1/-22 %**
Nikkei, Tokio, analoge/digitale Spiegelreflex-/Kompakt-Kameras, KGV 16, **Div. 3,9 %**				
Carnival	**120 071**	47,25 €	50,95/27,00 €	**+59/+65/+65 %**
STXE 600, GB, Kreuzschifffahrten mit vielfältiger Unterhaltung, KGV 20, Div. 0,7 %				
CBS	**A0H M1P**	38,40 €	58,40/37,65 €	**-12/+38/+224 %**
S&P 500, Freizeitparks/Entertainment/Medien, gute Analysen, KGV 11, Div. 1,4 %				
CeWe Stiftung	**540 390**	45,70 €	63,50/43,40 €	**-13/+51/+67 %**
SDAX, Fotoentwicklung/Fotobücher/Farbfotos/Digitaldruckerei, KGV 15, Div. 1,6 %				
EA Electronic Arts	**878 372**	62,25 €	70,25/25,20 €	**+117/+485/+381 %**
Nasdaq, Hersteller Unterhaltungssoftware, Video-/Computerspiele, KGV 22, Div. 0 %				
Facebook	**A1J WVX**	82,70 €	91,40/55,30 €	**+42/+394** %/IPO
Nasdaq, Sozialnetzwerk Mitteilungen/Unterhaltung, gute Analysen, KGV 40, Div. 0 %				
Hitachi	**853 219**	4,70 €	7,00/4,50 €	**-22/+1/+38 %**
Nikkei, Unterhaltungselektronik/Software, Anlagen-/Masch.-Bau, KGV 10, Div. 1,5 %				
Manchester Unit.	**A1J 2MK**	15,70 €	17,20/11,65 €	**+21/+67** %/keine A.
GB, Profifußball, Eintrittskarten/Fanartikel/Spielertransfer, gute Analysen, Div. 0 %				
Mattel	**851 704**	20,45 €	28,00/17,60 €	**-23/-27/+21 %**
S&P 500, weltweit führender Spielzeughersteller, Barbie-Puppe, KGV 16, **Div. 6,7 %**				

Aktie/ Unternehmen	WKN	Kurs am 16.09.15	Hoch/Tief 1 Jahr	Kursentwicklung 1, 3, 5 Jahre
NIKE	**866 993**	100,65 €	108,30/62,00 €	+57/+175/+222 %
Dow Jones, Sportartikel/-geräte, Freizeit-/Leistungs-/Profisport, KGV 26, Div. 1,1 %				
Nintendo	**864 009**	159,50 €	183,00/77,00 €	+94/+78/-22 %
Nikkei, Spielekonsole/Video-/Computerspiele, KGV hoch, Ergeb. 2,3/3,5 €, Div . 1 %				
Panasonic	**853 666**	9,75 €	13,75/8,15 €	+2/+78/-1 %
Nikkei, Unterhaltungselektronik, Fernsehgeräte, viele Produkte, KGV 19, Div. 1,3 %				
ProSiebenSAT.1	**PSM 777**	45,15 €	49,35/27,90 €	+35/+118/+172 %
MDAX, TV-Sender, Unterhaltung, Medien, KGV 17, Ergebnis: 2,3/2,5 €, **Div. 4,6 %**				
PUMA	**696 960**	186,30 €	201,5/141,0 €	-3/-19/-19 %
SDAX, Sportartikel, Freizeit-/Leistg.-/Profisport, KGV 36, Ergeb. 2,9/4,4 €, Div. 0,5 %				
Royal Caribbean	**886 286**	84,40 €	84,40/42,00 €	+63/+263/+265 %
GB, Kreuzschifffahrten/viel Unterhaltung, Börsenhandel soll 2016 eingestellt werden				
RTL Group	**861 149**	78,80 €	97,00/64,80 €	+16/+46/+21 %
MDAX, 54 TV-Sender/29 Radiostationen, Unterhaltungssektor, KGV 16, Div. 2,5 %				
Samsung Elec.	**881 823**	348,50 €	500,0/285,0 €	-5/+28/+91 %
Südkorea, Unterhaltungselektronik, viele Geräte/Produkte, Kennzahlen keine Angabe				
Sandisk	**897 826**	48,45 €	85,95/38,70 €	-36 %/+85/+123 %
Nasdaq, USA, Unterhaltungselektronik-Geräte/Speicherkarten, KGV 16, Div. 1,2 %				
SONY	**853 687**	22,80 €	30,50/12,75 €	+49/+127/-4 %
Nikkei, Spielekonsolen/Elektrogeräte/Videokameras/Musikangebot, KGV 20, Div. 0 %				
Time Warner	**A0R GAY**	61,25 €	83,30/55,10 €	+5/+91/+188 %
S&P 500, Entertainment/Filme/TV-Sender, sehr gute Analysen, KGV 16, Div. 1,6 %				
TUI	**TUA G00**	16,80 €	17,95/9,40 €	+49/+142/+99 %
STXE 600, Reisekonzern/Zielgebiets-Aktivitäten, gute Analysen, KGV 15, **Div. 3,4 %**				
Vivendi	**591 068**	21,45 €	24,80/17,35 €	+10/+37/+12 %
Euro Stoxx 50, Filme/Fernsehen/Musikbranche, hohe Bewertung, **Sonderdiv. 10 %**				
Walt Disney	**855 686**	92,00 €	115,0/62,35 €	+32/+163/+297 %
Dow Jones, Familienunterhaltung, Erlebnispark „Disneyland“, KGV 19, Div. 1,4 %				
Yamaha	**855 314**	19,85 €	22,50/9,15 €	+86/+158/+137 %
Nikkei, Unterhaltungselektronik/Elektrotechnik, KGV 16, Ergeb. 1,0/1,1 €, Div. 1,6 %				

19. Unwetter und Sonnenschein für die Luxusbranche mit Mode, Kosmetik, Uhren, Handtaschen und anderen Produkten

Auch Experten können nicht voraussagen, wie sich die konjunktur- und trendabhängige Luxusbranche künftig entwickeln wird. Was heute boomt, kann morgen abstürzen. Umgekehrt erwacht mancher Dinosaurier zu neuem Leben. Die Luxuskonzerne mit der weltweit höchsten Umsatzrendite sind **Hermés**, Frankreich (20,9 %), **Richemont**, Schweiz (19,5 %), **LVMH**, Frankreich (18,4 %).

Entscheidend ist, wie sich die Konjunktur im eigenen Land und weltweit entwickelt, inwieweit der sichtbare Luxus der Imagepflege, dem Ansehen, der Karriere und der Marktmacht dient. Korruption hat weitgehend ausgedient. So schrumpfen auch die Präsente bei Vertragsabschlüssen von großer Tragweite. Und nicht jeder Mann wird von der Angebeteten erhört, wenn er mit einem Porsche vorfährt und stolz seine ROLEX-Uhr präsentiert. Umgekehrt schaffen es die Kredithaie am Grauen Kapitalmarkt bei ihrer wohlsituierten Klientel immer noch, Eindruck mit gepflegtem Auftreten und teuren Marken zu gewinnen und Vertrauen aufzubauen.

Es gibt so viele börsennotierte Firmen, dass eine Auswahl nach Marke, Bekanntheit und Notierung in einem führenden Index genügen muss. Die Abgrenzung zu anderen Sparten ist schwierig. Boomt die Konjunktur, ist mit Luxusaktien viel Geld zu verdienen, vor allem, wenn reiche Chinesen und Russen einkaufen. Russische Oligarchen haben derzeit aber andere Bedürfnisse, als sich mit Luxus einzudecken. Für Privatanleger gilt: breit streuen, Kursschwäche nutzen, den gesamten Sektor nicht übergewichten. Wer große Kursschwankungen nicht verkraftet oder persönlich dem Luxus nichts abgewinnt, sollte diese Branche wohl besser meiden.

Luxusbranche: Mode, Kosmetik, Uhren, Hotels, Autos usw.

Premium-Aktie, Firma	WKN	Kurs 16.09.15	Hoch/Tief 1 Jahr	Kursentwicklg. 1, 3, 5 Jahre
AUDI	**675 700**	805,00 €	858,2/540,0 €	**+36/+57/+35 %**
VW-Tochter, mit Lamborghini Pkw-/Motorräder obere Preisgruppe, KGV 6, Div. 0 %				
BMW	**519 000**	87,60 €	123,7/74,50 €	**-2/+42/+85 %**
DAX, mit Rolls-Royce Premiumsportwagen, KGV 9, Ergeb. 8,8/9,2/9,6 €, **Div. 3,8 %**				
Burberry	**691 197**	19,10 €	26,60/17,80 €	**-2/+41/+77 %**
STXE 600, GB, internat. Mode/Lederwaren, obere Preisklasse, KGV 18, Div. 2,8 %				
Carnival	**120 071**	47,70 €	50,95/27,00 €	**+59/+65/+65 %**
STXE 600, GB, Touristik/Kreuzschifffahrten Premium-Segment, KGV 18, Div. 2,0 %				

Premium-Aktie, Firma	WKN	Kurs 16.09.15	Hoch/Tief 1 Jahr	Kursentwicklg. 1, 3, 5 Jahre
Christian Dior	**883 123**	167,50 €	194,7/127,4 €	**+16/+50/+81 %**
FR, Luxus: Wein/Spirituosen/Lederwaren/Parfum/Schmuck/Uhren, KGV 15, Div. 2 %				
Daimler	**710 000**	75,50 €	96,00/55,20 €	**+20/+89/+71 %**
DAX, Marke Mercedes, Pkw/Lkw/Busse, KGV 9, Ergebnis: 6,1/8,1/8,8 €, **Div. 4,0 %**				
Hermès Internat.	**886 670**	326,50 €	364,5/229,9 €	**+29/+45/+99 %**
FR, hochwert. Damen-/Herrenkleidung/Lederwaren/Schmuck, KGV hoch, Div. 1,2 %				
Hugo Boss	**A1P HFF**	101,75 €	120,4/94,55 €	**+1/+47/+206 %**
MDAX, Business-/Freizeitmode, Accessoires, obere Preisgruppe, KGV 17, **Div. 4,1 %**				
Inditex	**A11 873**	30,15 €	32,50/19,35 €	**+30/+69/+163 %**
Euro Stoxx 50, Spanien, Konzernmutter von ZARA weltweit aktiv, KGV 32, Div. 2 %				
InterContinental	**A11 58X**	32,70 €	40,20/26,20 €	**+12/+76/+162 %**
STXE 600, GB, internationale Hotelgruppe, im Allg. 4+5 Sterne, KGV 19, Div. 0,5 %				
L'Oreal	**853 888**	150,00 €	180,6/117,3 €	**+21/+32/+62 %**
Euro Stoxx 50, FR, 25 Kosmetikmarken, mittlere/obere Preislage, KGV 32, Div. 2 %				
LVMH	**853 292**	156,00 €	176,5/116,2 €	**+21/+102/+132 %**
Euro Stoxx 50, Luxus: Wein/Spirituosen/Mode/Uhren/Schmuck, KGV 18, Div. 2,4 %				
Marriott Internat.	**913 070**	63,50 €	78,95/47,80 €	**+17/+102/+132 %**
Nasdaq, USA, Hotelbetreiber weltweit, bekannte Luxusmarken, KGV 19, Div. 1,3 %				
Porsche	**PAH 003**	63,20 €	94,50/57,30 €	**-9/+40/+88 %**
VW-Tochter, Luxus-Sport-/Geländewagen, KGV 11, Ergebnis 10/11/12 €, **Div. 3,5 %**				
C. F. Richemont	**A1W 5CV**	65,00 €	83,60/60,20 €	**-8/+40/+91 %**
STXE 600, CH, 4 Luxussparten Schmuck/Uhren/Zubehör/Mode, KGV 20, Div. 2,1 %				
Royal Caribbean	**886 286**	**85,00 €**	**85,00**/42,00 €	**+66/+267/+278 %**
S&P 500, Norwegen, Kreuzschifffahrten, Börsenhandel soll 2016 eingestellt werden				
Starwood	**A0J KQB**	65,30 €	74,30/54,00 €	**+20/+76/+72 %**
S&P 500, USA, weltweit führende Hotelgruppe, Luxusangebote, KGV 22, Div. 2,1 %				
Tesla Motors	**A1C X3T**	228,00 €	262,5/154,3 €	**+13/+789/+1146 %**
Nasdaq, USA, hochwert. Elektrosportwagen/Batteriesysteme, KGV negativ, Div. 0 %				
Tiffany	**872 811**	71,05 €	90,10/67,60 €	**-8/+43/+112 %**
S&P 500, USA, Kernprodukt Juwelen, luxuriöse Konsumgüter, KGV 19, Div. 1,7 %				

20. Eine effiziente Logistik mit Verpackung, Transport, Lagerung, Handel/Vertrieb eröffnet neue Zukunftsmärkte

Internationalisierung bedeutet die Überwindung geografischer Grenzen. Rohstoffe, halbfertige und fertige Konsumgüter, Maschinen, Fabrikteile usw. müssen bei kluger Arbeitsteilung oft Tausende von Kilometern zurücklegen. Die deutsche Logistikbranche erwirtschaftete 2014 mit ihren 3 Mio. Mitarbeitern 237 Mrd. € und zählt damit zu den Top-3-Arbeitsfeldern. Akademiker, insbesondere Praktiker mit analytischen und strategischen Fähigkeiten, stehen hoch im Kurs. Der Weltmarkt kann ohne eine innovative, leistungsfähige, flexible, schnelle und umweltfreundliche Logistik nicht funktionieren. Dazu gehören Transport, Lagerung und Vertrieb von Waren. Im Zuge um sich greifender Globalisierung erschließt sich hier ein Zukunftsmarkt. Er umfasst den Straßen-, Schienen-, See- und Luftfahrtverkehr. Die Standardisierung der Container ermöglicht einen kostengünstigen Warentransport im Schienennetz und auf dem Seeweg.

- Es geht um den Transport von Personen, Tieren und Waren, die Lagerung und den Vertrieb von Gebrauchs- und Verbrauchsgütern, darunter große Aufbauten und Maschinen. Beim Vertrieb gewinnt der Onlinehandel die Oberhand. Für Unternehmen, die dies ignorieren, gibt es keinen Zukunftsmarkt. Mittlerweile hat sich die Logistik zur drittstärksten deutschen Branche entwickelt. Ich nehme in meine internationale Aktienauswahl wegen der inhaltlichen Verwandtschaft auch börsennotierte Verpackungsunternehmen mit Zukunftschancen auf.

- Eine erfolgreiche Logistik ist an passende Verpackungen geknüpft – sowohl hochmodern in leuchtenden Farben als auch Rückbesinnung auf Nostalgie. Umweltfreundliche Getränke- und Lebensmittelverpackungen werden zunehmend verlangt und spielen bei Kaufentscheidungen der Verbraucher eine wichtige, auch emotional geprägte Rolle. Die Innovation heißt Umweltschutz.

- **Die Merkmale einer leistungsfähigen Verpackung sind Vernetzung, Digitalisierung und Automation – zunehmend mit Robotereinsatz.** Als nachhaltige Transportverpackung für heute und morgen gilt die leichte, robuste, vielseitig verwendbare und fast zu 100 % recyclingfähige **Wellpappe.** Im Kommen ist **Bio-PET**. Das durchsichtige Material wird gern für Getränke eingesetzt; denn es ist leicht und stabil. Nachwachsende Rohstoffe erhöhen die Chance, dass dieses moderne, umweltfreundliche Material weitere Marktanteile gewinnt. **RAL** ist das Gütezeichen für den Wertstoff PET. **Metall** wird in der Verpackungsbranche seit Jahren eingesetzt, insbesondere für Dosen und Deckel. Die Herstellung verschlingt viel Energie, doch die Recyclingraten sind gut. Bei Obst und Gemüse werden neben Papier- und Pappverpackungen auch Bio-Kunststoffe verwendet, um das Produkt gut sichtbar und transparent zu präsentieren.

Deutsche Logistikaktien: Verpackung/Transport/Vertrieb				
Aktie/ Unternehmen	**WKN**	**Kurs 18.09.15**	**Hoch/Tief 1 Jahr**	**Kursentwicklg. 1, 3, 5 Jahre**
Deutsche Post	**555 200**	23,80 €	31,20/21,55 €	**-3/+61/+89 %**
DAX, weltweit aktiver Post-/Logistikkonzern, DHL-Paketdienst, KGV 13, **Div. 3,7 %**				
Fraport	**577 330**	53,35 €	63,05/46,25 €	**+3/+16/+24 %**
MDAX, führender Fughafenkonzern, Flugdrehscheibe Frankfurt, KGV 18, Div. 2,3 %				
Gerresheimer	**A0L D6E**	63,95 €	68,65/41,05 €	**+20/+66/+134 %**
MDAX, hochwert. Glas-/Kunststoffverpackung, KGV 14, Ergeb. 0,8/1,0 €, Div. 1,5 %				
GrenkeLeasing	**A16 1N3**	141,90 €	159,4/70,30 €	**+83/+188/+292 %**
SDAX, IT-Bürogeräte-Leasing Mittelstand, etliche Vertriebswege, KGV 23, Div. 1 %				
HeidelbergCement	**604 700**	65,10 €	77,10/48,50 €	**+17/+50/+82 %**
DAX, Herstellung/Vertrieb Zement/Beton/Baustoffe in 40 Ländern, KG 12, Div. 1,8 %				
HHLA	**A0S 848**	**14,40 €**	21,55/**14,40 €**	**-19/-31/-46 %**
SDAX, Flughafen Hamburg, Containerterminal/Transportsystem, KGV 18, **Div. 3,2 %**				
Jungheinrich	**621 993**	63,60 €	68,65/41,05 €	**+20/+66/+134 %**
MDAX, Flurförderzeug-/Lagertechnik, Gabelstapler-Services, KGV 13, Div. 1,9 %				
KION	**KGX 888**	39,20 €	44,50/25,25 €	**+30 %**/Börsengang
MDAX, Marktführer Lagertechnik Gabelstapler/Flurfördergeräte, KGV 13, Div. 1,9 %				
Klöckner & Co.	**KC0 100**	8,00 €	11,55/7,60 €	**-29/-5/-48 %**
MDAX, Stahl-/Metallhandel, Betrieb von Stahl-Service-Centern, KGV 18, Div. 0,8 %				
Kromi Logistik	**A0K FUJ**	9,65 €	10,90/8,85 €	**-3/+20/+26 %**
Prime Standard, herstellerunabhängiger Werkstoffhändler, hohes KGV, Div. 0 %				
Krones	**633 500**	93,35 €	106,7/63,35 €	**+41/+126/+121 %**
MDAX, Abfüll-/Verpackungstechnik Getränke, KGV 17, Ergebnis 4,9/5,3 €, Div. 1,6 %				
Lufthansa	**823 212**	11,70 €	15,55/10,25 €	**-9/+11/-10 %**
DAX, Personen-/Gütertransport, Marke Kranich, KGV 5, Ergeb. 2,3/2,2 €, **Div. 4,2 %**				
SIXT Leasing	**A0D PRE**	18,55 €	23,00/16,30 €	Neuemission 2015
SDAX, SIXT-Tochter, Mobilitätsdienstleister Fahrzeugleasing, KGV 13,5, **Div. 2,8 %**				
SIXT SE Stämme	**723 132**	41,30 €	47,70/21,65 €	**+57/+178/+224 %**
SDAX, Mobilitätsdienste, Autovermietung/Flughafendominanz, KGV 14, Div. 2,8 %				

Aktie/ Unternehmen	WKN	Kurs 18.09.15	Hoch/Tief 1 Jahr	Kursentwicklg. 1, 3, 5 Jahre
SIXT SE Vorzüge	723 133	34,60 €	37,40/18,60 €	+64/+172/+262 %
6 Autovermietungsstationen Flughäfen USA, KGV 14, Ergebnis 2,4/2,6 %, Div. 2,8 %				
Vossloh	766 710	63,00 €	65,10/41,90 €	+32/-12/-19 %
SDAX, Logistik/Industrie Schienen/Gleisanlagen, KGV 17, Ergeb. 1,6/2,9 €, **Div. 3 %**				
VTG	VTG 999	21,95 €	24,70/13,30 €	+56/+78/+71 %
SDAX, Logistik Schienengüterverkehr, KGV 13, Ergebnis: 1,0/1,2/1,7 €, Div. 2,3 %				
Wirecard	747 206	40,20 €	42,65/26,55 €	+40/+137/+326 %
TecDAX, elektronische Zahlungs-/Risikomanagementlösungen, KGV 23, Div. 0,5 %				
Zalando SE	ZAL 111	29,05 €	33,90/17,00 €	+29 %/Börsengang
MDAX, Onlinehandel Mode/Schuhe, hoch bewertet, Ergebnis: 0,2/0,4/0,6 €, Div. 0 %				
Zooplus	511 170	112,15 €	136,3/48,00 €	+106/+210/+467 %
SDAX, Onlinehandel Heimtierbedarf/Futter/Pflege/Zubehör, hoch bewertet, Div. 0 %				

Logistikaktien weltweit: Verpackung, Transport, Vertrieb				
Aktie/ Unternehmen	WKN	Kurs 18.09.15	Hoch/Tief 1 Jahr	Kursentwicklg. 1, 3, 5 Jahre
Amazon	906 866	475,70 €	538,0/219,0 €	+89/+139/+318 %
Nasdaq, führender Online-Versandhändler, nicht nur Bücher, hohes KGV, Div. 0 %				
Canadian National.	897 879	48,85 €	64,95/45,60 €	Neuemission
S&P 500, Straßen-/Schienennetz Kanada, KGV 16, Ergebnis 2,5/2,8/3,2 €, Div. 1,5 %				
Canadian Pacific	798 292	128,85 €	182,5/115,0 €	-16/+104/+182 %
S&P 500, Bahn-/Schienennetz Kanada/USA, Bahn-Luxusreisen, KGV 15, Div. 1,1 %				
CH Robinson	A0H GF5	69,65 €	71,15/49,70 €	+14/+39/+15 %
Nasdaq, Logistik Lastkraftwagentransport, KGV 19, Ergebnis 1,3/1,4/1,5 €, Div. 1,4 %				
CSX Corperation	865 857	25,50 €	34,05/21,65 €	+6/+48/+86 %
S&P 500, Straßen-/Schienenverkehr USA, KGV 14, Ergebnis 1,7/1,9/2,1 €, Div. 2,4 %				
EBAY	916 529	22,30 €	26,75/15,25 €	+40 %/keine Ang.
Nasdaq, Onlinehandel, Auktions-/Tauschbörse, KGV 8, Ergebnis 2,9/3,3 €, Div. 0 %				
Expedia	A1J RLJ	112,90 €	118,65/55,90 €	+70/+171/+416 %
S&P 500, weltweit größtes Online-Reisebüro, Flug/Hotel/Mietauto, KGV 21, Div. 0,6 %				

Aktie/ Unternehmen	WKN	Kurs 18.09.15	Hoch/Tief 1 Jahr	Kursentwicklg. 1, 3, 5 Jahre
Expeditors Internat.	**875 272**	42,40 €	46,00/29,85 €	**+31/+45/+27 %**
Nasdaq, Logistik, Import/Export, See-/Luftfahrt, Zollabwicklung, KGV 20, Div. 0,6 %				
FEDEX Corp.	**912 029**	130,05 €	168,3/117,1 €	**+5/+104/+131 %**
S&P 500, große Frachtfirma, 220 Länder, Kurier-/Expressdienst, KGV 16, Div. 1,0 %				
Frontline	**885 094**	2,55 €	4,20/0,92 €	**+117/-25/-89 %**
Bermuda, Logistik, überbewertet, Ergebnis negativ, dennoch Kurssprung, Div. 0 %				
Kansas City	**502 665**	83,10 €	109,10/74,90 €	**-11/+36/-183 %**
S&P 500, Transport Schienen-/Straßenverkehr, KGV 18, Ergeb. 4,9/5,7 €, Div. 1,4 %				
MONDI	**A0M Q8X**	19,00 €	23,15/11,75 €	**+45/+154/+224 %**
STXE 600, GB, Verpackung Papier/Pappe/Karton/Konsumgüter, KGV 13, **Div. 2,8 %**				
Netflix	**552 484**	90,50 €	117,95/36,00 €	**+28 %**/Börsengang
Nasdaq, Amerika, Internetdienstleister/Onlinehändler, sehr hoch bewertet, Div. 0 %				
Norfolk Southern	**867 028**	70,80 €	103,90/63,65 €	**-13/+28/+63 %**
USA Schienentransport Kohle/Koks/Eisenerz, 20 See-/Binnenhäfen, KGV 13, **Div. 3 %**				
Nordic American	**394 869**	13,40 €	15,90/5,55 €	**+98/+60/-35 %**
Norwegen, Tanktransport, KGV 24, Börsenw. 1,25 Mrd. €, Ergebnis 0,8/0,9 €, Div. 1 %				
Priceline Group	**766 054**	1.147,0 €	1.290/793,0 €	**+25/+146/+377 %**
Online-Hotel-/Flug-/Mietauto-Buchung, Kunde nennt Preisgrenze, KGV 18, Div. 0 %				
REXAM PLC	**A11 39G**	7,40 €	8,35/5,45 €	**+19/+12/+68 %**
STXE 600, Hauptsitz London, Hersteller Getränkedosen, 25 Arten, KGV 14, **Div. 3 %**				
Smurfit Kappa	**A0M LCS**	25,95 €	30,25/14,40 €	**+46/+247/+238 %**
STXE 600, Irland, Verpackungen Papier/Pappe/Kartons, geringer Handel/wenig Infos				
Svenska Cellulosa	**A1H LZ5**	25,75 €	26,70/16,80 €	**+36/+81/+126 %**
STXE 600, GB, Sitz London, Hersteller Getränkedosen, 25 Arten, KGV 14, **Div. 3,2 %**				
Target	**856 243**	67,50 €	79,14/46,25 €	**+37/+38/+67 %**
S&P 500, Handel Lebensmittel/Möbel/Kleidung/Geräte/Kosmetik, KGV 16, Div. 2,2 %				
TNT Express	**A1J JP8**	7,40 €	7,95/4,40 €	**+34/-15 %**/keine Ang.
Niederlande, Postdienst Briefe/Pakete, KGV 14, Ergebnis 0,22/0,19/0,30 €, Div. 1 %				
UPS	**929 198**	89,00 €	103,40/75,10 €	**+15 %**/Neuemission
S&P 500, Paketdienst/Luftfracht-Umschlagplätze, gute Analysen, KGV 16, Div. 2,3 %				

21. Pflanzenzüchtung mit und ohne Gentechnik sowie Dünger als Herausforderung für weniger Hunger in Armutsregionen

Die Saatgut- und Pflanzenzüchtung findet einerseits viele Bewunderer, beschwört aber heftige Kritik und Proteste herauf, wenn es um gentechnologisch veränderte Samen und Nutzpflanzen wie Mais, Raps und Getreide geht. Selbst vor gewalttätigen Aktionen schrecken die Gegner gentechnisch umgewandelter Produkte nicht zurück.

Dabei wird bezüglich Akzeptanz oder Ablehnung oft gar nicht abgegrenzt: Geht es um ein schöneres Aussehen oder um bessere Erträge? Stehen Qualität und Quantität auf dem Teller oder im Trog von Mensch und Tier im Vordergrund? Sollen als Hauptziel die Pflanzen widerstandsfähiger gegen tierische Schädlinge, Pilze, Dürre, Trockenheit, Nässe und Sturm sein? Es gibt gentechnisch veränderte Getreidesorten, die diese Eigenschaften aufweisen und in den USA, in Argentinien und anderen südamerikanischen Ländern gefragt sind. Im Kampf gegen die Hungersnot in den ärmsten Regionen können gentechnisch beeinflusste Algen helfen, die zunehmende Nahrungsmittelknappheit einzudämmen.

Die totale Ablehnung von Genprodukten, oft Anlass für Protestaktionen, betrifft sowohl den Agrarsektor als auch die Tierwelt. So ist es in Argentinien erlaubt, Fleisch von geklonten Rindern zu essen. Dergleichen kommt in Europa nicht auf den Teller. So zählt der Marktführer **Monsanto** aus den USA, der sich vergebens **Syngenta** aus der Schweiz einverleiben wollte, zu den weltweit gehassten Unternehmen. Wer sich als Wissenschaftler der Gentechnologie verschreibt, hat wenig zu lachen. Widerstand droht im Pharmasektor, wenn mit gentechnisch umgewandelten Erregern Krebs und anderen schweren Krankheiten der Kampf angesagt wird.

Mögen in Europa die meisten Verbraucher auch gegen gentechnisch veränderte pflanzliche und tierische Produkte sein, so wird dieser Forschungszweig allein schon wegen des brisanten Nahrungsmittelmangels in der Landwirtschaft wachsen. Es gibt viele Chancen, aber eben auch Risiken, wie die Schädigung von Nutzinsekten, z. B. Bienen, und die ungewollte Verdrängung anderer Arten. Umgekehrt kann weit verbreiteten Schädlingen wie der Zünslerlarve, die bevorzugt den Mais befällt, der Garaus gemacht werden. Die Bekämpfung von Unkraut erfolgt durch Herbizide. Gute Unkrautvernichtungsmittel schädigen die Umwelt nur wenig.

- **Begriffserklärung:** Gentechnik bezeichnet Verfahren, mit denen Erbgut durch besondere Techniken in Organismen eingebracht und neu kombiniert wird. Die **„grüne“ Gentechnik** befasst sich mit der Pflanzenzüchtung. 1995 wurde in Kanada erstmals gentechnisch veränderter Raps erwerbsmäßig angebaut.

Internationale Aktien Pflanzenschutz, Züchtung, Dünger				
Aktien/ Unternehmen	**WKN**	**Kurs 23.09.15**	**Hoch/Tief 1 Jahr**	**Kursentwicklg. 1, 3, 5 Jahre**
Agrium Inc.	**886 256**	85,20 €	106,0/64,25 €	**+18/+9/+53 %**
Kanada, Produktion Agrarnährstoffe Stickstoff/Phosphate/Kali, KGV 11, Div. 2,6 %				
BASF	**BAS F11**	67,25 €	97,20/63,00 €	**-12/-1/+29 %**
DAX, Agrarsparte Pflanzenschutz/Pestizide, Ergebnis 5,3/6,0 €, KGV 11, Div. 2,9 %				
Bayer	**BAY 001**	115,75 €	146,5/96,85 €	**+2/+70/+126 %**
DAX, Sparte Pflanzenschutz/Schädlingsbekämpfung, Ergebnis 8 €, KGV 15, Div. 2 %				
CF Industries	**A0E S9N**	45,35 €	63,30/37,00 €	**+14/+36/+209 %**
S&P 500, USA, Produktion/Vertrieb Stickstoff-/Phosphat-Dünger, KGV 10, Div. 2,3 %				
Crop Energies	**A0L AUP**	4,20 €	4,70/2,50 €	**-10/-7/+19 %**
Prime St., Umweltschutztechnik, Bioethanol Getreide/Zuckerrüben, KGV 23, Div. 0 %				
Du Pont	**852 046**	43,80 €	76,70/41,45 €	**-22/+9/+29 %**
Dow Jones, Mischkonzern mit Saatgut/Dünger/Biokraftstoffen, KGV 13, **Div. 3,5 %**				
FMC Corp.	**871 138**	**33,10 €**	57,80/**33,10 €**	**-28/-24/+32 %**
S&P 500, Pflanzenschutz-Chemikalien, KGV 10, Ergebnis: 3,5/4,0/4,6 €, Div. 0,6 %				
KWS Saat	**707 400**	29,60 €	40,30/19,10 €	**+3/+43/+143 %**
SDAX, Saatgut/Pflanzenzucht, widerstandsfähige Nutzpflanzen, KGV 22, **Div. 3,0 %**				
K+S	**KSA G88**	29,60 €	40,30/19,10 €	**+26/-21/+91 %**
DAX, kali-/magnesiumhaltiger Dünger, Pflanzenpflege/Streusalz, KGV 13, Div. 1,1 %				
Monsanto	**578 919**	78,00 €	114,4/77,25 €	**-12/+11/+91 %**
S&P 500, Saatgut/Pflanzenschutz, auch gentechnisch verändert, KGV 14, Div. 2,2 %				
Potash Corp.	**878 149**	**20,05 €**	33,05/**20,05 €**	**-25/-38/-43 %**
S&P 500, CA, großer Düngerkonzern, KGV 10, Ergebnis: 1,6/1,8/2,0 €, **Div. 6,0 %**				
Syngenta	**580 854**	294,75 €	418,5/225,5 €	**+15/+5/+56 %**
STXE 600, Schweiz, Saatgut-/Pflanzenzucht, KGV 14, Ergebnis: 19/21 €, **Div. 3,5 %**				
The Mosaic	**A1J FWK**	**30,75 €**	47,75/**30,75 €**	**-13/-34/-30 %**
USA, Produzent Phosphat/Pottasche, KGV 10, Ergebnis: 2,1/2,8/3,1 €, **Div. 2,8 %**				
Uralkali	**A0L BTV**	13,25 €	15,85/6,75 €	**-7/-57/-19 %**
RTX, russischer Düngemittelkonzern, Börsenwert 7,1 Mrd. €, KGV hoch, Div. 1,3 %				

Vier Erfolgsfaktoren für die Agrarwirtschaft von heute und morgen

Moderne Landtechnik: Ochsenpflug und Spitzhacke prägten das Bild der bäuerlichen Landwirtschaft gestern und vorgestern. Heute zieht auch in der Landtechnik die Digitalisierung mit Smartphone, Tablet und Apps ein. Auf den modernen Hightech-Bauernhöfen nutzen die Landwirte neueste Technologie, um ihre Geräte miteinander zu verbinden. Die Digitalisierung auf dem Feld und im Stall hat längst begonnen. **Erkenntnis:** Bauer sucht nicht nur Frau, sondern auch Tablet und Apps. **BOSCH** hat in seiner Forschungsabteilung den „**Boniro**" entwickelt – einen Agrarroboter, der automatisch die besten Pflanzen erkennt und gleichzeitig auch störendes Unkraut vernichtet. Der neue Roboter steht für innovative Forschung.

Wirksamer Pflanzenschutz mit Umweltauflagen: Pilze, Milben, Raupen, Käfer, Insekten und andere Schädlinge können eine Ernte bis zur Hälfte und darüber hinaus vernichten. Ich erinnere mich als Kind an meinen Schulweg durch den Wald, in dem die Buchen durch den Kahlfraß unersättlicher Maikäfer ihre gesamte Belaubung verloren hatten. Deren Nachwuchs, die Engerlinge, fielen im Boden über das Wurzelwerk junger Büsche und Bäume her, sodass diese eingingen. Um Nahrungsmittel für Mensch und Tier zu schützen, helfen vor allem synthetische und biologische Pflanzenschutzmittel. Richtig eingesetzt, sorgen sie mit dafür, dass nachhaltig gearbeitet wird und die Landwirte ausreichend verdienen.

Der richtige Agrarstandort: Die deutsche Landtechnikindustrie erwirtschaftet im Ausland 3 von 4 €. Bei der deutschen Ernährungswirtschaft stammt fast jeder dritte Euro aus der Ferne. Die deutsche Agrarwirtschaft ist weltweit erfolgreich – dank Investitionen, angewandter Forschung und Entwicklung. Auch in den Schwellenländern eröffnen sich Potenziale für die Zukunft. Da sich die Agrarnutzfläche je Mensch rund um den Globus in Hektar weiter verringert, ist nur mit moderner Landtechnik, umweltfreundlichem Pflanzenschutz, richtig dosiertem Dünger und geeigneten Agrarstandorten für die jeweilige Pflanzenart das Defizit auszugleichen. 1960 kamen auf einen Menschen im Schnitt 0,44 Hektar. 1990 waren es nur noch 0,27, im Jahr 2003 kümmerliche 0,21 Hektar. 2025 werden es lediglich 0,17 Hektar sein.

Ertragreiche Ernten sind an Düngung geknüpft: Jede Pflanze braucht Nährstoffe und Mineralsalze, jedoch in unterschiedlicher Konzentration und Zusammensetzung. Werden Felder immer wieder abgeerntet, und dies mit gleichen Kulturen, verliert der Boden an Nährstoffgehalt. Um gute Erträge zu erzielen und die Fruchtbarkeit zu erhalten, wird Dünger gebraucht. Bei Nährstoffmangel leiden Wachstum und Haltbarkeit von Gemüse und Obst. Ein Zuviel belastet die Umwelt.

- **Aktuell unterstützt die Europäische Union die deutsche Landwirtschaft mit 6,3 Mrd. €.** Vor allem kleine und mittlere Betriebe sind auf eine angemessene Agrarförderung dringend angewiesen.

2.2 Herausforderungen durch eine veränderte Alters- und Infrastruktur bei Familienfirmen

Nicht jammern und klagen, sondern handeln und etwas wagen

Im Zuge des demografischen Wandels sieht es für das „Rückgrat unserer deutschen Wirtschaft", die Familienunternehmen, gar nicht so rosig aus. Untergangspropheten sprechen von einer unbeherrschbaren Katastrophe, da die extrem niedrige Geburtenrate in Deutschland gerade bei den inhabergeführten Gesellschaften dramatisch verschärfte Nachfolgeprobleme auslöst. Bis zum Jahr 2018 wird mit einer Übergabe von 135.000 Familienfirmen gerechnet. Die knappe Hälfte dürfte voraussichtlich vergeblich nach einem geeigneten Nachfolger suchen, nachdem es am eigenen Nachwuchs mangelt bzw. die Söhne und Töchter andere Berufspläne schmieden.

Findet das Seniorunternehmen keinen passenden neuen Chef, werden Ressourcen verschenkt und viele Arbeitsplätze vernichtet – ganz zu schweigen von den Belastungen für das Senior- bzw. Gründerunternehmen, dessen Vermögen und Lebenswerk auf dem Spiel stehen. Es ist also notwendig, frühzeitig die Weichen für die Übergabe zu stellen und auch Ausschau nach einem seriösen Beteiligungsunternehmen zu halten. Es gilt, engagiert M&A-Erfahrungen zu sammeln, statt die aufkommenden Probleme auf unbestimmt zu verdrängen. Was schlimm wäre: Resignieren, die Digitalisierung und das „Internet der Dinge" beiseiteschieben und notwendige Umstrukturierungen und Neuausrichtungen auf unbestimmt vertagen.

Familienunternehmen stehen nicht erst im Blickpunkt, seit die US-Investorlegende Warren Buffett im Frühjahr 2008 auf der Suche nach inhabergeführten Firmen Deutschland bereiste. Das Interesse am GEX, dem Familienindex der Deutschen Börse, wuchs. Zumindest anfangs galt dies auch für den 2010 geschaffenen Nachfolger DAXplus Family 30. Hier wurde die kritisierte Regelung gestrichen, keine Aktie aufzunehmen, sobald das Börsenlisting 10 Jahre lang besteht. Trotzdem hat sich der neue Index nicht so richtig durchgesetzt. Kaum ein Privatanleger weiß, dass es ihn gibt. In den Börsennachrichten wird dieser Index gewöhnlich nicht publiziert. Schade, hat er doch im Frühjahr 2015 ein neues Allzeithoch mit 4.940 Punkten erreicht und den DAX prozentual erneut abgehängt. Am 09.11.2015 betrug das Minus beim DAXplus Family 30 nur 1 % gegenüber dem Höchstniveau.

Der Familienfirmenindex mit den 30 größten Unternehmen aus deutschen Indizes legte binnen 3 Jahren um 90 % zu. Ein tägliches Handelsvolumen von einer halben Mrd. € wird vorausgesetzt. Meine Liste zeigt die Zusammensetzung im DAXplus Family 30 (WKN A0Y KTN) und informiert Sie über erfolgreiche Familienfirmen.

Zur Information: Statistik Familienunternehmen

In Deutschland ist das Geschäft besonders häufig Familiensache. Mehr als 95 % aller deutschen Firmen sind eigentümerdominiert. Darunter versteht das Institut für Mittelstandsforschung, dass zumindest drei natürliche Personen den Betrieb kontrollieren. Die inhabergeführten Gesellschaften erwirtschaften zwar nur 42 % des Gesamtumsatzes, sorgen aber für mehr als zwei Drittel aller Arbeitsplätze. Jedoch ziehen auch düstere Wolken am Familienfirmenhimmel auf, insbesondere fehlende Nachfolger, Streitigkeiten und Finanzierungsprobleme. Möglicherweise steht in der nächsten Generation jedes zweite Unternehmen vor einem Verkauf. Es mangelt an Nachwuchs; und Kinder gehen oft ganz andere Wege als ihre Eltern.

Eine auf künftige Generationen, Mitarbeiter und Kunden zugeschnittene Unternehmensstrategie überzeugt mehr als jedes an kurzfristigen Trends und Erfolgen ausgerichtete Geschäftsmodell. Ein steigender Marktwert ist nicht das oberste Ziel der Eigentümer. Vorrangig erscheinen ein langfristiges Überleben, Wahrung der Unternehmenswerte, intakte Firmenkultur und Unabhängigkeit. Da rücken die Quartalserwartungen eher in den Hintergrund.

Die Konzentration auf den schnellen Euro ist mit finanziellen Abenteuern verbunden. Eigentümerdominierte Firmen schätzen Sicherheit. Diese drückt sich oft in einer attraktiven Eigenkapitalquote von 50 % und darüber aus. Ein hoher Anteil an eigenen Aktien macht Begehrlichkeiten der als „Heuschrecken" titulierten Finanzinvestoren häufig zunichte. Fehler werden eher korrigiert. Portfoliomanager **Jürgen Meier** vom Bankhaus Julius Bär erläutert: *„Als Familienfirma hätte* ***Daimler*** *alle unprofitablen Sparten längst abgestoßen und heute nur mit Mercedes ein kleineres, aber hoch profitables Unternehmen."* Freilich gibt es auch hier schwarze Schafe, die sich bei ihrer Übernahmegier verheben und straucheln. Vielleicht erinnern Sie sich an die hitzigen Übernahmegefechte von **Porsche/VW** sowie **Schaeffler/Continental.** Beide Familienfirmen wollten sich in David-Goliath-Manier einen DAX-Konzern einverleiben – wohl eher eine Anwandlung von Größenwahn.

Stock Picking oder Marktabdeckung mit einem Familienfirmen-ETF

- **Der Index DAXplus Family 30, WKN A0Y KTN, bildet die 30 deutschen Familienunternehmen aus DAX, MDAX, TecDAX und SDAX mit der höchsten Marktkapitalisierung ab.** Der Index wird jährlich von der Deutschen Börse AG angepasst. Am 9. November 2015 notierte er bei 4.940 Punkten. Das Jahreshoch lag bei 4.983, das Tief bei 3.557 Zählern. Das Kursplus in einem Jahr betrug 38 %, in 3 Jahren 90 %, in 5 Jahren 89 %. Das Börsenbarometer lässt sich auch mit einem Indexfonds (ETF) abdecken.

DAXplus Family 30: Familienfirmen aus deutschen Indizes				
Aktie/ Unternehmen	**WKN**	**Kurs 23.11.15**	**52-Wochen- Hoch/Tief**	**Kursverlauf 1, 3, 5 Jahre**
Axel Springer	**550 135**	52,35 €	59,30/45,10 €	**+17/+66/+46 %**
MDAX, Medien/Entertainment, KGV 23, Ergebnis/Aktie: 3,58/3,44/3,62 €, Div. 1,9 %				
Bechtle	**515 870**	**88,20 €**	**88,20**/59,25 €	**+41/+211/+203 %**
TecDAX, Firmen-Infotech, Ganzheits-IT-Konzepte, Ergeb. 3,6/4,1/4,5 €, Div. 1,7 %				
CeWe Stiftung	**540 390**	55,25 €	62,85/43,75 €	**+8/+71/+67 %**
SDAX, Fotoentwickler/Fotobuch/Digitaldruck, Ergebnis: 3,07/3,47/3,74 €, **Div. 3,1 %**				
CTS Eventim	**547 030**	35,15 €	37,60/22,35 €	**+64/+204/+239 %**
MDAX, Medien/Entertainment/Onlinehandel, KGV 29, Ergebnis 1,0/1,1 €, Div. 1,4 %				
DÜRR	**556 520**	79,10 €	109,5/58,45 €	**+18/+174/+659 %**
MDAX, Maschinenbauer, Lackieranlagen, KGV 13, Ergeb. 4,3/4,8/5,7 €, Div. 2,3 %				
ElringKlinger	**785 602**	22,05 €	32,25/16,60 €	**-16/-6/-5 %**
MDAX, Autozulieferer, alle Antriebsarten, KGV 11, Ergeb. 1,7/1,7/1,9 €, **Div. 2,8 %**				
Fielmann	**577 220**	64,45 €	66,65/53,15 €	**+22/+78/+87 %**
MDAX, führend: Augenoptik/Hörgeräte, KGV 27, Ergebnis 1,9/2,0/2,2 €, **Div. 2,9 %**				
Fresenius SE	**578 560**	**68,80 €**	**68,85**/40,75 €	**+64/+144/+214 %**
DAX, Gesundheitskonzern/Klinikübernahmen, KGV 20, Ergeb. 2,4/2,9 €, Div. 0,8 %				
Fuchs Petrolub	**579 040**	37,85 €	44,75/30,70 €	**+24/+62/+148 %**
MDAX, Spezialchemie/Schmierstoff, KGV 21, Ergebnis 1,57/1,68/1,79 €, Div. 2,1 %				
Gerry Weber	**330 410**	15,00 €	36,70/12,80 €	**-50/-57/-8 %**
SDAX, Damenkleidung/5 Modemarkten, KGV 14, Ergebnis 1,6/1,2/1,5 €, **Div. 2,8 %**				
GFT Technologies	**580 060**	**29,90 €**	**29,90**/11,20 €	**+155/+875/*+593 %***
TecDAX, integrierte E-Business-Lösungen, sehr gute Analysen, KGV 20, Div. 1,1 %				
GrenkeLeasing	**A16 1N3**	**181,55 €**	**181,6**/82,40 €	**+113/+244/+361 %**
SDAX, IT-Leasing Bürogeräte, gute Analysen, KGV 23, Ergeb. 1,2/1,3 €, Div. 0,9 %				
Henkel Vz	**604 843**	104,90 €	115,75,85,90 €	**+19/+66/+117 %**
DAX, Chemie/Konsumgüter, KGV 13, Ergebnis/Aktie: 3,74/4,58/5,29 €, Div. 1,4 %				
Krones	**633 500**	**115,75 €**	**115,8**/75,50 €	**+46/+171/+173 %**
MDAX, Abfüllanlagen/Verpackungstechnik, KGV 19, Ergeb. 4,3/4,8/5,3 €, Div. 1,4 %				
MANZ	**A0J Q5U**	38,30 €	96,55/33,20 €	**-36/+123/-9 %**
Hightech-Anlagen Green-Technology, KGV negativ, Ergebnis -0,2/+2,9 €, Div. 0 %				

Aktie/ Unternehmen	WKN	Kurs 23.11.15	52-Wochen-Hoch/Tief	Kursverlauf 1, 3, 5 Jahre
METRO	**725 750**	29,50 €	34,80/22,20 €	**+16/+44/-45 %**
MDAX, Kaufhäuser/Supermärkte/Immobilien, KGV 14, Ergebnis 1,6/1,9 €, **Div. 3,2 %**				
Nemetschek	**645 290**	40,05 €	42,95/18,15 €	**+99/+381/+462 %**
TecDAX, Software Architektur/Bau, KGV 30, Ergebnis 0,82/0,96/1,19 €, Div. 1,2 %				
Patrizia	**PAT 1AG**	22,90 €	26,00/10,15 €	**+120/+440/+835 %**
SDAX, Gewerbe-/Wohnimmobilien Europa, KGV 25, Ergeb. 0,5/0,8/0,9 €, Div. 0,8 %				
QSC	**513 700**	1,55 €	2,30/1,35 €	**-1/-27/-22 %**
TecDAX, Infotechnologie/Telekommunikations-Service, sehr hohes KGV, **Div. 5,5 %**				
Rational	**701 080**	**395,20 €**	**395,6**/244,0 €	**+56/+94/+155 %**
SDAX, thermische Speisezubereitg. Profiküchen, KGV 29, Ergeb. 11/12 €, Div. 2,2 %				
SAP	**716 460**	74,45 €	75,10/53,10 €	**+32/+25/+106 %**
DAX, Unternehmens-Softwarelösungen, KGV 13, Ergeb. 1,10/1,15/1,20 €, **Div. 3,7 %**				
SIXT ST	**723 132**	49,40 €	51,45/30,25 €	**+52/+245/+225 %**
SDAX, Autovermietung und Touristik, KGV 14, Ergebnis 2,29/2,42/2,57 €, **Div. 3,7 %**				
SMA Solar	**A0D J6J**	47,55 €	49,90/10,40 €	**+120/+199/-30 %**
TecDAX, Solarkomponenten/Wechselrichter, KGV 50, Ergebnis -0,5/+0,6 €, Div. 0 %				
Software AG	**330 400**	25,50 €	28,05/19,60 €	**+17/-21/-20 %**
TecDAX, Infrastruktur/Geschäftsprozess, KGV 12, Ergebnis 1,4/1,6/2,1 €, Div. 1,9 %				
Stratec Biomedical	**STR A55**	47,15 €	55,50/35,40 €	**+8/+64/+65 %**
TecDAX, Produzent medizinische Geräte, KGV 24, Ergeb. 1,6/1,9/2,1 €, Div. 1,6 %				
Ströer	**749 399**	57,15 €	64,10/21,85 €	**+159/+777/+153 %**
MDAX, Medien-Dienstleistung/Werbung, KGV 26, Ergebnis 0,4/0,9/1,7 €, Div. 1,1 %				
Symrise	**SYM 999**	62,80 €	64,40/47,50 €	**+30/+137/+209 %**
MDAX, Spezialchemie/Aroma/Duftstoffe, KGV 24, Ergebnis 1,5/2,0/2,5 €, Div. 1,5 %				
United Internet	**508 903**	**49,15 €**	**49,15**/34,40 €	**+38/+202/+334 %**
TecDAX, führender Internetdienstleister, KGV 20, Ergebnis: 2,3/1,8/2,2 €, Div. 1,5 %				
Wacker Chemie	**WCH 888**	83,00 €	117,9/65,15 €	**-14/+88/-36 %**
MDAX, Spezialchemie/Kunststoffe/Silizium, KGV 17, Ergeb. 3,7/3,3/4,7 €, Div. 1,3 %				
Wacker Neuson	**WAC K01**	13,10 €	24,90/10,95 €	**-21/+45/+17 %**
SDAX, Baugeräte/Maschinen, Kompaktklasse, KGV 11, Ergeb. 1,4/1,6 €, **Div. 3,0 %**				

Interessante Untersuchung vom Stuttgarter Institut für Familien-Unternehmen (IFF), publiziert Anfang September 2015 boerse.ard

Die besten deutschen Familienunternehmen sind substanzstark. Sie wirtschaften nachhaltig und erhöhen Umsatz und Ertrag, sodass Zukunftssorgen unbegründet sind. Immerhin erzielten die 50 größten Familienfirmen in Deutschland, von denen nur elf börsennotiert sind, Umsätze von fast 960 Mrd. €. Mit 3,3 % Anstieg sind dies 30 Mrd. € mehr als ein Jahr zuvor. Ohne Währungseffekte hätte der Umsatz noch stärker zugelegt.

- Was sagt die Statistik? Die hierzulande rund 4.500 inhabergeführten Firmen mit mindestens 50 Mio. € Jahresumsatz erarbeiteten 2014 ein Fünftel des Gesamtumsatzes aller deutschen Unternehmen. Sie waren Arbeitgeber für 17 % sämtlicher sozialversicherungspflichtigen Beschäftigten. Neun von zehn der in Deutschland bestehenden vier Millionen Betriebe sind inhabergeführt. Sie sorgen für die Hälfte aller Arbeitsplätze. Die Untersuchung zeigt, dass die meisten großen deutschen Familienunternehmen robust aufgestellt sind, denn ihre Strategie ist langfristig, nicht auf den schnellen Erfolg ausgerichtet.
- Schauen wir auf die börsennotierten Familienfirmen, so führt der von den Familien Porsche und Piëch kontrollierte Autobauer Volkswagen (DAX, 202 Mrd. € Umsatz) mit Firmensitz in Wolfsburg vor dem BMW-Konzern aus München (DAX, Familie Quandt, 80 Mrd. €) und der Warenhauskette METRO (MDAX, Familie Haniel, 63 Mrd. €) die Rangliste an. Zur Spitzengruppe zählen außerdem die beiden DAX-Unternehmen Continental und Fresenius SE. Durch den VW-Skandal wird sich diese Rangliste grundlegend ändern.
- Ein Unternehmen gilt als inhabergeführt, wenn höchstens zwei Familien mindestens die Hälfte der Unternehmensanteile halten. Außerdem muss mindestens ein Familienmitglied in der Geschäftsführung tätig sein. Bei den börsennotierten Unternehmen reicht es aus, wenn zumindest 30 % der Stimmrechte bei einer oder zwei Familien liegen.

Problem Frauenquote im Aufsichtsrat bei familiengeführten Firmen

Familienunternehmen sind gewöhnlich nicht auf schnelle Erfolge aus, sondern planen langfristig im Interesse ihrer Angehörigen, Mitarbeiter, Kunden, Zulieferer und Region. Wenn 3 bis 6 Aufsichtsräte im besten Alter schon seit Jahren harmonisch zusammenarbeiten und alle wichtigen Kompetenzen abdecken, fällt es schwer, die Frauenquote von 30 % bis 2016 zu verwirklichen. Dies ist nur sinnvoll, wenn die berufliche Qualifikation hoch ist und mit den Kollegen harmoniert. Das Geschlecht darf nicht das entscheidende Kriterium für die Besetzung sein. Manche Empfehlung oder Selbstanpreisung scheitert deshalb.

Welche Aufsichtsräte erfüllen die Frauenquote noch nicht?			
Familienfirma	**Index**	**Frauenanteil 2015**	**Abweichung**
Beiersdorf	DAX	25,0 %	**-5 %**
Drägerwerk	TecDAX	8,3 %	**-22 %**
DÜRR	MDAX	8,3 %	**-22 %**
Fresenius SE	DAX	0,0 %	**-30 %**
Hornbach Baumarkt	SDAX	12,5 %	**-18 %**
Jungheinrich	MDAX	16,7 %	**-13 %**
Krones	MDAX	16,7 %	**-13 %**
METRO	MDAX	25,0 %	**-5 %**
Volkswagen Vz	DAX	20,0 %	**-10 %**
Wacker Chemie	MDAX	12,5 %	**-18 %**
Quelle: oben: HANDELSBLATT Nr. 126/2015, unten: Börse Online Nr. 39/2015			

Wer sind die größten börsennotierten Familienfirmen hierzulande?

Ein Fünftel der 500 größten Familienfirmen sind deutsch				
Rang weltweit	**WKN**	**Gründung**	**Familienbesitz**	**Anteil**
02 Volkswagen (DAX)	**766 403**	1937	Porsche	32 %
08 BMW (DAX)	**519 000**	1916	Quandt	47 %
23 Continental (DAX)	**543 900**	1871	Schaeffler	50 %
57 Henkel (DAX)	**604 843**	1876	Henkel	59 %
97 Porsche	**PAH 003**	1931	Porsche-Piech	98 %
99 Merck KGaA (DAX)	**659 990**	1668	Merck	70 %

Als Alternative ein kluges Stock Picking im GEX

Seit Gründung 2005 legte der GEX (WKN A0A ER1) bis 2010 um 30 %, der DAX nur um 20 % zu. Aktuell notiert der GEX bei 1.972 Punkten: ein Plus von 47 % in einem Jahr, +85 % in drei und +15 % in fünf Jahren. Substanzstärke und Nachhaltigkeit sind Qualitätskriterien. Denken wir an das „Orakel von Omaha" Warren Buffett! Er spürt unterbewertete Aktien auf, verzichtet auf alles, was er nicht kennt und versteht, wie Biotech, Internet, Hightech. Der GEX gäbe eine ideale Fundgrube ab, wären viele Werte nicht zu klein. Aber es stört, dass der GEX, Abkürzung German Entrepreneurial Index, keine AG aufnimmt, die bereits 10 Jahre börsennotiert ist bzw. der Rauswurf droht, sobald die Grenze erreicht wird.

2.3 Dividendenstrategie – Wachstumstreiber für Langzeitanleger durch das längere Leben

Eine zweistellige Dividendenrendite als Anreiz und Belohnung für Mut, Geduld und Ausdauer

Wer heute 65 Jahre alt ist, kann mit einem weiteren Leben von rund 20 Jahren rechnen. Und wer seit langem und auch als Senior sein Aktiendepot hegt und pflegt, darf sich bei mehreren nachhaltig wirtschaftenden Unternehmen aus DAX & Dow über eine zweistellige Dividendenrendite freuen. Oft steigt die Ausschüttung über Jahrzehnte verlässlich. Die Dividende errechnet sich aus dem Einstiegspreis. Ermutigend ist, dass jeder mit einem breit gestreuten Aktiendepot Gewinne erzielt, wenn er seit 14 Jahren oder länger investiert ist.

- Die Übersicht zeigt einige meiner Käufe dividendenstarker Aktien aus dem Jahr 2008 zum Aufbau eines steuerfreien Altbestands und 2010/11, um Kursschwäche zu nutzen. Diese Titel befinden sich weiter in meinem Depot. Aber es gab und gibt gelegentlich Teilverkäufe, um Gewinne zu sichern und Geld für neue Käufe zu beschaffen. Bei Bayer, Fuchs und Euwax, gekauft 2003 für 11,95 €, 3,80 € und 12,50 €, beträgt die Dividendenrendite über 20 %. Sinkt der Kurs bei gleich hoher Ausschüttung, steigt der Erlös prozentual – und umgekehrt.
- Seit meinem Einstieg wurden die Dividenden großteils angehoben. Aus dem niedrigen Kaufpreis und den erhöhten Ausschüttungen ergeben sich zweistellige Renditen, die alljährlich Freude bereiten und dafür sorgen, dass sich mein Depot besser als die deutschen Indizes entwickelt. Das Ende der Fahnenstange ist nicht abzusehen. Die Berechnungsformel lautet: Dividende multipliziert mit Hundert, dividiert durch den Kaufpreis. Es ist Ehrensache, Dividenden wieder in Aktien zu investieren, freilich reihum, damit sich der Einsatz lohnt.

Beispiele für Dividendenentwicklung bei Kauf 2008/10/11

Aktien/ Unternehmen	WKN	Kauf 2008 steuerfrei	Kurs am 06.08.15	Dividende 2015 Divid.-Rendite
BASF (DAX)	**BAS F11**	27,10 €	81,50 €	3,00 €/**11,1 %**
Bertrandt (SDAX)	**523 280**	16,95 €	114,00 €	2,60 €/**15,3 %**
DÜRR (MDAX)	**556 520**	10,50 €	82,55 €	1,80 €/**17,7 %**
INIT (Prime Standard)	**575 980**	7,75 €	25,00 €	0,80 €/**10,3 %**
LEONI (MDAX)	**540 888**	9,35 €	59,55 €	1,50 €/**16,0 %**
VIB Vermögen	**245 751**	3,70 €	17,00 €	0,55 €/**14,9 %**

Aktien/ Unternehmen	WKN	Kaufkurs 2010/2011	Kurs am 06.08.15	Dividende 2015 Divid.-Rendite
Allianz (DAX)	**840 400**	60,10 €	155,90 €	7,00 €/**11,6 %**
Amadeus F. (SDAX)	**509 310**	22,00 €	89,30 €	3,45 €/**15,7 %**
Drillisch (TecDAX)	**554 550**	6,75 €	42,70 €	1,70 €/**25,2 %**
DÜRR (MDAX)	**556 520**	13,10 €	83,35 €	1,80 €/**13,7 %**
Freenet (TecDAX)	**A0Z 2ZZ**	8,10 €	31,35 €	1,50 €/**18,5 %**
Hannover R. (MDAX)	**840 221**	33,90 €	98,55 €	3,40 €/**10,0 %**
Munich Re (DAX)	**843 002**	81,85 €	173,55 €	7,75 €/**9,5 %**

Dividendenstrategie als Vorteil des demografischen Wandels

Kaum etwas profitiert vom demografischen Wandel so stark wie eine kluge Dividendenstrategie. Wenn Sie davon ausgehen, dass Sie im Schnitt ein, zwei oder vielleicht sogar drei Jahrzehnte länger leben als zwei Generationen vor Ihnen, ist es weder mit 60 noch mit 70, vielleicht nicht einmal mit 80 Jahren zu spät, ein breit gestreutes Aktiendepot zu pflegen und dabei auf steigende Dividenden zu achten. Letztlich geht es nicht nur um Vermögensvermehrung statt Kapitalverzehr, sondern um sinnvolle, bereichernde Aufgaben in der Freizeit und im Ruhestand. Wichtig sind der Erhalt der geistigen Leistungsfähigkeit und die Aussicht, Kontakte mit Gleichgesinnten zu knüpfen und die eine oder andere Hauptversammlung im näheren Umfeld zu besuchen. Statt Langeweile mehr Abwechslung, vielleicht sogar Glücks- und Selbstwertgefühl, wenn das meiste klappt und sich Erfolgserlebnisse einstellen!

Es gibt nicht nur dividendenstarke deutsche, sondern auch ausländische Aktien. Jedoch können unterschiedliche Währungen und extrem hohe steuerliche Zusatzbelastungen, wie sie z. B. bei französischen und italienischen Ausschüttungen anfallen, Vorfreude und Erwartung eintrüben. Die erste Auswahl dividendenstarker Aktien begnügt sich deshalb mit deutschen Indexaktien und einzelnen Werten aus dem Prime und Entry Standard. Die Höhe der Dividende wird nach Vorschlag der Verwaltung auf der HV beschlossen und am nächsten Werktag ausgezahlt. Selbst wenn Sie erst am HV-Tag die Aktie kaufen, bekommen Sie die volle Dividende überwiesen. Bitte denken Sie daran, dass üppige Dividenden der jüngsten Vergangenheit keine Garantie für die Zukunft sind. Gelegentlich werden Ausschüttungen ausgesetzt wie bislang bei der Commerzbank und künftig bei der Deutschen Bank für ein Jahr oder mehrere Perioden. Dies geschah auch schon bei Daimler, ThyssenKrupp und Lufthansa. Insgesamt befinden sich Dividenden bei den deutschen Börsenbarometern im Aufwärtstrend. Dies gilt nicht nur für den Leitindex DAX.

12 Dividendenstars DAX für HV 2016 ab 3,1 % Rendite					
Aktien/Unternehmen	**WKN**	**KGV 2015**	**Kurs am 17.11.15**	**Hoch/Tief 1 Jahr**	**Div. 2015(e) Div.-Rendite**
E.ON	**ENA G99**	11,3	8,90 €	15,45/7,15 €	0,50 €/**5,6 %**
Allianz	**840 400**	11,1	160,70 €	169,7/131,0 €	7,25 €/**4,5 %**
Munich Re	**843 002**	10,7	182,50 €	205,9/155,7 €	8,00 €/**4,4 %**
RWE	**703 712**	9,6	11,40 €	29,80/9,20 €	0,50 €/**4,4 %**
K&S	**KSA G88**	11,7	24,65 €	38,80/22,30 €	1,00 €/**4,1 %**
Daimler	**710 000**	8,8	77,75 €	95,80/61,35 €	3,00 €/**3,9 %**
BASF	**BAS F11**	14,4	76,35 €	96,70/65,75 €	2,90 €/**3,8 %**
Siemens	**723 610**	14,7	94,75 €	105,9/78,50 €	3,50 €/**3,7 %**
Dt. Post	**555 200**	13,9	26,65 €	31,10/23,15 €	0,90 €/**3,4 %**
BMW	**519 000**	10,2	97,25 €	122,6/75,70 €	3,20 €/**3,3 %**
Vonovia	**A1M L7J**	17,6	28,80 €	33,25/23,60 €	0,94 €/**3,3 %**
Dt. Telekom	**555 750**	20,1	17,20 €	17,60/12,45 €	0,55 €/**3,1 %**

13 Dividendenstars MDAX für HV 2016 ab 3,0 % Rendite					
Aktien/Unternehmen	**WKN**	**KGV**	**Kurs 17.11.15**	**Hoch/Tief 1 Jahr**	**Div. 2015(e) Div.-Rendite**
RTL Group	**861 149**	16,7	82,80 €	96,85/72,40 €	4,50 €/**5,4 %**
TAG Immob.	**830 350**	16,8	11,10 €	13,05/8,90 €	0,55 €/**4,9 %**
Talanx	**TLX 100**	8,9	28,25 €	31,40/24,05 €	1,30 €/**4,6 %**
Aareal Bank	**540 811**	10,3	33,15 €	40,90/30,70 €	1,50 €/**4,5 %**
Hugo Boss	**A1P HFF**	15,6	86,40 €	120,0/85,45 €	3,90 €/**4,5 %**
LEONI	**540 888**	8,9	35,10 €	62,80/32,10 €	1,40 €/**4,0 %**
Pro7SAT.1	**PSM 777**	19,8	**50,45 €**	**50,45**/32,80 €	1,80 €/**3,6 %**
Axel Springer	**550 135**	20,6	52,55 €	59,05/44,95 €	1,90 €/**3,6 %**
Hannover R.	**840 221**	13,4	**108,45 €**	**108,5**/68,15 €	3,80 €/**3,5 %**
Dt. Euroshop	**748 020**	17,4	40,10 €	48,00/34,15 €	1,35 €/**3,4 %**
MAN (Abstieg)	**593 700**	49,0	94,20 €	99,00/90,20 €	3,07 €/**3,3 %**
METRO	**725 750**	15,8	28,90 €	34,55/23,15 €	0,90 €/**3,1 %**
LEG Immob.	**LEG 111**	8,9	72,75 €	77,30/56,30 €	2,20 €/**3,0 %**

9 TecDAX-Aktien Dividendenrendite für HV 2016 ab 1,7 %					
Aktien/Unternehmen	**WKN**	**KGV 2015**	**Kurs am 17.11.15**	**Hoch/Tief 1 Jahr**	**Div. 2015(e) Div.-Rendite**
QSC	**513 700**	negativ	1,60 €	2,25/1,40 €	0,10 €/**6,3 %**
Freenet	**A0Z 2ZZ**	16,5	32,45 €	33,00/21,95 €	1,55 €/**4,8 %**
Telefónica	**A1J 5RX**	negativ	5,40 €	5,85/4,00 €	0,24 €/**4,4 %**
Drillisch	**554 550**	37,5	42,60 €	49,10/26,95 €	1,70 €/**4,0 %**
Pfeiffer Vac.	**691 660**	22,1	108,85 €	115,0/59,60 €	3,00 €/**2,8 %**
Drägerwerk	**555 063**	13,0	67,00 €	122,0/39,30 €	1,40 €/**2,1 %**
Software	**330 400**	13,1	26,05 €	28,00/19,85 €	0,52 €/**2,0 %**
Carl Zeiss M.	**531 370**	22,8	26,80 €	29,70/19,90 €	0,45 €/**1,7 %**
RIB Software	**A0Z 2XN**	22,1	10,45 €	16,80/9,10 €	0,18 €/**1,7 %**

17 SDAX-Dividendenstars für HV 2016 ab 2,9 % Rendite					
Aktien/Unternehmen	**WKN**	**KGV 2015**	**Kurs am 17.11.15**	**Hoch/Tief 1 Jahr**	**Div. 2015(e) Div.-Rendite**
ZEAL Netw.	**TPP 024**	12,6	43,00 €	53,20/35,30 €	2,80 €/**6,5 %**
Amadeus F.	**509 310**	18,8	69,80 €	90,85/58,25 €	3,45 €/**5,0 %**
MLP	**656 990**	11,7	3,80 €	4,25/3,50 €	0,17 €/**4,5 %**
Gerry Weber	**330 410**	10,5	14,00 €	36,70/13,05 €	0,60 €/**4,3 %**
SHW (Abstieg)	**A1J BPV**	9,6	23,60 €	49,15/19,65 €	1,00 €/**4,2 %**
TLG Immob.	**A12 B8Z**	15,6	17,10 €	17,35/10,80 €	0,70 €/ **4,1 %**
Alstria Office	**A0L D2U**	16,1	12,05 €	13,85/9,75 €	0,50 €/**4,1 %**
Hamborner	**601 300**	41,1	9,70 €	11,20/7,80 €	0,40 €/**4,1 %**
DIC Asset	**A1X 3XX**	19,1	8,80 €	9,95/6,75 €	0,35 €/**4,0 %**
HHLA	**A0S 848**	15,6	13,30 €	21,35/12,80 €	0,55 €/**3,9 %**
Dt. Beteilig.	**A1T NUT**	9,6	26,10 €	33,95/22,75 €	1,00 €/**3,8 %**
SAF-Holland	**A0M U70**	10,2	13,20 €	15,75/10,25 €	0,50 €/**3,8 %**
Comdirect	**542 800**	22,8	**11,25 €**	**11,25**/8,05 €	0,38 €/**3,4 %**
Wacker Neu.	**WAC K01**	11,3	13,05 €	24,60/11,10 €	0,45 €/**3,4 %**
CeWe Stiftg.	**540 390**	14,6	54,30 €	62,20/44,35 €	1,63 €/**3,0 %**
BaWa vin.	**519 406**	11,2	28,95 €	38,75/27,60 €	0,85 €/**2,9 %**
Indus	**620 010**	13,6	43,15 €	50,10/36,35 €	1,25 €/**2,9 %**

17 Small Caps ab 100 Mio. € Börsenwert, 4,1 % Div.-Rendite, Bewertung angemessen, Eigenkapitalquote über 45 %					
Aktien/Unternehmen	**WKN**	**KGV**	**Kurs am 24.11.15**	**Hoch/Tief 1 Jahr**	**Div. 2015(e) Div.-Rend.**
Haemato	**619 070**	14,3	4,85 €	5,40/4,05 €	0,30 €/**6,2 %**
Invitec Biog.	**A0M VLS**	13,0	6,20 €	7,20/5,80 €	0,35 €/**5,6 %**
Hermle	**605 283**	16,8	202,20 €	220,0/160,1 €	10,9 €/**5,4 %**
KAP Beteilig.	**620 840**	18,9	24,15 €	38,15/19,60 €	1,25 €/**5,2 %**
Eurokai Vz	**570 653**	10,3	28,65 €	40,00/26,50 €	1,50 €/**5,2 %**
Eurokai St	**570 650**	10,7	29,80 €	42,00/26,55 €	1,50 €/**5,0 %**
Adler Mode	**A1H 8MU**	11,7	10,10 €	14,00/9,75 €	0,50 €/**4,9 %**
KPS	**A1A 6V4**	11,2	6,70 €	7,40/5,30 €	0,30 €/**4,5 %**
Snowbird	**A1P HEL**	6,0	4,50 €	5,60/3,40 €	0,20 €/**4,5 %**
BB Biotech	**A0N FN3**	7,1	263,35 €	331,7/182,2 €	11,6 €/**4,4 %**
Euwax	**566 010**	36,3	74,00 €	85,70/68,70 €	3,26 €/**4,4 %**
CENIT	**540 710**	21,7	20,55 €	20,85/11,10 €	0,90 €/**4,4 %**
INIT	**575 980**	14,8	18,05 €	27,90/17,70 €	0,80 €/**4,4 %**
Berliner Eff.	**522 130**	11,6	6,90 €	8,35/5,55 €	0,30 €/**4,3 %**
Bijou Brigitte	**522 950**	20,2	59,15 €	62,75/48,30 €	2,50 €/**4,2 %**
DO Dt. Office	**PRM E02**	11,2	3,65 €	4,85/2,70 €	0,15 €/**4,1 %**
Mühlbauer	**662 720**	24,7	24,70 €	25,30/15,80 €	1,00 €/**4,1 %**

Warum 100 Mio. € Börsenwert und rund 50 % Eigenkapitalquote?

Wer als Nutznießer des demografischen Wandels die attraktive Langzeitstrategie pflegen will, braucht gute Aktien, die nicht beim ersten Windstoß in die Tiefe sausen, sondern stark genug sind, um Krisen zu überstehen. Viele Fondsmanager setzen für ihr eigenes Investment als unterste Grenze für den Börsenwert 100 Mio. € voraus. Eine kleinere Gruppe gibt sich mit einer Marktkapitalisierung von 50 Mio. € zufrieden. Bei einstelligem Börsenwert ist der Handel meist gering, dagegen das Manipulationsrisiko durch geldgierige, gewissenlose Börsengurus extrem hoch. Außerdem sind große Kursschwankungen üblich. Möglicherweise ist das finanzielle Polster zu gering, um Konjunktureinbrüche zu überstehen. All dies sind Gründe, im Rahmen einer veränderten Bevölkerungsstruktur das Risiko mittel- und langfristig möglichst niedrig zu halten. Schnäppchenjäger für das schnelle Rein und Raus sollten sich hier nicht angesprochen fühlen. Für sie sind Micro Caps bzw. Penny Stocks eine begehrte Spielwiese.

Ein Blick auf dividendenstarke Aktien großer Konzerne aus den führenden Indizes in Amerika, Eurozone und Gesamteuropa

11 Div.-Stars Dow Jones ab 3,2 % Rendite für HV 2016					
Aktien/Unternehmen	**WKN**	**KGV**	**Kurs am 17.11.15**	**Hoch/Tief 1 Jahr**	**Div. 2015(e) Div.-Rendite**
Verizon C.	**868 402**	11,4	42,40 €	46,60/36,30 €	2,26 $/**5,0 %**
Chevron	**852 552**	21,2	86,35 €	103,9/65,75 €	4,28 $/**4,7 %**
Caterpillar	**850 598**	19,1	65,75 €	85,70/56,20 €	3,08 $/**4,4 %**
IBM	**851 399**	8,9	126,75 €	159,5/121,9 €	5,20 $/**3,9 %**
Exxon Mobil	**852 549**	19,0	75,15 €	82,80/60,75 €	2,92 $/**3,7 %**
Pfizer	**852 009**	14,1	31,40 €	33,40/24,15 €	1,20 $/**3,6 %**
Procter & G.	**852 062**	17,7	71,10 €	80,70/60,00 €	2,65 $/**3,5 %**
Merck & Co.	**A0Y D8Q**	14,4	50,80 €	56,00/43,10 €	1,84 $/**3,4 %**
General Elec.	**851 144**	19,9	28,40 €	28,60/19,75 €	0,96 $/**3,2 %**
INTEL	**855 681**	13,6	30,40 €	32,65/23,25 €	1,02 $/**3,2 %**
Wal Mart	**860 853**	14,8	57,10 €	79,35/51,60 €	1,96 $/**3,2 %**

Amerikanische Unternehmen schütten meist vierteljährlich aus

Die in den USA übliche vierteljährliche Dividendenauszahlung hat Vor- und Nachteile. Großinvestoren begrüßen die Regelung, spült sie doch alle drei Monate Geld in die Kassen. Es ist also nicht so dramatisch wie hierzulande, den Einstieg bis kurz vor der Hauptversammlung zu verpassen. Privatanleger mit kleinen Anlagebeträgen empfinden die vierteljährliche Ausschüttung in den USA eher als Ärgernis, werden doch oft nur wenige Cents oder US-Dollar gutgeschrieben. Da fragt sich der kritische Aktionär: „*Warum dieser riesige Verwaltungsaufwand, wenn dabei nichts Zählbares herauskommt?*“ Ich selbst würde mir für Amerika eine halbjährliche Ausschüttung wünschen. Und ich hätte gegen einen solchen Kompromiss auch rund um den Globus nichts einzuwenden.

Bei etlichen Aktien der Eurozone fällt eine Zusatzsteuer an

Wer sich bei der Aktienauswahl aus dem Euro Stoxx 50 von hohen Ausschüttungen leiten lässt, muss wissen, dass z. B. bei französischen, italienischen und portugiesischen Anteilscheinen neben der deutschen Abgeltungsteuer von 25 % eine Zusatzsteuer von über 50 % anfällt. Über den Daumen gepeilt, sollten Sie bei Dividendenorientierung diesen Prozentsatz um die Hälfte kürzen. Dann ziehen Sie mit deutschen Ausschüttungen nach Steuer in etwa gleich.

12 Div.-Stars Euro Stoxx 50 (Eurozone) ab 3,9 % Rendite					
Aktien/Unternehmen	**WKN**	**KGV**	**Kurs am 17.11.15**	**Hoch/Tief 1 Jahr**	**Div. 2015(e) Div.-Rendite**
Vivendi	**591 068**	37,5	20,20 €	24,70/19,55 €	2,00 €/**9,9 %**
Telefónica	**850 775**	17,0	12,35 €	14,25/10,55 €	0,75 €/**6,1 %**
ENGIE	**A0E R6Q**	12,8	16,45 €	20,25/13,85 €	1,00 €/**6,1 %**
ENI	**897 791**	22,9	14,80 €	17,55/13,30 €	0,80 €/**5,4 %**
TOTAL	**850 727**	12,4	46,50 €	49,90/36,70 €	2,44 €/**5,2 %**
BBVA	**875 773**	10,3	7,60 €	9,80/7,30 €	0,37 €/**4,9 %**
Société Gén.	**873 403**	9,0	44,10 €	48,60/32,95 €	2,00 €/**4,5 %**
Iberdrola	**A0M 46B**	16,1	**6,55 €**	**6,55**/5,30 €	0,27 €/**4,1 %**
BNP Paribas	**887 771**	9,3	56,40 €	60,70/44,80 €	2,30 €/**4,1 %**
Unibail-Roda.	**863 733**	21,9	243,45 €	261,9/193,0 €	10,0 €/**4,1 %**
Generali	**850 312**	10,6	17,35 €	18,75/15,60 €	0,70 €/**4,0 %**
AXA	**855 705**	10,4	24,20 €	25,60/17,00 €	0,96 €/**3,9 %**

12 Div.-Stars Stoxx 50 (Gesamteuropa) ab 4,1 % Rendite					
Aktien/Unternehmen	**WKN**	**KGV**	**Kurs am 17.11.15**	**Hoch/Tief 1 Jahr**	**LW 2015(e) Div.-Rendite**
Royal D. (GB)	**A0D 94M**	12,0	23,35 €	29,65/20,75 €	1,88/**7,6 %**
BP (GB)	**850 517**	15,3	5,40 €	6,75/4,40 €	0,40/**7,2 %**
Rio Tinto (GB)	**855 018**	14,9	31,65 €	44,15/28,95 €	1,46/**6,6 %**
HSBC H. (GB)	**923 893**	9,9	7,40 €	9,15/6,65 €	0,51/**6,5 %**
Zurich I. (CH)	**579 919**	17,0	246,30 €	319,2/215,7 €	17,0/**6,4 %**
GlaxoSm. (GB)	**940 561**	15,9	19,30 €	22,85/16,40 €	0,80/**5,9 %**
Vodafone (GB)	**A1X A83**	40,1	3,20 €	3,60/2,70 €	0,11/**5,0 %**
Nation. Gr. (GB)	**A0E TYW**	15,4	**13,30 €**	**13,30**/10,90 €	0,43/**4,7 %**
AstraZen. (GB)	**886 455**	16,5	63,10 €	79,70/53,45 €	2,80/**4,2 %**
Cr. Suisse (CH)	**876 800**	10,4	21,80 €	27,00/18,65 €	1,00/**4,2 %**
BAT (GB)	**916 018**	17,1	54,25 €	55,55/47,30 €	1,54/**4,1 %**
Lloyds B. (GB)	**871 784**	9,5	1,05 €	1,25/0,92 €	0,03/**4,1 %**

➢ **Im Bullenmarkt sinkt, im Bärenmarkt steigt die auf den aktuellen Aktienkurs bezogene Dividendenrendite. Die Angaben dienen zur Orientierung.**

Warum solch üppige Dividendenrenditen von teilweise über 5 % und 6 % im Euro Stoxx 50 und im Stoxx 50?

Freilich sind die Gewinnausschüttungen im Euro Stoxx 50 für die Eurozone und Stoxx 50 für Gesamteuropa nicht wegen des Doppelsteuer-Abkommens so hoch. Kennen Sie den Hauptgrund? Die Ausschüttungen sind so attraktiv, weil sie großteils jährlich angehoben wurden. Umgekehrt aber blieb die Kursentwicklung in jüngster Zeit deutlich hinter dem Leitindex Dow Jones und den deutschen Börsenbarometern DAX, MDAX, TecDAX und SDAX zurück.

Im Stoxx 50 sind Großbritannien und die Schweiz stark vertreten

Es versteht sich von selbst, die im Euro Stoxx 50 und Stoxx 50 vertretenen deutschen Aktien und die Werte aus der Eurozone nicht nochmals aufzunehmen. Dies erklärt die Dominanz englischer und Schweizer Aktien. Auffällig ist, dass die Kurse von Schweizer Titeln öfter im dreistelligen, mitunter auch vierstelligen Bereich notieren, während bei englischen Aktien ein- und zweistellige Kurse üblich sind. Die Schokoladenaktie von **Lindt & Sprüngli** kostet über 5.100 €, der Chemietitel **Givaudan** mehr als 1.600 €, um nur zwei Beispiele zu nennen. Als krasser Gegensatz sind chinesische Aktien zu nennen. Sie notieren häufig als Penny Stocks unter einem Euro – und dies nicht nur nach einem Crash. Erreichen amerikanische Aktien ein dreistelliges Kursniveau, steht meist ein Aktiensplitt, also eine Stückelung im Verhältnis 1:2, 1:3 oder gar 1:4, 1:5 an. Die Aktien wirken billiger und sind besser handelbar. Aber der Wert ändert sich nicht. Als Vergleich bietet sich eine Torte an. Egal ob ganz oder in mehrere Stücke aufgeteilt. Solange der Kuchen nicht aufgegessen wird, ändert sich die Menge nicht.

Wer reich sein will, kommt an Aktien nicht vorbei

Das Geldvermögen der Deutschen stieg 2014 um 140 Mrd. € bzw. um 3 % auf 5,2 Billionen € an. Bundesbürger gelten als Aktienmuffel. Dennoch sorgten Kursgewinne und Dividenden bei Aktien, deren Besitzer meist Besserverdiener und Institutionelle sind, für den Löwenanteil des Zugewinns von 90 Mrd. €. Die restlichen 50 Mrd. € stammen laut Bundesbank aus Guthaben von Sparbüchern und Sparbriefen trotz Zinspolitik nahe Null. Höhere Löhne und Gehälter, ebenso der niedrige Ölpreis, eine deutliche Ersparnis beim Tanken und Heizen, ermöglichten den Vermögenszuwachs. Einerseits Gewinnmitnahmen, andererseits Verlustangst bewirkten, dass Aktien im Gegenwert von 6,5 Mrd. € verkauft wurden. Ein breit gestreutes Langzeitdepot, mindestens ein Jahrzehnt gepflegt, hätte Weichen auf Reichtum gestellt. Aber es ist nicht zu spät, die Strategie dem demografischen Wandel anzupassen. Nutzen Sie das geschenkte Leben! Immerhin leben Sie im Schnitt in 10 Jahren 2,5 Jahre, in 40 Jahren ein Jahrzehnt länger.

2.4 Mit guten Kennzahlen die Zukunft gestalten

Der demografische Wandel mit der veränderten Bevölkerungsstruktur durch längere Lebenserwartung bei niedriger Geburtenrate sowie der klimatische Wandel infolge Erderwärmung beeinflussen das Börsengeschehen. Verlässliche längerfristige Aktieneinschätzungen zur Groborientierung für Branchen, Indizes und Einzeltitel werden wegen fortschreitender Digitalisierung und Vernetzung erschwert. Schauen wir auf die Auswirkungen des Klimawandels im Juli/August 2015 in Deutschland: anhaltende Hitzewelle bis zu 40°, die ganze Felder mit Nutzpflanzen verdorren und grüne Rasenflächen zu gelben ausgetrockneten Steppen verkommen lassen. Alles angereichert mit Orkan, Waldbrand und Hitzerekord, worunter nicht nur kranke und alte Menschen leiden. Im November 2015 erleben wir spätsommerliche Tagestemperaturen mit neuen Rekordständen. Hinzu kommen gesellschaftliche Veränderungen, neue Ernährungs-, Mode-, Freizeit-, Urlaubs- und Wohnungstrends, genährt von der Digitalisierung, dem Internet der Dinge, der Industrie 4.0, der weltweiten Vernetzung. Werfen wir nur einen Blick auf **ALPHABET**, bisher **GOOGLE**, von einer Suchmaschine zum weltmarktführenden Multiplayer aufgestiegen. Die Umbenennung in ALPHABET soll vielleicht ausdrücken und dazu inspirieren: *„Wir decken die Märkte von A bis Z ab und zeigen mit unserer Neuausrichtung dem Wettbewerb die Zähne."*

Seriöse Prognosen, die mehr als nur Unterhaltungswert bieten, werden von der politischen und wirtschaftlichen Großwetterlage beeinflusst. Wohin steuert China? Wie sieht es mit den Schwellenländern in Ostasien und Südamerika aus? Wie entwickeln sich der Ostblock mit Russland und der Koloss Afrika? Was passiert mit dem Öl- und Gaspreis? Lebt die Kernkraftenergie wieder auf oder läutet das Totenglöckchen? Was können wir von den Wechselkursen wichtiger Währungen und der Zinspolitik erwarten? Und wie wirkt sich die Flüchtlingskrise aus? Alles Fragen, deren Beantwortung auch zufallsbedingt ausfällt. Direkt auf die Börse bezogen: Welchen Einfluss haben Leerverkäufe und Stop-Loss-Orders?

Was hat dies alles mit Aktienkennzahlen zu tun? Ich will nur aufzeigen, wie schwierig es ist, Umsatz- und Ertragswachstum der heute erfolgreichen Firmen für die nächsten Jahre fortzuschreiben. Hilfreich ist es, breit zu streuen, mit einem ETF oder Themenfonds wichtige Branchen abzudecken und auf Kleinstunternehmen und spekulative Garagenklitschen am besten zu verzichten. Nervenkitzel und Zocken sind spannend, vertragen sich aber nicht mit einer Langzeitstrategie.

Als Faustformel gilt: Finanzkennzahlen sind zusammenhängend zu betrachten. Ein niedriges oder hohes KGV als wichtigste Finanzkennzahl sagt allein genommen nicht viel aus. Die Branche ist mit einzubeziehen und die Qualität, vergleichbar mit einem Sterne-Hotel. So gelangen wir zur Fundamentalanalyse.

Die Fundamentalanalyse gewinnt an Schärfe, wenn das Ergebnis pro Aktie im Mehrjahresvergleich, die Eigenkapitalquote, Gewinnmarge, Dividendenrendite, Kursentwicklung mit Rückblick auf 3 bis 5 Jahre einbezogen werden, ebenso das Jahres-Hoch/Tief, der Buch- und Börsenwert. Ein Blick auf den Mehrjahreschart untermauert den Eindruck: klarer Kauf oder Hände weg. Ein Crashszenario wie Ende August 2015 bietet bei Qualitätsaktien günstige Einstiegs- bzw. Zukaufchancen. Beim breit gestreuten Depot sind Koppelgeschäfte denkbar. Selbst bei starken Kurseinbrüchen gibt es einzelne Aktien, die entgegen dem Trend ein Allzeit-, zumindest aber ein Jahreshoch verbuchen bzw. nahe daran sind. Um sich das nötige Kapital zu beschaffen, ist antizyklisches Handeln ratsam. So empfiehlt sich bei den Siegeraktien ein Teilverkauf, bei chancenreichen Verlierern ein Einstieg oder Zukauf. Die Kurse stürzen oft nur deshalb so stark ab, weil bei bestimmten Kursmarken elektronische Computerverkaufsprogramme automatisch starten, ausgelöste Stop-Loss-Orders und Leerverkäufe im großen Stil die Kettenreaktionen beschleunigen. Eventuell ist wenige Wochen später alles ausgestanden. Dann ist die Freude groß, günstig ein- oder ausgestiegen zu sein. All dies funktioniert freilich nur bei einem breit gestreuten Langzeitdepot.

Auswahl fair bewerteter Aktien DAX, MDAX, TecDAX, SDAX

Aktien im Alphabet	**WKN**	**KGV 2016**	**Kurs 11.08.15 Hoch/Tief 1 J.**	**Div. 2015 Div.-Rend.**	**Kurse in % 1, 3, 5 Jahre**
Niedrig bzw. fair bewertete DAX-Aktien mit KGV 2016(e) bis 13					
Allianz	**840 400**	**10,7**	154/170/118 €	7,20 €/**4,5 %**	**+22/+77/+77**
BASF	**BAS F11**	**13,2**	79,6/96,7/65,6 €	3,00 €/**3,8 %**	**+1/+27/+76**
BMW	**519 000**	**9,1**	89,4/123/77,4 €	3,40 €/**3,5 %**	**-1/+46/+106**
Commerzbank	**CBK100**	**11,1**	11,5/13,3/10,3 €	0,30 €/1,3 %	**+5/+28/-72**
Continental	**543 900**	**13,7**	216/231/139 €	4,00 €/1,6 %	**+32/+152/+345**
Daimler	**710 000**	**9,0**	80,5/95,8/56,0 €	2,90 €/**3,3 %**	**+27/+89/+97**
Dt. Bank	**514 000**	**8,9**	30,3/33,2/23,3 €	1,00 €/2,5 %	**+19/+23/-36**
Heidelberg C.	**604 700**	**13,0**	71,9/77,0/49,7 €	1,50 €/1,7 %	**+30/+76/+106**
Infineon	**623 100**	**13,5**	9,85/12,2/6,95 €	0,20 €/2,0 %	**+16/+65/+106**
Lufthansa	**823 212**	**5,6**	12,2/14,4/10,9 €	0,70 €/**4,1 %**	**-5/+21/-2**
Munich Re	**843 002**	**10,1**	172/206/143 €	8,00 €/**4,5 %**	**+13/+43/+60**
RWE	**703 712**	**12,2**	**18,6**/31,6/**18,6 €**	1,00 €/**5,4 %**	**-42/-48/-68**
Siemens	**723 610**	**13,9**	98,0/106/82,3 €	3,60 €/**3,5 %**	**+6/+35/+33**
VW Vz	**766 403**	**7,2**	184/255/150 €	6,56 €/**3,3 %**	**+7/+23/+132**

Aktien im Alphabet	WKN	KGV 2016	Kurs 11.08.15 Hoch/Tief 1 J.	Div. 2015 Div.-Rend.	Kurse in % 1, 3, 5 Jahre
Chancenreiche, fair bewertete TecDAX-Aktien KGV 2016(e) bis 14					
Cancom	**541 910**	**13,9**	33,4/41,3/25,5 €	0,60 €/1,5 %	**-2/+141/+363**
Dialog Semi.	**927 200**	**13,3**	42,1/53,1/20,8 €	0,0 €/0,0 %	**+99/+163/+370**
Drägerwerk	**555 063**	**14,3**	90,6/122/63,4 €	1,58 €/1,5 %	**+35/+29/+50**
Freenet	**A0Z 2ZZ**	**14,8**	29,6/33,0/18,4 €	1,60 €/**5,1 %**	**+52/+144/+272**
Jenoptik	**622 910**	**13,6**	12,2/13,4/8,25 €	0,22 €/1,8 %	**+23/+113/+177**
Software AG	**330 400**	**13,2**	27,5/28,0/17,8 €	0,55 €/1,9 %	**+44/+2/-5**
Chancenreiche, fair bewertete MDAX-Aktien laut KGV 2016(e) bis 13					
Aareal Bank	**540 811**	**10,9**	36,1/40,9/28,2 €	2,00 €/**4,2 %**	**+5/+139/+154**
Aurubis	**676 650**	**12,1**	55,7/59,7/36,4 €	1,40 €/2,2 %	**+47/+38/+71**
DÜRR	**556 520**	**13,6**	78,5/109/50,5 €	1,90 €/2,3 %	**+34/+188/+587**
ElringKlinger	**785 602**	**12,2**	23,4/32,2/21,7 €	0,65 €/2,6 %	**-8/+4/+18**
Hannover R.	**840 221**	**12,5**	96,9/101/59,1 €	3,60 €/**3,5 %**	**+56/+100/+176**
LEONI	**540 888**	**9,3**	58,6/62,8/39,0 €	1,90 €/2,6 %	**+22/+88/+177**
Rheinmetall	**703 000**	**12,6**	55,8/56,2/30,7 €	1,30 €/1,8 %	**+35/+43/+22**
STADA	**725 180**	**10,9**	34,0/35,3/24,6 €	0,77 €/2,1 %	**+16/+52/+41**
TAG Immob.	**830 350**	**12,5**	10,0/13,1/8,70 €	0,55 €/**5,5 %**	**+17/+34/+133**
Talanx	**TLX 100**	**9,1**	28,6/31,4/24,1 €	1,35 €/**4,6 %**	**+13 %**/IPO
Chancenreiche, fair bewertete SDAX-Aktien laut KGV 2016(e) bis 11					
BayWa	**519 406**	**11,1**	32,9/38,8/27,6 €	0,85 €/2,6 %	**-9/+3/+16**
Dt. Beteilig.	**A1TNUT**	**11,1**	29,8/33,9/20,7 €	1,00 €/**3,4 %**	**+35/+79/+73**
Grammer	**589 540**	**8,2**	**22,9**/37,9/**22,9 €**	0,95 €/**3,7 %**	**-31/+65/+64**
Heidel. Druck	**731 400**	**8,8**	2,35/2,62/1,85 €	0,0 €/0,0 %	**-4/+120/-42**
HELLA	**A13SX2**	**11,9**	42,2/47,5/27,1 €	0,95 €/2,0 %	Neuemission
Hornbach H.	**608 340**	**10,6**	76,1/82,1/60,3 €	0,90 €/1,2 %	**+7/+37/+106**
König & Bauer	**719 350**	**11,6**	22,6/22,9/9,65 €	0,30 €/1,3 %	**+115/+90/+64**
SAF Holland	**A0MU70**	**11,3**	14,3/15,8/8,75 €	0,50 €/**3,2 %**	**+32/+180/+142**
Schaltbau	**717 030**	**11,7**	51,0/54,5/38,5 €	1,10 €/2,0 %	**+11/+94/+202**
SHW	**A1J BPV**	**9,0**	34,4/49,2/29,8 €	1,50 €/**3,8 %**	**-19/+13**/k. A.
Tom Tailor	**A0STST**	**9,3**	9,20/14,9/8,85 €	0,20 €/1,1 %	**-35/-35/-23**
Wacker Neus.	**WACK01**	**11,0**	16,7/24,6/13,8 €	0,60 €/**3,3 %**	**-2/+41/+51**

2.5 Digitalisierung und schneller Datenfluss beschleunigen Korrektur und Crashgefahr

Der globale Wandel verstärkt Kursschwankungen. Die Chancen, darauf strategisch zu reagieren, steigen durch das Internet

Der globale Wandel mit Digitalisierung und blitzschnellem Datenfluss wird die Crashgefahr nicht unbedingt erhöhen oder verringern, dürfte aber häufiger starke Kursschwankungen nach oben und unten auslösen. Sie können mit klugen Reaktionen statt drohender Verluste längerfristig ein kräftiges Plus erzielen. Dazu gehören Disziplin, antizyklisches Handeln und Mut.

- **Ruhe bewahren und Kraft schöpfen, um klug und weitschauend reagieren zu können!**
- **Cool bleiben und Fehler durch unüberlegte, hektische Reaktionen vermeiden!**
- **Niemals aus Angst und Panik sämtliche Aktien zu Tiefstkursen in den Markt werfen!**
- **Geschickt zwischen Teilverkauf/Zukauf balancieren und auf diese Weise Risiken mindern!**
- **Vernunftbetont handeln und sich vom Herdentrieb ganz bewusst und konsequent abkoppeln!**
- **Beherzt, entschlossen und zügig die sich bietenden Chancen nutzen*: „Ein Crash ist gut – für Leute mit Mut!“***

Der Siegeszug der Digitalisierung, die Vernetzung rund um den Globus, der weltweite, blitzschnelle Datenfluss beeinflussen unser Denken. Die computergestützten, automatisch ablaufenden Kauf- und Verkaufsprogramme, die Eingriffe der Notenbanken und Regierungen, die bahnbrechenden Erkenntnisse der Natur- und Wirtschaftswissenschaften beeinflussen Strategie und Aktivitäten. Wer aber glaubt, dass sich dadurch künftig ein Börsencrash vermeiden lässt, irrt gewaltig. Ganz im Gegenteil: Kettenreaktionen häufen sich und bewirken weitere Verwerfungen.

Aktiencrashs sind unvermeidbar und wiederholen sich. Auch künftig werden sich Spekulationsblasen bilden, die mit mehr oder minder großem Getöse platzen. Aber niemand weiß, wie lange die Erholungsphase bis zum nächsten Crashszenario dauert. Den vorletzten großen, weltumspannenden Crash gab es im Herbst 2008 und Frühjahr 2009, begleitet von Brüllen und Toben, Bangen und Hoffen, Verkaufen und Kaufen, In-Hektik-Verfallen und Resignieren, aber auch Chancen-Wittern und mutigem Investieren.

Richtig zur Sache ging es danach im Sommer und Herbst 2011 wegen der sich beängstigend zuspitzenden Staatsschuldenkrise sowie im Oktober 2014. Im Sommer und Herbst 2015 erlebten wir heftige Kurseinbrüche als Folge der Börsenturbulenzen in China und der lange Zeit auf Messers Schneide stehenden Insolvenzgefahr Griechenlands mit Grexit-Androhung und EU-Austritt. Bei dieser scharfen Korrektur blieb es nicht – die Vorstufe zum Crash mit Absturz unter 10.000 Punkten. 2014 wurde diese lange herbeigesehnte Marke erstmals erobert und weitete sich zum Hoch bis zu knapp 12.400 Punkten Ende April 2015 aus. Anfang Oktober 2015 notierte der DAX zeitweilig nur noch bei 9.400 Punkten, ein Sinkflug gegenüber dem Allzeithoch im Frühjahr von rund 30 %. Danach ging es kräftig aufwärts, sodass der Oktober dem DAX ein Plus von deutlich über einem Zehntel bescherte.

Beim Zusammenbruch der Märkte bietet das Zitat von Arthur Schopenhauer kaum Trost: *„Kein Geld ist vorteilhafter angewandt als das, um welches wir uns haben prellen lassen. Denn wir haben dafür unmittelbar Klugheit eingehandelt."* Oft wird aus Fehlern jedoch nichts gelernt. Der Mensch neigt zu Wiederholungen, zu eingefahrenen Verhaltensweisen. Bei weltweiten Finanzbeben wird das Börsengeschehen nicht durch Klugheit, sondern Hektik und Panik geprägt.

Auch die Wissenschaft kann Blasenbildung und Crash nicht aus der Welt schaffen. Die Börse ist ein Spiegelbild menschlicher Verhaltensweisen. Dazu zählt Emotionalität. Glücklicherweise sind Sie den Börsenturbulenzen nicht hilflos ausgeliefert. Koppeln Sie sich vom Herdentrieb ab. Handeln Sie unabhängig. Schlimm ist es, sich extrem spät von seinen Aktien zu trennen. Viel besser ist es, in der Bodenbildungsphase zu Tiefkursen nachzukaufen!

Der Mensch neigt als „Gewohnheitstier" zu wiederkehrenden Verhaltensweisen – ein Glücksfall für die davon profitierende Charttechnik. Auch Politik und Wirtschaft lernen aus gemachten Fehlern wenig. Wäre es anders, hätten Unternehmer, die nach der Gründung scheitern, bessere Comeback-Chancen. So aber beobachten wir Verdrängung statt Aufarbeitung, Herdentrieb statt eigenverantwortlichem Entscheiden. Wir greifen zu Vorurteilen, gepflastert mit Schadenfreude und Bürokratie. Spekulationsblasen gehören auch künftig zur Börse.

Ein kurzer Rückblick ab der Weltwirtschaftskrise 2008/2009

Von Herbst 2008 bis Frühjahr 2009 kam es weltweit zu heftigen Börsenturbulenzen, ausgelöst durch die Finanz- und Weltwirtschaftskrise. Einerseits begann sich der industrielle Bereich zu erholen. Andererseits gerieten etliche Länder an den Rand des Staatsbankrotts wie Griechenland und Irland, gefährdet auch Spanien, Portugal, Italien, Frankreich. Die Steuereinnahmen sanken. Viele Kommunen setzten bei bürgernahen Leistungen wie Schließung von Freibädern den Rotstift an.

Börsenunwetter zeigen Gemeinsamkeiten, geprägt von typischen Verhaltensfehlern. Lassen sich durch Wissen, Erfahrung und Lernprozesse künftig extreme Kursverluste an der Börse vermeiden? Nein! Ist die den Crash aufarbeitende Fachliteratur dennoch nützlich? Ja! Das eigene Verhalten ist zwar anfällig für Wiederholungen, aber auch veränderbar. Sie können es schaffen, weniger als andere unter einem Crash zu leiden und Chancen zu nutzen. Der frühzeitige Zukauf belohnt Sie auf längere Sicht bei breiter Streuung mit Kursgewinnen.

Dass viele Börsianer auf dem falschen Fuß erwischt wurden, zeigt das Crashszenario 2008/2009. Das von Amerika ausgehende Subprimedesaster (Hypotheken auch bei schlechter Bonität) mutierte – vergleichbar mit neu etikettiertem Gammelfleisch oder Obstkisten mit faulen Äpfeln – zur globalen Finanzkrise. Anfangs erfasste sie die Hypothekenbanken, danach Immobilien- und Hedgefonds. Alles, was mit Immobilien zu tun hatte, wurde gnadenlos abgestraft. Im Fahrwasser rückläufiger Aufträge stürzten die Aktienkurse in die Tiefe.

Ab Frühsommer 2009 begann die Rallye. Sie setzte sich 2010 fort, wurde 2011 wegen der sich dramatisch zuspitzenden Staatsschuldenkrise durch einen erneuten Kurssturz unterbrochen. 2012 folgte von vielen unbemerkt das zweitbeste Börsenjahr im neuen Jahrtausend. Wieder einmal hatten sich die Untergangspropheten geirrt. Schreckensszenarien lassen sich besser verkaufen als Träume von einer schönen, heilen Welt. 2013 nahm die Börse volle Fahrt auf. 2014 dümpelte sie hierzulande dahin. Nur der TecDAX machte Freude.

Ein kurzer Rückblick auf das erste, zweite und dritte Quartal 2015

Mitte März 2015 übersprang der DAX die 12.000-Punkte-Marke, ein Kursplus zum Jahresanfang von über 20 %. Etliche europäische Indizes waren 2014 noch fair bewertet. Pessimist Marc Faber beugte vor: *„Wie man sich schützen kann, wenn die Blase platzt – Ich weiß nicht, wann es passieren wird, ob morgen, in 5 oder in 10 Jahren. Irgendwann wird es zur riesigen Zerstörung von Vermögen kommen.“*

Die deutschen Indizes stürmten im Frühjahr 2015 von einem zum nächsten Allzeithoch: beim DAX fast 12.400 Punkte. Ein solch schneller Anstieg von DAX & Co. schrie geradezu nach Korrekturen. Schließlich zeigte die Großwetterlage bei Politik und Wirtschaft kein Hoch, sondern brachte Dürre, aber auch Unwetter mit Sturm und Hagel. Die Umsatz- und Gewinnentwicklung der weltweit aktiven Großkonzerne war und ist nicht einheitlich von Wachstum geprägt: hier große Freude – dort bittere Enttäuschung. Wer als Unternehmer seine Hausaufgaben nicht macht, die Ansprüche des globalen und demografischen Wandels ignoriert, die Umsetzung von Industrie 4.0 verdrängt, die Digitalisierung, das Internet der Dinge, die weltweite Vernetzung auf die lange Bank schiebt, gerät aufs Abstellgleis – möglicherweise für immer.

- **Am 14. August 2015 konnte der DAX mit 10.985 Punkten nicht einmal seine mühsam erkämpfte Marke von 11.000 Punkten halten.** Auch die übrigen deutschen Indizes erwischte es. Der Kursabschwung gegenüber dem Höchststand von Frühjahr 2015 wurde mehrheitlich noch nicht als aufziehender Crash, sondern als überfällige „gesunde Kursbereinigung" gedeutet.

- **Wer sich die Aufstellung ansieht, bemerkt: Ob im Ein-, Drei- oder Fünf-Jahresvergleich: Mit einer breit gestreuten Aktienanlage haben Sie vieles richtig gemacht.** Aber nicht der deutsche Leitindex DAX war der große Sieger, sondern langfristig der MDAX vor dem SDAX, mittelfristig der TecDAX.

- **Im Drei-Jahresvergleich war der TecDAX nicht zu stoppen und lag mit einem Zuwachs von 47 % in 52 Wochen und 127 % in drei Jahren unangefochten an der Spitze.** Die Gründe sind nachvollziehbar. Hier haben die Hightechkonzerne, die auf Cloud Computing, Vernetzung und Digitalisierung ausgerichteten Softwarekonzerne, mit eindrucksvollen Kursentwicklungen das Sagen. Der TecDAX wird nicht länger mit dem Neuen Markt verglichen und leidet nicht mehr als Nachfolger vom NEMAX 50 unter dessen Verwerfungen.

Die Kursentwicklung der führenden Indizes im Vergleich

Aktienindex	WKN	Kurs 14.08.15	Jahres-Hoch/Tief	Kursentwicklg. 1, 3, 5 Jahre
DAX	846 900	10.985 P.	12.390/8.355 P.	+19/+58/+80 %
MDAX	846 741	20.710 P.	21.657/14.398 P.	+32/+88/+150 %
TecDAX	720 327	1.761 P.	1.840/1.090 P.	+47/+127/+136 %
SDAX	965 338	8.987 P.	9.183/6.088 P.	+30/+82/+119 %
Euro Stoxx 50	965 814	3.491 P.	3.836/2.790 P.	+15/+44/+30 %
Stoxx 50	965 816	3.325 P.	3.603/2.715 P.	+13/+30/+33 %
Dow Jones	969 420	17.477 P.	18.351/15.855 P.	+5/+33/+70 %
S&P 500	A0A ETO	2.092 P.	2.135/1.821 P.	+7/+49/+94 %
Nasdaq 100	A0A E1X	4.531 P.	4.694/3.700 P.	+15/+67/+152 %
NIKKEI	A1R RF6	20.519 P.	20.953/14.529 P.	+35/+131/+125 %

Kleine Statistik zum Panikverhalten von Börsen-Angsthasen

Wer in panischer Angst am Montag, 24. August 2015, all seine Aktien in den Markt warf, musste miterleben, dass bereits einen Tag später die Kursverluste von über 5 % großteils voll wettgemacht wurden. Ein Trauerspiel für Angsthasen, eine Strategie-Bestätigung für Mutige, wie das nächste Beispiel zeigt.

Kursverwerfungen Schwarzer Montag, 24. August 2015: kluger Zukauf für Mutige – hohe Verluste bei Panikverkauf				
Aktien-Index	**WKN**	**Allzeithoch in Punkten**	**Datum Allzeithoch**	**24.08.15 gegenüber 14.04.15**
DAX	**846 900**	12.375 P.	10.04.2015	**-20,1 %**
MDAX	**846 741**	21.623 P.	13.04.2015	**-13,4 %**
TecDAX	**720 327**	1.840 P.	10.04.2015	**-8,2 %**
SDAX	**965 338**	9.156 P.	06.08.2015	**-9,8 %**
E. Stoxx 50	**965 814**	5.464 P.	06.03.2000	**-19,2 %**
Dow Jones	**969 420**	18.312 P.	19.05.2015	**-8,8 %**
S&P 500	**A0A ETO**	2.131 P.	21.05.2015	**-6,2 %**
Nasdaq 100	**A0A E1X**	5.219 P.	20.07.2015	**-5,8 %**
NIKKEI	**A1R RF6**	38.915 P.	29.12.1989	**-6,9 %**

Ein wahres Beispiel: Ein Crash ist gut für Leute mit Mut

Generell heißt es: Gewinne laufen lassen – Verluste begrenzen. Dies gilt aber nicht, wenn DAX & Co. an einem Tag wie dem 24. August 2015 ihre Verluste der Vorwoche mit rasantem Absturz zwischen 5 % und 7 % binnen weniger Stunden fortsetzen. Jetzt ist für Langzeitanleger das Aussitzen zumindest bei Qualitätstiteln die bessere Methode. Wer mutig ist, begibt sich auf Schnäppchenjagd. Binnen weniger Tage ab 24. bis zum 27. August 2015 stiegen meine Zukäufe um 10 % bis 15 %.

Begehrte Favoriten sind in Börsenkrisen Aktien zum Behalten und Auffüllen für etwaige spätere Teilverkäufe und Koppelgeschäfte. Jede meiner Transaktionen, dokumentiert im nächsten Kapitel 2.6, ist überprüfbar. Ich finanzierte alles entgegen meiner sonstigen Gewohnheit mit dem Komplettverkauf meines steuerfreien Altbestands an Aktien von DMG MORI SEIKI (früher Gildemeister, Kauf: 4,15 €, Kurs 25.08.15: 33,50 €). In ruhigen Zeiten hüte und schütze ich den steuerfreien Altbestand wie einen Schatz. Jetzt aber brauchte ich Kapital. Kauf auf Pump gibt es für mich nicht.

Kurzinformation zum jüngsten Crashszenario in China 2015

Der Turboaufschwung in China schwächt sich erwartungsgemäß ab. Auch das Land der Mitte schafft es nicht, alljährlich ein Wirtschaftswachstum von über 7 % zu präsentieren. Würde Deutschland als Europas Konjunkturlokomotive die Hälfte des chinesischen Wirtschaftsaufschwungs erreichen, herrschte große Freude.

Den Börsencrash im Sommer und Herbst 2015 hätte es vielleicht nicht gegeben, wären im Vorfeld die Kurse an der Börse Shanghai seit Juni 2014 nicht binnen 12 Monaten um 150 % in die Höhe geschnellt. Shenzhen zeigte sogar ein verdreifachtes Kursplus. So war es nur eine Frage der Zeit, bis die Blase platzen musste. Getrieben von Gier und Spekulationsfreude waren die Privatanleger Mitverursacher der sich aufblähenden Blase. Die Chinesen präsentieren sich nicht wie die Bundesbürger als Aktienmuffel. Sie konnten anfangs gar nicht genug Aktien ins Depot bekommen – häufig auf Pump und spekulativ mit hohem Hebel.

Stürzen die Kurse in den Keller, ist bei Aktienkauf auf Kredit Kapital „nachzuschießen". Fehlen dazu die finanziellen Mittel, erfolgt der Zwangsverkauf. Die Aktien sind weg – ein Großteil der Schulden bleibt. Nicht selten endet das Desaster im finanziellen Ruin.

China-Crash: Ursachen, Folgen, Abwehr von Staat und Notenbank

Für den Börsencrash in China mit einem Kursrutsch in wenigen Wochen um über 30 % gibt es drei Hauptgründe. Dies sind:

1. **Aufgetürmte Immobilienblase.** Über zwei Drittel der Chinesen, die selbst eine Eigentumswohnung besitzen, haben ihr Vermögen als Wertanlage in weitere Immobilien angelegt.
2. **Gigantisches Schattenbankensystem** durch einen großen Marktanteil nichtregistrierter Geldinstitute mit anlegerfreundlichen Konditionen.
3. **Heiß gelaufene Aktienmärkte.** Die Stimmung erinnert an den Neuen Markt. Als die Blase platzte, musste die chinesische Börsenaufsicht wegen der wachsenden Panik 1.400 Unternehmen vom Handel aussetzen. Trotz staatlicher Eingriffe verlor die Börse rund ein Drittel bzw. in wenigen Tagen im Juli 2015 bis zu 4 Billionen Dollar an Wert, der größte Kurssturz seit über 20 Jahren.

Die Maßnahmen der chinesischen Regierung waren hart: Zinssenkung auf ein Rekordtief, Aussetzung von rund 50 % aller Aktien, Verbot von Short-Orders auf fallende Kurse und Leerverkäufen sowie Aktienverkäufen von Milliardären. Die chinesische Regierung wandte bislang rund 126 Mrd. € auf, um einen fatalen Crash abzuwenden. Etliche Wirtschaftswissenschaftler, institutionelle Anleger und Analysten verurteilen den scharfen Eingriff des Staates in das Börsengeschehen.

Kritik löste mancherorts die 3. Abwertung der chinesischen Währung Yuan vom 10. bis 12. August 2015 seitens der chinesischen Zentralbank aus. Am ersten Tag waren es 1,9 %, am zweiten Tag 1,6 %, am dritten Tag in Folge 1,1 %, also insgesamt 4,6 %. Dazu meint die DZ-Bank: *„Das Einzige, was China getan hat, ist, seine Gegenwehr gegen den Abwertungsdrang des Marktes aufzugeben."*

„Vieles spricht dafür, dass die Unsicherheit aufgrund der Entwicklungen in China vorerst zu erhöhter Risikoaversion und Volatilität an den Märkten führen wird. Die Sorgen um Chinas Konjunktur werden uns ein ebenso treuer Wegbegleiter bleiben wie die Ausrichtung der Währungspolitik – thematisch für den Herbst eine durchaus willkommene Abwechslung zur Frage nach der US-Zinswende." Der Internationale Währungsfonds IWF hat die Entscheidung der chinesischen Währungshüter begrüßt; denn mit der Abwertung hilft China den Exporteuren.

Anfängliche Crashgefahr wegen Griechenland-Hilfspaketen zunächst gebannt – danach ein umso heftigerer Börseneinbruch

Vor einigen Monaten wirkten die Absprachen mit Athen und der neuen Linksregierung unter Premier Alexis Tsipras noch wie ein unauflösbarer gordischer Knoten. Doch dann einigten sich die Verhandlungspartner dank beidseitiger Kompromissbereitschaft überraschend schnell. Die Reformauflagen sind hart – vor allem ein Hauptverdienst unseres Finanzministers Wolfgang Schäuble – anfangs GREXIT-Befürworter und hartnäckigster Bremser weicher und schwammiger Reformpläne. Am 15. August 2015 sprach sich auch Schäuble für das 3. Hilfspaket aus und wendete damit zunächst einen Börsencrash ab.

Zuspitzung: von scharfer Korrektur zum Crash mit dem höchsten Wochenverlust seit 2011 mit 8 % beim Leitindex DAX

Vor einem Jahr, im Oktober 2014, notierte der DAX bereits bei über 10.500 Punkten. Selbst bei diesem Jahresvergleich sind über 5 % verbrannt. Am schlimmsten sieht dieses Minus aus von Montag bis Freitag, 17. bis 21. August 2015: mit 7,8 % der höchste Wochenverlust seit der starken Korrektur 2011. Gegenüber dem Allzeithoch im Frühjahr 2015 mit knapp 12.400 Punkten fehlt fast ein Viertel, notiert der deutsche Leitindex doch unter 10.000 Punkten, am 14. Oktober nur noch bei 9.900 Zählern.

Die Anhänger sind verunsichert; die China-Ängste und auch die mögliche Zinsaufstockung in den USA zum Jahresende 2015 sorgen mit dafür, dass kaum mehr Schnäppchenjäger am Markt vertreten sind. Da kann eine Spitzenaktie aus dem TecDAX wie **Sartorius** von 210 Punkten täglich um rund 10 Punkte auf nunmehr knapp 170 Punkte sinken; und niemanden scheint dies zu interessieren. Dazu bemerkt der Analyst **Angus Nicholson** vom Online-Broker IG: *„Die Aktienmärkte verfallen in einen Panikmodus, da das volle Ausmaß des Konjunkturabschwungs in China deutlicher wird."* Die aufgestaute Angst vor einer harten Landung der chinesischen Wirtschaft entlädt sich jetzt und dürfte auf die übrige Welt ausstrahlen.

An diesem „Schwarzen Freitag“ am 21. August 2015 verloren der DAX 3,0 %, der Euro Stoxx 50 mit 3,2 % noch etwas darüber, der Dow Jones 3,1 %, der S&P 500 sogar 4,3 %, der japanische NIKKEI 3,0 %, während Gold wie die Tage zuvor leicht anstieg. Beim DAX ist dies der größte Wochenverlust seit 2011.

Wie als Privatanleger bei solch starken Kurseinbrüchen reagieren?

- **Nehmen Sie bei einem breit gestreuten Aktiendepot einen Teilverkauf von solchen Titeln vor, die dennoch nahe am Allzeit- bzw. Jahreshoch notieren.** Dies gibt es bei einzelnen Aktien selbst bei scharfer Korrektur und Crash.
- **Finanzieren Sie mit dem Geld aus Teilverkäufen den Zukauf von Qualitätsaktien, die über ein Zehntel bis zur Hälfte vom Kurs einbüßten, aber dennoch Erholungspotenzial aufweisen.** Gute Quartalsberichte, ein niedriges KGV, eine stattliche Eigenkapitalquote, eine positive Umsatz- und Ertragsentwicklung sowie eine ansehnliche Dividende sprechen für den Kauf.
- **Gleichen Sie mit den Kursgewinnen das Minus bei Verkauf schlechter Aktien steuerlich aus. Voraussetzung:** Zuerst Kursgewinne realisieren, danach verlustreiche Aktien auf den Markt werfen. Dann spielt das Finanzamt mit, und Ihre Verlustbringer verschwinden aus dem Depot.

Welche Branchen erscheinen konjunkturbeständig und dürften Nutznießer des demografischen Wandels sein?

Punkte wie beim Reiten für stabile Branchen seit 1998

Rang	Branche/Sektor, 5 Zeitzonen von 1998 bis 2015	Punkte in fünf Zeitzonen	Durchschnittsbewertung
❶	Gesundheitswesen	**19** (5, 7, 1, 1, 5)	3,8
❷	Nahrungsmittel/Getränke	**20** (8, 1, 2 ,2, 7)	4,0
❸	Körperpflege und Haushalt	**23** (7, 6, 6, 3, 4)	4,6
❹	Einzelhandel (Logistik)	**31** (1, 14, 3, 4, 9)	6,2
❺	Immobilien (4 Zonen, Teiler 4)	**29** (3, 7, 16, 3)	7,3
❻	Telekommunikation	**40** (3, 17, 4, 5, 11)	8,0
❼	Medien	**42** (4, 18, 5, 9, 6)	8,4
❽	Versorger	**47** (2, 12, 9, 8, 16)	9,4

Anmerkung: Die Vermögensverwaltung FIDUKA untersuchte die fünf großen Abschwungphasen der jüngeren Vergangenheit in 19 wichtigen Branchen und vergab für jede Phase im Idealfall 1 Punkt bis zu 19 Punkten, wenn es gar nicht lief. Der Rohstoffsektor erreichte als Schlusslicht die Bewertung 14,4 mit 60 Punkten. Nur wenig besser schnitt der Finanzbereich (Banken) mit 14,0 und 56 Punkten ab.

2.6 Koppelgeschäfte und Hoch/Tief-Mutstrategie zur Kapitalbeschaffung im Crash

Nichts für Angsthasen, aber richtige Strategie und Zauberformel für mutige Langzeitanleger in den Zeiten demografischen Wandels

DAX & Co. sorgten von Juli bis Oktober 2015 mit Abrutschen unter die 10.000er-Marke gegenüber dem Höchststand von 12.400 Punkten Mitte April mit Kursverlust von einem Viertel für einen Börsencrash. Statt zu jammern und zu wehklagen galt es, als Gegenwehr die richtige Strategie einzusetzen. Ich zeige Ihnen, was ich selbst seit Ende Juli bis Anfang September tat, um als eine Art Zauberformel den Grundstein für Langzeiterfolge zu legen. 2008/2009 hatte sich dieses Vorgehen so bewährt, dass ich daraus meine eigene Hoch/Tief-Mutstrategie entwickelte und diese im **„Aktien- und Börsenführerschein"** sowie in **„Neue Aktienstrategien für Privatanleger"** ausführlich dokumentierte. Jetzt präsentiere ich mein Abwehrverhalten 2015 als Anschauungsmodell für eine erfolgversprechende Langzeitaktienstrategie in den Zeiten des demografischen und globalen Wandels. Die beiden überprüfbaren Kurslisten für Teilverkäufe, um günstige Zukäufe finanzieren zu können, und Kauforders als Koppelgeschäft spiegeln mein Handeln wider. Die Grundlage bildet die eigene elektronische Depotführung, in meinen Börsenbüchern beispielhaft vorgestellt. Nur ***DMG Mori Seiki** stammt aus dem Altbestand. Hier liegt ein Übernahmeangebot vor.

Teilverkauf Crash Juli/Aug./Sept. 2015 für Kapitalzufluss					
Weitgehende Schonung des steuerfreien Altbestands im Erstdepot					
Aktie, Unternehmen	**WKN**	**Kauftag ab 2009**	**Kaufpreis**	**Teilverkaufstag**	**Verkaufspreis**
Atoss Software	**510 440**	08.10.2010	**14,80 €**	19.08.2015	**46,00 €**
Aurelius	**A0J K2A**	02.09.2009	**2,70 €**	29.07.2015	**44,30 €**
Aurubis	**676 650**	04.10.2010	**33,70 €**	02.09.2015	**58,70 €**
Boss Hugo	**A1P HFF**	19.12.2011	**55,30 €**	06.08.2015	**113,00 €**
DMG Mori Seiki	**587 800**	*04.06.2004	**4,15 €**	24.08.2015	**32,50 €**
Gerresheimer	**A0L D6E**	28.04.2011	**32,00 €**	28.07.2015	**64,10 €**
GrenkeLeasing	**A16 1N3**	27.12.2013	**70,00 €**	01.09.2015	**147,50 €**
INIT	**575 980**	14.09.2009	**8,50 €**	20.07.2015	**25,20 €**
Jungheinrich	**621 993**	19.08.2011	**19,25 €**	11.08.2015	**67,50 €**
Krones	**633 500**	14.09.2009	**32,85 €**	17.07.2015	**105,60 €**

Aktie, Unternehmen	WKN	Kauftag ab 2009	Kaufpreis	Teilverkaufstag	Verkaufspreis
KUKA	620 440	01.06.2012	16,70 €	19.07.2015	76,10 €
NORMA	A1H 8BV	21.04.2011	20,15 €	13.08.2015	46,00 €
OSRAM	LED 400	25.07.2013	28,00 €	27.07.2015	49,50 €
Patrizia	PAT 1AG	18.05.2012	4,20 €	18.08.2015	24,40 €
Pfeiffer	691 660	24.02.2009	37,00 €	07.08.2015	89,05 €
STEICO	A0L R93	16.11.2012	4,30 €	27.07.2015	7,50 €
United Internet	508 903	25.06.2013	20,70 €	13.08.2015	47,00 €
Villeroy & Boch	765 723	05.06.2012	6,70 €	12.08.2015	14,50 €

Zukauf im Börsencrash Juli/August 2015: Chancen nutzen!

Zukäufe als Basis für spätere Teilverkäufe bei hohem Kursgewinn. Lohn für Mut: üppige Rendite oft bereits in kurzer Zeit.

Aktie, Unternehmen	Index	WKN	Kauf 2015	Kaufpreis	Kurs 03.09.15 Kurs 11.11.15
Amadeus Fire	SDAX	509 310	21.08.15	79,20 €	84,15/72,75 €
Atoss Software	Prime St.	510 440	24.08.15	39,50 €	48,95/57,50 €
Basler	Prime St.	510 200	21.08.15	41,90 €	50,90/44,10 €
BAYER	DAX	BAY 001	31.08.15	116,05 €	123,55/124,0 €
Biogen	Nasdaq	789 617	26.08.15	251,40 €	277,70/274,0 €
Drillisch	TecDAX	554 550	17.08.15	40,30 €	41,75/47,10 €
Electronic Arts	Nasdaq	878 372	24.08.15	53,50 €	57,20/66,25 €
Fresenius SE	DAX	578 560	25.08.15	59,10 €	63,65/68,60 €
M. B. Hermle		605 283	24.08.15	179,50 €	207,00/204,00 €
Hyundai Motor	Korea	885 166	20.07.15	33,50 €	38,80/47,60 €
INIT Innovation	Prime St.	575 980	24.08.15	20,80 €	22,80/18,20 €
Netflix	Nasdaq	552 484	24.08.15	85,50 €	91,00/105,80 €
Sartorius	TecDAX	716 563	24.08.15	173,20 €	193,20/216,70 €
SHIRE	Nasdaq	A0M MAG	25.08.15	65,65 €	67,80/65,90 €
Ströer	SDAX	749 399	01.09.15	49,20 €	55,30/63,00 €
Vertex	Nasdaq	882 807	24.08.15	102,50 €	116,95/111,40 €

Anmerkung: Außer INIT liegen alle Kurse über dem Kaufpreis, großteils deutlich.

Wann und wie funktioniert die Hoch/Tief-Mutstrategie im Crash?

- **Diese Strategie setzt ein breit gestreutes Aktiendepot und eine langfristige Anlagestrategie voraus.** Zukäufe in zwei oder drei Tranchen bereiten den Boden für einen späteren attraktiven Teilverkauf. Bei einem Komplettverkauf wird die Chance vertan, von einer weiterhin positiven Kursentwicklung zu profitieren.
- **In der Bodenbildungsphase bei scharfer Korrektur und Crash bietet sich ein Teilverkauf an, wenn einzelne Aktien wie am 24. August 2015, als der DAX binnen Stunden um 5 bis 8 % abstürzte, dennoch im grünen Bereich und nahe dem Jahreshoch notieren.**
- **Mit dem Kapital aus Teilverkäufen wird der Einstieg bzw. Zukauf solcher Aktien finanziert, die zwar dank Qualität und Chancen über ein hohes Kurspotenzial verfügen, aber dennoch stark einbrechen.** Im Crash trennen sich Anleger, die nicht panikartig in Herdentriebmanier sämtliche Aktien in den Markt werfen, gerade von solchen Titeln, die bislang gut liefen und noch Kursgewinne bringen. Massive Verkäufe (mehr Angebot als Nachfrage) bewirken, dass der Kurs immer weiter sinkt und automatische Computerverkäufe auslösen. Stop-Loss-Orders und Leerverkäufe verstärken die Kettenreaktion. Wer mit Stoppkursen arbeitet, darf nicht darauf vertrauen, dass auf Stopp-Kurs-Niveau verkauft wird. Stoppkurse garantieren keinen Ausführungspreis. Entscheidend ist die nächste Kursfeststellung nach Erreichen der Stoppkurs-Marke.
- **Die Hoch/Tief-Mutstrategie lässt sich am leichtesten praktisch umsetzen, wenn Sie selbst Ihr Depot elektronisch am Computer führen.** Im „**Aktien- und Börsenführerschein**" sowie in „**Neue Börsenstrategien für Privatanleger**" gibt es dafür ausführliche Anwendungsbeispiele. Hier muss ein kleiner Auszug zum Anlegen der empfohlenen fünf Spalten genügen:

Muster für eine eigene elektronische Depotführung

Menge, Aktie, WKN	**Kauftag und Kurs**	**Verkauf und Kurs**	**Sonstiges, wie Split, Div.**	**Aktueller Bestand**
K 25 Alexion Bio. 899 527	16.07.2013: **82,50 €**		Pharma, Nasdaq, keine Div.	Neubestand 25 Stück
K 30 Allianz 840 400 **K** 35 Allianz 840 400 **V** 15 Allianz 840 400	07.05.2010: **77,90 €** 22.09.2011: **60,05 €**	**Teilverkauf 30 Stück** am 13.01.2015 zu 139,20 € (Kauf 07.05.2010 für 77,90 €)	DAX, sehr hohe Dividende, niedriges einstelliges KGV	Neubestand 50 Stück

Was aus 100.000 Euro wurde: Blick auf die Entwicklung wichtiger Anlageklassen vom Jahresbeginn bis Ende August 2015

Was aus 100.000 € wurde: Jahresbeginn bis Ende Aug. 2015			
Breite Streuung verringert das Risiko auch im Börsencrash			
Positive Entwicklung		Negative Entwicklung	
Staatsanleihen USA	106.670 €	Erdöl	80.340 €
Währung US-Dollar	105.700 €	Aktien Schwellenländer	84.700 €
Aktien Deutschland DAX	102.670 €	Aktien USA Dow Jones	93.200 €
Aktien Europazone	101.800 €	Aktien China Shanghai	93.600 €
Gold	101.400 €	Aktien Welt MSC World	96.210 €
Fazit: Der DAX gab Ende August seine Gewinne seit Jahresbeginn 2015 komplett ab. Dies ist eine gute Einstiegschance für die sich vom Herdentrieb abkoppelnden antizyklisch handelnden, mutigen Privatanleger mit Marktkenntnis und Disziplin.			

Antizyklisches Handeln: Firmenlenker sind am Crashtag 24.08.2015 ebenso auf Schnäppchenjagd wie ich selbst

Am „Schwarzen Montag", 24. August 2015, stürzte der DAX zeitweilig bis um 7,8 % ab und fiel damit so stark an einem Tag wie schon lange nicht mehr. Als ich meine Koppel- bzw. Hoch/Tief-Mutstrategie mit günstigen Zukäufen startete, über die meine beiden Kurslisten informieren, nutzten auch zahlreiche Vorstände und Aufsichtsräte den schwärzesten Börsentag 2015 für den Zukauf eigener Aktien. Während ich mich jeweils mit ein paar Tausend Euro bescheiden musste, griffen die Firmenlenker mit sechs- bis achtstelligen Beträgen zu. Bei **Heidelberg Cement** aus dem DAX waren es 20,653 Mio. €, gefolgt von der **Deutschen Telekom,** ebenfalls DAX, 1,071 Mio. €, und **Krones,** MDAX, über 900.000 €.

Dazu meint der Frankfurter Finanzexperte, Universitätsprofessor **Olaf Stotz:** *„Firmeninsider sind Schnäppchenjäger, die gerade bei stark fallenden Kursen eher Kaufchancen sehen, anstatt sich von den Papieren zu trennen."* Dieses Verhalten sei typisch für Vorstände und Aufsichtsräte, die ihr Unternehmen am besten kennen und an eine positive Zukunft glauben.

Bei den größten Käufen handelt es sich um Gesellschaften aus dem DAX, MDAX und SDAX, deren Aktien sich in letzter Zeit besonders gut entwickelten. Vor diesem Hintergrund ist das beherzte Zugreifen der Firmenspitze mit hohem Einsatz bei heftigen Kursrückschlägen durchaus nachvollziehbar. Statt zu jammern: Handeln Sie im kleinen Maßstab ebenso.

2.7 Essen und Trinken als Glaubensfrage: Wie ernähren wir uns in 10, 20 und 50 Jahren?

Niemand kann Siegeraktien bei Nahrungsmittelkonzernen exakt voraussagen: Hier helfen nur Streuung und Marktbeobachtung

2010 bevölkerten 6,92 Mrd. Menschen unsere Erde. 2020 werden es vermutlich 7,72 Mrd. sein. 2060 rechnen wir mit knapp 10 Mrd. Erdbewohnern. Jeder von ihnen hat Hunger und Durst, will essen, trinken und satt werden. Die Ackerflächen sind begrenzt. Unmengen von Getreide wandern wegen des Fleischbedarfs in Tiermägen oder dienen als Rohstoff für technische Produkte. Berge von Nahrungsmitteln enden auf Mülldeponien. Ein Drittel der weltweit erzeugten Lebensmittel wird weggeworfen. Weltweit sind es 1,3 Mrd. Tonnen, in Deutschland 11 Mio. Tonnen. Knapp zwei Drittel stammen aus Privathaushalten. Hauptgrund ist das abgelaufene Haltbarkeitsdatum. Ich gehe damit flexibel um.

Lassen sich diese Probleme lösen? Neben strikter Familienplanung bzw. Geburtenverringerung insbesondere in Afrika sollten wir weniger Fleisch essen, nicht so viel Brauchbares wegwerfen und mehr alternative Lebensmittel essen. Dazu können aufbereitete Algen, vielleicht auch Insekten und Fleischersatzprodukte gehören. Not und Überfluss halten sich nicht die Waage. Weltweit hungern knapp 800 Mio. Menschen. Dem gegenüber stehen rund um den Globus 2,1 Mrd. Übergewichtige. Den größten Anteil an fettleibigen bzw. adipösen Menschen, nämlich jeder Dritte, verzeichnet Amerika. Danach folgt Mexiko. In Deutschland brachten 2013 zwei von drei Männern und jede zweite Frau zu viel auf die Waage. Hier helfen nur gesundheitsbewusste Ernährung, Maß halten und genügend Bewegung.

Was heute auf den Teller kommt, ist insbesondere eine Glaubensfrage. Kochbücher und Vorführungen von Sterneköchen auch im Fernsehen boomen. Ausgaben für Küchen steigen, ohne dass zu Hause mehr gekocht wird. Gefragt sind vor allem regionale Bioprodukte. In der europäischen Union zahlen die Polen im Schnitt am wenigsten für Grundnahrungsmittel, die Dänen dagegen am meisten. Deutschland bewegt sich im Mittelfeld und verhält sich extrem preisbewusst. Die Supermarktketten üben großen Preisdruck aus. Vegetarier und Veganer leben nicht unbedingt gesünder. Es ist eher eine Frage von Umweltbewusstsein und Tierliebe. Wer ein- bis zweimal wöchentlich etwas Fleisch isst, viel Obst, Gemüse und Salat verspeist, mit Fett und Zucker sparsam umgeht, macht gesundheitlich nichts falsch. Er sollte auf Lebensmittelvielfalt achten, sich Zeit lassen, genussvoll ohne Hast und Hetze essen und trinken. Laktose- oder glutenfreie Produkte sind wesentlich teurer, bringen aber nur für Menschen, die Milchzucker oder Getreide-Gluten nicht vertragen, gesundheitliche Vorteile.

Indexauswahl Nahrungsmittelfirmen Essen/Trinken/Genuss

Aktien/ Unternehmen	WKN	Kurs 20.08.15	52-Wochen-Hoch/Tief	Kursverlauf 1, 3, 5 Jahre
Altria Group	**200 417**	49,20 €	51,20/31,90 €	**+54/+72/+178 %**
S&P 500, Tabakprodukte/Weinsorten, vormals Philip Morris, KGV 19, Div. 2,0 %				
Anheuser Busch I.	**590 932**	102,00 €	119,7/78,85 €	**+25/+57/+155 %**
Euro Stoxx 50, weltweit führende Brauerei, Hauptsitz Belgien, KGV 19, **Div. 3,1 %**				
ARYZTA	**A0Q 4FN**	47,40 €	73,15/41,35 €	**-31/+22/+48 %**
Schweiz, Backwaren/Fertigkost, KGV 10, Ergebnis/Aktie: 4,2/4,7/5,1 €, Div. 1,6 %				
Barry Callebaut	**914 661**	969,75 €	1.125/788,7 €	**+4/+33/+84 %**
Schweiz, hochwert. Schokolade/Kakaoprodukte, KGV 18, Ergeb. 50/56 €, Div. 1,8 %				
Carlsberg	**861 061**	70,95 €	86,75/59,90 €	**-3/+3/+1 %**
Dänemark, OMX, große Brauereigruppe/über 500 Biermarken, KGV 14, Div. 1,8 %				
Coca-Cola	**850 663**	36,60 €	39,15/30,95 €	**+19/+16/+73 %**
Dow Jones, Softdrinkproduzent alkoholfrei, KGV 19, Ergeb. 1,5/1,9/2,0 €, **Div. 3,3 %**				
ConAgra Foods	**861 259**	40,20 €	41,35/23,50 €	**+69/+102/+138 %**
S&P 500, Riesenauswahl Öl/Saucen/Pasta/Fleisch/Tiefkühlkost, KGV 17, Div. 2,3 %				
Danone Group	**851 194**	59,00 €	67,30/49,80 €	**+12/+19/+42 %**
Euro Stoxx 50, zahlreiche Milchprodukte/Getränke/Backwaren, KGV 19, **Div. 2,8 %**				
Diageo	**851 247**	24,30 €	28,35/21,25 €	Keine Angaben
Stoxx 50, GB, Vielzahl alkoholischer Getränke, KGV 17, Ergeb. 1,3/1,5 €, **Div. 3,3 %**				
EMMI	**798 263**	336,20 €	363,9/254,25 €	**+21/+102/+185 %**
CH, Milchverarbeitung, Schweizer Käse/Frischkäseprodukte, KGV 15, Div. 1,2 %				
Heineken	**A0C A0G**	74,50 €	77,35/54,25 €	**+43/+72/+117 %**
Euro Stoxx 50, NL, Großbrauerei, 250 Marken, KGV 20, Ergeb. 3,5/3,8 €, **Div. 2,8 %**				
Heinz-Kraft	**A14 TU4**	66,95 €	74,55/65,70 €	Keine Angaben
Nasdaq, Fusion Kraft Foods, Börsenwert 81,6 Mrd. €, Ergeb. 2,54/2,90 €, Div. 1,2 %				
Humana	**856 584**	168,80 €	206,5/91,90 €	**+88/+212/+343 %**
S&P 500, Gesundheitsnahrung Baby/Senioren, KGV 20, Ergeb. 8,0/9,0 €, Div. 0,6 %				
Kraft Foods	**A1J 20U**	77,80 €	85,25/39,45 €	Keine Angaben
S&P 500, Lebensmittel, Fusion HEINZ, KGV 24, Börsenwert 46,8 Mrd. €, Div. 2,7 %				
Lindt & Sprüngli	**870 503**	5.220,0 €	5.311/3.509 €	**+29/+109/+202 %**
Schweiz, hochwertige Schokolade/Pralinen, keine Aktiensplitts. KGV 32, Div. 1,5 %				

Aktien/ Unternehmen	**WKN**	**Kurs 20.08.15**	**52-Wochen-Hoch/Tief**	**Kursverlauf 1, 3, 5 Jahre**
McDonald's	**856 958**	90,45 €	92,79/69,50 €	+29/+28/+61 %
Dow Jones, weltw. führend: Fast Food/Spezialangebote/Menüs, KGV 20, **Div. 3,5 %**				
Mondelez	**A1J 4U0**	40,60 €	47,80/25,00 €	+49 %/keine Ang.
S&P 500, Lebensmittelhersteller: Schoko/Kaffee/Snacks/Kekse, KGV 21, Div. 1,4 %				
Monster Beverage	**A14 U5Z**	131,25 €	143,4/115,0 €	Neuemission
S&P 500, Erfrischungsgetränke, Energie-/Diätdrinks, Säfte/Eistee, KGV 38, Div. 0 %				
Nestlé	**A0Q 4DC**	68,75 €	74,75/52,45 €	+20/+38/+74 %
Stoxx 50, Schweiz, weltweit größer Nahrungsmittelhersteller für Mensch und Tier				
PepsiCo	**851 995**	89,55 €	92,00/69,30 €	+32/+53/+81 %
S&P 500, Getränke-/Nahrungsmittelhersteller, KGV 20, Ergeb. 4,4/4,8 €, **Div. 2,8 %**				
Procter & Gamble	**852 062**	66,50 €	82,60/61,90 €	+9/+25/+44 %
Dow Jones, Lebensmittel/Getränke/Gesundheitspflege/Hygiene, KGV 19, **Div. 3,5 %**				
Unilever	**A0J MZB**	37,90 €	42,75/28,80 €	+25/+38/+83 %
Euro Stoxx 50, NL, Koch-/Backprodukte/Brotaufstrich/Dressing, KGV 20, **Div. 3,0 %**				

Nachdem Essen und Trinken auch eine Frage des Lebensstils ist und immer mehr Firmen den Werte-, Demografie- und Bedürfniswandel erkennen, kommen ständig neue Nahrungsmittel auf den Markt – für Jung und Alt. Schon deshalb lässt sich nicht voraussagen, welche Unternehmen künftig das Rennen machen. Ein breit gestreutes Depot, Börsenwissen und Marktbeobachtung sind wichtig, um hier erfolgreich anzulegen und große Fehler zu vermeiden. Was heute bei bestimmten Gruppen regelrecht in Mode ist, wie der Verzicht auf alles Tierische, muss morgen nicht mehr das Maß aller Dinge sein. Ist es reine Geschäftemacherei oder zumindest anregend, Essgewohnheiten von Steinzeitmenschen nachzuahmen, deren Lebenserwartung nicht halb so hoch war wie heute?

Der Berkshire-Chef **Warren Buffett** ist 85 Jahre alt, aktiv und engagiert wie eh und je. Er steht als Symbol für langfristige Aktienanlagen mit unterbewerteten Value-Titeln, deren Geschäftsmodell jeder versteht. Seinen Konzern will er mit Nahrungsmittel-Beteiligungen für die nächsten Jahrzehnte zukunftsträchtig positionieren. *„Kaufen und für immer behalten"* lautet das Leitmotto für seinen ultralangen Zeithorizont, von dem er im letzten halben Jahrhundert nur selten abwich. So hat der drittreichste Mann der Welt im März 2015 den Lebensmittelkonzern **KRAFT**, eine Abspaltung von Philip Morris, übernommen und ihn mit dem Ketchup-Konzern **HEINZ** fusioniert. Für diesen Deal ließ er 25 Mrd. US-Dollar springen, mehr als doppelt so viel, wie er bislang für Übernahmen ausgegeben hat.

Kampf gegen Hunger und Engpass: Algen und nussig schmeckende Insekten als Nährstoffquelle für Proteine und Fettsäuren?

Ist es für Sie vorstellbar, sich in 10, 15 oder 20 Jahren mit einem tiefgekühlten Insekten-Burger oder Algensalat aus dem Online-Versand zu ernähren? Die neue Studie des Nestlé Zukunftsforums ist zuversichtlich. Algen und Insekten in veränderter und nicht mehr erkennbarer Form verbinden Genuss und Ressourcenschonung. Sie bilden somit einen idealen Grundstoff für Fertigprodukte, z. B. auch an Fruchtschnitten erinnernde Riegel für den kleinen Hunger. Insekten wie Grillen werden zu feinstem Mehl zermahlen. Wer es nicht weiß, denkt eher an Getreide und Beigabe von Mandeln, Nüssen, Pflaumen, Aprikosen und anderen Früchten. Freilich steht die „Grillen-Revolution" erst am Anfang.

Gegen den Trend: Der Kakaopreis stieg im Juli 2015 auf ein Vier-Jahreshoch; denn der Heißhunger auf Schokolade lässt nicht nach

Eine Tafel Schokolade deckt ein Viertel des Tages-Energiebedarfs eines Menschen ab. Dies dürfte aber kaum der Grund dafür sein, dass Schweizer und Deutsche am meisten Schokolade konsumieren, Italiener und Spanier deutlich weniger. Während etliche Agrarrohstoffpreise sinken, befinden sich Kakao und Haselnüsse deutlich im Aufwind. Auch börsennotierte Schokoladenfirmen wie der Schweizer Marktführer Lindt & Sprüngli (WKN 870 503) profitieren von diesem Trend und wurden vom kürzlichen Börsencrash nicht mit in die Tiefe gerissen. Solange jeder Deutsche im Jahr rund 32 Kilogramm Süßigkeiten mit dem Löwenanteil an Schokolade (10 %) verzehrt und dafür aktuell 106,50 € berappt, wovon die Hälfte auf Schokoladenprodukte entfallen, werden bei vielen Bundesbürgern alle Parolen zur Gewichtsreduzierung verpuffen.

Die umsatzstärksten Nahrungs- und Genussmittelkonzerne 2014

Umsatzrenditesieger 2014, Branche Nahrungs-/Genussmittel

Aktien/ Unternehmen	WKN	Umsatz-rendite	Kurs 05.09.15	52-Wochen-Hoch/Tief
British American Tobacco	916 018	22,3 %	46,35 €	55,35/41,55 €
Diageo	851 247	21,9 %	23,30 €	28,35/21,25 €
Anheuser-Busch Inbev	590 932	20,2 %	95,10 €	119,50/79,00 €
Mead Johnson (USA)	A0R FXZ	16,3 %	68,50 €	95,85/65,75 €
Anmerkung: Die 3 Genussmittelfirmen aus Europa liegen bei Umsatz/Ertrag vorn.				

2.8 Der Digitalisierungs-Megatrend: Chancen und Risiken für Firmen und Verbraucher

Mit der Erfindung der Dampfmaschine Ende des 18. Jahrhunderts begann die industrielle Revolution - die Vorstufe und grundlegende Voraussetzung für das Zeitalter der Digitalisierung und Vernetzung, die Welt der Roboter und neuartigen Maschinen. Dies alles übersteigt unser Vorstellungsvermögen, prägt entscheidend den Produktionsprozess und die Arbeitswelt mit großen Chancen und Risiken.

Die Industrie 4.0, Big Data, Internet der Dinge, Cloud Computing, Digitalisierung und weltweite Vernetzung wecken Wunschträume, aber beschwören auch Ängste in Richtung „gläserner Mensch“ bzw. mangelnder Datenschutz. Es gibt ein Hauen und Stechen um die größten Marktanteile. Wer den Umbruch versäumt, bleibt auf der Strecke.

Der Wirtschaftsnobelpreisträger Paul Krugman bemerkt zur Digitalisierung und Produktivität: *„Produktivität ist nicht alles. Aber auf lange Sicht ist sie fast alles. Das Vermögen eines Landes, seinen Lebensstandard mit der Zeit zu erhöhen, hängt nahezu vollständig von seiner Fähigkeit ab, den Output je Arbeitnehmer zu steigern. Anders formuliert, von der Zahl der Arbeitsstunden, die zur Produktion aller von uns produzierten Güter benötigt wird, vom Auto bis zur Zahnbürste.“*

- Die begehrte Auszeichnung Deutscher Wirtschaftsbuchpreis 2015 wird an die beiden Uniprofessoren Erik Brynjolfsson und Andrew McAfee vergeben. Geehrt werden die Wissenschaftler für ihr Werk: ***„The Second Machine Age – Wie die nächste digitale Revolution unser aller Leben verändern wird.“***

Ähnlich wie vor der industriellen Revolution mit all ihren erwarteten wie auch überraschenden positiven und negativen Begleiterscheinungen steht die Welt in den Zeiten des demografischen und globalen Wandels erneut an einem Wendepunkt. Die zu meisternden Herausforderungen sind riesig. Die digitalen Technologien, der Siegeszug der Robotik, die Nutzung gewaltiger Datenmengen, Big Data genannt, die künstliche Intelligenz und die umfassende Vernetzung rund um den Globus verändern unsere Welt. Dies gilt für Politik, Wirtschaft, Gesellschaft, Bildung, Erziehung, Kultur und Sport, das familiäre, berufliche und private Leben. Man denke an selbst fahrende Autos, Genom-Entschlüsselung und Haushaltssteuerung vom Sofa aus, den medizinischen Fortschritt, gipfelnd in steigender Lebenserwartung. Die ungeheure Produktivität mit einer kaum mehr fassbaren Warenvielfalt schafft aber nicht unbedingt eine schöne, heile Welt.

Auf der einen Seite die hell leuchtende Zukunft. Auf der anderen Seite dunkle, gefährliche Schatten. Hier der Wohlstandsglaube, das Gefühl, zu den großen Siegern zu zählen. Dort Scheitern, Überforderung, Alleingelassensein, Vereinsamung, Resignation und Armut. Alles in allem eine zusehends auseinanderklaffende Schere zwischen Reich und Arm. Wir sehen die Einkaufs-Erlebniswelten, kennen aber auch Läden, die schließen müssen und dem blühenden Onlinehandel nichts entgegenzusetzen haben. Wir begegnen Riesenkonzernen mit unglaublichem Wirtschaftswachstum, umgekehrt zahlreichen Mittelständlern, die es nicht schaffen. Sie werden abgehängt im Kampf um Marktanteile und Marken und gehen Pleite.

Aber auch Großkonzerne bekommen Probleme, wenn sie den Digitalisierungstrend verschlafen, Forschung und Entwicklung vernachlässigen, neue Trends ignorieren, die Werbung nicht verändern und es versäumen, ihr Geschäftsmodell dem gesellschaftlichen und demografischen Wandel anzupassen.

Als negatives Beispiel dient die US-Firma **Weight Watchers.** Die Sorglosigkeit, schwindende Mitgliederzahlen nicht als Alarmsignal wahrzunehmen, auf soziale Medien, Apps mit Ernährungstipps, digitale Armbänder und die wachsende Konkurrenz durch Fitness-Studios kaum zu reagieren, rächte sich. Verluste bei **Weight Watchers** (WKN 765 375) sind wünschenswert, soweit sie sich auf das Gewicht ihrer Kunden beziehen. Zeitweilig befand sich die Aktie im freien Fall. Sie verlor binnen zwei Jahren über vier Fünftel ihres Wertes. Das Jahreshoch lag bei über 23 €, das Tief bei 3,50 €. Jetzt befindet sich der Titel seit Prominenteneinstieg auf Erholungskurs. Im Drei-Jahres-Vergleich bereitet die Aktie noch keine Freude mit einem Minus von über der Hälfte. Ob mit oder ohne Weight Watchers. Die Amerikaner werden nicht schlanker – eher der Geldbeutel.

Wir sehen all die vielen Menschen, ausgerüstet mit Computeruhren, Smartphones und Messgeräten zur Erhaltung von Gesundheit und Lebensfreude. Nicht selten aber wird der Luxus, vieles steuern zu können, überschattet von der Sorge, nicht alles richtig zu machen und bei technischen Pannen hilflos zu sein.

- **Wie verhält es sich mit den Finanzen?** Die Digitalisierung ermöglicht eine sekundenschnelle Teilnahme am Börsengeschehen mit der Chance, die Altersvorsorge bestmöglich zu managen. Aber die meisten Bundesbürger sind Aktienmuffel, fühlen sich enteignet, geben ihr Geld lieber für Konsum aus, anstatt die Weichen für finanzielles Wohlergehen auch im Alter zu stellen.

- **Die Daten von Nutzern, Geschäfts- und Privatkunden, Problem „gläserner Mensch“, sind das Gold und Geld, aber auch der Fluch dieses Jahrhunderts.** Der persönliche Datenschutz, die Privatsphäre erscheint manchem Zeitgenossen eher als Relikt vergangener Zeiten. Die Politik arbeitet an neuen Gesetzestexten für Vorrats-Datenspeicherung und Datenschutz.

Die weltweit führenden Technologie-Giganten Alphabet (Google), Amazon, Apple, Facebook und Microsoft machen sich die Welt und ihre Märkte untertan. Wer sich hartnäckig widersetzt und in den Weg stellt, wird aufgekauft, übernommen oder mit harten Bandagen bekämpft. Der Wirtschaftswissenschaftler **Erik Brynjolfsson** bringt Fortschrittsgläubigkeit und Skepsis auf den Punkt: *„Ich sehe die Gefahren, die durch die enorme Datensammlung für die Privatsphäre entstehen. Aber die unglaublichen Chancen zum Beispiel für die Bekämpfung bislang unheilbarer Krankheiten sind einfach größer. Unter dem Strich bringt uns die digitale Revolution mehr Gutes als Schlechtes."*

Die Arbeitswelt dürfte sich genauso radikal verändern wie die industrielle Revolution vor 200 Jahren. Für viele Berufe und Menschen wird es künftig keinen Platz mehr geben. Roboter werden nicht nur die Arbeiter am Fließband vertreiben. Die beiden Oxford-Wissenschaftler **Carl Frey** und **Michael Osborne** rechnen damit, dass Robotik nahezu die Hälfte aller Beschäftigten in Amerika ersetzen kann. Es ist zu befürchten, dass die neuen Technologien im Laufe der nächsten Jahrzehnte mehr Arbeitsplätze vernichten, als dass sie für neue sorgen. Damit stößt die Forderung nach einer Ethik für das digitale Zeitalter auf mehr Gehör. Schauen wir allerdings auf die aktuelle Statistik, so haben sich die durch Digitalisierung geschaffenen Arbeitsplätze in den USA von 2010 bis 2014 um ein Sechstel auf 3,7 Millionen Mitarbeiter erhöht. Da scheinen die Sorgen bezüglich Vernichtung von Arbeitsplätzen vielleicht doch leicht übertrieben.

Die Datenmengen sind riesig und verzeichnen im weltweiten Internetverkehr in Terabyte einen unvorstellbaren Anstieg: 1992 nur 0,1 TB am Tag, 2002 schon 0,1 TB pro Sekunde, 2014 kaum vorstellbare 15,8 TB je Sekunde. Die Schätzungen für 2019 liegen bei 50,6 TB in einer Sekunde. Ganz egal, was wir im Internet tun, ob wir uns dort kurz oder lange aufhalten: Stets hinterlassen wir Spuren. Darauf spezialisierte Konzerne greifen die Daten für Information und Manipulation auf, um für bestimmte Zielgruppen die richtigen Produkte anbieten zu können bzw. eine punktgenaue Werbung zu landen. Freilich gibt es viele unbestrittene Einsatzgebiete zum Nutzen der Menschen. Ob Kreditkartenbetrug oder Lenkung von Verkehrsströmen, ob Diagnostik oder Therapie: Die blitzschnelle Auswertung detaillierter Sensordaten verringert Fehlentscheidungen und ermöglicht funktionierende Frühwarnsignale. Man denke an schwerste Naturkatastrophen.

Wenig Grund zur Freude bereitet der prozentuale Anteil von Frauen in Technologiefirmen. Während bei den großen amerikanischen Unternehmen der Frauenanteil insgesamt zwischen 30 und 40 % schwankt, liegt die Quote im Technologiebereich hierzulande lediglich zwischen 10 und 20 %. Vor allem bei Forschung und Entwicklung fehlt es an qualifizierten Frauen. Allein im Maschinenbau stiegen die Ausgaben für F&E von 4,5 Mrd. € 2009 auf 6,0 Mrd. € für 2015.

- **Ohne Suchmaschinen wäre das Internet längst nicht so begehrt.** Weltweit wird zwecks Information und Unterhaltung „gegoogelt“. Zwei Drittel beim amerikanischen Weltmarktführer, was das Wort „googelt“ rechtfertigt. **GOOGLE**, seit kurzem firmierend unter „ALPHABET“, hat einen Marktanteil von 66 %, gefolgt von **BAIDU** aus China mit 14 %, dahinter **BING** und **YAHOO**, je 9 %. Google steigerte allein zwischen 2010 und 2014 seinen Umsatz von 29,3 Mrd. auf 66,0 Mrd. US-Dollar – mehr als eine Verdopplung.

- Es wird schwierig sein, ein Ersatzwort für „googeln, gegoogelt“ usw. zu finden. Bei „ALPHABET“ fällt mir kein griffiges Zeitwort bzw. Verb ein. Nicht alles, was angeboten wird, gefällt. Bezüglich Porno und Gewalt besteht eine doppelte Moral. Offiziell geächtet, im Internet dennoch weit verbreitet: gewisse Webseiten für Erwachsene mit dem Inhalt: Sex, Gewalt, Pornografie, Flirt und Partnersuche per Internet, Lust an sexuellem Abenteuer.

- **Die besten IT-Gesellschaften profitieren vom Digitalisierungstrend.** Ausgehend vom Börsenwert bringen die Top 20 IT-Firmen aus Europa 311 Mrd. €, Asien 630 Mrd. € und Amerika stolze 2.436 Mrd. € Börsenwert auf die Waage.

Apple, das wertvollste Unternehmen der Welt, präsentiert mit über 570 Mrd. € eine ähnlich hohe Kapital- und Börsenmacht wie die acht DAX-Konzerne **Bayer, Siemens, VW, Daimler, SAP, Deutsche Telekom, BASF** und **Allianz** zusammen. Immerhin zählen zu den europäischen Top 20 IT-Firmen nach Marktkapitalisierung drei deutsche Konzerne. Dies sind **SAP** aus dem DAX, Platz 1, **Infineon**, ebenfalls DAX, Platz 10, und **United Internet**, TecDAX, Rang 11.

Die Top 5 IT-Firmen nach Börsenwert: Europa, Asien, USA

	Europa		Asien		Amerika
1	**SAP**, Deutschland	1	**Tencent**, China	1	**APPLE**
2	**ASML**, Niederlande	2	**Taiwan Semicon.**, Taiwan	2	**Alphabet**
3	**Ericsson**, Schweden	3	**Tata Consult**, Indien	3	**Microsoft**
4	**NOKIA**, Finnland	4	**BAIDU**, China	4	**Facebook**
5	**NXP Semi**, Holland	5	**CANON**, Japan	5	**ORACLE**

Quelle für Zahlenmaterial: HANDELSBLATT, Ausgabe 04.09.2015, Nr. 170

Was bei Firmen und Privatleuten Besorgnis auslöst, ist die zunehmende Cyber-Kriminalität. Es wird immer schwieriger, sich zur Wehr zu setzen, sei es gegen digitale Hackerangriffe oder die raffinierten Tricks der Internet-Betrüger und geldgierigen Finanzhaie am Grauen Kapitalmarkt.

Digitale Fallen im Arbeitsprozess – viele Unternehmen bereiten ihre Mitarbeiter zu wenig auf IT-gestützte Attacken vor

Einfallstor für Angreifer auf Firmennetzwerke

Direkter Zugriff auf das Firmennetzwerk	65 %
Synchronisation von Daten auf Notebooks	39 %
Austausch mit dem mobilen Datenträger	37 %
Kein externer Zugriff	12 %

Eine neuere Studie zeigt, dass vor allem Mittelständler das Einfallstor IT-Attacken in soziale Netzwerke nicht genügend schützen. Gefahr droht beim persönlichen Austausch mit den Kollegen, ebenso, wenn Mitarbeiter fremde USB-Sticks an ihren Rechner anschließen. Hier ist das Risiko groß. Die Geräte können mit Schadsoftware verseucht sein. Nur jedes vierte befragte Unternehmen bereitet die Mitarbeiter in Schulungen auf solche Gefahren vor. Dieser Wert hat sich in den letzten fünf Jahren trotz zunehmender Digitalisierung kaum verändert. Eher rückläufig sind die Kenntnisse bezüglich Computer- und Softwaresicherheit. Gab 2011 noch knapp die Hälfte der Befragten an, dass sie über die Vorschriften und Verhaltensweisen gut informiert seien, so war es bei der aktuellen Studie nur noch ein gutes Drittel.

Die Digitalisierung verändert die Unternehmenskultur: weniger eintönige Arbeit – mehr Freiraum und Netzwerke statt Hierarchie

Hauptgrund für die sich abzeichnende neue Lockerheit ist in erster Linie die digitale Vernetzung aller wesentlichen Lebensbereiche. Die sich überall ausbreitende Digitalisierung verändert die Arbeitsweisen und Jobprofile dramatisch. Dabei kristallisieren sich zwei Typen von Mitarbeitern heraus: Zum einen sind es jene kreativen, selbstbewussten Leute, die sich von den Computern nicht beherrschen lassen, sondern ihnen zu verstehen geben, was sie zu tun haben und erwarten. Hierzu zählt die Gruppe der Forscher in Universitäten und Unternehmen. Zum anderen sind es jene an Gehorsam gewöhnten Werktätigen, die sich brav an den Wünschen der Roboter orientieren und deren Anweisungen befolgen.

Aus Sicherheitsgründen wurden Roboter früher in den Fabriken eingezäunt – insbesondere in der Automobilindustrie – und hinter hohen Gittern platziert. Dies ist heute nur noch selten der Fall. Die Trennung von Mensch und Maschine wird Zug um Zug aufgehoben. Mikrochips und Sensoren in moderner Arbeitskleidung ermöglichen es, dass die immer vollkommener und leistungsfähiger werdenden „Kollegen Roboter" den menschlichen Arbeitspartner erkennen und beim Umgang alle Sicherheitsauflagen erfüllen. Der ISF-Wissenschaftler **Dr. Tobias Kämpf** erklärt: *„Die Rolle, die das Maschinensystem für die Industrie des 19. und 20. Jahrhunderts spielte, wird der Informationsraum für die Unternehmen im 21. Jahrhundert einnehmen."*

Aktuelle Umfrage: Digitalisierungseinfluss auf Firmenkultur		
Fragen an Unternehmenschefs (Herbst 2015)	**Ja %**	**Nein %**
Ist der deutsche Mittelstand auf die Digitalisierung vorbereitet?	20,8 %	79,2 %
Sollte die Politik den Ausbau der Industrie 4.0 aktiv unterstützen?	72,7 %	27,3 %
Fürchten Sie, dass Hacker künftig leichter interne Daten stehlen können?	70,5 %	29,5 %
Würden Sie künftig auch einen Roboter als Chef akzeptieren?	7,6 %	92,4 %
Würden Sie als Fahrgast einem autonom fahrenden Auto vertrauen?	64,2 %	35,6 %
Vertrauen Sie Cloud-Anbietern bei der Speicherung von Firmendaten?	51,8 %	48,2 %
Quelle: Umfrage unter den Konferenzteilnehmern beim HANDELSBLATT-Industrie-Gipfel Euroforum, HANDELSBLATT Nr. 193, 07. Oktober 2015		

Die Zukunft ist digital: Infos über vernetzte Maschinen		
Vernetzte Produkte	**2010**	**2020**
Smartphones (Stückzahl)	6,3 Mrd.	9,4 Mrd.
Tablets	350 Mio.	950 Mio.
Personalcomputer (PC)	1,0 Mrd.	3,1 Mrd.
Maschinen (Industrie/Logistik usw.)	1,2 Mrd.	15,0 Mrd.
Datenwachstum in Milliarden Terabyte	**2010**	**2020**
Gesamter Datenbestand	1,20 Mrd.	40,0 Mrd.
Daten in der Cloud	0,05 Mrd.	15,0 Mrd.
Zahl der Nutzer weltweit	**2012**	**2018**
Smartphones	1,06 Mrd.	2,56 Mrd.
Soziale Netzwerke	1,40 Mrd.	2,44 Mrd.
Erwerbstätigenzahl in der IT-Branche	**2007**	**2015**
Hardware (-14 %)	26.300	22.500
Services und Software (+46 %)	524.300	763.000
Zahlenquelle: HANDELSBLATT Nr. 200, 16. Oktober 2015		

Prognose: Unternehmensanteil hoher Digitalisierungsgrad		
Deutsche Firmen nach Branchen	**Anteil 2014**	**Anteil 2019**
Elektrotechnik/Elektronik-Industrie	26 %	89 %
Maschinen- und Anlagenbau	19 %	85 %
Automobil-Zulieferer	19 %	84 %
Informations-/Kommunikationsindustrie	27 %	80 %
Prozessindustrie	21 %	77 %
Durchschnitt:	**22 %**	**83 %**
Zahlenquelle: HANDELSBLATT Nr. 200, 16. Oktober 2015		

Der NEST-Gründer Toney Fadell, Energizer des Jahres 2015, will mit seinem Produkt Thermostat den Energieverbrauch deutlich senken. Er erklärt: *„Gegen das vernetzte Zuhause zu wetten, das wäre so, als hätte man im 18. Jahrhundert gesagt, die Elektrizität setze sich nicht durch."* Fadell stellt aber auch klar, dass es unvernetzte Bereiche gibt: *„Es macht wenig Sinn, einen Toaster zu vernetzen, damit wir von überall in der Welt aus bestimmen können, wie dunkel unser Brot wird."*

Digitalisierungs-Beispiele: Licht und Schatten

Positiv: Die Digitalisierung in der Landwirtschaft schreitet voran. Die digitale Technik führt bereits heute auf den großen Höfen zu höherer Effizienz. Die kleineren Betriebe müssen nachrüsten, um einigermaßen mithalten zu können und nicht überrollt zu werden. Der heutige Landwirt auf dem Traktor entwickelt sich vom Fahrer zu einem Überwacher der Technik. Der SDAX-Konzern BayWa aus München (WKN 519 400), Europas größter Agrar- und Baustoffhändler mit starker Ausrichtung auf erneuerbare Energien, will zum Marktführer im Agrar-Digitalgeschäft aufsteigen. Dazu erklärt Vorstandschef Prof. Klaus-Josef Lutz: *„Es nützt das schönste IT-System nichts, wenn im ländlichen Raum die digitale Infrastruktur fehlt. – Wir haben die Solidität, das Vertrauen der Landwirte und die Innovationskraft."*

Positiv: Neuer Schwung durch Digitalisierung für den Medienkonzern ProSiebenSat.1. Konzernchef Thomas Ebeling begründet seine Aussage: *„ProSiebenSat.1 wächst in allen Segmenten schneller als geplant."* Der CEO von ProSiebenSat.1 aus dem MDAX (WKN PSM 777) verspricht sich vornehmlich vom Digitalbereich ein rasantes Wachstum und will mit digitalen Zusatzgeschäften seine Abhängigkeit von TV-Werbeeinnahmen verringern. Online-Aktivitäten wie Reiseangebote, Internethandel und kostenpflichtige Video- und TV-Angebote tragen schon jetzt mit einem Anteil von 20 % maßgeblich zum Konzernwachstum bei.

Negativ: Im Kampf Mensch gegen Maschine bedroht die Digitalisierung möglicherweise die knappe Hälfte aller Arbeitsplätze. Nach einer Prognose der beiden Wissenschaftler **Carl Benedikt Frey** und **Michael A. Osborne** sind fast 50 % der Arbeitsplätze in den USA gefährdet. In anderen Industrienationen dürfte dies ähnlich sein. Wenn immer mehr Maschinen, darunter Robotersysteme mit exzellenten Eigenschaften und künstlicher Intelligenz ausgestattet, die Arbeit von Menschen übernehmen, hat dies erhebliche Auswirkungen auf Arbeitssicherheit, Einkommen und Wohlstand großer Arbeitnehmergruppen. Beim Blick auf die Anlage aussichtsreicher Aktien dürften die Unternehmen leistungsfähiger Robotersysteme bei Umsatz und Ertrag in den nächsten Jahren weiter wachsen, während die Zukunftschancen für Zeitarbeitsfirmen mit Angeboten für weniger qualifizierte Mitarbeiter wohl eher einen Dämpfer erleben.

Negativ: Auf der Frankfurter Buchmesse naht für das E-Book das Ende eines Booms. 2014 entschieden sich 24 % der Leser für elektronische Bücher. Ein Jahr später waren es gerade mal ein Viertel. Auf den Buchmarkt umgerechnet stieg seit 2009 der Anteil am E-Book lediglich um 5 % an – deutlich weniger als von den Experten vorausgesagt.

- **Zu Hause auf dem Sofa, in Bus und Bahn, wünschen die meisten Leser die Printausgabe, in der sie beliebig blättern, sich Notizen machen können und deren Aufmachung anspricht.** Die elektronische Version gilt dagegen als der ideale Begleiter bei längeren Urlaubs- und Geschäftsreisen, insbesondere, um Gewicht und lästiges Schleppen zu sparen.

Buchmarktexperte **Holger Ehling**, früher Vizechef der Frankfurter Buchmesse, geht davon aus, dass sich in Deutschland der Marktanteil von E-Books ungefähr bei einem Zehntel einpendeln wird. Diese Marke dürfte in den nächsten Jahren wohl kaum mehr überschritten werden. Amerikanische Verhältnisse werden bei uns voraussichtlich nicht einkehren. Hier haben sich E-Books einen Marktanteil von rund einem Fünftel erkämpft. Es gibt dort keine hemmende Buchpreisbindung, sodass die Verlage digitale Bücher wesentlich billiger als ihre gedruckten Werke anbieten können.

- **Wer also glaubt, dass Print in den Zeiten der Digitalisierung keine Chancen mehr hat, irrt:** Gedruckte Literatur steht für die Freude am Lesen, für Identifikation mit Autor und Werk, für Bildung, Horizonterweiterung und gründliche Information. Auch vieles von dem, was nicht gesucht wird, kann spannend, anregend, hilfreich und wichtig sein.
- **Internet ist dagegen unentbehrlich für die aktuelle Suche, für die schnelle, zeitnahe Information in nahezu allen Lebens- und Wissensbereichen.**

2.9 Gold als sicherer Hafen bei Verunsicherung, Crash und durch demografischen Wandel?

Die Überschuldung in China, Amerika, Japan und einigen südeuropäischen Ländern, der Bürgerkrieg in Syrien, der nicht einzudämmende Flüchtlingsstrom mit über einer Million Migranten in diesem Jahr in Deutschland sorgen für Verunsicherung. Ebenso beunruhigen die Griechenland- und Ukraine-Krise, der Ölpreisverfall und der brutale Terrorismus. Da rückt schon in den Hintergrund, dass Verbraucher und jene Unternehmen, die viel Energie verbrauchen, Nutznießer sind, dass sich der Ölpreis zeitweilig auf dem niedrigsten Stand seit sieben Jahren befindet, mit Abschlägen um die Hälfte. Auch die Edelmetallpreise rauschten in den Keller, vor allem Silber. Während früher der Goldpreis als sicherer Hafen bei Wirtschaftskrisen und Börsencrash mit deutlich steigenden Preisen für einen gewissen Ausgleich sorgte, beobachten wir momentan nur eine kleine Erholung. Ist jetzt der richtige Zeitpunkt gekommen, russische Ölaktien, einen Edelmetall-ETF, gute Minenaktien bzw. Barren oder Anlagemünzen zu kaufen? Wie hoch sollte der Vermögensanteil in Gold und andere Edelmetalle sein? 5 bis 10 %?

Preisentwicklung pro Feinunze Edelmetall, 18.09.2015				
Edelmetall	**Dollarpreis**	**Europreis**	**Plus/Minus 1 J.**	**Plus/Minus 3 J.**
Gold	1.139,40 $	1.007,80 €	**-6,20 %**	**-34,70 %**
Silber	15,20 $	13,45 €	**-19,00 %**	**-57,40 %**
Platin	979,75 $	868,50 €	**-28,20 %**	**-44,40 %**
Palladium	609,50 $	536,00 €	**-25,95 %**	**-5,40 %**
Quelle: http://boerse.ard.de/ard/rohstoffe_uebersicht%20htn/index.html				

Anlegereinschätzung Edelmetall je nach Wissen und Risiko		
Merkmale	**Unerfahren**	**Kompetent**
Konservativ bis chancenorientiert	Leichte Übergewichtung von Edelmetallen in Barren und Münzen; Edelmetall-ETF	Edelmetalle als Barren und Anlagemünzen; Edelmetall-ETF, Discount- und Bonuszertifikate
Risikobewusst bis spekulativ	**Zusätzlich:** Klassische Anlagezertifikate: **Discount** und **Bonus**, einige Bergbau- und Minenaktien sowie Wandelanleihen	**Zusätzlich:** Gute Bergbau- und Minenaktien; Wandelanleihen Bergbaukonzerne; Basket- und Edelmetall-Anlagezertifikate; Diamanten

Anmerkungen: **Schmuck** ist keine lukrative Anlageform, sondern Ausdruck von Lebensgefühl, Liebe und Zuneigung. Einseitigkeit bei den Edelmetallanlagen erhöht das Risiko und mindert den Ertrag. **Edelmetallbarren sichern Ihr Depot im Crash etwas ab.** Im Herbst 2008 stieg der Goldpreis pro Feinunze an einem einzigen Tag um 12 % (Rekordhoch: 1.950 USD). Doch diese Zeiten scheinen vorbei.

Abgesehen von ganz kurzen Aufwärtsbewegungen ist der Goldpreis bis Juli 2015 weiter gefallen und hat den Abwärtstrend bestätigt. Erst mit dem Crash ab Ende Juli bis einschließlich September/Oktober erholt sich der Goldpreis leicht, aber nicht so massiv wie sonst bei einem solchen Szenario üblich, z. B. während der Weltwirtschaftskrise 2008. Das erste Goldwochenplus gab es mit 3,3 % am 18. September 2015. Bei der Preisbildung spielt die Goldmenge eine wichtige Rolle. Im Dezember 2012 betrug sie beim weltgrößten **Gold-ETF SPDR Gold Shares** noch über 1.350 Tonnen; aktuell sind es rund 710 Tonnen.

Bergbau- und Goldminenaktien werden weiter verschmäht. Die Kursliste spiegelt ein Horrorszenario wider – nicht für jedermann verkraftbar. Allerdings ist die Entwicklung danach (Ausgangspunkt 20. August 2015) positiv. Ich nehme hier keine Aktien auf, die aktuell auf dem Jahrestiefniveau notieren. Die Förderkosten steigen mit den Löhnen. Die Erträge sinken wie das Interesse vieler Investoren, jetzt einzusteigen. Jedoch rechnen einige Analysten mit einer Wende nach den verlustreichen Jahren. Die großen Bergbaukonzerne **BHP Billiton** und **Rio Tinto** sind nur halb so teuer wie vor vier Jahren. Der führende Rohstoffhändler **Glencore** ist zum Viertel seines Spitzenkurses zu haben. Es wird berichtet, dass der russische Regierungschef Putin einen größeren Posten Gold gekauft hat.

Internationale Edelmetallminen- und Bergbauaktien

Aktien/ Unternehmen	WKN	Kurs 20.08.15	52-Wochen-Hoch/Tief	Verlauf 1 Woche, 1, 3, 5 Jahre
Agnico-Eagle	**860 325**	21,84 €	30,90/17,40 €	**+15/-17/-43/-56 %**
CA, Gold/Diamanten, große Lagerstätten, weniger Abwassergift, KGV 20, Div. 1,4 %				
AngloGold Ashan.	**164 180**	7,55 €	11,55/5,20 €	**+17/-27/-72/-77 %**
Förderung in Südafrika Gold/Diamanten, KGV 4, Ergebnis: 0,8/1,2/2,2 €, Div. 1,1 %				
Barrick Gold	**870 450**	6,05 €	12,55/5,30 €	**+13/-49/-79/-81 %**
CA, weltweit führender Gold-/Kupferkonzern, KGV 6, Ergebnis 0,8/0,9 €, Div. 0,2 %				
BHP Billiton	**908 101**	15,00 €	22,40/13,20 €	**+5/-31/-37/-33 %**
Stoxx 50, GB, einer der größten Bergbaukonzerne Kohle/Metall, KGV 22, **Div. 6,2 %**				
Coeur Mining	**A0R NL2**	2,95 €	6,50/2,30 €	**+27/-39/-84/-78 %**
USA, Förderung Edelmetall/Diamanten, Börsenw. 401 Mio. €, KGV negativ, Div. 0 %				

Aktien/ Unternehmen	**WKN**	**Kurs 20.08.15**	**52-Wochen-Hoch/Tief**	**Kurse 1 Woche, 1, 3, 5 Jahre**
Goldcorp	**890 493**	12,00 €	21,80/10,85 €	**+11/-35/-64/-62 %**
CA, Rohstoffförderung Diamanten/Edelmetall, KGV 12, Ergeb. 0,8/1,0 €, **Div. 4,4 %**				
Gold Fields	**862 484**	2,40 €	5,30/2,20 €	**+12/-23/-75/-78 %**
Südafrika, Förderung Edelmetall/Diamanten, KGV 11, Ergebnis 0,1/0,3 €, Div. 0,1 %				
Newcrest Mining	**873 365**	7,95 €	10,95/5,85 €	**+35/-43/-78/-87 %**
Australien, Diamanten/Edel-/Buntmetall/Kohle, positive Analysen, KGV 20, Div. 0 %				
Newmont Mining	**853 823**	14,95 €	25,30/13,60 €	**+16/+12/-64/-72 %**
USA, Diamanten/Edel-/Buntmetall/Kohle, KGV 17, Ergebnis 0,9/1,3 €, Div. 1 %				
MMC Norilsk Nick.	**814 0M9**	14,95 €	18,70/11,50 €	**+7/-2/+10/+24 %**
RTX, russischer Rohstoffkonzern Nickel/Platin/Palladium/Gold, KGV 6, üppige Div.				
Polymetal	**A1J LWT**	7,10 €	8,60/5,70 €	**+2/+22/-44 %**/k. A.
RTX, Bergbau Russland Gold/Silber/Kupfer, KGV 11, Ergebnis 0,5/0,5 €, **Div. 3,6 %**				
Randgold	**A0B 5ZS**	52,90 €	76,00/46,80 €	**+7/-4/-41/-28 %**
GB, Bergbau Gold Mali/Kongo/Senegal, 2014 1,4 Mio. Feinunzen, KGV 22, Div. 1 %				
Rio Tinto	**855 018**	33,10 €	45,10/29,30 €	**+2/-24/-26/-38 %**
Australischer Bergbaukonzern Diamanten/Edelmetall/Erz/Kohle, KGV 16, **Div. 5,5 %**				
Silver Wheaton	**A0D PA9**	10,95 €	21,15/9,80 €	**+12/-35/-62/-43 %**
CA, Rohstoffförderung, Schwerpunkt Silber, Ergebnis 0,9/1,0 €, KGV 11, Div. 0,3 %				
Yamana Gold	**357 818**	1,50 €	5,50/1,25 €	**+17/-71 %**/k. Angabe
CA, Rohstoffförderung Gold/Diamanten, Ergebnis: 0,1/0,2/0,3 €, KGV 6, **Div. 4,3 %**				
RBS Gold BUGS	**A0M MBG**	43,35 €	76,35/37,90 €	**+6/-37/-72/-72 %**
ETF, Volumen: 69 Mio. €, Gebühr: 0,65 €, thesaurierend, 9 Jahre, RBS Luxembourg				
SPDR Gold Shar.	**A0Q 27V**	96,30 €	110,9/87,85 €	**+1/+4/-27/-1 %**
Indexfonds, kein Ansparplan, Jahresgebühr: 0,40 €, ausschüttend, Alter: 11 Jahre				
ETFS Phys. Bask.	**A0N 62H**	73,05 €	88,45/69,25 €	**+2/-5/-31 %**/k. A.
ETC, Gold/Silber/Platin/Palladium, Gebühr: 0,43 €, passiv gemanagt, Alter: 8 Jahre				
ETFS DAXglobal	**A0Q 8NC**	12,30 €	18,25/10,95 €	**+13/-19/-62/-66 %**
ETF GO UCITS, Volumen: 44 Mio. €, Gebühr: 0,65 €, thesaurierend, Alter: 7 Jahre				

Anmerkung: Der erste orangefarbene **ETF** bildet den **Goldminenindex NYSE Arca Gold BUGS** ab, ist also weniger riskant als Einzeltitel. Dies gilt auch für den ETF-Marktführer SPDR Gold Shares, den Edelmetallkorb ETFS Physical Basket und den Goldminen-ETFS DAX global. Die physisch besicherten Produkte verzichten auf Hebelwirkung. Der Edelmetallsektor lässt sich am besten mit Indexfonds abdecken.

Eine verlässliche Einschätzung der Chancen für Edelmetalle ist wegen der stark schwankenden Rohstoffpreise und der Währungsturbulenzen ungemein schwierig. Sie sollten nur schrittweise kaufen, nicht „aus dem Bauch“ entscheiden, sondern weitere Nachrichten einholen – am besten über das Internet und seriöse Wirtschafts- und Börsenmagazine. Hohe Dividendenrenditen, soweit es sie in dieser Branche gibt – bei russischen Ölaktien üblich – sichern den Kurs möglicherweise nach unten etwas ab.

Das Wochenplus – abgebildet bei allen Titeln am 20. September 2015 – stellt eine Momentaufnahme dar und ist keineswegs als verlässliche Ankündigung für eine Trendwende zu werten. Dennoch ist es ein erstes ermutigendes Signal, dass es nach dieser jahrelangen Durststrecke im Edelmetallsektor längerfristig mit den Minenkursen wieder aufwärts geht. Der mehrere Wochen anhaltende Börsencrash bei DAX & Co. mit enormen Schwankungen und zweistelligen Kursverlusten bei einigen Titeln an einem einzigen Tag schreit geradezu nach einem sicheren Anlagehafen.

Trotz Verschuldung und lockerer Notenbankpolitik reagiert der Goldpreis verhalten. Der Flüchtlingszustrom schürt Ängste und sorgt bei Privatanlegern für Kaufinteresse an Edelmetallmünzen

Der ungebremste Zuzug von Flüchtlingen, täglich Tausende in Deutschland, überfordert viele Kommunen bei der Unterbringung und Versorgung, schürt Ängste und lässt Zweifel aufkommen, ob wir es wirklich schaffen, eine intakte Willkommenskultur beizubehalten, ohne der eigenen Bevölkerung zu hohe Opfer abzuverlangen. Beispiel: Belegung von Schulsporthallen.

Unter der Oberfläche der Edelmetallmesse im November 2015 in München verstärkt sich bei den Händlern der Eindruck: *„Angela Merkel ist unser bester Werbeträger. Seit zwei Monaten, seitdem die Kanzlerin die Flüchtlinge so offen ansprach, stehen die Telefone nicht mehr still. Das Flüchtlingsthema spielt sich vor der eigenen Haustür ab. Und jetzt sind die Menschen bereit zu handeln.“* Die Edelmetallhändler auf der Messe in München berichten von steigendem Umsatz bis zu 15 %. Ein Zitat von **Mirko Schmidt, Pro Aurum**, dem führenden Händler in der Landeshauptstadt: *„Wir haben bis jetzt ein Drittel mehr Umsatz als im Vorjahr.“*

- **Auch die Angst vor Steuererhöhungen rückt Gold wieder in den Fokus.** Das Interesse an Barren und Münzen sowie Gold- und Edelmetall-ETFs steigt bei vielen Privatanlegern. Und die sich anbahnende Parität zwischen Dollar und Euro treibt den Preis. Goldminenaktien sind dagegen kaum gefragt und müssten erst wachgeküsst bzw. aus dem Dornröschenschlaf geweckt werden, nachdem die Förderkosten hoch und die Erträge niedrig sind.

2.10 Übernahmen und Fusionen – ein zweischneidiges Schwert

Im Jahr 2014 lief es bei Übernahmen und Fusionen richtig gut. Auch 2015 stehen die Ampeln auf „Grün". Zahlreiche Bieterfirmen strotzen vor Kraft und können die Finanzierung trotz steigender Preise wegen der extrem niedrigen Zinsen schultern. Dabei vernichtet rund die Hälfte aller Zusammenschlüsse Werte. Unerfahrene kleinere Unternehmen ziehen den Durchschnitt nach unten. Bei substanzstarken Großkonzernen läuft es besser.

Wer klug zukauft, ohne sich zu verheben, und den richtigen Partner findet, ist erfolgreicher als die nur organisch wachsende Konkurrenz. Wer nichts tut, schafft eine halb so hohe jährliche Wertentwicklung, TSR genannt. Großkonzerne, die ihr Handwerk verstehen, erzielen jährlich ein Achtel TSR. Aber selbst unter den Multiplayern gibt es verlustreiche Übernahmen, deren Hauptgrund die nicht passende Firmenkultur ist. Erinnern Sie sich an den Deal von Daimler mit Chrysler (Hochzeit im Himmel, Scheidung auf Erden, Milliardengrab) oder den missglückten Zusammenschluss in jüngster Zeit von Procter & Gamble mit WELLA? Im Herbst 2014 platzte die Kaufofferte von AbbVie für SHIRE, weil der amerikanische Fiskus einer Verlegung ins Ausland den Riegel vorschob. Die bislang gängige Praxis, dadurch der Steuerlast in den USA zu entfliehen, war nicht mehr möglich.

Übernahmen und Fusionen – Mergers & Acquisitions (M&A) genannt – erzeugen Spannung, Unruhe und Kursfantasie. Meist reagiert die Börse bei der Bieterfirma mit Kursabschlägen, beim Zielunternehmen mit üppigen Aufschlägen, will doch kein Altaktionär zum Nulltarif seine Papiere verkaufen. Gesellschaften mit klarer Strategie schneiden auch bei schwieriger Marktlage oft positiv ab. Bleiben die Synergieeffekte aus, verläuft die Akquisition enttäuschend, so liegt dies meist am Kampf der Kulturen. Bei der Einverleibung ausländischer Firmen passen Leitrichtlinien, Führungsstil und Mentalität nicht zusammen. Sind die Mitarbeiter unzufrieden und sinkt deren Motivation, gerät die Einverleibung leicht zum Flop.

Der Computerhersteller DELL kauft für 67 Mrd. Dollar den Speicherhersteller EMC und wagt den Befreiungsschlag im IT-Sektor

Im Bereich elektronische Datenverarbeitung ist es die bislang größte Übernahme und ein Zeichen für den rasanten Technologiewandel in Richtung Digitalisierung. Im Hightechsektor war dies nicht die einzige Einverleibung, die 2015 Begehrlichkeiten weckte. AVAGO Technologies übernahm Broadcom für 36,5 Mrd. Dollar, SK C&C für 23,1 Mrd. Dollar SK Holdings, NXP Semiconductor für 16,1 Mrd. Dollar Freescale Semiconductor und INTEL für 15,3 Mrd. Dollar Altera.

Paukenschlag: Pfizer schnappt sich zum Jahresende 2015 Allergan für 160 Mrd. Dollar in Aktien und Dibold übernimmt Wincor Nixdorf

Die Verbindung Viagra und Botox bedeutet die größte Übernahme im Pharmabereich, katapultiert Pfizer-Allergan zum weltgrößten Pharmakonzern und stürzt Johnson & Johnson vom Sockel. Der US-Geldautomatenhersteller Dibold schluckt Wincor Nixdorf, MDAX, und wird Marktführer dieser Branche.

Wann winken freundliche, wann feindliche Übernahmen?

Eine freundliche Übernahme kündigt sich an, wenn die Zielfirma gut zum Bieterunternehmen passt und der Zusammenschluss mehrheitlich begrüßt wird. Kleine Häppchen sind bekömmlicher als große Brocken. Schaeffler mit eigenem Börsengang verhob sich einst bei der Einverleibung von Continental. Dem Sportwagenbauer Porsche gelang es vor einigen Jahren nicht, den mächtigen DAX-Konzern VW zu schlucken, sondern er wurde selbst Übernahmeopfer.

Feindliche Übernahmen drohen, wenn ein Großaktionär fehlt und der Streubesitz hoch ist. Auf der Wunschliste stehen fair bewertete, nachhaltig wirtschaftende Gesellschaften mit chancenreichem Geschäftsmodell und guter Vermögensdecke. Vielleicht greift die Zielfirma zum Strohhalm und hofft auf einen „weißen Ritter", ein die Kaufofferte überbietendes befreundetes Unternehmen.

Wie sollten Sie als Privatanleger auf eine Übernahme reagieren?

Nur ein Gerücht oder Aufkäufer am Werk? Positive Mitteilungen sind ein Treibsatz für steigende Aktienkurse. Platzt das Gerücht, stürzt der Kurs in die Tiefe. Erstes Anzeichen für eine Übernahme ist der Kursanstieg bei der Zielfirma.

Welche Aktien im Depot? Meist steigt der Kurs der Zielaktie zweistellig, während das Bieterpapier eher sinkt. Die Aktionäre befürchten, dass zu viel bezahlt wird, stark angeheizt durch Bieterwettstreit und damit verbundene Machtkämpfe.

Offerte annehmen? Bei einem attraktiven zweistelligen Kursaufschlag sollten Sie zustimmen. Bei zu niedriger Offerte warten Sie ein Nachbesserungsangebot ab.

Harmonie bei den Unternehmenskulturen? Ungefähr die Hälfte aller Zusammenschlüsse scheitert an Eingliederungsproblemen. Abweichende Sprache, Mentalität, Hierarchie, Führungsstil und Einstellung zerstören die Synergieeffekte.

Fazit: Übernahmen erinnern an Glücksspiele. Aussitzen nach Abfindungsangeboten lohnt sich nicht immer. Vorsicht, wenn ein Delisting droht, wie bei WMF! Ersparen Sie sich böse Überraschungen beim Blick auf den Depotauszug! Ob Biolitec, Elexis oder Marseille-Kliniken. Diese AGs verließen die Börse. Bemerken Sie entsetzt: *„Hilfe, meine Aktie ist weg!"* ist es zu spät für Verkäufe.

Blick auf die erfreuliche Kursentwicklung internationaler Bieterkonzerne mit Übernahmen in den Jahren 2014/2015

Aktienauswahl führender Bieterfirmen Amerika und Europa				
Aktien/ Unternehmen	**WKN**	**Kurs 16.10.15**	**52-Wochen-Hoch/Tief**	**Kursverlauf 1, 3, 5 Jahre**
Alexion	**899 527**	143,40 €	190,0/127,5 €	**+17/+64/+87 %**
Nasdaq, Biotech/Pharma, KGV 26, gute Analysen, Ergebnis 2,9/4,2/5,2 €, Div. 0 %				
Allergan (Actavis)	**A14 U12**	239,60 €	310,0/173,0 €	**+43/+258/+605 %**
USA, Pharma, viele Produkte, gute Analysen, Ergebnis 12,2/13,0/15,2 €, Div. 0,1 %				
AstraZeneca	**886 455**	56,30 €	68,90/51,85 €	**+7/+54/+47 %**
Stoxx 50, GB, verschreibungspflichtige Arznei, KGV 15, Ergeb. 3,7/3,6 €, **Div. 4,2 %**				
Charter Comm	**A0Y F1T**	162,10 €	186,0/109,6 €	**+50/+178 %,** k. A.
Nasdaq, USA, Breitbandnetzwerke/Faseroptikkabel, KGV/Ergebnis negativ, Div. 0 %				
DMG Mori Seiki	**587 800**	35,00 €	35,60/17,60 €	**+77/+143/+219 %**
MDAX, Hightechmaschinen/Software, Fusion mit Gildemeister, KGV 16, Div. 1,7 %				
INTEL	**855 681**	29,10 €	33,20/21,40 €	**+9/+71/+115 %**
Dow Jones, Halbleiterchips, Schaltkreise, digitale Technologie, KGV 15, **Div. 2,9 %**				
MC Kesson	**893 953**	174,50 €	222,7/143,5 €	**+22/+152/+293 %**
S&P 500, USA, Pharma, Medtech, Arznei/Managementlösung, KGV 20, Div. 0,5 %				
MYLAN	**A14 NYH**	38,10 €	80,00/35,80 €	**+4/+109/+176 %**
Nasdaq, USA, Kernkompetenz Generika/eigene Markenprodukte, KGV 15, Div. 0 %				
NOKIA	**870 737**	6,15 €	7,90/4,90 €	**+2/+185/-22 %**
Euro Stoxx 50, FI, Netzwerkausrüster, Fusion Alcatel-Lucent, KGV 24, **Div. 2,7 %**				
TEVA Pharma	**883 035**	52,00 €	65,75/39,55 €	**+37/+79/+38 %**
Israel, Schwerpunkt Generika/innovative Arznei, gute Analysen, KGV 11, Div. 1,2 %				
Time Warner	**A0R GAY**	63,80 €	83,50/58,00 €	**+9/+92/+197 %**
S&P 500, USA, Kabelnetzwerke, Fernseh-/Filmproduktionen, KGV 20, Div. 2,0 %				
Valeant	**A1C 6JH**	153,90 €	241,8/92,20 €	**+62/+250/+707 %**
Kanada, Chemie/Pharma/Biotech, Vorsicht! Manipulationsgerücht! KGV 9, Div. 0 %				
Vodafone	**A1X A83**	2,85 €	3,60/2,35 €	**+23/+14/+27 %**
Stoxx 50, GB, zweitgrößter Mobilfunkkonzern, gute Analysen, hohes KGV, **Div. 5 %**				
Vonovia	**A1M L7J**	27,05 €	33,65/20,55 €	**+32 %**/Neuemission
Erste DAX-Immobilienfirma, Übernahme Dt. Wohnen geplant, KGV 22, **Div. 3,4 %**				

2.11 Große Börsengänge weiter im Trend; aber Vorsicht bei Überschuldung

In Krisen ziehen Großkonzerne mit Preisabschlag den Börsengang durch. Mittelfristig ergeben sich Chancen auf Kursgewinn

Sobald Neuemissionen interessant erscheinen, fragen Sie sich: Wann mitmachen? Wann verzichten? 2015 war durch den Börsencrash im Sommer und Herbst kein so gutes Jahr für Börsengänge. Soweit es Großkonzerne betraf, machten diese lieber Zugeständnisse bei der Preisspanne, als das Listing zu verschieben. Kleine Firmen neigen eher dazu, das IPO vorerst abzublasen. Steigen Sie nicht ein, wenn die Firma hoch verschuldet ist, der Umsatz kümmerlich ist und Gewinne auf sich warten lassen. Abwarten kann sich auszahlen.

Ein **IPO,** Abkürzung für **I**nitial **P**ublic **O**ffering, bezeichnet das Börsenlisting. Gewöhnlich wird der Börsengang gemeinsam mit einem Bankenkonsortium vorbereitet und durchgeführt. Das Hauptmotiv ist, sich Eigenkapital zu beschaffen, um zu wachsen, neue Geschäftsfelder zu erschließen und Schulden abzubauen. Geld fließt oft in die Taschen der Altaktionäre, was jedoch gern verschwiegen wird. Die umseitige Auflistung berücksichtigt noch nicht die Börsengänge vom November 2015. Dies betrifft Hapag Lloyd (Transport, Ausgabepreis 20,00 €, WKN HLA G47) und Steilmann (Textilindustrie, Ausgabepreis 3,50 €, WKN A14 KR5).

Gründliche Information ist das A und O bei einem Börsengang

- **Woher stammt das Aktienangebot?** Wollen vorrangig die Altaktionäre kassieren oder fließt zumindest der Großteil vom Erlös dem Unternehmen direkt zu?
- **Wozu dient das Eigenkapital?** Soll die Produktpalette erweitert, die Internationalisierung durch den Markteintritt in andere Länder vorangetrieben werden?
- **Wie breit ist die Handelsspanne, und wie lange dauert die Lockup-Frist?** Je länger die Altaktionäre ihre Aktien halten müssen, desto besser!
- **Wichtig für das Kurspotenzial ist eine faire Bewertung.** Die Neuemission sollte einen Bewertungsabschlag gegenüber vergleichbaren Firmen aufweisen.
- **Die Angaben im Börsenprospekt müssen klar und wahr sein** und eine wirklichkeitsnahe Einschätzung für kundige Privatanleger erlauben.
- **Das Geschäftsmodell soll nachhaltig und die Eintrittsbarriere für Wettbewerber hoch sein.** Die Umsatz- und Gewinnentwicklung müssen überzeugen.
- **Entscheidend für den Erfolg ist das Management:** ein klar ausgerichtetes Kerngeschäft mit gesunder Bilanzstruktur und persönlicher Kommunikation.

Börsengänge größerer Firmen chancenreich, wenn Digitalisierung, Vernetzung und Internet der Dinge niveauvoll sind

IPO 2010 bis 2015, bevorzugt MDAX, TecDAX, SDAX					
Aktien/Unternehmen	**WKN**	**IPO-Tag 13/14/15**	**Emissionspreis**	**Kurs 16.10.15**	**Kursverlauf 1/2 + 1 Jahr**
Ado Properties	**A14 U78**	22.07.15	20,00 €	**23,35 €**	keine Angabe
SDAX, Immobilien, Börsenwert 816 Mio. €, KGV 10, Ergebnis 2,0/1,9/2,3 €, Div. 0 %					
Braas Monier	**BMS A01**	25.06.14	24,00 €	**23,10 €**	**-3 %/+45 %**
SDAX, Produktion Dachziegel/Komponenten, KGV 12, Ergeb. 2,2/2,9 €, Div. 2,2 %					
Brenntag	**A1D AHH**	29.03.10	15,45 €	**49,55 €**	**-13 %/+41 %**
MDAX, Marktführer Spezialchemie/Distribution, KGV 17, Ergeb. 2,0/2,1 €, Div. 2,0 %					
Covestro	**606 214**	26.10.15	26,00 €	**25,20 €**	keine Angabe
MDAX, BAYER-Tochter, Kunststoffe, Börsenwert 5,4 Mrd. €, KGV 14, Div. 2,4 %					
Dt. Pfandpapier	**801 900**	16.07.15	11,45 €	**10,55 €**	keine Angabe
MDAX, Spezialbank Immob.-Finanzierg., Börsenwert 1,4 Mrd. €, KGV 36, Div. 0,5 %					
Evonik Indust.	**EVN K01**	25.04.13	33,00 €	**31,00 €**	**-11 %/+26 %**
MDAX, Chemie/Pharma, Börsenw. 14 Mrd. €, KGV 12, Ergeb. 2,2/2,4 €, **Div. 3,4 %**					
Ferratum OYJ	**A1W 9NS**	06.02.15	17,00 €	**21,80 €**	**-26 %**/k. Ang.
SDAX, Spezialbank/Kleinkredite Firmen, Börsenwert 480 Mio. €, KGV 21, Div. 0,2 %					
GSW Immob.	**GSW 111**	15.04.11	19,55 €	**57,65 €**	**+1 %/+56 %**
Prime Stand., 61.000 Wohneinheiten Eigennutzung/Kapitalanlage, KGV 15, Div. 2 %					
HELLA	**A13 SX2**	11.11.14	27,50 €	**33,40 €**	**-6 %**/k. Ang.
MDAX, Fahrzeugelektronik/Lichtsystem, Ergebnis 3,5/3,5/5,9 €, KGV 17, **Div. 3,7 %**					
KION	**KGX 888**	28.06.13	24,00 €	**37,60 €**	**-5 %/+43 %**
MDAX, Marktführer Flurfördergeräte/Lagertechnik/Gabelstapler, KGV 14, Div. 1,8 %					
LEG Immo. AG	**LEG 111**	01.02.13	44,00 €	**69,30 €**	**-9%/+34 %**
MDAX, 94.000 Wohnungen Nordrhein-Westf., Börsenw. 4 Mrd. €, KGV 17, **Div. 3 %**					
Norma	**A1H 8BV**	08.04.11	21,00 €	**42,85 €**	**-14 %/+29 %**
MDAX, Technologie, Befestigungsschellen/Verbindungselemente, KGV 15, Div. 2 %					
OSRAM	**LED 400**	08.07.13	24,00 €	**48,65 €**	**+6 %/+87 %**
MDAX, Beleuchtungsprodukte, volle Lichtwertschöpfungskette, KGV 16, Div. 1,8 %					
RIB Software	**A0Z 2XN**	08.02.11	8,67 €	**13,85 €**	**+2 %/+57 %**
TecDAX, Software Bauwesen, Planung/Ausführung/Infrastruktur, KGV 26, Div. 2 %					

Aktien/Unternehmen	WKN	IPO-Tag 13/14/15	Emissionspreis	Kurs 16.10.15	Kursverlauf 1/2 + 1 Jahr
Schaeffler	**SHA 015**	09.10.15	12,50 €	**12,25 €**	keine Angabe
Prime St., Autozulieferer, Präzisionskomponenten/Motorsysteme, Börsenw. 2 Mrd. €					
Scout 24	**A12 DM8**	01.10.15	30,00 €	**29,25 €**	keine Angabe
SDAX-Aufstieg, Börsenwert 3,14 Mrd. €, Informationstechnologie/Internetservices					
SHW	**A1J BPV**	07.07.11	26,00 €	**21,85 €**	**-51 %/-31 %**
Prime St., Fahrzeugindustrie/Bremsscheiben, KGV 7, Ergeb. 2,9/2,8 €, **Div. 6,1 %**					
Siltronic	**WAF 300**	11.05.15	31,50 €	**25,60 €**	keine Angabe
Prime Standard, Wafer-Produktion Reinst-Silizium für Halbleiter, KGV 16, Div. 0 %					
SIXT Leasing	**A0D PRE**	07.05.15	20,40 €	**18,20 €**	keine Angabe
SDAX, Mobilitätsdienstleister Autoleasing, KGV 14, Ergeb. 0,9/1,1/1,3 €, **Div. 2,7 %**					
Stabilus	**A11 3Q5**	23.05.14	21,50 €	**32,00 €**	**-3 %/+57 %**
SDAX, Gasdruckfedern/hydraulische Dämpfer, KGV 12, Ergeb. 1,1/1,3 €, Div. 1 %					
Ströer	**749 399**	15.07.10	20,29 €	**49,65 €**	**+46 %/+599 %**
MDAX, Außen-/Onlinewerbung/Plakatmedien, KGV 24, Ergebnis 1,0/2,6 €, Div. 1 %					
Talanx	**TLX 100**	02.10.12	18,00 €	**27,80 €**	**+8 %/+16 %**
MDAX, Versicherung, Garantiezinsabkehr, KGV 8, Ergeb. 3,0/2,8/3,2 €, **Div. 4,7 %**					
Tele Columbus	**TCA G17**	23.01.15	10,70 €	**11,40 €**	**-18 %**/k. Ang.
SDAX, Kabelnetzbetreiber Glasfaser, KGV 32, Ergebnis -1,2/+0,2/+0,4 €, Div. 0 %					
TLG Immob.	**A12 B8Z**	24.10.14	10,88 €	**16,10 €**	**+9 %**/k. Ang.
SDAX, Gewerbeflächen Ostdeutschland, Büros/Einzelhandel, KGV 15, **Div. 3,7 %**					
Tom Tailor	**A0S TST**	11.07.13	16,50 €	**5,95 €**	**-49 %/-45 %**
Prime St., Produktlinien junge Mode, KGV 8, Ergebnis 0,3/0,2/0,7 €, Div. 1,7 %					
Vonovia	**A1M L7J**	11.07.13	16,50 €	**26,95 €**	**-9 %/+32 %**
DAX, vormals Dt. Annington, Verwaltung bezahlbarer Wohnraum, KGV 5, **Div. 5,5 %**					
Zalando	**ZAL 111**	01.10.14	24,00 €	**29,10 €**	**+3 %/+60 %**
MDAX, Online-Versandhändler Schuhe/Mode, KGV 51, Ergebnis 0,4/0,6 €, Div. 0 %					

Tipp: Selbst wenn Sie Aktien nicht außerbörslich ordern, lohnt es sich, z. B. beim Brokerhaus **Lang & Schwarz** (WKN 645 932) nachzuschauen, wie viel die Aktien kosten. Liegt der aktuelle Kurs über dem oberen Ende der Preisspanne **Bookbuilding**, deutet dies auf Überzeichnung hin. Dann ist es sinnlos, am unteren Ende der Preisspanne zu limitieren. Wer bei der Zeichnung leer ausgeht, sollte die künftige Entwicklung beobachten und bei Kursschwäche beherzt zugreifen. Es hat sich schon oft gelohnt, ein paar Wochen oder Monate mit dem Einstieg zu warten.

2.12 Gefallene Engel und Verlierer chancenlos ohne Digitalisierung und Industrie 4.0

Warum der zweistellige Absturz? Den Anschluss verloren mit veraltertem Geschäftsmodell und verschlafener Digitalisierung? Überbordende Verluste als Folge von Skandalen und Misswirtschaft? Oder trotz steigender Umsätze Ertragsrückgang wegen Übernahme und höherem Aufwand für Internationalisierung, Forschung und Entwicklung?

Die Gründe für den Börsenabsturz sind vielfältig. Nicht jeder, der zu Boden geht, steht wieder auf. Aber es gibt die Verlierer von vorgestern und gestern, die sich wieder aufrichten. Sie meistern die schwere Krise durch Aufbau eines zukunftsfähigen Geschäftsmodells mit Selbstkritik, Umstrukturierung, Kostensenkung, einer neuen Firmenkultur und Wechsel in der Führungsspitze. Dies alles wird gestützt durch Zuversicht, Engagement, Innovation und den Glauben, tatsächlich Berge versetzen zu können. Zu den im Abgrund versunkenen einst börsennotierten gefallenen Engeln zählen die früheren internationalen Großkonzerne **Worldcom** (Untergang durch Skandal), **Lehman Brothers** (falsche Bilanzierung) und **Eastman Kodak** (verschlafene Digitalisierung im Foto- und Filmmarkt), um nur einige Beispiele zu nennen.

Bedrohlich sah es zeitweilig für den DAX-Halbleiter-Konzern **Infineon** (Tiefstkurs 0,39 €), den finnischen Handyhersteller **Nokia** (Tiefkurs 1,33 €, Klapphandy und Smartphones verschlafen) und die anfangs geliebte, danach gehasste „Volksaktie" **Deutsche Telekom** aus, von über 100 € auf 7,50 € abgestürzt. Durch den Ausstieg aus der Kernkraftenergie mit erzwungenem Abschalten mehrerer Kraftwerke nach dem schweren GAU in Japan traf es auch die deutschen Versorger **RWE** und **E.ON** hart. Bei RWE lautet der Höchstkurs rund 100 €, der Tiefstkurs ca. 9 €. E.ON verbuchte ein Allzeithoch von rund 50 € und ein Allzeittief von etwa 7 €. Hinzu kommt die gekürzte Dividende. Heute richten sich beide Konzerne auf erneuerbare Energien aus – ein beschwerlicher, hoffentlich erfolgreicher Weg.

Auf Verlierer setzen oder Börsenstars bevorzugen? Dies ist eine strategische Frage. Das eine schließt das andere nicht aus. Im lange anhaltenden schwankungsarmen Bullenmarkt setze ich eher auf die Sieger, getreu dem Motto: *„Der Trend ist dein Freund."* Bei scharfer Korrektur und Crash, begleitet von riesigen Kursschwankungen, greife ich auf Aktien mit hohem Kursverlust zurück, vorausgesetzt, das Geschäftsmodell überzeugt mit Blick auf den demografischen und globalen Wandel. Die Kurslisten zeigen die Verliereraktien von DAX & Co., Dow Jones, Euro Stoxx 50 und Stoxx 50 binnen 52 Wochen seit 20. Oktober 2015.

Deutsche Aktien: größte Verlierer innerhalb eines Jahres					
Aktien/ Fima	**WKN**	**Minus 2015**	**Kurs 20.10.15**	**Hoch/Tief 52 Wochen**	**Kursverlauf 1, 3, 5 Jahre**
Kursentwicklung beim Leitindex DAX im Jahresverlauf bis 13.10.15					
Den 5 Verlierern standen folgende 5 Sieger gegenüber: Fresenius (+33 %), Adidas (+31 %), Dt. Börse (+29 %), Beiersdorf (+20 %), Infineon (+18 %).					
RWE	703 712	-51 %	12,65 €	29,80/9,20 €	-51/-64/-74 %
VW Vz	766 403	-43 %	106,30 €	255,2/92,35 €	-36/-32/+10 %
E.ON	ENA G99	-36 %	9,10 €	15,45/7,15 €	-25/-47/-56 %
ThyssenKr.	750 000	-17 %	17,10 €	26,30/15,25 €	-1/-4/-32 %
Commerzb.	CBK 100	-12 %	9,75 €	13,30/9,25 €	-8/-14/-74 %
Kursentwicklung beim TecDAX im Jahresverlauf bis 13.10.15					
Den Verlierern standen folgende 5 Sieger gegenüber: SMA Solar (+150 %), GFT (99 %), XING (+90 %), Nordex (+81 %) und Nemetschek (+77 %).					
Aixtron	A0W MPJ	-47 %	5,00 €	10,55/4,95 €	-50/-47/-74 %
MorphoSys	663 200	-26 %	56,95 €	86,70/52,10 €	-17/+117/+222 %
LPKF Laser	645 000	-24 %	8,25 €	13,55/7,15 €	-31/+5/+29 %
Drägerwerk	555 063	-12 %	73,95 €	122,0/63,35 €	-11/-20/-1 %
Cancom	541 910	-11 %	31,65 €	41,30/25,70 €	+16/+205/+363%
Kursentwicklung beim MDAX im Jahresverlauf bis 13.10.15					
Den 5 Verlierern standen folgende 5 Sieger gegenüber: DMG Mori (+50 %), Gerresh. (50 %), Rheinmetall (+48 %), Osram (+44 %), Airbus (+38 %).					
ElringKling.	785 602	-35 %	18,70 €	32,20/16,85 €	-17/-15/-23 %
LEONI	540 888	-28 %	35,55 €	62,80/35,55 €	-18/+24/+24 %
Bilfinger	590 900	-20 %	37,30 €	59,65/32,00 €	-22/-50/-30 %
Wacker Ch.	WCH 888	-20 %	72,65 €	115,1/65,80 €	-15/+58/-50 %
Klöckner	KC0 100	-8 %	8,25 €	10,10/7,00 €	-8/+3/-47 %
Kursentwicklung beim SDAX im Jahresverlauf bis 13.10.15					
Den 4 Verlierern standen 5 Sieger gegenüber: König & Bauer (+170 %), Patrizia (107 %), Ströer (+99 %), CapitalStage (+84 %), Zooplus (+72 %).					
Gerry Weber	330 410	-56 %	15,15 €	36,70/13,05 €	-47/-55/-9 %
Tom Tailor	A0S TST	-51 %	5,90 €	13,95/4,80 €	-43/-62/-56 %
SHW	A1J BPV	-41 %	21,95 €	49,15/19,65 €	-36/-26 %/k. A.
Biotest Vz	522 723	-40 %	18,90 €	37,75/17,90 €	-28/+19/+50 %

Euro Stoxx 50 (Eurozone): größte Verlierer in einem Jahr					
Aktien/ Fima	**WKN**	**Minus 2015**	**Kurs 21.10.15**	**Hoch/Tief 52 Wochen**	**Kursverlauf 1, 3, 5 Jahre**
Den 5 Verlierern standen folgende 5 Sieger gegenüber: Safran (+33 %), Intesa Sanpaolo (+32 %), Inditex (+29 %), VINCI (+25 %), LVMH (+22 %).					
Santander	858 872	-26 %	5,10 €	7,05/4,55 €	-21/+12/-21 %
ENGIE	A0E R6Q	-23 %	15,60 €	20,50/13,85 €	-12/-13/-43 %
Schneider	860 180	-14 %	50,10 €	75,00/49,20 €	-10/+1/+1 %
ASML Hol.	A1J 4U4	-10 %	79,40 €	105,1/70,65 €	+10/+92 %/k. A.
NOKIA	870 737	-7 %	6,40 €	7,85/4,90 €	+1/+184/-20 %
Stoxx 50 (Euroland): größte Verlierer innerhalb eines Jahres					
Den 5 Verlierern standen 5 Sieger gegenüber: Novo Nordisk (+35 %), BG Group (+30 %), Imperial Tob. (+28 %), Reckitt B. (+25 %), UBS (+22 %).					
Royal Dutch	A0D 94M	-12 %	24,50 €	29,55/20,30 €	-8/-8/+8 %
Zurich Ins.	579 919	-12 %	233,50 €	319,3/213,1 €	+2/+19/+33 %
HSBC Hol.	923 893	-11 %	7,00 €	9,15/6,50 €	-9/-7/-6 %
Rio Tinto	852 147	-10 %	33,50 €	44,65/28,35 €	-14/-14/-26 %
ABB	919 730	-7 %	16,20 €	20,45/15,10 €	+1/+7/+1 %
Dow Jones (USA): größte Verlierer innerhalb eines Jahres					
Den Verlierern standen 5 Sieger gegenüber: NIKE (+40 %), United Health (+28 %), Home Depot (+26 %), VISA (+21 %) und Walt Disney (+20 %).					
CaterPillar	850 598	-20 %	61,65 €	86,10/56,00 €	-14/-4/+9 %
Wal-Mart	A14 PRL	-18 %	2,10 €	2,45/1,50 €	+19/-3/+26 %
Chevron	852 552	-16 %	79,40 €	104,4/60,40 €	-9/-5/+33 %
Du Pont	852 046	-16 %	50,45 €	76,70/41,45 €	-4/+31/+47 %
Proc. & Ga.	852 062	-15 %	65,35 €	82,60/58,00 €	-1/+24/+44 %
S&P 500 (USA): größte Verlierer innerhalb eines Jahres					
Den Verlierern standen 5 Sieger gegenüber: Newmont M. (+149 %), Amazon (+89 %), Activision (+71 %), Cablevis. (+69 %), Starbucks (+57 %).					
Appollo Gr.	898 968	-67 %	9,40 €	28,15/8,70 €	-52/-38/-64 %
Joy Global	779 633	-62 %	14,45 €	44,15/12,75 €	-64/-69/-70 %
Keurig Gre.	A1X FME	-57 %	44,40 €	126,6/42,25 €	-59/+40/+1364 %
Wynn Res.	663 244	-48 %	60,65 €	151,1/46,60 €	-57/-31/-13 %
Micron Tec.	869 020	-48 %	15,10 €	29,75/11,80 €	-30/+309/+199 %

2.13 Die Börsenlieblinge der Experten – von den Sparbuchfans dennoch verschmäht

Das längere Leben mit ausgedehntem Ruhestand macht Vermögensaufbau und Altersvorsorge notwendig. Aber 86 % der Bundesbürger sind Aktienmuffel. Da hat sich bei Jung und Alt wenig geändert.

Die Frage nach dem wichtigsten Grundsatz bei der Geldanlage beantworteten im Herbst 2015 fast zwei Drittel der Befragten mit ***Sicherheit.*** Für ein Drittel steht die ***Verfügbarkeit*** an erster Stelle. ***Rendite*** ist für einen verschwindend kleinen Teil der Bundesbürger, nicht einmal 7 %, vordringlich. Wäre es anders, würde die schleichende Kapitalvernichtung Sparbuch endlich vom Sockel gestoßen. Auch das Argument der ***Verfügbarkeit,*** also schneller Zugriff, greift nicht.

Brauche ich plötzlich für eine größere Anlage 30.000 €, müsste ich 10 Sparbücher vorlegen, um problemlos diese Summe abheben zu können. Bei einem größeren Langzeitdepot geht dies binnen Minuten. Selbst im Crash gibt es ein paar Aktien, die nahe dem Höchststand notieren. Weshalb sperren sich so viele Deutsche selbst gegen Aktienempfehlungen seriöser Analysten? Warum will die Mehrheit von 85 % weiterhin auf Aktien verzichten? Wieso geschieht dies, obwohl sich deutsche Anleger des Niedrigzinsumfelds bewusst sind und sich enteignet fühlen? Gründe sind fehlendes Aktienwissen und Ausflüchte. Am häufigsten werden genannt:

- **Das Risiko ist mir zu hoch (35 %). Ich kenne mich am Aktienmarkt nicht aus (26,5 %). Mir fehlt die Zeit, mich darum zu kümmern (25,5 %). Ich verfüge nicht über genügend Geld, um in Aktien anzulegen (11,5 %). Die Renditeerwartung im jetzigen Marktumfeld ist mir zu niedrig (1 %). Ich weiß es nicht und kann dazu keine Angaben machen (0,5 %).**

Zum Jahresende 2015 empfehlen Experten als Strategie gegen den Nullzins: dividendenstarke europäische Aktien mit Schwergewicht Deutschland. MDAX und SDAX schneiden seit 10 Jahren besser ab als der DAX. Seit drei Jahren zeigt der TecDAX mit Gesundheitswesen, Software- und Digitalisierungstiteln die beste Kursentwicklung. Bei Immobilien heißt es: mit Aktien, einem ETF oder der eigenen Wohnimmobilie zugreifen. Staatsanleihen bringen kaum Zinsen. Gold und Silber, Öl und Gas notieren nahe dem Abgrund. Schwellenländeraktien sind riskant.

Kluges Stock Picking mit renditestarken Schwergewichten rund um den Globus: Überblick über meist empfohlene Blue Chips

Die Kursliste mit den „Renditekönigen“ bezieht sich auf die Auswahl im HANDELSBLATT, Nr. 197, vom 15. Oktober 2015.

Experten-Auswahl: globale Blue Chips als Renditekönige				
Aktien/ Unternehmen	**WKN**	**Kurs 21.10.15**	**52-Wochen-Hoch/Tief**	**Kursverlauf 1, 3, 5 Jahre**
ACE Limited	**A0Q 636**	98,55 €	108,0/82,80 €	**+21/+62/+132 %**
S&P 500, Schweizer Versicherung; Analysen: kaufen: 18, halten: 8, verkaufen: 0. ACE zählte bereits 2012 und 2013 zu den Topempfehlungen, KGV 11, **Div. 2,5 %**				
American Tower	**A1J RLA**	84,10 €	91,25/73,00 €	**+15/+53/+138 %**
S&P 500, USA, Immobilien-/Telekomfirma mit Spezialgeschäft: Sendemasten, Antennenstellplätze. Analysen: kaufen: 22, halten: 3, verkaufen: 0. KGV 41, Div. 1,6 %				
CVS Health/Care	**859 034**	91,10 €	104,1/65,05 €	**+41/+158/+314 %**
S&P 500, USA, Pharma-/Drogeriehändler mit langem Aufwärtstrend, viermal auf der Empfehlungsliste, Analysen: kaufen: 25, halten: 3, verkaufen: 0. KGV 17, Div. 1,2 %				
Land Securities	**662 289**	18,10 €	19,60/13,55 €	**+37/+81/+136 %**
STXE 600, größter britischer Immobilienfonds, Börsenwert 13,7 Mrd. €. Analysen: kaufen: 17, halten: 7, verkaufen: 0. Ergebnis/Aktie: 11,2/12,8 €, KGV 13, Div. 0,9 %				
MC Kesson	**893 953**	163,55 €	222,7/153,1 €	**+6/+139/+273 %**
S&P 500, kalifornischer Pharmagroßhändler, Übernahme Celesio 2014, Ausbau der Europapräsenz. Analysen: kaufen: 21, halten: 1, verkaufen: 0. KGV 13, Div. 0,9 %				
Medtronic	**A14 M2J**	64,75 €	74,50/51,15 €	**+28/+103/+157 %**
S&P 500, Umzug Medizintechnikgigant nach Dublin, Übernahme des Chirurgiespezialisten Covidien. Analysen: kaufen: 20, halten: 6, verkaufen: 1. KGV 15, Div. 1,4 %				
Roche Holding	**851 311**	236,50 €	270,0/219,0 €	**+6/+50/+113 %**
Stoxx 50, innovativer Schweizer Pharmariese, Forschungs-Schwerpunkte: Krebs, Alzheimer. Analysen: kaufen: 31, halten: 6, verkaufen: 1. KGV 15, **Div.-Rend. 7,8 %**				
Simon Property	**916 647**	180,35 €	184,5/134,9 €	**+37/+55/+159 %**
S&P 500, weltweit größte Immobilienfirma (REIT), Einkaufszentren: Kanada, Japan, USA, Südkorea. Analysen: kaufen: 22, halten: 4, verkaufen: 0. KGV 35, **Div. 3,0 %**				
Quelle für Analysten-Einstufungen: Handelsblatt Nr. 197, 15. Oktober 2015				

Internationale Aktien als Nutznießer wachsender Überalterung

Die umseitige Kursliste bringt bekannte Aktien rund um den Globus, die von der längeren Lebenserwartung und einer damit verbundenen gesellschaftlichen Überalterung besonders profitieren dürften. Voraussetzung für den weiteren Aufschwung ist der Zuschnitt des Geschäftsmodells auf die sich verändernden Bedürfnisse der Verbraucher. Nur wer auf den Digitalisierungs- und Vernetzungstrend mit innovativen Alleinstellungsmerkmalen reagiert, bleibt im Rennen.

Globale Aktienauswahl als Nutznießer der Überalterung

Aktien/ Unternehmen	WKN	Kurs 22.10.15	52-Wochen-Hoch/Tief	Kursverlauf 1, 3, 5 Jahre
Allergan	**A14 U12**	227,50 €	310,0/181,5 €	**+22/+229/+551 %**
S&P 500, Pharma, vormals Actavis, Ergebnis 12,3/13,1/15,4 €, KGV 15, Div. 0 %				
BAYER	**BAY 001**	109,55 €	146,5/103,4 €	**+6/+61/+99 %**
DAX, Großchemie/Pharma/Pflanzenschutz, Ergebnis 2,8/3,0 €, KGV 12, **Div. 4,0 %**				
Daimler	**710 000**	73,50 €	96,05/58,60 €	**+25/+91/+51 %**
DAX, Premium-Autoindustrie, Marke Mercedes, Ergeb. 2,9/3,3 €, KGV 8, **Div. 4,0 %**				
Danaher	**866 197**	79,60 €	85,40/59,20 €	**+17/+67/+106 %**
S&P 500, Technik, elektronische Testsysteme, Ergeb. 3,8/4,4 €, KGV 18, Div. 0,6 %				
Danone	**851 194**	60,35 €	67,30/50,30 €	**+18/+30/+33 %**
Euro Stoxx 50, Milchprodukte/Babynahrung/Gebäck/Getränke, KGV 18, **Div. 2,7 %**				
Estee Lauder	**897 933**	73,55 €	83,70/56,55 €	**+31/+54/+528 %**
S&P 500, Luxusprodukte Haut-/Haarpflege/Parfüms/Make-up, KGV 26, Div. 1,1 %				
FMC	**578 580**	75,00 €	82,30/53,80 €	**+30/+28/+68 %**
DAX, Fresenius Medical Care, Schwerpunkt Dialyse-Technik, KGV 19, Div. 1,2 %				
Harley Davidson	**871 394**	42,30 €	59,30/41,90 €	**-15/+25/+89 %**
S&P 500, USA, Motorräder mit Kultstatus, Ersatzteile/Zubehör, KGV 13, Div. 1,9 %				
Johnson & John.	**853 260**	86,50 €	96,70/73,20 €	**+10/+56/+88 %**
Dow Jones, USA, viele Gesundheitsprodukte, Pharmaforschung, KGV 15, **Div. 3 %**				
LVMH	**853 292**	158,35 €	176,5/119,7 €	**+32/+33/+46 %**
Euro Stoxx 50, Luxusprodukte: Wein/Spirituosen/Mode/Leder, KGV 18, Div. 2,3 %				
Novartis	**904 278**	80,75 €	99,15/68,95 €	**+18/+68/+92 %**
Stoxx 50, CH, forschender Pharmariese, Spezialmedikamente, KGV 16, **Div. 3,1 %**				
Novo-Nordisk	**A1X A8R**	47,25 €	55,25/33,80 €	**+36/+84/+235 %**
Stoxx 50, finnischer Pharma-/Biotechkonzern, Insulinpräparate, KGV 23, Div. 1,7 %				
Roche Holding	**851 311**	237,75 €	269,7/218,3 €	**+6/+59/+113 %**
Stoxx 50, CH, forschungsstarker Pharmariese, Krebs/Demenz, KGV 16, **Div. 3,2 %**				
Royal Carib. Cruis.	**886 286**	82,40 €	86,65/48,85 €	**+75/+239/+230 %**
S&P 500, Norwegen, Schifffahrt/Touristik, Kreuzschiffreisen, KGV 15, Div. 1,3 %				
Sonova	**893 484**	120,25 €	140,0/110,5 €	**+3/+51/+35 %**
STXE 600, Schweiz, Technologie, Weltmarktführer Hörgeräte, KGV 23, Div. 1,5 %				

2.14 Kapitalerhöhungen als Alternative zu den in Verruf geratenen Mittelstandsanleihen?

Kapitalerhöhungen ersetzen zunehmend die früher boomenden Hochzins-Mittelstandsanleihen. Eine mehrjährige Laufzeit, verknüpft mit einem Zinssatz von 4 bis 8 % erwies sich als Bumerang; denn die Umsatzerlöse lagen nicht selten unter den Schuldzinsen. Vor diesem Hintergrund gelten Kapitalerhöhungen als interessante Alternative.

Sobald eine AG eine Kapitalerhöhung ankündigt, führt die erste Reaktion an den Börsen wegen des Verwässerungseffekts gewöhnlich zu Kursverlusten, vor allem bei geringem Preisabschlag. Abhängig davon, wozu die Finanzspritze dient und wie erfolgreich die Platzierung verläuft, sind auch positive Reaktionen denkbar. Die Kapitalerhöhung kann mit Bezugsrechten oder einem Bezugsrechtausschluss für Altaktionäre verbunden sein.

In schwierigen Börsenzeiten sind Kapitalerhöhungen zwar für viele Firmen wichtig, um Eigenkapitalbasis und Bilanzstruktur zu stärken; aber sie sind bei angespannter Marktlage schwerer durchführbar. Dies bewirkt, dass die Banken Fremdkapital nur zu höherem Zinssatz oder gar nicht gewähren, also Expansions-, Übernahme-, Forschungs- und Entwicklungsvorhaben, Einführung neuer Produkte und Internationalisierung zurückzustellen sind. Werden Kreditlinien nicht verlängert, kann dies das Aus für eine Firma bedeuten. Sie sollten also wissen, worauf Sie sich einlassen. Warum will die AG ihr Kapital erhöhen? Wesentliche Beweggründe sind:

- **Finanzierung organisches Wachstum, Ausbau operatives Geschäft**
- **Finanzierung externes Wachstum mittels Fusionen und Übernahmen**
- **Verbesserung der Bilanzstruktur durch eine höhere Eigenkapitalquote**
- **Verringerung der eigenen Verbindlichkeiten, also Schuldenabbau**
- **Höhere Liquidität durch Ausgabe junger Aktien (mehr Streubesitz)**

Wann Bezugsrechte wahrnehmen? Wann besser verzichten und Ansprüche verkaufen, sofern ein solcher Handel stattfindet?

Dient die Kapitalerhöhung allein dazu, die hohe Verschuldungsquote herunterzufahren, sollten Sie Ihr gutes Geld nicht dem schlechten hinterher werfen! Anders verhält es sich, wenn die fundamentalen Daten überzeugen. Die Kapitalerhöhung wird durchgeführt, um eine positiv beurteilte Übernahme zu finanzieren, wichtige Forschungsvorhaben zu verwirklichen, Investitionen zu tätigen, weitere Produktlinien aufzubauen und neue Wachstumsmärkte zu erobern.

Bejahen die institutionellen Anleger die Kapitalspritze, sollten auch Sie mitmachen, sofern als Anreiz ein zweistelliger Preisabschlag winkt. Wichtig ist das Bezugsverhältnis. Wenn Sie nur ein paar junge Aktien bekommen, können die Transaktionskosten höher sein als der Preisabschlag.

Kapitalerhöhungen setzen voraus, dass auf der HV zumindest 75 % des vertretenen Aktienkapitals (pro Aktie eine Stimme) dieser Maßnahme zustimmen. Bei einer Barkapitalerhöhung durch Ausgabe „junger" Aktien werden dem Altaktionär Bezugsrechte und ein Bezugspreis zu bestimmten Bedingungen eingeräumt.

- **Hände weg!** Dient die Kapitalerhöhung dazu, die drohende Insolvenz abzuwenden bzw. die Schulden herunterzufahren, heißt die Konsequenz: Beteiligen Sie sich nicht! Das Verlustrisiko ist hier größer als die Gewinnchance.
- **Mitmachen!** Überzeugt das Unternehmensziel, ist zu überlegen, sich noch vor Beginn der Kapitalmaßnahme mit Aktien einzudecken, sofern der Preis deutlich unter dem aktuellen Kurs liegt. Jetzt besitzen Sie genug Aktien, damit sich bei ungünstigem Bezugsverhältnis die neuerlichen Transaktionskosten rechnen.
- **Augen auf bezüglich Preisangaben!** Fair ist es, wenn das Unternehmen beim Zeichnungsangebot für die jungen Aktien einen verbindlichen Preis angibt, der wegen des Verwässerungseffekts, aber auch um attraktiv zu sein, mindestens 10 % unter dem jetzigen Kurs liegt. Vertretbar ist es, wenn bei unruhigem Börsenklima eine Unter- und eine Obergrenze genannt werden. Schlecht und strategisch unklug ist es, wenn überhaupt keine Preisangabe erfolgt. Als Reaktion winkt ein sinkender Aktienkurs. Möglicherweise ist der reguläre Nachkauf nun sogar günstiger. Wichtig ist das Zuteilungsverhältnis. Erhalten Sie z. B. für fünf Aktien nur ein neues Papier, so übersteigen die Transaktionskosten vielleicht den Preisabschlag.

Im Rückblick hat es sich oft gerechnet, Kapitalerhöhungen mitzumachen. Dies galt in jüngerer Zeit insbesondere für **Rio Tinto** (16 €, Juli 2009), aber auch für **AXA**, **Eckert & Ziegler** sowie **Klöckner & Co.** Richtig gelohnt hat es sich für mich zurückliegend bei **Allianz** (41 €, April 2003), **DMG Mori Seiki** (4,15 €, Juni 2004), **Munich Re** (78 €, Nov. 2003) und **SGL Carbon** (8 €, Febr. 2004). Aus dem Jahr 2013 ist die erneute Kapitalerhöhung von **DMG Mori Seiki**, MDAX, für 14,50 € zu erwähnen, durch Fusion mit Gildemeister entstanden, Kurs Oktober 2014 rund 23 €. Neu hinzu kam die Kapitalerhöhung der **Deutschen Bank** zum Preis von 22,50 € im Juni 2014. Mit **Telefónica Deutschland** gab es im TecDAX eine Kapitalerhöhung im Verhältnis 1:1 zum Preis von 3,20 €. Aktuell ist die große Kapitalerhöhung von **Dt. Annington** (16,50 €, Juli 2015) zu nennen. Ohne diese Maßnahme wäre der Aufstieg in den DAX (Absteiger Lanxess) als erstes Immobilienunternehmen mit neuem Namen **Vonovia** wohl kaum geglückt.

2.15 Mehr Kriminalität durch Demografie und Digitalisierung am Grauen Kapitalmarkt

Wer als Unternehmer die Digitalisierung verschläft, dem drohen Absturz und Insolvenz. Wer als Anleger nicht wachsam ist, wird durch den Megatrend Digitalisierung/weltweite Vernetzung wohl noch leichter das Opfer gieriger Finanzbetrüger am Grauen Kapitalmarkt sein. Professionelle Anlagebetrüger gab es schon im 19. Jahrhundert. Die Maschen verändern sich mit den Trends und dem technologischen Fortschritt. Der Kern bleibt gleich: anfangs das Vertrauen der Opfer gewinnen; sie danach trickreich um ihr Vermögen bringen. Zielgruppe sind allein lebende Seniorinnen, mit denen betrügerische Märchenerzähler auf Tränendrüsen drücken, aber auch betuchte Erwerbstätige. Wer als unerfahrener Internetnutzer Finanzgeschäfte online abwickelt, ist besonders gefährdet, dass Geld von seinem Konto abgegriffen wird.

Ich hoffe, Sie zählen nicht zu den geprellten Anlegern, die durch windige Geschäfte der Kriminellen am Grauen Kapitalmarkt empfindliche Vermögensverluste erlitten. Sie sollten nicht zu den Leuten gehören, die alljährlich 20 bis 40 Mrd. € in die weit aufgerissenen Mäuler gieriger Finanzhaie stopfen. Die Dunkelziffer ist hoch, genährt von Verdrängung und Scham, die üblen Tricks nicht durchschaut zu haben. Dies kratzt gewaltig am Selbstwertgefühl. Im Schnitt liegt der Schaden bei 35.000 €. Die Anlage in geschlossene Schifffonds erwies sich als Milliardengrab. 450 dieser Fonds gingen Pleite. Das einstige Prestigemodell des Grauen Kapitalmarkts ist tot – ein Schaden von 30 Mrd. € für deutsche Anleger.

Bekannte Finanzbetrüger: Absturz von großer Höhe in den Abgrund

- **Der gelernte 43-jährige Bäcker Markus Frick war einst als TV-Moderator mit seiner eigenen Show „Make Money“ beim Nachrichtensender N24 aktiv, schrieb Börsenliteratur und gab einen E-Mail-Aktienbrief heraus.** Das Abo für seinen E-Mail-Service kostete jährlich 890 €. Er jubelte wertlose Aktien, vor allem russische Öltitel, hoch, verkaufte selbst beim Höchststand und manipulierte die Kurse. So ergaunerte er knapp 2 Mio. €. Die 30 Geschädigten erlitten einen Verlust von zusammen 625.000 €, im Schnitt rund 21.000 €. Sein Buch *„Das Geld liegt auf der Straße“* ist jetzt für ein paar Cent zu erwerben. Mehr kosten die von ihm empfohlenen Aktien, soweit sie noch gehandelt werden, auch nicht. Das Landgericht Frankfurt verurteilte den fehlgeleiteten Bäcker zur Haftstrafe von 2 Jahren und 7 Monaten.

- **Stephan Schäfer und Jonas Köller, die beiden Geschäftsführer von S&K, ließen es bei Partys so richtig krachen und lebten in Saus und Braus.** Die Frankfurter Staatsanwaltschaft schätzt den Schaden auf rund 250 Mio. €. Mit einem vom TÜV abgesegneten Schneeballsystem wurden 11.000 Anleger über den Tisch gezogen. Der Betrugsnachweis ist bei Schneeballsystemen schwer zu erbringen. Die hohen Lockvogel-Renditen werden vom frischen Kapitalzufluss neuer Anlegergruppen bezahlt. Die Strategie schien jahrelang die von den Kritikern angeprangerten dubiosen Geschäftspraktiken zu widerlegen.

- **Das Unternehmen Nanomatic entwickelt Apps, mit denen man Angehörige und Freunde orten und eine Kommunikation über die Software aufbauen kann.** Im sozialen Netzwerk **XING** ist kein Wort darüber zu lesen, dass Firmengründer **August Bodo Schnabel** in den Zeiten des Neuen Marktes massenweise „Umsatz-Luftbuchungen" mit seinen Comroad-Produkten vornahm und den Aktionären reißenden Absatz vortäuschte. Für diesen Betrug musste er sieben Jahre im Gefängnis absitzen. Laut „Wirtschaftswoche" trudeln nun auch Beschwerden über das neue Unternehmen Nanomatic ein.

- **Einst zählte Bernhard „Bernie" Madoff zur Elite von Wall Street. Er war Verwaltungsratsvorsitzender der Technologiebörse NASDAQ.** Heute sitzt er eine lebenslängliche Haftstrafe ab. Auch Madoff nutzte Schneeballsysteme. Er versprach großartige Renditen, die er mit dem frischen Geld von Neukunden bezahlte. *„Die ganze Zeit fragten mich Leute, wie ich es anstelle. Ich sagte es nicht – und trotzdem investierten sie weiter!"* Seine Meinung: selbst schuld.

- **Den Schaden, den der Schwabe Ulrich Engler anrichtete, schätzen US-Wirtschaftsprüfer auf 500 Mio. Dollar.** Vermutlich gibt es 3.000 bis 5.000 Geschädigte. Engler behauptete, er handle vorbörslich, mache „Day Trading" und fahre eine konservative Strategie. Tatsächlich war er gar nicht an der Börse aktiv, sondern baute ein Netz aus Unterhändlern auf, die bei Privatanlegern mit Prospekten, erfundenen Gütesiegeln und der Erfolgsstory ihres Chefs warben.

- **In jüngster Zeit gerieten der Stromanbieter Teldafax, der Börsenneuling HESS, der Windkraftentwickler Windreich und S&K, ein Anbieter von Immobilienfonds, wegen Betrugsverdachts in die Fänge der Staatsanwälte.** Deutschland gilt als Paradies für kriminelle Finanzjongleure, die Privatanlegern das Geld aus der Tasche ziehen.

Die Erstkontakte laufen häufig über Cold Calls, Online-Klicks und Bargeldabhebung am Bankautomaten ab. Die Einfangmethoden werden immer brutaler. Versprochene Traumrenditen enden im Totalverlust. Ein El Dorado für den Anlagebetrug am Grauen Kapitalmarkt sind Schneeballsysteme. Sie werden anfangs kaum als Betrugsmasche wahrgenommen, gibt es doch zunächst mehr Sieger als Verlierer.

Wer heute noch eine Bank überfällt, scheint nicht begriffen zu haben, dass es viel leichter ist, sich auf andere kriminelle Weise Fremdmittel anzueignen. Schneeballsystem-Betrüger treten nicht als die im Verborgenen arbeitenden Leisetreter auf. Viele der mit raffinierten Fälschungen hantierenden Betrüger propagieren so lange ihre Produkte aggressiv, bis mangels nachrückender Anlegergruppen ihr Finanzsystem zusammenbricht und riesige Summen verschwinden. Die Finanzinstrumente werden unterschiedlich verpackt angeboten, als steuerbegünstigte Formen der Altersvorsorge, Beteiligungen, Termingeschäfte und Aktien.

Ihre Selbstanalyse als Schutz vor gefräßigen Anlagebetrügern

- **Ruft Sie jemand ungebeten an,** obwohl dies im Anlagesektor verboten ist, so legen Sie sofort auf. Lassen Sie es gar nicht erst zu einer Gesprächsterminvereinbarung kommen. Sie werden sonst leicht über den Tisch gezogen.
- **Verspricht Ihnen der Finanzberater nach geglücktem Einschleichmanöver eine Traumrendite?** An dieser Erkenntnis führt kein Weg vorbei: Je höher die Chance, umso größer ist auch das Spekulationsrisiko.
- **Wird Ihnen ein „Exklusivgeschäft" vorgegaukelt** und gleichzeitig Terminzeitdruck aufgebaut? Jetzt sollten alle Warnlampen dunkelrot aufleuchten.
- **Verzichtet der Anbieter auf eine Vermögensanalyse?** Seriöse Finanzberater nehmen diese Verpflichtung ernst.
- **Weicht Ihr Geschäftspartner mit geschickten Manövern aus,** wenn er sein Produkt genau erklären und Referenzen von anerkannten Instituten bzw. Organisationen vorlegen soll? Sie sollten das hinterhältige Taktieren durchschauen und merken, dass hier etwas nicht stimmt.
- **Versucht der Finanzberater, Sie zum Testgeschäft mit raschem Abschluss zu ködern?** Das kleine Probegeschäft mit der versprochenen hohen Rendite läuft redlich ab, um Vertrauen aufzubauen und den großen Deal einzuleiten, der Sie in den finanziellen Ruin treiben wird.
- **Hände weg, wenn der Firmensitz in einem exotischen Land liegt.** Schlecht ist es, wenn Sie ins Ausland überweisen sollen. Spätere Überprüfungen sind kaum möglich. Leicht verliert sich bei Briefkastenfirmen die Spur.
- **Manipulationshinweise liefern leere Seiten in unübersichtlichen, schwer verständlichen Vertragswerken.** Hier wird gern nachträglich kopiert und damit der Inhalt verfälscht. Hüten Sie sich auch vor Fallstricken im Kleingedruckten.

Der beste Tipp: Sie sparen sich eine mühsame Selbstanalyse, wenn Sie den ersten Kontaktversuch konsequent abbrechen: Hörer auflegen, jede E-Mail mit Pauschalbetreff und unbekanntem Absender sofort löschen.

Noch ein Hinweis: Der Graue Kapitalmarkt deckt alle Formen ab, die nicht von der Bundesanstalt für Finanzdienstleistungsaufsicht (BaFin) kontrolliert werden. Derzeit wird an einem Regelwerk gearbeitet, um Finanzhaie daran zu hindern, unerfahrenen Anlegern das Fell über die Ohren zu ziehen. Auch hier gilt: Wissen ist Macht.

Comeback der Betrüger in unsicheren Zeiten

Die Trennlinie zwischen dem seriösen Kapitalmarkt und dem unkontrollierten Grauen Markt ist unscharf, weil Banken ähnliche Finanzprodukte anbieten. Die betrügerischen Geschäftsmodelle reichen von Immobilienbeteiligungen über Währungsspekulationen und geschlossene Spezialfonds bis hin zu Termingeschäften. Da sind verbotene unverlangte Telefonanrufe mit dem Angebot *„hochinteressante Anlagemöglichkeiten mit Spitzenrendite"* ein Warnsignal. Mit Finesse bearbeiten dubiose Finanzjongleure besser verdienende Freiberufler und Akademiker, eine Klientel, die selbst glaubt, nie in die Fänge von Abzockern zu geraten. Mit gewandtem Auftritt, gepflegten Umgangsformen und Statussymbolen wie teuren Uhren und großen Limousinen werden Opfer hofiert. Die auf wohlhabende Klientel angesetzten Finanzhaie pflegen Eitelkeiten, streuen Komplimente ein, tun alles, damit sich die Kundschaft wohl fühlt und davon absieht, das dubiose Angebot genau zu prüfen. Beißt das Opfer an, wird Druck aufgebaut: *„Eine einmalige Chance. Wir können diese günstigen Konditionen bei der großen Nachfrage nur diese Woche garantieren!"* Es empfiehlt sich, Rat bei einem auf das Kapitalmarktrecht spezialisierten Juristen zu suchen und im Schadensfall bei Gericht zu klagen.

Raffinierte Finanzhaie bauen Misstrauen ab, indem sie sich anfangs mit kleinem Einsatz begnügen und die prozentual hohe Rendite sofort auszahlen. Dieser vor allem in Schneeballsystemen ausgelegte Köder befeuert die Geldgier und bereitet den Boden für den Großabschluss. Geschieht dies, dürfte der gutgläubige Anleger vergebens auf Kapitalerträge warten. Jetzt ist der Totalverlust vorprogrammiert.

- **PROKON sammelte rund 1,4 Mrd. € bei 74.000 Anlegern ein, obwohl es schon frühzeitig Warnungen von Verbraucherschützern gab.**
- **Die S&K-Immobiliengruppe wurde im Februar 2013 zahlungsunfähig. Die Staatsanwaltschaft in Frankfurt schätzt den Schaden auf 250 Mio. €.**
- **Bei INFINUS bangen 40.000 Anleger um ihre Ersparnisse.** Sie investierten in Schuldverschreibungen, die der Finanzdienstleister vertrieb. Die Infinus-Gruppe brach im Herbst 2013 zusammen. Die Anklage des Landgerichts Dresden spricht im Prozess Mitte November 2015 von bandenmäßigem Betrug. Mancher Anleger mag nicht glauben, auf raffinierte Verbrecher hereingefallen zu sein.

❸ Mit den passenden ETFs auf der Überholspur

3.1 Warum boomen Indexfonds? Der Aufwärtstrend wird sich künftig noch verstärken

Die drei Buchstaben ETF, Abkürzung für Exchange Traded Funds, zogen anfangs nur Profis an. Immer mehr Privatanleger erkennen, wie vorteilhaft die an der Börse gehandelten passiv gemanagten Indexfonds sind – zum Leidwesen von Banken, die an Aktienfonds mehr verdienen als an ETFs mit den niedrigen Gebühren von durchschnittlich 0,3 %. 2000 gab es 2 Produkte, heute über 1.000, mit einem Anlagevermögen von einer halben Billion €. Unter der großen Menge leidet allerdings die Überschaubarkeit. Selbst Multimilliardär Warren Buffett ist offen für die boomende Branche und empfiehlt ETFs.

Die Zukunft für dieses im Kern bei passivem Management leichtverständliche und preiswerte Anlageprodukt erscheint rosig. Bis 2020 kann sich das in Indexfonds investierte Vermögen auf eine Billion € verdoppeln. Die USA gelten als Heimatmarkt der börsengehandelten Indexfonds. Weltweit erreicht das Volumen mit alljährlichen Wachstumsraten zwischen 15 und 30 % rund 3 Billionen US-Dollar, wobei der weltweit größte Vermögensverwalter **Blackrock** (WKN 928 193) mit der knappen Hälfte aller Marktanteile ganz vorn liegt.

Der anfangs klar und einfach strukturierte ETF-Markt mutiert – wie zuvor der Zertifikate-Sektor – zum unübersichtlichen, komplizierten, mit Begriffswirrwarr verbundenen Multiproduktmarkt. Gegenüber dem Original-Index werden die Gewichtung verändert, der ETF nach Dividendenhöhe ausgerichtet, auf steigende (Long) oder fallende Kurse (Short) gesetzt, eine ausschüttende oder anlegende Form (thesaurierend) angeboten bzw. Währungsrisiken zwischen Euro und Dollar (Quanto) beseitigt. Was den Aufwärtstrend bei Privatanlegern hierzulande noch ausbremst, ist die Tatsache, dass sich viele Depotbanken davor drücken, ETFs überhaupt bzw. fair zu handeln. Zudem ist das ETF-Wissen der meisten Bundesbürger so gering wie der Guthabenzinssatz – nahe Null. Manager Michael **Grüner** vom Weltmarktführer **Blackrock** berichtet: *„Immer mehr Investoren wollen die Instrumente nicht nur für das Trading, sondern auch für die langfristige Anlage nutzen.“* Damit dies klappt, hat Blackrock ein Basisangebot von 10 Produkten gebildet und die Gebühren jeweils um die Hälfte auf 0,20 % pro Jahr gesenkt.

ETFs verstehen sich als preiswerte Alternative zum Kauf von Einzelaktien und folgen der Wertentwicklung eines Index bzw. Börsenbarometers. Da sie wie Aktien als Sondervermögen gelten, entfällt das Emittentenrisiko. Mit einer einzigen Transaktion können Sie alle im Index gelisteten Werte erwerben. So lassen sich mit wenigen ETFs die wichtigsten Märkte preiswert abdecken. Dies ist vor allem interessant, wenn es an Zeit und Geld fehlt, mit Einzelaktien breit zu streuen. Die umseitige Auflistung zeigt meinen ETF-Vorschlag für eine Langfristanlage. Es folgt eine Auswahl, nach Branchen geordnet, und ein Musterdepot-Trio.

Worin unterscheiden sich aktiv und passiv gemanagte ETFs?

Beim aktiv gemanagten ETF entscheiden Expertenteams über die Zusammensetzung. Ein passiv gemanagter Indexfonds ist ein exakter Index-Nachbau im Verhältnis 1:1. Er schneidet weder besser noch schlechter als die Benchmark ab. Beim aktiv gemanagten ETF lässt sich durch strategische Veränderung die Rendite steigern. Aber auch das Risiko nimmt zu. Hier gewichten die Fondsmanager z. B. einzelne Titel gegenüber dem Vergleichsindex höher oder tiefer bzw. berücksichtigen nur die besten Aktien. Allerdings verwischen sich dadurch die Grenzen gegenüber Aktienfonds. Muss dies sein? Warum nicht ETFs passiv und Aktienfonds aktiv?

Weshalb sind Indexfonds so beliebt?

Dies liegt an der hohen Transparenz und günstigen Kostenstruktur. Jedoch geht viel von der früheren Übersicht und leichten Verständlichkeit verloren. Immer mehr Mischgebilde erobern den Markt – darunter spekulative Long- und Short-Produkte. Es wird Zeit, einen Riegel vorzuschieben auf dem Weg zum Begriffswirrwarr, wie im Zertifikate-Markt zu beobachten. Wer die Privatanleger an die Börse zurückholen will, muss Vertrauen aufbauen und allgemeinverständliche Produkte anbieten, also passiv gemanagte ETFs mit einprägsamen Namen.

Alljährlicher Gebührenvergleich: ETF und Fonds im Mittel

Produktgruppe	ETF	Aktiv gemanagte Fonds
Aktien Europa	0,3 %	1,9 %
Aktien weltweit	0,5 %	1,9 %
Anleihen/Renten	0,2 %	1,0 %

Da ein ETF zum Sondervermögen zählt, verlieren Sie nicht Ihr Geld, wenn der Emittent, also die ausgebende Kapitalgesellschaft, pleitegeht. Mit einer einzigen Transaktion können Sie alle im Index gelisteten Werte erwerben. Lassen Sie sich von Ihrer Bank nicht zu anderen Produkten überreden. ETFs erleichtern den Zugang zu neuen Märkten. Preiswerte innovative Anlagekonzepte sind gefragt. Dazu zählen die beliebten Branchen-ETFs, z. B. Pharma oder Autoindustrie.

Alphabetische ETF/ETC-Auswahl globale Marktabdeckung

Markt, Index, Name Emittent	WKN	Kurs 25.09.15	Hoch/Tief 1 Jahr	Entwicklung 1, 3, 5 Jahre
Asian Pacific	A0J 203	21,20 €	29,35/19,75 €	-25/-15/+9 %
iShares/Pac. Div.	Währung $, Umfang 334 Mio. €, Gebühr 0,59 %, ausschüttend			
Biotech	657 791	293,05 €	376,0/194,7 €	+41 %/keine Angabe
ISHSTR Nasdaq B.	Kein Ansparplan, Auflage 2001, Gebühr 0,48 %, ausschüttend			
Bric	A0M U3U	38,00 €	54,20/36,15 €	-14/-11/-17 %
RBS Market BRIC	Volumen 15 Mio. €, Alter 8 J., Gebühr 0,65 %, thesaurierend			
DAX	593 393	85,80 €	110,3/74,15 €	-2/+26/+45 %
iShares core DAX	Volumen 84 Mrd. €, Alter 15 J., Gebühr 0,15 %, thesaurierend			
DivDAX	263 527	13,90 €	19,10/12,90 €	-9/+16/+29 %
iShares DivDAX	Volumen 540 Mio. €, Alter 10 J., Gebühr 0,3 %, ausschüttend			
DivEuropa	263 529	15,75 €	18,60/13,95 €	-1/+11/+6 %
iShares Stoxx Div.	Volumen 401 Mio. €, Alter 10 J., Gebühr 0,30 %, ausschüttend			
Edelmetall	A0N 62H	74,40 €	88,45/69,25 €	-3/-30 %/keine Ang.
ETFS Physical PM	ETC, Alter 8 Jahre, Gebühr 0,43 %, Ausübung Barausgleich			
Emerging Markets	DBX 1EM	28,65 €	39,25/25,00 €	-12/-5/-5 %
db x-trackers MSCI	Volumen 1,4 Mrd. €, Alter 8 J., Gebühr 0,45 %, thesaurierend			
Gold, ETC	A0N 62G	99,15 €	113,3/88,70 €	+8/-25/-4 %
ETFS Physical Gold	ETC, Alter 8 Jahre, Gebühr 0,39 %, Ausübung Barausgleich			
Japan MSCI	DBX 1MJ	41,60 €	49,10/33,20 €	+10/+46/+49 %
db x-trackers Jap.	Volumen 1,0 Mrd. €, Alter 9 J., Gebühr 0,40 %, thesaurierend			
MDAX	593 392	171,20 €	193,0/127,9 €	+18/+66/+105 %
iShares MDAX	Volumen 1,4 Mrd. €, Alter 14 J., Gebühr 0,50 %, thesaurierend			
Mid Europa	593 399	39,55 €	45,30/31,40 €	+10/+42/+50 %
iShares Stoxx Mid	Volumen 328 Mio. €, Alter 10 J., Gebühr 0,19 %, ausschüttend			
Minen Gold	A0M MBG	41,70 €	76,35/37,90 €	-37/-75/-73 %
RBS Market Acess	Volumen 63 Mio. €, Alter 9 J., Gebühr 0,65 %, thesaurierend			
MSCI World	DBX 1MW	38,30 €	44,85/31,75 €	+7/+45/+78 %
db x-trackers MSCI	Volumen 1,6 Mrd. €, Alter 9 J., Gebühr 0,35 %, thesaurierend			
NASDAQ-100	A0F 5UF	38,50 €	43,00/28,75 €	+19/+71/+151 %
iShares Nasdaq 100	Volumen 600 Mio. €, Alter 9 J., Gebühr 0,65 %, ausschüttend			

Markt, Index, Name Emittent	WKN	Kurs 25.09.15	Hoch/Tief 1 Jahr	Entwicklung 1, 3, 5 Jahre
Öl & Gas	**A0H 08M**	26,05 €	35,70/24,45 €	**-28/-28/-15 %**
iShares Europe 600	Volumen 216 Mio. €, Alter 13 J., Gebühr 0,45 %, ausschüttend			
Palladium	**A0N 62E**	57,10 €	73,25/43,90 €	**-9/+16/+38 %**
ETFS Metal Pallad.	ETC, Alter 8 Jahre, Gebühr 0,49 %, Ausübung Barausgleich			
Platin ETC	**A0N 62D**	81,20 €	108,90/79,65 €	**-18/-33/-32 %**
ETFS Metal Platin	ETC, Alter 8 Jahre, Gebühr 0,49 %, Ausübung Barausgleich			
Rohstoffe	**A0J K68**	18,20 €	23,90/16,90 €	**-22/-33/-22 %**
RBS Jim Rogers	Volumen 132 Mio. €, Alter 9 J., Gebühr 0,70 %, thesaurierend			
Russland	**DBX 1RC**	15,50 €	21,60/10,20 €	**-22/-34/-27 %**
db x-tr. MSCI Russia	Volumen 133 Mio. €, Alter 8 J., Gebühr 0,45 %, thesaurierend			
SDAX	**ETF 005**	80,05 €	89,20/58,85 €	**+19/+60 %**/neu
Comstage SDAX	Volumen 36 Mio. €, Alter 4 J., Gebühr 0,70 %, thesaurierend			
Silber, ETC	**A0N 62F**	13,00 €	15,85/11,65 €	**-2/-48/-32 %**
ETFS Physic. Silber	ETC, Alter 8 Jahre, Gebühr 0,49 %, Ausübung Barausgleich			
Skandinavien	**A0R EJU**	298,90 €	364,6/260,7 €	**+2/+36/+54 %**
Amundi ETF Nordic	Volumen 359 Mio. €, Alter 7 J., Gebühr 0,25 %, ausschüttend			
Small Europa	**A0D 8QZ**	24,30 €	28,30/19,75 €	**+9/+35/+45 %**
iShares St. Small	Volumen 381 Mio. €, Alter 10 J., Gebühr 0,2 %, ausschüttend			
Südamerika	**LYX 0B0**	18,00 €	27,55/17,20 €	**-32/-38/-44 %**
Lyxor ETF MSCI	Volumen 59 Mio. €, Alter 8 J., Gebühr 0,65 %, thesaurierend			
S&P 500	**622 391**	17,30 €	19,90/14,20 €	**-2/+39/+81 %**
iShares S&P 500 U.	Volumen 8,8 Mrd. €, Alter 10 J., Gebühr 0,40 %, ausschüttend			
Taiwan	**LYX 0CT**	8,65 €	11,85/7,75 €	**-3/+17/+25 %**
MSCI Taiwan C-E	Volumen 34 Mio. €, Alter 8 J., Gebühr 0,65 %, thesaurierend			
TecDAX	**593 397**	16,25 €	17,20/10,25 €	**+36/+105/+113 %**
iShares-TecDAX	Volumen 254 Mio. €, Alter 4 J., Gebühr 0,50 %, thesaurierend			
Türkei	**LYX 0AK**	37,70 €	60,50/35,00 €	**-26/-24/-33 %**
Lyxor Turkey Titans	Volumen 116 Mio. €, Alter 9 J., Gebühr 0,65 %, thesaurierend			
Wasser	**LYX 0CA**	29,40 €	33,60/23,85 €	**+13/+51/+85 %**
Lyxor ETF World W.	Volumen 241 Mio. €, Alter 8 J., Gebühr 0,60 %, ausschüttend			

Welche Angaben sind für Sie bei einer Indexfonds-Order wichtig?

- **Ausschüttend** bedeutet, dass die Dividende ausgezahlt wird, z. B. einmal im Jahr. **Thesaurierend** heißt, dass die Gewinnausschüttungen wieder angelegt werden, Ihr ETF also dadurch wächst. Thesaurierend rechnet sich insbesondere beim steuerfreien Altbestand.
- **Zum Volumen:** Beträgt das ETF-Vermögen nur wenige Mio. €, besteht die Gefahr, dass der Indexfonds mangels Zuspruch bald aufgelöst wird.
- **Unterschied ETC/ETF:** Ein ETC ist kein Sondervermögen, sondern gilt als Schuldverschreibung, üblich bei Rohstoffen. Hier tragen Sie das volle Emittentenrisiko. Beim Edelmetall-ETC wird Gold, Silber usw. meist physisch hinterlegt.

Top ETFs der boerse.ARD.de, Stand: 25. September 2015, Rangliste Performance im 52-Wochen-Vergleich

Name/ Bezeichnung	WKN	Kurs 25.09.15	52-Wochen-Hoch/Tief	Kursentwicklung 1, 3, 5 Jahre
db x-trackers CSI 300 Banks 1 C	DBX 0M6	14,35 €	19,45/8,95 €	+58 %/Neuemission
	Volumen 4 Mio. €, Alter 3 J., Gebühr 0,30 %, thesaurierend			
db x-trackers CSI 300 Real Estate 1 C	DBX 0M8	16,50 €	23,95/9,95 €	+57 %/Neuemission
	Volumen 2 Mio. €, Alter 3 J., Gebühr 0,30 %, thesaurierend			
ETFS-E Fund MSCI China	A1X EFE	13,20 €	22,60/8,75 €	+48 %/Neuemission
	Kein Ansparplan, Alter 1 Jahr, Gebühr 0,88 %, thesaurierend			
db x-trackers Harvest CSI 300 China	DBX 0NK	8,90 €	13,55/6,05 €	+45 %/Neuemission
	Kein Ansparplan, Alter 1 Jahr, Gebühr 0,45 %, ausschüttend			
ComStage FTSE China A50 ETF	ETF 024	106,90 €	175,30/69,95 €	+44 %/Neuemission
	Volumen 156 Mio. €, Alter 2 J., Gebühr 0,40 %, thesaurierend			
db x-trackers CSI 300 1C international	DBX 0M2	8,40 €	14,80/5,80 €	+40 %/Neuemission
	Volumen 210 Mio. €, Alter 1 J., Gebühr 0,30 %, thesaurierend			
iShares TecDAX (DE) Hightech	593 397	16,25 €	17,20/10,25 €	+38/+106/+115 %
	Volumen 254 Mio. €, Alter 14 J., Gebühr 0,50 %, thesaurierend			
db x-trackers CSI 300 Co Konsum	DBX 0M7	12,60 €	22,40/9,35 €	+33 %/Neuemission
	Kein Ansparplan, Alter 2 J., Gebühr 0,30 %, thesaurierend			

Anmerkung: Der ETF-Markt boomt dermaßen mit Zuwachs auf weltweit 3 Billionen Dollar, dass ständig neue Produkte vorgestellt werden, teils klassisch passiv, teils aktiv gemanagt. So erhöhen sich die Chancen, aber auch die Risiken.

3.2 Immer beliebter: branchenbezogene ETFs

Der unglaubliche Aufschwung im ETF-Sektor führt nicht nur dazu, dass neben den klassischen, passiv gemanagten Indexfonds auch immer mehr aktiv konzipierte Produkte hinzukommen. Die Abweichungen gegenüber dem zugrunde liegenden Index beziehen sich auf prozentuale Anteile, die Aufnahme einzelner Titel aus benachbarten Börsenbarometern bzw. das Streichen bestimmter Wertpapiere. Hinzu kommt möglicherweise eine Ausrichtung auf steigende Kurse (Long) oder fallende Notierungen (Short). Neuerdings werden von den ETF-Managern auch Branchen-Indizes aufgegriffen und als ETF angeboten – durchaus interessant. Ich setze diese Innovation in einer eigenen Branchenauswahl um.

So lassen sich z. B. die attraktiven Zukunfts-Sektoren Immobilien/Bauwirtschaft, Hightech/IT/Software und Gesundheitswesen Biotech/Pharma/Medizintechnik mit Indexfonds abdecken. Statt aus diesen Sparten die Aktien von mehreren Unternehmen ins Depot zu nehmen, sparen Sie Zeit, Mühe und Kosten, wenn Sie interessant erscheinende Bereiche in einem passenden ETF berücksichtigen. Als Nachteil ist jedoch zu vermerken, dass Sie Zukäufe bei Kursschwäche und Teilverkäufe nahe dem Jahres- oder Allzeithoch nicht flexibel nutzen können.

➢ Die meist schwerverständlichen, langen Produktbezeichnungen sind für viele Anleger ein Problem. Die oft vermerkte zwölfstellige ISIN ist kaum zu entziffern und birgt Fehlerquellen wegen geringer Unterscheidbarkeit. Hilfreich wäre die generelle Angabe der sechsstelligen Wertpapiernummer in deutlicher Schrift.

Kleine internationale ETF-Auswahl interessante Branchen				
Emittent und Bezeichnung	**WKN**	**Kurs 25.09.15**	**52-Wochen-Hoch/Tief**	**Kursentwicklg. 1, 3, 5 Jahre**
Automobilbranche mit und ohne Zulieferer				
db -trackers II Boxx	**A11 3FP**	29,85 €	32,75/28,95 €	**-6 %**/Neuemission
Kein Ansparplan, Volumen 214 Mio. €, Alter 8 Monate, Gebühr 0,15 €, thesaurierend				
Lyxor Stoxx Europ.	**LYX 0AN**	51,70 €	75,10/45,45 €	**+4/+56/+76 %**
Auto & P, kein Ansparplan, 45 Mio. €, Alter 9 Jahre, Gebühr 0,30 %, thesaurierend				
iShares Stoxx Eur.	**A0Q 4R2**	45,20 €	67,40/39,95 €	**+1/+42/+54 %**
Auto & P, kein Ansparplan, 98 Mio. €, Alter 13 Jahre, Gebühr 0,45 %, ausschüttend				
Branche Banken und Versicherungen, Finanzdienstleistungen				
ComStage Stoxx E.	**ETF 062**	40,25 €	48,95/36,85 €	**-1/+31/-1 %**
Banks NR, kein Ansparplan, 65 Mio. €, Alter 7 Jahre, Gebühr 0,25 %, thesaurierend				

Emittent und Bezeichnung	WKN	Kurs 25.09.15	52-Wochen-Hoch/Tief	Kursentwicklg. 1, 3, 5 Jahre
iShares Stoxx Eur.	A0F 5UJ	18,90 €	23,00/17,45 €	-7/+20/-13 %
Banks (DE), kein Ansparplan, 564 Mio. €, Alter 14 J., Gebühr 0,45 %, ausschüttend				
iShares Stoxx Eu.	A0H 08K	26,10 €	31,50/21,95 €	+6/+54/+71 %
Insurance (DE), kein Sparplan, 71 Mio. €, Alter 13 J., Gebühr 0,45 €, ausschüttend				
Lyxor Stoxx Euro.	LYX 0AP	21,00 €	25,60/19,25 €	-4/+31/-3 %
Banks A/I, kein Sparplan, 1,1 Mrd. €, Alter 9 Jahre, Gebühr 0,30 %, thesaurierend				
Lyxor UCITS	LYX 0AQ	29,85 €	34,95/24,60 €	+9/+71/+96 %
Insurance EUR, kein Sparplan, 60 Mio. €, Alter 9 J., Gebühr 0,30 %, thesaurierend				
Branche Chemie und Gesundheit: Biotech, Pharma, Medtech				
ComStage Stoxx E.	ETF 068	125,60 €	142,60/99,15 €	+11/+66/+126 %
HlthC NR, kein Ansparplan, 66 Mio. €, Alter 7 Jahre, Gebühr 0,25 %, thesaurierend				
iShares Stoxx Eur.	A0Q 4R3	77,10 €	89,10/61,90 €	+8/+54/+98 %
HealthCare, kein Sparplan, 567 Mio. €, Alter 14 Jahre, Gebühr 0,45 %, ausschüttend				
iShares Stoxx Eur.	A0H 08E	78,65 €	100,20/68,00 €	+3/+21/+58 %
Chemicals (DE), kein Sparplan, 54 Mio. €, Alter 13 J., Gebühr 0,45 %, ausschüttend				
Lyxor MSC World	LYX 0GM	228,20 €	265,1/172,1 €	+18/+85 %/keine A.
Hlth Care TR C-EUR, kein Sparplan, 244 Mio. €, 5 J., Gebühr 0,30 %, thesaurierend				
Lyxor ETF Stoxx E.	LYX 0AS	84,65 €	96,15/66,80 €	+10/+65/+18 %
HlthC A/1, kein Sparplan, 322 Mio. €, Alter 9 Jahre, Gebühr 0,30 %, thesaurierend				
iShar. Nasdaq Bio	657 791	293,05 €	376,0/194,7 €	+35 %/keine Ang.
ISHSTR-Nasdaq Biotech, kein Sparplan, Alter 14 J., Gebühr 0,48 %, ausschüttend				
Branche Gold, Silber, Platin, Palladium (Edelmetalle)				
RBS Market Acc.	A0M MBG	41,60 €	76,35/37,90 €	-38/-74/-73 %
NYSE Arca GoldBugs Index, 63 Mio. €, Alter 8 J., Gebühr 0,65 %, thesaurierend				
SPDR Gold Trust	A0Q 27V	97,85 €	110,85/87,85 €	+8/-25/+5 %
Gold Shares ETF, kein Sparplan, Alter 11 Jahre, Jahresgebühr 0,4 %, ausschüttend				
ETFS Physical PM	A0N 62H	74,60 €	88,45/69,25 €	+1/-29/-10 %
Basket, ETC, Emittent ETFS Securities LTD, Alter 8 Jahre, Jahresgebühr 0,43 %				
Branche Immobilien, Bauwirtschaft (Real Estate)				
db x-trackers FTSE	DBX 0F1	23,80 €	25,55/17,40 €	+27/+67/+91 %
E/N Dev. Europ., Immobilien/Reit, 179 Mio. €, Alter 6 J., Geb. 0,2 %, thesaurierend				

Emittent und Bezeichnung	WKN	Kurs 25.09.15	52-Wochen-Hoch/Tief	Kursentwicklg. 1, 3, 5 Jahre
Lyxor ETF FTSE	LYX 0FL	42,65 €	47,00/33,20 €	+22/+51/+59 %
Epra/Nareit Dev. EurpD€ A, 15 Mio. €, Alter 6 Jahre, Gebühr 0,40 %, ausschüttend				
Comstage Stoxx	ETF 074	29,55 €	31,85/21,90 €	+25/+64/+93 %
Europe 600 Real Est NR ETF, 25 Mio. €, Alter 7 J., Gebühr 0,25 %, thesaurierend				
Lyxor ETF FTSE	LYX 0FM	44,20 €	52,60/37,00 €	+21/+35/+82 %
Epra/Nareit US D€ A/I, 18 Mio. €, Alter 6 Jahre, Jahresgebühr 0,40 %, ausschüttend				
Branche Hightech, Datenverarbeitung, Informatik, Software				
Powershares Dyn.	A0M 2EH	36,85 €	41,10/25,80 €	+33/+3/+122 %
Software Portfolio, kein Ansparplan, Alter 10 Jahre, Gebühr 0,60 %, thesaurierend				
ComStage Stoxx	ETF 076	44,70 €	53,95/37,10 €	+11/+53+69 %
Europe 600 Tech NR UCITS, 9 Mio. €, Alter 7 Jahre, Gebühr 0,25 %, thesaurierend				
db x-trackers	DBX 0G9	13,50 €	15,30/10,60 €	+17/+58 %/keine A.
MSCI World Info Tech 1 C, 135 Mio. €, Alter 5 J., Gebühr 0,30 % €, thesaurierend				
Branche Konsumgüter-Industrie				
iShar. Stoxx Eur.	A0H 08N	73,10 €	81,90/55,80 €	+25/+49/+85 %
P&H Goods, kein Ansparplan, 43 Mio. €, Alter 13 J., Gebühr 0,45 %, ausschüttend				
Lyxor UCITS St.	LYX 0AV	80,10 €	89,60/60,25 €	+24/+59/+103 %
Stoxx Europe 600 Prs & H Gds, 35 Mio. €, Alter 9 J., Gebühr 0,30 %, thesaurierend				
Concumer Discr.	A0Y HMR	208,80 €	239,4/173,4 €	+12/+62 %/keine A.
S&P US Select Sector Source, 199 Mio. €, Alter 6 J., Gebühr 0,30 %, thesaurierend				
db x-track. MSCI	DBX 0H0	5,00 €	6,35/4,70 €	-3/-1 %/keine Ang.
EM Consumer Staples 1 C, 8 Mio. €, Alter 4 Jahre, Gebühr 0,45 %, thesaurierend				
Branche Maschinenbau				
Lyxor ETF Stoxx	LYX 0AZ	40,60 €	45,95/31,00 €	+16/+58/+62 %
Europe 600 Const & Mat A/I, 26 Mio. €, Alter 9 Jahre, Gebühr 0,30 %, thesaurierend				
Branche Nahrungsmittel, Essen und Trinken				
iShar.Stoxx Eur.	A0H 08H	58,95 €	66,25/48,65 €	+10/+29/+72 %
Food & Beverage (DE), 292 Mio. €, Alter 13 Jahre, Gebühr 0,45 %, ausschüttend				
ComStage Stoxx	ETF 067	104,25 €	115,7/84,65 €	+14/+38/+92 %
Europe 600 Food & BevNR, 39 Mio. €, Alter 7 Jahre, Gebühr 0,25 %, thesaurierend				

Emittent und Bezeichnung	WKN	Kurs 25.09.15	52-Wochen-Hoch/Tief	Kursentwicklg. 1, 3, 5 Jahre
Branche Medien				
iShares Stoxx Eur.	A0H 08L	29,80 €	33,90/23,15 €	+18/+58/+70 %
Media (DE), kein Sparplan, 34 Mio. €, Alter 13 Jahre, Gebühr 0,45 %, ausschüttend				
ComStage Stoxx	ETF 071	54,30 €	61,55/41,05 €	+21/+75/+99 %
Europe 600 Media NR UCITS, 8 Mio. €, Alter 7 J., Gebühr 0,25 %, thesaurierend				
Branche Öl und Gas, fossile Energie				
iShares Stoxx	A0H 08M	25,75 €	35,70/24,45 €	-25/-27/-13 %
Europe 600 Oil & Gas (DE), 216 Mio. €, Alter 13 J., Gebühr 0,45 %, ausschüttend				
Lyxor UCITS ETF	LYX 0A9	29,65 €	39,65/28,85 €	-22/-17/-2 %
Stoxx Europe 600 Oil & Gas, 166 Mio. €, Alter 9 J., Gebühr 0,30 %, thesaurierend				
ComStage Stoxx	ETF 072	57,10 €	76,35/55,40 €	-22/-17/+2 %
Europe 600 Oil & Gas NR Ucits, 21 Mio. €, Alter 7 J., Gebühr 0,25 %, thesaurierend				
Branche Telekommunikation				
ComStage Stoxx	ETF 077	78,40 €	91,40/59,25 €	+17/+50/+60 %
Europe 600 Telecommunication NR, 52 Mio. €, 7 Jahre, Geb. 0,25 %, thesaurierend				
iShares Stoxx	A0H 08Q	30,10 €	36,55/25,60 €	+4/+41/+51 %
Europe 600 Technology (DE), 44 Mio. €, Alter 14 J., Gebühr 0,45 %, ausschüttend				
Lyxor Stoxx	LYX 0A1	40,90 €	47,75/30,90 €	+17/+49/+51 %
Europe 600 Telecom A/1, 119 Mio. €, Alter 9 Jahre, Gebühr 0,30 %, thesaurierend				
Branche rund um Wasser, das „blaue Gold“				
Lyxor UCITS ETF	LYX 0CA	29,50 €	33,60/23,85 €	+23/+76/+94 %
Global Water D-EUR, Volumen 241 Mio. €, Alter 8 J., Gebühr 0,60 %, ausschüttend				
iShares S&P	A0M SAG	27,65 €	32,75/23,75 €	+8/+37/+72 %
Global Water, kein Ansparplan, 350 Mio. €, Alter 9 J., Gebühr 0,65 %, ausschüttend				
PowerShares	A0M 2EF	9,80 €	12,20/8,95 €	+2/+32/+32 %
Global Water UCITS ETF, Umfang 4 Mio. €, Alter 4 J., Gebühr 0,75 %, ausschüttend				
Branche Windkraftenergie, erneuerbare Energie				
Lyxor UCITS ETF	LYX0CB	15,50 €	21,20/14,00 €	-6/+20/-15 %
New Energy D-EUR A/1, 38 Mio. €, Alter 8 Jahre, Gebühr 0,20 %, ausschüttend				
Tipps für die Auswahl: Pluspunkte bringen: besonders niedrige Verwaltungsgebühr, seit mehreren Jahren am Markt, ein Volumen möglichst in dreistelliger Millionenhöhe, eine vergleichsweise attraktive Rendite über einen längeren Zeitraum.				

3.3 Das Duell: ETFs im Vergleich mit Aktienfonds und anderen Anlageformen

Fallbeispiel: Ein Bankberater im Kundengespräch

Kunde: Ich will bei Ihnen einige ETFs statt Einzelaktien ordern.

Berater: ***Wollen Sie tatsächlich ein Anlageprodukt in Ihr Depot nehmen, das nie gegen einen Aktienfonds gewinnen kann?***

Kunde: Dafür kann ich mit dem ETF auch nie verlieren. Meist schneiden Standardfonds viel schlechter ab als der Index. Die Jahresgebühr ist im Schnitt fünfmal so hoch plus Ausgabeaufschlag.

Berater: ***Wir verkaufen wegen des höheren Risikos keine Indexfonds an Privatanleger, aber bieten Ihnen viele gute Aktienfonds an.***

Kunde: Das Risiko ist nicht höher, aber der Gewinn für die Bank viel geringer. Bleiben Sie so stur, suche ich mir ein anderes Geldinstitut.

Indexfonds (ETF) im Vergleich zu anderen Anlageformen

Beurteilungsfaktor	Indexfonds/ETF	Indexzertifikate	Einzelaktien	Aktienfonds	Anleihen
Risikostreuung	Hoch	Hoch	Nein	Hoch	Nein
Abweichung Benchmark	Gering	Gering	Hoch	Positiv/ negativ	Hoch
Dividende	Ja, oft	Meist nein	Ja, oft	Ja, oft	Zinsen
Kosten bei Kauf/Verkauf	Ordergebühren	Ordergebühren	Ordergebühren	Ausgabeaufschlag	Ordergebühren
Management-Gebühr	Minimal, ca. 0,1 – 0,7 %	Ja/Nein	Nein	Ja, ca. 1,5 bis 2,5 %	Nein
Preis/Kursfeststellung	Fortlaufend	Börsentäglich	Fortlaufend	Tägliche Rückgabe	Unterschiedl.
Emittenten-Risiko	Nein, da Sondervermögen	Ja, da Schuldverschreibung	Ja, bei Pleite der AG	Nein, da Sondervermögen	Ja, bei Pleite der Firma
Laufzeit	Unbegrenzt	Unterschiedlich	Unbegrenzt	Unbegrenzt	Begrenzt
Abgeltungsteuer	Altbestand steuerfrei	Ja	Altbestand steuerfrei	Altbestand steuerfrei	Ja

3.4 Eine ETF- und Aktienauswahl umweltfreundlicher und dividendenstarker Firmen

Umweltschutz ist ein Gebot des demografischen Wandels und beeinflusst Anlageverhalten und Renditechancen nachhaltig

Die Menschheit steht vor gewaltigen globalen Problemen bezüglich Klimawandel und dem demografischen und gesellschaftlichen Umbruch. Die internationale Naturschutzorganisation WWF misst alle zwei Jahre die Veränderungen der weltweiten Artenvielfalt und des menschlichen Konsumverhaltens. Würden wir so weiter wirtschaften wie bislang, benötigten wir bis 2030 voraussichtlich zwei komplette Planeten, um den Bedarf der wachsenden Weltbevölkerung, gepaart mit der Abnahme landwirtschaftlicher Nutzflächen, an Nahrung, Wasser und Energie decken zu können.

Daraus wächst das Bestreben vieler Anleger, mit ihrem Vermögen nicht nur eine angemessene Wertsteigerung zu erzielen, sondern die Geschicke der Welt positiv zu beeinflussen. Sein Geld mit gutem Gewissen und nachhaltig anlegen! Und dennoch eine ordentliche Rendite erzielen! Dies ist vielen Sparern wichtig. Ob nachwachsende Rohstoffe, Wasser als „blaues Gold" oder Gesundheitswesen mit Biotech, Medtech und Pharma. Dies liegt im Trend und entspricht den Interessen künftiger Generationen. Damit seine kleine Tochter in einer besseren Welt leben kann, will Facebook-Gründer Mark Zuckerberg rund 45 Mrd. Dollar spenden.

Das Erfreuliche daran ist, dass sich Nachhaltigkeit nachweislich rechnet und Investitionen in eine lebenswerte Zukunft nicht zu geringerer Rendite führen. In rund 200 neueren Studien wurden Nachhaltigkeitsaktien zu 21 % positiv, 20 % neutral, 13 % gemischt und 1 % negativ beurteilt. Nachhaltigkeitsfonds sind im letzten Jahrzehnt um das Fünfzehnfache gewachsen. Dazu heißt es in der aktuellen Metastudie der Universität Oxford: *„Unternehmen, die verantwortungsvoll mit dem Thema Nachhaltigkeit umgehen, erwirtschaften über einen mittel- bis langfristigen Zeitraum höhere Gewinne und haben dabei durchschnittlich weniger Risiko."*

Nachhaltigkeit bezeichnet Strukturen und Ziele, die auf die Bedürfnisse der heutigen Generation zugeschnitten sind, ohne die Entwicklungschancen und Lebensqualität nachrückender Generationen zu gefährden. In Europa geht es vor allem um Umweltschutz und ethisch-soziale Fragen. In den Schwellenländern ist die Sicherung der Lebensgrundlagen vorrangig. Das Anlageuniversum der Nachhaltigkeits-Ratingagentur oekom research AG umfasst mittlerweile 3.500 Unternehmen. Jedoch ist nicht alles nachhaltig, was unter diesem Begriff angeboten wird. Hier tummeln sich auch dubiose Firmen mit fragwürdigen Geschäftsmodellen, um unerfahrene Anleger über den Tisch zu ziehen und ihnen Geld abzuknöpfen.

Seien Sie hellhörig und misstrauisch, wenn jemand Ihnen unerfüllbare Renditewunschträume um die 10 % vorgaukelt. Solche Kapitalrenditen lassen sich mit Windkraft, Kakaobohnen und Baumbeständen aus Pappeln und schnell wachsenden Weiden nie erzielen – alles leere, betrügerische Versprechen. Niemand wird Sie daran erinnern, dass Schädlinge Pflanzen befallen, Wälder abbrennen und junge Bäume wegen des Klimawandels schlechter gedeihen als erhofft. Einerseits Hitze und Dürre, andererseits Kälte, Nässe, Orkane und Hagelschlag.

- **Freuen Sie sich dagegen, wenn Sie erfahren, dass die DAX-Unternehmen Adidas, BMW, Henkel, SAP und Siemens für Nachhaltigkeit ausgezeichnet wurden.** Ein Unternehmen, das ethisch-ökologisch-soziale Standards im Alltag vorlebt, ist oft erfolgreicher, als wenn es die Rahmenbedingungen aus Eigennutz missachtet.

Nur jeder 6. Nachhaltigkeitsfonds in Deutschland erfüllt die Kriterien

Aktien von Rüstungs- und Kernkraftunternehmen gehören hier nicht hinein. Ebenso ist es im Interesse des Umweltschutzes fragwürdig, in Tiefseebohrungen, Ölsandförderung und neue Fracking-Verfahren bei der Gewinnung von Gas aus Schiefergestein zu investieren. Laut Greenpeace verdienen eher die kleineren, auf Nachhaltigkeit ausgerichteten Banken Ihr Vertrauen. Klicken Sie ruhig einmal an bei www.ethikbank.de, www.gls.de, www.ordensbank.de, www.triodos.de oder www.umweltbank.de.

Was ist mit ethisch-ökologisch-sozialen Standards gemeint?

Beim Corporate-Governance-Kodex geht es um die ethischen Standards einer verantwortungsvollen Unternehmensführung. Dieser Verhaltenskodex schafft Transparenz, erhöht den Anlegerschutz und will Skandale wie geschönte Bilanzierung und Umsatzbetrug verhindern. Eine Regierungskommission überwacht das Einhalten der Vorschriften. Gerade in Zeiten, in denen nicht jeder Vorstand Vorbild ist, hinterfragen Aktionäre ethische Standards und reagieren empört auf Unredlichkeit, Raffgier, mangelnde Wertschätzung, Diskriminierung und Machtmissbrauch. Tröstlich ist, dass breit gestreute Nachhaltigkeitsfonds ähnlich hohe Renditen erwirtschaften wie herkömmliche Produkte.

- **Tabu sind Kernenergie, Waffen und Rüstung, Pornografie, Kinderarbeit, Tabak und Alkohol, Glücksspiel, Tierversuche, Genmanipulation, Bilanzbetrug. Ebenso stehen Geschäfte auf der „schwarzen Liste", die Menschen-, Grund-, Arbeits- und Verbraucherrechte verletzen, Frauen diskriminieren, beruflich und gesellschaftlich benachteiligen oder die Gesundheit durch giftige Stoffe, Schmutz und Trinkwasser gefährden.**

Beurteilungskriterien für Ethik und Nachhaltigkeit	
Verantwortung der AG	**Umweltverträglichkeit**
➢ Für die Umwelt ➢ Für den Klimaschutz ➢ Für den Menschen ➢ Für die Region ➢ Für die Gesellschaft	➢ Schadstoffvermeidung und Energieersparnis ➢ Ausbau erneuerbarer Energien ➢ Schutz für das Klima, die bedrohte Tier- und Pflanzenwelt
Ethisch-ökologisches Rating	**Sozial- und Kulturverträglichkeit**
➢ Umweltverträglichkeit ➢ Sozialverträglichkeit ➢ Kulturverträglichkeit ➢ Vorbildwirkung ➢ Beachtung Kodex Corporate Governance	➢ Keine Niedrigstlöhne, keine Kinderarbeit und sonstige Ausbeutung ➢ Keine Menschenrechtsverstöße ➢ Keine Gewinnmaximierung auf Kosten der Mitarbeiter und Kunden ➢ Keine die Gesundheit gefährdenden Produkte und Verfahren

Eine Auswahl umweltfreundlicher Exchange Traded Fonds mit den Schwerpunkten Wasser und erneuerbare Energien

Die vorstehenden ETF-Kurslisten orientieren sich an den führenden Indizes bzw. Börsenbarometern wie DAX, MDAX, TecDAX, SDAX, Dow Jones, Nasdaq, S&P 500 usw. oder sind nach Branchen ausgerichtet wie Autoindustrie, Gesundheitswesen und Immobilien. Hier finden Sie eine Zusammenstellung aus €uro extra, 3. Quartal 2015. Im nächsten Jahr 2016 ist mit einem ETF auf den Natur-Aktien-Index NX 25 zu rechnen mit gleich gewichteten grünen Aktien, bislang erfolgreicher als der MSCI World. Die Tops sind hier Vestas Wind, Keurig Green Mountain und Whole Foods Market. Langfristig liegt der NX 25 mit einem Plus von 555 % rund 450 Prozentpunkte vor dem MSCI World mit einem Zuwachs von 100 %.

Fazit: Worum geht es bei der ethischen Geldanlage?

Die ethische Geldanlage ist eine Investmentform, bei der neben Rendite, Laufzeit und Risiko ethische und ökologische Kriterien eine entscheidende Rolle spielen. Teilweise werden dafür die Begriffe alternative, nachhaltige und ökologische Geldanlage verwendet. Immer geht es um den Ausschluss von Anlegergeld in Kernenergie, Waffen und Rüstung, Kinderarbeit, Diskriminierung von Frauen, fragwürdige Geschäfte, in denen Menschen-, Grund- und Arbeitsrechte verletzt werden. Sie selbst können nach diesen Grundsätzen Einzelaktien und Aktienfonds auswählen und sich auch in Richtung Klimawandel und erneuerbare Energien ausrichten. Vermehrt setzen institutionelle Investoren jetzt auf Klimaschutz-Anlagen.

ETF-Auswahl umweltfreundliche Anlagen (aus €uro extra)				
ETF-Gesellschaft und Bezeichnung	**WKN**	**Kurs 28.09.15**	**52-Wochen-Hoch/Tief**	**Kursverlauf 1, 3, 5 Jahre**
iShares DJ Europe	**A1J B4N**	34,75 €	41,75/30,30 €	**+3/+37 %**/k. A.
Sustainability (Nachhaltigkeit), Tops Nestle/Roche, 205 Mio. €, Gebühr 0,45 %, thes.				
iShares DJ global	**A1J B4P**	25,80 €	30,80/22,90 €	**+2/+34 %**/k.A.
Sustainability, Tops Microsoft/Novartis/J&J, 101 Mio. €, Geb. 0,60 %, thesaurierend				
iShar. global Water	**A0M SAG**	27,65 €	32,75/23,75 €	**+8/+37/+72 %**
Tops Geberit/Veolia/American Water, 350 Mio. €, 9 J., Gebühr 0,65 %, ausschüttend				
iShar. DJ Eurozone	**A0F 5UG**	10,90 €	13,60/10,00 €	**-5/+18/+15 %**
Sustainability, Tops Total/Bco. Santander/BASF, 10 J., Gebühr 0,4 %, ausschüttend				
iShares S&P global	**A0M 5X1**	4,70 €	7,05/4,35 €	**-6/+49/-34 %**
Clean Energy, Tops Vestas/Gamesa/Enel, 95 Mio. €, 8 J., Geb. 0,65 %, ausschütt.				
Lyxor World Water	**LYX 0CA**	29,35 €	33,60/23,85 €	**+15/+52/+86 %**
Tops: Geberit/Danaher/Pentair, 241 Mio. €, Alter 8 J., Gebühr 0,60 %, ausschüttend				
Lyxor New Energy	**LYX 0CB**	15,50 €	21,20/14,00 €	**-6/+20/-16 %**
Tops: Vestas/Murata/Aquity, 38 Mio. €, Alter 8 Jahre, Gebühr 0,60 %, ausschüttend				
UBS MSCI Europe	**A1J A1T**	73,15 €	86,05/63,05 €	**+6/+26 %**/neu
Tops: Novo Nordisk/Vodafone/Allianz, 26 Mio. €, 4 J., Gebühr 0,28 %, ausschüttend				
UBS MSCI North	**A1J A1S**	69,70 €	82,30/60,95 €	**+6/+44 %**/neu
Tops: Procter & Gamble/Disney/Gilead, 133 Mio. €, 4 J., Gebühr 0,33 %, ausschütt.				
UBS MSCI Pacific	**A1J A1U**	52,50 €	64,15/46,30 €	**+5/+26 %**/neu
Tops: Wespac/Australia Bank/Honda, 21 Mio. €, 4 J., Gebühr 0,40 %, ausschüttend				
UBS MSCI World	**A1J A1R**	62,40 €	74,25/54,75 €	**+6/+36 %**/neu
Tops: Roche/Procter&Gamble/Disney, 88 Mio. €, 4 J., Gebühr 0,38 %, ausschüttend				

Anmerkung: Wer die preisgünstigen ETFs **außerhalb** der Börse ordert, muss möglicherweise einen **Ausgabeaufschlag** bezahlen. Im Börsenhandel wird bei Indexfonds darauf verzichtet. Mit Einzelaktien sind höhere Gewinne, aber auch empfindliche Verluste möglich.

Bitte beachten Sie, dass es sich bei Indexfonds um eine andere Bezeichnung für ETF handelt und es ein vor der Emittentenpleite geschütztes **Sondervermögen** ist. **Indexzertifikate**, die häufig mit Indexfonds verwechselt werden, sind dagegen **Schuldverschreibungen**, im Allgemeinen wie ein ETF mit **unbegrenzter Laufzeit** (open end) ausgestattet. Bei der Pleite der Großbank Lehman Brothers waren nicht einmal Garantiezertifikate vor einem Totalverlust bewahrt.

„Grüne“ deutsche Aktien nachhaltig wirtschaftender Firmen mit Börsenwert (Marktkapitalisierung) ab 100 Mio. €				
Aktien umwelt-schonender AGs	**WKN**	**Kurs 28.09.15**	**52-Wochen-Hoch/Tief**	**Kursentwicklg. 1, 3, 5 Jahre**
Centrotec Sustain.	**540 750**	13,25 €	15,35/12,45 €	**-12/-3/-4 %**
Energiesparsame Gebäudetechnik Heizen/Lüften, KGV 10, Erg. 1,2/1,4 €, Div. 1,9 %				
Elmos Semiconduct.	**567 710**	13,50 €	20,10/11,80 €	**-4/+95/+85 %**
Individual-Chips Auto, integrierte Schaltung, KGV 12, Ergebnis 1,0/1,2 €, **Div. 2,6 %**				
First Sensor	**720 190**	11,00 €	12,60/9,00 €	**+3/+26/+85 %**
Prime St., Entwicklung/Produktion Sensorlösungen, KGV 14, Erg. 0,6/0,8 €, Div. 0 %				
KTG Energie	**A0H NG5**	11,30 €	13,20/10,85 €	**-6/-23** %/keine A.
Biogasproduzent Nebenprodukte/Zweitfrüchte, Mutterkonzern KGV Agrar, **Div. 3,8 %**				
MANZ	**A0J Q5U**	64,90 €	96,55/49,95 €	**-8/+171/+33 %**
Hightech-Maschinenbau, Produktlinien Solarzellen/Dünnschicht, KGV 23, Div. 0 %				
Nordex (TecDAX)	**A0D 655**	30,40 €	31,65/13,80 €	**+101/+915/+499 %**
Große Windkraftanlagen/Rotorblätter onshore, Megawattbereich, KGV 23, Div. 0 %				
Phoenix Solar	**A0B VU9**	3,05 €	5,85/1,55 €	**+85/+168/-87 %**
Führendes Fotovoltaik-Systemhaus, Großkraftwerkvertrieb, KGV negativ, Div. 0 %				
PSI	**A0Z 1JH**	11,75 €	13,20/9,30 €	**+2/-27/-17 %**
Individual-Lösung Energie-/Produkt-/Infrastruktur-Management, KGV 18, Div. 1,7 %				
Schaltbau (SDAX)	**717 030**	47,25 €	54,95/38,00 €	**+1/+81/+191 %**
Elektromechan. Komponenten/Systeme Bahntechnik/Industrie, KGV 11, Div. 2,2 %				
SMA Solar (TecDAX)	**A0D J6J**	46,50 €	49,55/10,40 €	**138/+192/-34 %**
Weltmarktführer Wechselrichter/Komponenten Solarstrommodule, KGV 34, Div. 0 %				
Uzin Utz	**755 150**	39,90 €	41,90/24,90 €	**+50/+108/+104 %**
Führender Komplettanbieter Bodensysteme, KGV 13, Erg. 2,2/2,5/3,0 €, **Div. 2,5 %**				
Vossloh (SDAX)	**766 710**	64,95 €	66,20/42,10 €	**+22/-9/-15 %**
Bahninfrastruktur Schienenverkehr/Elektrobusse, KGV 18, Erg. 1,6/2,9 €, Div. 0,4 %				
VTG (SDAX)	**VTG 999**	25,70 €	25,70/13,35 €	**+90/+107/+96 %**
Führender Schienen-Logistik-Konzern, KGV 15, Ergebnis 1,0/1,2/1,7 €, **Div. 2,7 %**				
Quelle für „Deutsche Aktien mit positivem Ausblick“: €uro extra, Nr. 03/2015. An einem Crashtag, an dem sogar der Nasdaq-Index Biotech über 6 % einbüßt, kann der großteils negative Kursverlauf 2015 durchaus als Kaufchance für Mutige dienen.				

Eine internationale Auswahl dividendenstarker ETFs

Gerade in Zeiten extrem niedriger Zinspolitik, die trotz eines erwarteten leichten Anstiegs zum Jahresende 2015 in den USA bei der EZB wohl noch mehrere Jahre anhält, sind dividendenstarke Vermögensanlagen bei institutionellen und privaten Anlegern gefragt. Dies gilt für Einzelaktien, Spezialfonds und ETFs. Die Ausrichtung auf attraktive Dividenden dürfte für jene Investoren interessant sein, die sich eine preiswerte Geldanlage wünschen, aber wenig Zeit und Lust verspüren, ständig den Markt nach guten Einzeltiteln abzugrasen. Das Problem ist allerdings, dass bei Kursglanzlichtern die Dividendenrendite meist gering ausfällt.

Eine kleine Auswahl internationaler Dividenden-ETFs

ETF-Gesellschaft und Bezeichnung	WKN	Kurs 01.10.15	52-Wochen-Hoch/Tief	Kursentwicklg. 1, 3, 5 Jahre
Amundi ETF MSCI	A0R F44	98,85 €	116,20/86,35 €	+3/+37/+55 %
MSCI Europe Div., Branchen: Finanzen/Energie/Konsum/Versorger/Gesundheit, Volumen: 32 Mio. €, Alter: 7 Jahre, Jahresgebühr: 0,30 %, Sparplan nein, thesaurierend				
db x-trackers Global	DBX 1DG	25,00 €	30,25/22,50 €	-1/+15/+30 %
Weltweite Anlage, aktiv gemanagt, Branchen: Versorger/Öl/Verbraucherservices, Volumen: 595 Mio. €, Alter: 8 Jahre, Jahresgebühr: 0,50 %, Sparplan: ja, ausschüttend				
db x-trackers Sel Div	DBX 1D3	**18,25 €**	21,30/**18,25 €**	+3/+26/+7 %
Euro Stoxx Select Div., Branchen: Industrie/Konsum/Energie/Telekommunikation, Volumen: 164 Mio. €, Alter: 8 J., Jahresgebühr: 0,20 %, Sparplan: ja, ausschüttend				
ComStage Euro St.	ETF 051	34,70 €	40,55/30,15 €	+4/+39/+32 %
Aktiv gemanagt, Euro Stoxx Select Div., Branchen: Finanzen/Industrie/Versorger, Volumen: 52 Mio. €, Alter: 7 Jahre, Jahresgebühr: 0,25 %, Sparplan: ja, thesaurierend				
Deka DAXplus Max.	ETF L23	85,65 €	104,05/70,00 €	+10/+20/+6 %
Maximum Div. Index, Branchen: Telekommunikation/Chemie/Finanzen/Banken, Volumen: 266 Mio. €, Alter: 6 Jahre, Jahresgebühr: 0,30 %, Sparplan: ja, ausschüttend				
iShares DivDAX	263 527	13,55 €	19,10/12,90 €	-6/+18/+28 %
DivDAX Index, passiv gemanagt, Branchen: Finanzen/Konsum/Industrie/Materialien, Volumen: 539 Mio. €, Alter: 10 Jahre, Gebühr: 0,30 %, Sparplan: nein, ausschüttend				
iShares Euro Stoxx	263 528	17,45 €	21,07/15,65 €	+2/+22/+5 %
Höchste Div. Eurozone, Branchen: Finanzen/Industrie/Versorger/Konsum/Energie, Volumen: 444 Mio. €, Alter: 10 Jahre, Gebühr: 0,30 %, Sparplan: nein, ausschüttend				
iShares Stoxx Glob.	A0F 5UH	24,20 €	29,85/22,50 €	-2/+10/+26 %
Dow Jones Div. Index, aktiv gemanagt, Branchen: Finanz/Versorger/Telekommunik., Volumen: 798 Mio. €, Alter: 6 Jahre, Gebühr: 0,45 %, Sparplan: nein, ausschüttend				

3.5 Drei ETF-Depots für sicherheitsbewusste, erfolgsorientierte, risikofreudige Anleger

Vor allem Einsteiger mit noch bescheidener Vermögensdecke sollten mit einem ETF-Depot beginnen, das wichtige Märkte abdeckt. Pro Titel sind mindestens 1.000 € einzusetzen, damit die Transaktionskosten prozentual nur geringfügig belasten, umgekehrt aber ansehnliche Gewinne bei einer Langzeitanlage möglich sind. Denken Sie daran, dass ein breit gestreutes Aktien-Investment in einem Zeitraum von 14 Jahren bzw. seit 1991 stets gewinnreich war, im Schnitt 8 % pro Jahr. Auch beim Einsteigerdepot darf es keine Einwert-Strategie geben. Fünf bis acht Titel scheinen angemessen.

① ETF-Einsteiger-Depot für sicherheitsbewusste Anleger

Markt, Index, Name Emittent	WKN	Kurs 02.11.15	Hoch/Tief 1 Jahr	Entwicklung 1, 3, 5 Jahre
DAX iShares core DAX	593 393	96,10 €	110,3/81,50 €	+18/+45/+58 %
	Volumen 84 Mrd. €, Alter 15 J., Gebühr 0,15 %, thesaurierend			
Gold, ETC ETFS Physical Gold	A0N 62G	99,95 €	113,3/88,70 €	+9/-22/+4 %
	ETC, Alter 8 Jahre, Gebühr 0,39 %, Ausübung Barausgleich			
Immobilien db x-trackers CSI	DBX 0M8	18,00 €	23,95/11,00 €	+68 %/Neuemission
	Volumen 4,7 Mio. €, Alter 3 J., Gebühr 0,30 %, thesaurierend			
MDAX iShares MDAX	593 392	188,30 €	193,0/142,8 €	+32/+79/+117 %
	Volumen 1,4 Mrd. €, Alter 14 J., Gebühr 0,50 %, thesaurierend			
Mid Europa iShares Stoxx Mid	593 399	42,25 €	45,30/34,10 €	+22/+55/+56 %
	Volumen 328 Mio. €, Alter 10 J., Gebühr 0,2 %, ausschüttend			
MSCI World db x-trackers MSCI	DBX 1MW	41,05 €	44,35/34,20 €	+18/+63/+93 %
	Volumen 1,6 Mrd. €, Alter 9 J., Gebühr 0,35 %, thesaurierend			
Skandinavien Amundi ETF Nordic	A0R EJU	323,90 €	364,6/269,9 €	+12/+49/+59 %
	Volumen 359 Mio. €, Alter 7 J., Gebühr 0,25 %, ausschüttend			
Wasser Lyxor ETF World Water	LYX 0CA	32,20 €	33,60/25,85 €	+23/+76/+102 %
	Volumen 241 Mio. €, Alter 8 J., Gebühr 0,60 %, ausschüttend			

Das umseitige ETF-Depot für erfolgsorientierte bzw. renditebewusste Anleger mit 14 Titeln wurde durch einige neue ETFs ergänzt. Einzelne Positionen gegenüber dem Muster-Einsteigerdepot mit nur 8 Titeln habe ich ausgetauscht.

2 Erweitertes ETF-Depot für erfolgsorientierte Anleger

Markt, Index, Name Emittent	WKN	Kurs 02.11.15	Hoch/Tief 1 Jahr	Entwicklung 1, 3, 5 Jahre
DAX iShares core DAX	593 393	96,10 €	110,3/81,50 €	+18/+45/+58 %
	Volumen 84 Mrd. €, Alter 15 J., Gebühr 0,15 %, thesaurierend			
Immobilien db x-trackers CSI	DBX 0M8	18,00 €	23,95/11,00 €	+68 %/Neuemission
	Volumen 4,7 Mio. €, Alter 3 J., Gebühr 0,30 %, thesaurierend			
Konsumgüter db-x-trackers CSI	DBX 0M7	14,25 €	22,40/9,85 €	+46 %/Neuemission
	Kein Ansparplan, Alter 2 Jahre, Gebühr 0,30 %, thesaurierend			
Maschinenbau Lyxor ETF Stoxx	LYX 0AZ	42,90 €	45,95/34,05 €	+24/+72/+70 %
	Volumen 26 Mio. €, Alter 9 J., Gebühr 0,30 %, thesaurierend			
MDAX iShares MDAX	593 392	188,30 €	193,0/142,8 €	+32/+79/+117 %
	Volumen 1,4 Mrd. €, Alter 14 J., Gebühr 0,5 %, thesaurierend			
Mid Europa iShares Stoxx Mid	593 399	42,25 €	45,30/34,10 €	+22/+55/+56 %
	Volumen 328 Mio. €, Alter 10 J., Gebühr 0,2 %, ausschüttend			
MSCI World db x-trackers MSCI	DBX 1MW	41,05 €	44,35/34,20 €	+18/+63/+93 %
	Volumen 1,6 Mrd. €, Alter 9 J., Gebühr 0,35 %, thesaurierend			
Pharma Lyxor MSCI World	LYX 0GM	237,00 €	265,1/145,7 €	+23/+101/+176 %
	Volumen 322 Mio. €, Alter 9 J., Gebühr 0,30 %, thesaurierend			
Skandinavien Amundi ETF Nordic	A0R EJU	323,90 €	364,6/269,9 €	+12/+49/+59 %
	Volumen 359 Mio. €, Alter 7 J., Gebühr 0,25 %, ausschüttend			
SDAX Comstage SDAX	ETF 005	86,70 €	89,20/64,50 €	+35/+73 %/neu
	Volumen 36 Mio. €, Alter 4 J., Gebühr 0,70 %, thesaurierend			
TecDAX iShares-TecDAX	593 397	16,95 €	17,20/11,55 €	+45/+119/+112 %
	Volumen 254 Mio. €, Alter 4 J., Gebühr 0,50 %, thesaurierend			
Telekommunikation ComStage St.	ETF 077	83,15 €	91,40/66,55 €	+25/+73/+63 %
	Volumen 52 Mio. €, Alter 7 J., Gebühr 0,25 %, thesaurierend			
Versicherungen Lyxor UCITS	LYX 0AQ	32,80 €	34,95/26,55 €	+24/+88/+112 %
	Volumen 60 Mio. €, Alter 9 J., Gebühr 0,30 %, thesaurierend			
Wasser Lyxor ETF World Water	LYX 0CA	32,20 €	33,60/25,85 €	+23/+76/+102 %
	Volumen 241 Mio. €, Alter 8 J., Gebühr 0,60 %, ausschüttend			

Das ETF-Depot für risikobewusste Anleger wurde durch Austausch bzw. neue Titel auf 15 Positionen aufgestockt. Die Marktabdeckung ist breit und das Verhältnis Ertrag/Risiko durch Investition in zukunftsfähige Indizes/Länder/Branchen günstig.

③ Neu ausgerichtetes ETF-Depot für risikofreudige Anleger				
Markt, Index, Name Emittent	**WKN**	**Kurs 02.11.15**	**Hoch/Tief 1 Jahr**	**Entwicklung 1, 3, 5 Jahre**
Biotech ISHSTR Nasdaq B.	**657 791**	291,70 €	376,0/228,6 €	**+30 %**/keine Ang.
	Kein Ansparplan, Auflage 2001, Gebühr 0,48 %, ausschüttend			
China, ComStage FTSE China A50	**ETF 024**	113,70 €	175,8/76,60 €	**+54 %**/neuer Fonds
	Volumen 156 Mio. €, Alter 2 J., Gebühr 0,40 %, thesaurierend			
DAX iShares core DAX	**593 393**	85,80 €	110,3/74,15 €	**-2/+26/+45 %**
	Volumen 84 Mrd. €, Alter 15 J., Gebühr 0,15 %, thesaurierend			
Hightech/ITSoftw. Powershares Dyn.	**A0M 2EH**	13,10 €	13,90/10,90 €	**+22/+88/+128 %**
	Kein Sparplan, Alter 10 Jahre, Gebühr 0,60 €, thesaurierend			
Immobilien db x-trackers CSI	**DBX 0M8**	18,00 €	23,95/11,00 €	**+68 %**/neuer Fonds
	Volumen 4,7 Mio. €, Alter 3 J., Gebühr 0,30 %, thesaurierend			
Japan MSCI db x-trackers Jap.	**DBX 1MJ**	44,40 €	49,10/35,05 €	**+24/+67/+69 %**
	Volumen 1,0 Mrd. €, Alter 9 J., Gebühr 0,40 %, thesaurierend			
MDAX iShares MDAX	**593 392**	188,30 €	193,0/142,8 €	**+32/+79/+117 %**
	Volumen 1,4 Mrd. €, Alter 14 J., Gebühr 0,5 %, thesaurierend			
Mid Europa iShares Stoxx Mid	**593 399**	42,25 €	45,30/34,10 €	**+22/+55/+56 %**
	Volumen 328 Mio. €, Alter 10 J., Gebühr 0,2 %, ausschüttend			
MSCI World db x-trackers MSCI	**DBX 1MW**	41,05 €	44,35/34,20 €	**+18/+63/+93 %**
	Volumen 1,6 Mrd. €, Alter 9 J., Gebühr 0,35 %, thesaurierend			
NASDAQ-100 iShares Nasdaq 100	**A0F 5UF**	41,95 €	43,00/31,10 €	**+30/+104/+175 %**
	Volumen 600 Mio. €, Alter 9 J., Gebühr 0,65 %, ausschüttend			
Pharma Lyxor MSCI World	**LYX 0GM**	237,00 €	265,1/145,7 €	**+23/+101/+176 %**
	Volumen 322 Mio. €, Alter 9 J., Gebühr 0,30 %, thesaurierend			
SDAX Comstage SDAX	**ETF 005**	86,70 €	89,20/64,50 €	**+35/+73 %**/neu
	Volumen 36 Mio. €, Alter 4 J., Gebühr 0,70 %, thesaurierend			
TecDAX iShares-TecDAX	**593 397**	16,95 €	17,20/11,55 €	**+45/+119/+112 %**
	Volumen 254 Mio. €, Alter 4 J., Gebühr 0,50 %, thesaurierend			
Versicherungen Lyxor UCITS	**LYX 0AQ**	32,80 €	34,95/26,55 €	**+24/+88/+112 %**
	Volumen 60 Mio. €, Alter 9 J., Gebühr 0,30 %, thesaurierend			
Wasser Lyxor ETF World Water	**LYX 0CA**	32,20 €	33,60/25,85 €	**+23/+76/+102 %**
	Volumen 241 Mio. €, Alter 8 J., Gebühr 0,60 %, ausschüttend			

❹ Guten Aktien-Spezialfonds gehört die Zukunft

4.1 Grundsätzliches zur Anlage in Aktienfonds

Spezial- und Basket-Fonds oft Top, Standard-Fonds weltweit im Langzeitvergleich eher Flop und mit hohen Gebühren belastet

Zählen Sie zu den Anlegern, die nicht täglich ihr Depot im Auge behalten wollen, die weder Zeit noch Lust haben, ständig den Markt zu beobachten? Fühlen Sie sich in schwierigen Zeiten unsicher? Ist Ihre Risikobereitschaft eher gering? Hindert Sie eine schmale Kapitaldecke daran, weltweit in Einzelaktien zu investieren? Dann bieten sich neben ETFs Spezial-Aktienfonds an. Die deutsche Fondsbranche hat ihr in Themenfonds verwaltetes Vermögen seit 2004 binnen eines Jahrzehnts ununterbrochen gesteigert: von 540 Mrd. € auf nunmehr 1.231 Mrd. €. Allein vom 31. Januar 2014 bis 31. Januar 2015 wuchsen die Publikumsfonds von 3,1 Mrd. € auf 8,8 Mrd. €. Besonders beliebt sind Dividenden-Aktienfonds, die ich in einer eigenen Kursliste abdecke.

In der Bundesrepublik werden rund 10.000 unterschiedliche Investmentfondsarten angeboten. Dabei wird zwischen offenen und geschlossenen Fonds unterschieden, wobei für unerfahrene Anleger nur offene Fonds ratsam sind. Aktiv gemanagte Aktienfonds erfassen neben den weltweiten Indizes unterschiedliche Branchen, Sektoren und Themen. Einige zertifizierte Aktienfonds sind für die staatlich geförderte Riester-Rente zugelassen. Als Sparplan lässt sich der Cost-Average-Effekt ideal nutzen. Der Zusatz „thesaurierend" besagt, dass das Management die Dividenden anlegt. Obgleich viele Anleger Aktienfonds gegenüber Einzelaktien bevorzugen und sich trotz hoher jährlicher Gebühren von über 1,5 % im Schnitt nicht abschrecken lassen, überzeugt die Gewinnentwicklung oft nicht.

Mit aktiv gemanagten Aktienfonds lassen sich theoretisch zwar bessere Renditen erzielen als mit Indexfonds (Exchange Traded Fonds), die das jeweilige Börsenbarometer exakt abbilden. Zwei Drittel der Fondsmanager verlieren aber gegenüber dem Index. Bei global ausgerichteten Fonds sind es 80 bis 90 %. Eine schwedische Studie zeigt, dass Fondsmanager auch nur mit Wasser kochen und ihre privaten Finanzen nicht besser im Griff haben als Normalsterbliche. Preiswerte ETFs sind die bessere Alternative – Themen- bzw. Spezialfonds ausgeklammert.

Grundlegende Informationen zu Aktienfonds

Wer Aktienfonds erwirbt, nutzt das Wissen der Profis. Da jedoch die meisten Standardwertefonds den Vergleichsindex nicht schlagen, sind Sie mit den preiswerten, passiv gemanagten **Indexfonds** (Exchange Traded Fonds = ETF) oft besser dran. Während im Jahr 2014 US-Aktien aus dem S&P 500 eine Rendite von 29,5 % abwarfen und im Fünf-Jahres-Vergleich auf ein Plus von jährlich 19,5 % kamen, schafften die großen Standardfonds keine auch nur annähernd so gute Performance. Im Fünf-Jahresvergleich schnitten die Fondsschlusslichter zu 72 % bis 98 % schlechter ab als die Aktien-Vergleichsindizes, **Benchmark** genannt. Allerdings ist nicht zu übersehen, dass ein aktives Einzelaktien-Investment über längere Zeit zwar eine durchschnittliche Rendite von 8 % im Jahr erbringt, aber durch Einstieg, Zukauf, Teil- und Komplettverkauf auch mit Transaktionskosten belastet wird.

Ist das Fondsmanagement gut – Hinweise liefert die Rating-Einstufung – sind Sie mit Themenfonds auf der richtigen Seite. Der Aktienfonds übernimmt die Spartopffunktion. Vom eingesammelten Geld kauft das Management je nach Ausrichtung Blue Chips, Nebenwerte, Biotech-, Rohstoff- oder Hightechaktien usw. Sie selbst können die gewünschten Märkte abdecken, ohne Millionär zu sein, und werden mit dem Kauf von Anteilen Miteigentümer am Fondsvermögen der Kapitalanlage-Gesellschaft. Sie sollten aktuelle Trends wahrnehmen und Schwellenländer im Auge behalten. Informationen über ausländische Nebenwerte sind dünn gesät. Mit Qualitätsfonds vermeiden Sie das gebührenpflichtige Umschichten – ein Ausgleich für Ausgabeaufschlag und Managementgebühr. Umfasst der Fonds jedoch nur wenige Millionen Anlagekapital, wächst das Risiko, dass er aufgelöst wird.

- **Laut Expertenmeinung bieten passiv gemanagte Indexfonds (ETF) und aktiv ausgerichtete Spitzenfonds längerfristig beste Renditechancen. Fähige Manager bringen eigene Innovationen ein. Diese Chance gilt es zu nutzen.**

Bei der Fondsauswahl helfen Rating-Agenturen wie S&P, Moody's, Fitch Ratings und Morningstar, die besten Produkte aufzuspüren. Das **Ranking** umfasst **quantitative** Faktoren wie Rendite, Schwankungsbreite und Risikoprofil. Das **Rating** bewertet die **Qualität**, also die Leistungsfähigkeit der Fondsmanager. Interessant ist beim Ranking die Anzahl der Sterne – vergleichbar mit Hoteleinstufungen. Bei vier oder fünf Sternen schnitt dieser Fonds in den letzten drei Jahren bei der Rendite gut bis sehr gut ab. Die Rating-Buchstaben, selbst AAA, sind jedoch kein Freibrief für eine künftig positive Einschätzung. Bei Trendumkehr, Branchenrotation oder unterschiedlicher Indexentwicklung sind die Favoriten von gestern vielleicht die Verlustbringer von morgen. Rating und Ranking erleichtern die Orientierung. Leicht verstecken sich schlechte Fonds im Bullenmarkt. Große Fonds schaffen nicht unbedingt bessere Ergebnisse, aber sorgen für Stabilität.

Fondsbewertungen von Standard & Poor's (S&P)		
Ranking Rendite und Risiko, auf drei Jahre bezogen	✱✱✱✱✱	Zählt zu den Top-Zehn-Prozent der Gruppe
	✱✱✱✱	Gutes Rendite- und Risikoprofil
	✱✱✱	Mittleres Rendite- und Risikoprofil
	✱✱	Schwaches Rendite- und Risikoprofil
	✱	Gehört zum schlechtesten Viertel der Gruppe
Rating auf Basis der S&P-Analyse über das Management	AAA	Außergewöhnlich hohe Managementqualität
	AA	Sehr gute Qualität des Fondsmanagements
	A	Gute Qualität des Fondsmanagements
	NR	Das Rating wurde entzogen
	UR	Steht unter Beobachtung (Managerwechsel o. ä.)
Alljährlich überprüft S&P europaweit ungefähr 1.400 Investmentfonds.		

Eine traurige Misserfolgsquote und Bilanz des Scheiterns: Nur jeder 8. internationale Aktienfonds schlug 2014 die Benchmark

Wer Aktienfonds erwirbt, macht sich zwar das Wissen der Profis zunutze, schneidet aber bei internationalen Standard-Aktienfonds schlechter ab als der Vergleichsindex. Deshalb sind Sie mit den preiswerten, passiv gemanagten Indexfonds meist besser dran.

Ist das Fondsmanagement fähig und innovativ – hilfreich ist eine Rating-Einstufung im A-Bereich – sind Sie mit Themenfonds auf der richtigen Seite. Geht es um Blue Chips, empfiehlt sich eher ein passiv gemanagter ETF. Die scharfe Korrektur an der Börse Shanghai im Sommer 2015 mit einem zeitweiligen Absturz um über ein Drittel bis zu vier Fünftel macht China-Fonds für mutige Anleger interessant. Am besten, Sie orientieren sich an der abgebildeten Kursliste im Kapitel 4.2. China brilliert zwar nicht mehr mit jährlich zweistelligen Wachstumsraten. Die Konjunktur schwächt sich ab, zeigt aber immer noch ein deutliches Plus von über 6 %.

Das Duell: internationale Aktienfonds – Vergleichsindex					
Traurige Bilanz	2010	2011	2012	2013	2014
Fondsertrag	+16,7 %	-8,2 %	+12,4 %	+16,7 %	+13,5 %
Vergleichsindex	+19,5 %	-2,4 %	+14,1 %	+21,2 %	+19,5 %
Quellen: Morningstar und HANDELSBLATT-Grafik vom 19. Februar 2015, Nr. 35					

- **Mit dem Kauf von Investmentanteilen sind Sie Miteigentümer am Fondsvermögen der betreffenden Kapitalanlage-Gesellschaft.** Leider führt falsche Angst dazu, dass deutsche Anleger die Börse meiden und weiter auf die schleichende Kapitalvernichtung Sparbuch/Sparkonto vertrauen. So führt der Ausverkauf beim DAX dazu, dass sich der Besitzanteil ausländischer Investoren von 35,5 % im Jahr 2001 auf 54,3 % im Jahr 2015 erhöht hat. Nach wie vor will eine Mehrheit von 55 % der vom Deutschen Aktieninstitut befragten Personen keinen Cent in Aktien oder Aktienfonds investieren, wenn 10.000 € für 25 Jahre anzulegen sind. Der Anteil der Aktionäre und Fondsbesitzer in Deutschland liegt derzeit bei 13 %.

Dazu meint die Vorstandsvorsitzende **Dr. Christine Bortenlänger:** *„Es ist also Potenzial für die Gewinnung von mehr Aktionären vorhanden, das erschlossen werden kann. Insofern zeigt unsere Studie nicht nur Schatten, sondern auch Licht."*

Investmentfonds: für viele Deutsche ein Buch mit sieben Siegeln

Laut einer Finanzdienstleister-Studie glaubt jeder zweite Deutsche, dass Rentenfonds die gesetzliche Rente absichern und die Manager offener Immobilienfonds baufällige Gebäude sanieren, um sie zu höheren Preisen zu verkaufen. Die knappe Hälfte hält eine Fondsanlage für kompliziert und genauso riskant wie Einzelaktien. Nur 3 % können sich unter einem ETF etwas vorstellen. Und wer kennt sich schon mit der Prozentrechnung aus? Ist es günstiger, wenn ich statt 100 € wahlweise 105 € bezahle oder 3 % aufschlage? Drei von vier Befragten glauben, dass für eine Aktienanlage Wirtschaftswissen notwendig ist. Aber gerade daran mangelt es hierzulande. Viele Sparer halten Börsen-Investments für schwer verständlich. Seit der Finanzkrise 2008/2009 ließ die Begeisterung für Aktien deutlich nach.

Als Fondsanleger nehmen Sie mit geschütztem **Sondervermögen** und dynamischen Sachwerten am Wirtschaftswachstum und über Kursgewinn und Dividende an der Wertschöpfung teil. Sie können aktuelle Trends nutzen, in Schwellenländer, neue Märkte, Geschäftsmodelle wie Digitalisierung und soziale Netzwerke investieren. Informationen über kleinere ausländische Einzeltitel sind dünn gesät. Mit den richtigen Fonds vermeiden Sie das gebührenpflichtige Umschichten – ein Ausgleich für die hohe jährliche Verwaltungsgebühr, die im Schnitt bei über 1,5 % liegt.

Passive Indexfonds (ETF) und aktiv gemanagte Spitzenfonds, deutschlandweit, europäisch, international, nach Indizes, Märkten und Themen ausgerichtet, bieten langfristig gute Renditechancen. Fähige Fondsmanager schichten im Rahmen ihrer Vorgaben mit Augenmaß um. Für Sie bleiben diese Aktivitäten gebührenfrei. Ein ETF ist preiswert: kein Ausgabeaufschlag, nur ein geringer Spread (Unterschied zwischen Geld- und Briefkurs) und eine kleine Jahresgebühr, meist schwankend zwischen 0,10 % und 0,65 %.

Als Privatanleger zahlen Sie für Aktienfonds im Schnitt an Managementgebühren jährlich 1,5 % bis über 2 %. Ein Grund für die hohen Gebühren sind die strengen Regulierungsauflagen. Hinzu kommt ein Ausgabeaufschlag von bis zu 5 %. Dass die eigene Einzelaktienanlage mit laufenden Transaktionskosten verbunden ist, wird häufig nicht bedacht. Jeder Kauf und Verkauf kostet mindestens 10 €.

Gesundheitsfonds mit wachstumsstarken Titeln als Börsenstars

Wie die folgende Übersicht zeigt, sollten sich Fondsliebhaber bei einem Neuinvestment unbedingt auf wachstumsstarke Branchen konzentrieren. Goldminenaktien liefen bis 2010 überdurchschnittlich gut, um ab 2011 bis jetzt im Schnitt zweistellig abzustürzen. Eine ähnlich dramatische Entwicklung zeigt der Rohstoffsektor. Der Gesundheitsbereich mit Biotechnologie bietet dagegen seit Jahren beste Chancen, nachdem neue Wirkstoffe den Markt erobern. Der Traum vom ewigen Leben und der Kampf gegen Krebs machen Pharma zum eingebauten Risikopuffer. Das Gesundheitswesen ist wegen des demografischen Wandels mit steigender Lebenserwartung für viele Fondsmanager das große Zukunftsthema.

- Als zukunftsträchtig gelten laut Experteneinschätzung neben der Immobilienbranche auch der Technologie- und Internetsektor wegen zunehmender Digitalisierung, Cloud-Computing und Interesse an Sozialnetzwerken. Hier macht der Ausspruch „Digitalisierungs-Jungbrunnen" bereits die Runde. Eine weitere Erfolgsformel stellen Nachhaltigkeit, Wachstumsstrategie und Wahrnehmung von Megatrends wie Industrie 4.0 dar. Wichtig ist, der eigenen Linie treu zu bleiben und sich nicht vom Tageslärm stören zu lassen.

Handlungsabläufe bei der Anlage in Investmentfonds

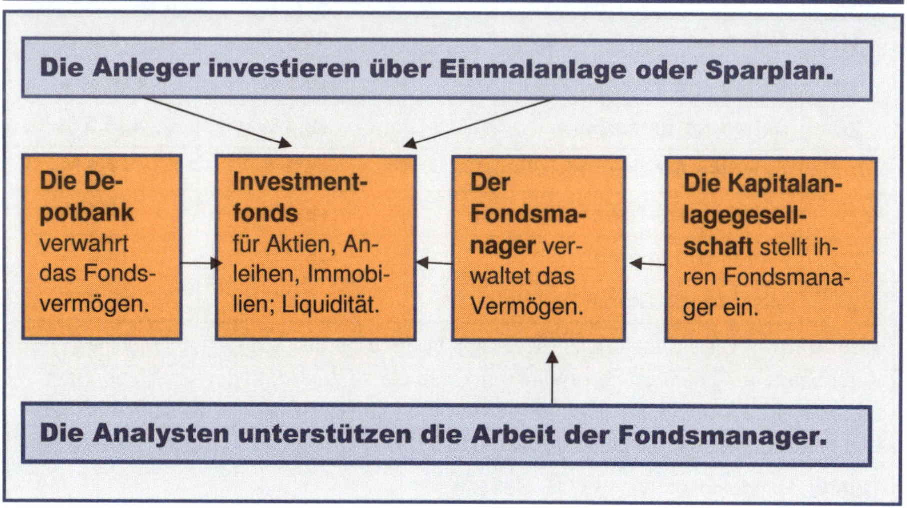

4.2 Aktuelle Kurslisten zum Thema Aktienfonds

Die besten Investmentfonds im ersten Halbjahr 2015			
Rang	**Fonds-Anlageschwerpunkt**	**1. Halbj. 2015**	**Schnitt 5 J.**
01	Aktien China	+23,7 %	+9,3 %
02	Aktien Japan	+23,1 %	+10,4 %
03	Aktien Japan Nebenwerte	+21,0 %	+12,7 %
04	Aktien Gesundheitswesen Welt	+19,3 %	+21,1 %
05	Aktien Europa Nebenwerte	+18,2 %	+15,0 %
06	Aktien Euroland Nebenwerte	+18,0 %	+12,7 %
07	Aktien Welt Nebenwerte	+15,2 %	+14,8 %
08	Aktien Deutschland Nebenwerte	+14,2 %	+15,2 %
09	Aktien Europa	+13,9 %	+11,5 %
10	Aktien Telemedien Welt	+13,5 %	+14,4 %
11	Aktien Euroland	+13,1 %	+10,1 %
12	Aktien Asien Pazifik ohne Japan	+12,9 %	+8,5 %
13	Aktien Mittel-/Osteuropa	+12,6 %	-2,1 %
14	Aktien Nordamerika Nebenwerte	+12,6 %	+17,6 %
15	Aktien Deutschland	+12,1 %	+12,1 %
16	Aktien Nachhaltigkeit/Ethik Welt	+11,4 %	+11,1 %
17	Aktien Welt	+10,6 %	+10,8 %
18	Aktien Emerging Markets	+10,1 %	+4,3 %
19	Aktien Technologie Welt	+9,5 %	+14,8 %
20	Aktien Nordamerika	+9,4 %	+16,5 %
21	Anleihen Emerging Markets	+9,3 %	+7,2 %
22	Anleihen US-Dollar	+8,0 %	+4,4 %
23	Aktien Goldminen	+6,3 %	-14,0 %
24	Mischfonds Global flexibel	+ 5,6 %	+3,0 %

Anmerkung: Die Fondsrangliste 1. Halbjahr 2015 berücksichtigt noch nicht den Kursabsturz am chinesischen Aktienmarkt um bis zu 40 % und den Crash von fast 30 % beim DAX und in ähnlicher Größenordnung an den meisten Börsen. Anleihen- und Mischfonds hatten nichts zu melden, die besten 3 Titel auf Rang 21, 22 und 24.

Quelle: Handelsblatt, Nr. 133, 15. Juli 2015

Aktienfonds-Auswahl umweltfreundliche Anlagen global				
Gesellschaft und Bezeichnung	**WKN**	**Kurs 30.09.15**	**52-Wochen-Hoch/Tief**	**Kursentwicklg. 1, 3, 5 Jahre**
Allianz Global Sust.	**157 662**	19,90 €	23,60/17,55 €	**+4/+38/+62 %**
Ökologie/Ökonomie/Soziales, Tops: Microsoft/Nestle/Roche/Allianz/Novo Nordisk, Ausgabeaufschlag 5 %, Jahresgebühr 1,80 %, Sparplan ja, Alter 12 J., ausschüttend				
Candriam Eqs Sust.	**578 004**	256,65 €	316,0/234,5 €	**+4/+42/+71 %**
Tops: Amgen/EMC/Johnson&Johnson/Qualcomm, Fondsvolumen: 236 Mio. €, Ausgabeaufschlag 3,50 %, Jahresgebühr 1,50 %, Sparplan ja, Alter 9 J., thesaurierend				
Deka-Umweltinvest	**DK0 ECS**	88,35 €	111,65/79,10 €	**+1/+34/+23 %**
Klima-/Umweltschutz/Wasser, Tops: Eurofins/Pall/American Water, Volumen: 178 Mio. €, Ausgabeaufschlag 3,75 %, Gebühr 1,5 %, Sparplan ja, Alter 9 J., thesaurier.				
Erste WW Stock Um.	**694 114**	111,00 €	139,50/99,35 €	**+1/+52/+38 %**
Umweltbranche, Tops: Shimano/Canadian Solar/Wabtec/Vestas, Volumen 70 Mio. €, Ausgabeaufschlag 4 %, Jahresgebühr 0,15 %, Sparplan ja, Alter 15 J., ausschüttend				
JPM Global Socially	**939 861**	**6,90 $**	8,30 $/**6,90 $**	**-9/+22/+24 %**
Nachhaltigkeit, Tops: Microsoft/Apple/Roche/CVS Health/Gilead, Volumen: 87 Mio. €, Ausgabeaufschlag 5 %, Jahresgebühr 1,50 %, Sparplan ja, Alter 15 J., ausschüttend				
KBC Eco Fund Wat.	**A0F 6Z0**	1.016,0 €	1.239/938,0 €	**+1+44/+80 %**
Wasserkreislauf, Tops: American Water/United Utilities/Geberit/Aqua America, Volumen 201 Mio. €, Aufschlag 3 %, Gebühr 1,5 %, Sparplan nein, Alter 15 J., thesaurier.				
LGT Sustainable Eq.	**A0Y F5E**	1.748,0 €	2.037/1.511 €	**+10/+46/+65 %**
Nachhaltigkeit weltweit, Tops: Health Care Reit/Nestle/Apple/Nasdaq OMX, Volumen 109 Mio. €, Aufschlag 5 %, Gebühr 1,8 %, Sparplan nein, Alter 6 J., thesaurierend				
NN Global Sustaina.	**797 410**	251,50 €	299,7/221,9 €	**+7/+38/+62 %**
Entwicklungspolitik Umwelt-/Sozialaspekte, Tops: Google/Apple/Microsoft/Gilead, Volumen 301 Mio. €, Aufschlag 3 %, Gebühr 1,5 %, Sparplan nein, Alter 15 J., thes.				
ÖkoWorld ÖkoVis.	**974 968**	134,50 €	155,1/115,6 €	**+7/+37/+62 %**
Ökologie/Ethik/Ertragsstärke, Tops: Gamesa/Yes Bank/Aquity Brands/Starbucks, Volumen 519 Mio. €, Aufschlag 5 %, Gebühr 1,76 %, Sparplan ja, Alter 14 J., thes.				
Parvest Global Env.	**A0N E8U**	140,45 €	176,2/131,7 €	**+17 %**/keine Ang.
Alternative Energien/Wasseraufbereitung/Infrastruktur, Tops: Linde/United Utilities, Volumen 373 Mio. €, Aufschlag 5 %, Gebühr 1,75 %, Sparplan nein, Alter 7 J., thes.				
RobeceoSAM Sust.	**763 763**	220,60 €	264,7/197,5 €	**+6/+48/+59 %**
Wasser Ent-/Versorgung, Tops: Veolia/Suez Env./Danaher/Xylem, Volumen 680 Mio. €, Ausgabeaufschlag 5 %, Gebühr 1,5 %, Sparplan nein, Alter 14 J., thes.				

Gesellschaft und Bezeichnung	WKN	Kurs 30.09.15	52-Wochen-Hoch/Tief	Kursentwicklg. 1, 3, 5 Jahre
Swisscanto P. F. Gr.	**216 770**	114,85 €	142,7/103,2 €	+2/+35/+34 %
Umwelt-/Sozialmanagement, Tops: Home Depot/CVS Health/Novo Nordisk, Volumen 164 Mio. €, Aufschlag 3 %, Gebühr 1,8 %, Sparplan nein, Alter 12 J., ausschüttend				
TerrAssisi Aktien I A	**984 734**	22,30 €	26,85/19,80 €	+4/+52/+76 %
Ethik/hohe Wertentwicklung, Tops: SAP/Intel/Union Pacific/BT Group, Vol. 49 Mio. €, Ausgabeaufschlag 4,5 %, Gebühr 1,35 %, Sparplan ja, Alter 12 J., ausschütt.				
UBS E.F. Gl. Innovat.	**676 908**	60,90 €	79,35/56,60 €	+3/+32/+24 %
Energie/Mobilität/Wasser/Gesundheit/Nahrung, Tops: IPG Photonics/Berkeley/Valeo, Volumen 108 Mio. €, Aufschlag 3 %, Gebühr 2 %, Sparplan ja, Alter 12 J., thesaur.				
Anmerkung: Wichtige Kriterien für eine Geldanlage mit gutem Gewissen sind einwandfreie ethische Merkmale wie Engagement, Umweltbewusstsein, Unternehmensführung und Sozialkompetenz. Erfreulich ist trotz Börsencrash und Verunsicherung das Performance-Plus mit einer Ausnahme sogar in diesem Jahr 2015. Auch Themenfonds werden durch hohe Gebühren belastet. Dafür aber sparen Sie als Anleger die Transaktionskosten für häufigeres Umschichten in Krisenzeiten wie jetzt.				
Quelle: €uro extra Nr. 03/2015, Stand 11.08.2015, S. 9				

Auswahl Dividenden-Aktienfonds rund um den Globus				
Gesellschaft und Bezeichnung	**WKN**	**Kurs 30.09.15**	**52-Wochen-Hoch/Tief**	**Kursentwicklg. 1, 3, 5 Jahre**
DJE Div. & Substanz	**164 325**	330,40 €	381,3/279,0 €	+10/+33/+45 %
Dividendenstarke Aktien Europa, Tops: Bilfinger/Great Eagle/Blackrock/Roche, Vol. 1,2 Mrd. €, Ausgabeaufschlag 5 %, Gebühr 1,3 %, Alter 13 J., Sparplan ja, thesaur.				
DWS Top Dividende	**984 811**	109,60 €	124,50/89,65 €	+7/+33/+64 %
Hochkapitalisierte Div.-Werte, Tops: Nippon Tel./Verizon/Novartis/Nestle, Volumen 13,5 Mrd. €, Aufschlag 5 %, Gebühr 1,45 %, Alter 12 J., Sparplan ja, ausschüttend				
LBBW Div.-Strategie	**978 041**	41,05 €	48,10/35,00 €	+5/+44/+45 %
Dividendentitel Euroraum, Tops: BNP/Dt. Post/Sanofi/Allianz/Daimler, Volumen 818 Mio. €, Ausgabeaufschlag 5 %, Gebühr 1,5 %, Alter 16 J., Sparplan ja, ausschüttend				
M&G Global Divid.	**A0Q 349**	18,50 €	23,50/18,15 €	-8/+21/+5 %
Internationale Div.-Titel groß/klein, Tops: Methanex/BAT/Wells Fargo, J&J, Volumen 8,9 Mrd. €, Aufschlag 4 %, Gebühr 1,75 %, Alter 7 J., Sparplan nein, thesaurierend				
UniDividendenAss A	**A0B 822**	53,25 €	62,15/46,40 €	+1/+31/+38 %
Stabile Div.-Aktien Europa, Tops: Royal Dutch/Daimler/Unilever/Iberdrola, Volumen 1,4 Mrd. €, Aufschlag 4 %, Gebühr 1,2 %, Alter 11 Jahre, Sparplan ja, ausschüttend				

Gesellschaft und Bezeichnung	WKN	Kurs 30.09.15	52-Wochen-Hoch/Tief	Kursentwicklg. 1, 3, 5 Jahre
Deka-Div.-Strategie	DK2 CDS	145,25 €	168,0/122,8 €	+8/+46/+68 %
Kapitalwachstum auch mit Div., Tops: Imp. Tobacco/Ing/Novartis/Merck & Co., Volumen 1,7 Mrd. €, Aufschlag 3,75 %, Gebühr 1,25 %, Alter 5 J., Sparplan ja, ausschütt.				
Anmerkung: Selbst wenn die Spitzenkonzerne alljährlich mehr ausschütten, ist der Kursgewinn prozentual höher als die Dividendenrendite. Deshalb ist die Kursentwicklung bei Aktien, Aktienfonds und ETF mit Schwerpunkt Dividende geringer.				
Quelle: €uro extra Nr. 03/2015, Stand 11.08.2015, S. 15				

Chinesische Aktienfonds: trotz Crash mittelfristig positiv

Gesellschaft und Bezeichnung	WKN	Kurs 03.10.15	52-Wochen-Hoch/Tief	Kursentwicklg. ½, 1, 3, 5 J.
BGT China	A0Q 7YA	12,20 €	17,80/12,20 €	-15/+3/+29/+11%
Währung $, Volumen 1,1 Mrd. €, Ausgabeaufschlag 5 %, Gebühr 1,5 %, thesaurier., Alter 7 Jahre, Sparplan ja, Branchen: Finanzen/Technologie/Telekom/Versorger				
Candriam Equities	A0L B4W	999,10 €	1.494/929,00 €	-21/+6/+26/+17 %
Währung €, Volumen 53 Mio. €, Ausgabeaufschlag 2,5 %, Gebühr 1,6 %, thesaurier., Alter 10 J., Aktien Hongkong: Tencent/China Mobile/China Construct., wenig Handel				
Fidelity China Focus	A0C A6V	43,75 €	61,60/35,25 €	-21/+10/+29/+6 %
Währung $, Volumen 4 Mrd. €, Ausgabeaufschlag 5,25 %, Gebühr 1,5 %, ausschütt., Alter 12 Jahre, Sparplan ja, Branchen: Finanzen/Konsumgüter/Energie/IT/Industrie				
HSBC GIF Chinese	972 629	69,10 €	101,30/57,55 €	-17/+3/+17/+3 %
Währung $, Volumen 1,5 Mrd. €, Aufschlag 5,25 %, Gebühr 1,50 %, ausschüttend, Alter 13 J., Sparplan ja, Branchen: Finanzen/IT/Telekom/Energie/Industrie/Versorger				
Schroder ISF China	A0J DNN	224,65 €	315,9/197,0 €	-15/0/+19/+5%
Währung $, Volumen 1,1 Mrd. €, Ausgabeaufschlag 5 %, Gebühr 1,5 %, thesaurier., Alter 9 J., Sparplan nein, Branchen: Finanzen/Konsum/Telekom/Energie/Industrie				
HSBC MSCI Ch. ETF	A1J HYT	5,35 €	8,05/4,70 €	-23/+11 %/k. Ang.
Währung €, Volumen 114 Mio. €, Alter 5 Jahre, Jahresgebühr 0,60 %, ausschüttend, MSCI China Index, Alter 4 J., Sparplan nein, Branchen: Finanz/Energie/IT, Telekom				
Anmerkung: Die hier erstmals aufgeführte Halbjahres-Entwicklung zeigt, dass für mutige Langzeitanleger bei einem solchen Börsenklima attraktive Einstiegschancen bestehen. Die im Sommer 2015 um 30 bis 40 % abgestraften China-Aktienfonds weisen im Ein-, Drei- und Fünf-Jahresvergleich ein Plus auf, bei Drei-Jahres-Sicht zweistellig. Großteils wird als Fondswährung der US-Dollar angezeigt. Dennoch können Sie Ihre Aktien z. B. bei Tradegate Exchange in Euro buchen.				

Ein Blick auf die Quellensteuersätze ausgewählter Länder

Beläuft sich der Gewinn auf nur wenige hundert Euro, dürfte es sich kaum lohnen, einen Erstattungsantrag gegenüber dem ausländischen Finanzamt zu stellen. Im Allgemeinen sind nur 15 % anrechenbar. Die Erstattung selbst bewegt sich in ähnlicher Größenordnung. Um einer doppelten Besteuerung bei Dividenden zu entgehen, hat die Bundesregierung Doppelbesteuerungsabkommen abgeschlossen. Als Anleger dürfen Sie einen Teil der ausländischen Quellensteuer auf die deutsche Abgeltungsteuer anrechnen. Gewöhnlich sind es 15 %. Dieses Verfahren erhöht die Rendite, ist aber lästig, mühsam und nur lohnend ab deutlich dreistelligen Dividendenerträgen pro Titel. Wenden Sie sich an Ihre Depotbank, um sich über die Einzelheiten zu informieren.

- **Seitdem spekulative Profis bei Kursturbulenzen oft mit hohen Millionenbeträgen große Leerverkäufe tätigen, stürzen Aktienkurse mitunter binnen Stunden zweistellig ab.** Der Leerverkäufer kauft die ausgeliehenen Aktien an der Börse wieder ein, um sie dem Broker – ähnlich wie beim Mietwagengeschäft – innerhalb der vereinbarten relativ kurzen Frist zurückzugeben. Billig einkaufen – teuer verkaufen! Darin liegt sein Gewinn. Freilich besteht die Gefahr, dass die Kalkulation nicht aufgeht und der Spekulant auf dem falschen Fuß erwischt wird. Neben den **Kettenreaktionen durch Stoppkurse** sind Leerverkäufe der Hauptgrund für empfindliche Kursabstürze binnen Stunden selbst bei guten Dividendentiteln.

Die Quellensteuersätze ausgewählter Länder

Land	Steuer, Erstattung, Anrechnung	Land	Steuer, Erstattung, Anrechnung
Belgien	25 %, 10 %, 15 %	Norwegen	25 %, 25 %, 0 %
Finnland	30 %, 15 %, 15 %	Österreich	25 %,10 %,15 %
Frankreich	30 %, 15 %, 15 %	Schweden	30 %, 15 %, 15 %
England	0 %, 0 %, 0 %	Schweiz	35 %, 20 %, 15 %
Italien	20 %, 5 %, 15 %	Spanien	21 %, 21 %, 0 %
Japan	15 %, 0 %, 15 %	USA	30 %, 15 %, 15 %
Niederlande	15 %, 0 %, 15 %		

Anmerkung: Nach Registrierung als ausländischer Investor gelten bei dieser Auswahl in Frankreich, Italien, Schweden und USA ermäßigte Quellensteuersätze.

4.3 Die besten Aktienfonds 2015: preisgekrönt

Das Analysehaus Feri Eurorating und das Handelsblatt vergaben zum 9. Mal die alljährlichen Fonds-Oscars, die *„Feri Eurorating Awards 2015"* für die besten Fondsgesellschaften und Produkte. Maßgeblich waren die Wertentwicklung im Fünf-Jahresvergleich und qualitative Faktoren. 3.000 Investmentfonds von über 200 Anbietern wurden auf Herz und Nieren geprüft.

Die Preisträger der Fonds-Oscars „Feri Eurorating 2015"			
Fondsname, Fondsgesellschaft	**WKN**	**Ausgabe und jährl. Gebühr**	**Entwicklung 1 + 5 Jahre**
Aktien global Sieger: strenger Filter und hohe Wertentwicklung			
Invesco Glob. Structured Equity	A1C V2N	5,00 %/1,00 %	+25,6 %/17,6 %
Goldman Sachs Glo CORE Eq.	A0D KMM	4,00 %/1,75 %	+20,4 %/15,8 %
UniFavorit Aktien	847 707	5,00 %/1,20 %	+18,1 %/16,4 %
Aktien Deutschland Sieger: Bodenhaftung, auch kleinere Werte			
DWS Aktien Strategie Deutschl.	976 986	5,00 %/1,45 %	+37,4 %/17,2 %
Baring German Growth Trust	972 849	5,00 %/1,50 %	+25,7 %/13,7 %
Fidelity Funds – Germany	A0N GWW	0,00 %/0,75 %	+29,3 %/13,3 %
Aktien Europa Sieger: früher Einstieg, Übergewichtung Gesundheit			
Comgest Growth Greater Europ.	A1W 565	4,00 %/1,50 %	+29,6 %/16,1 %
BGF European Special Situations	779 374	5,00 %/1,50 %	+27,7 %/14,5 %
Fidelity Fonds – European Dyn.	603 474	5,25 %/1,50 %	+31,1 %/13,3 %
Aktien Schwellenländer Sieger: freies Stock Picking			
Fidelity Funds Emerging Markets	A0M ZL7	5,25 %/1,50 %	+5,6 %/+5,9 %
Comgest Growth Emerging Mark.	A0B K3L	4,00 %/1,50 %	-0,2 %/+4,9 %
Goldman Sachs Gro & Em Core	A1J C2B	Keine Angaben	+1,5 %/+3,7 %
Siegerfonds Aktien Japan, Asien Pazifik, Osteuropa, Nordamerika			
M&G Japan A Euro	797 747	5,25 %/1,50 %	+25,6 %/14,1 %
Comgest Growth Asia Pac ex J.	A12 GPB	4,00 %/1,50 %	+17,0 %/9,1 %
Schroder ISF Emerging Europe	A0J NEK	4,00 %/1,50 %	-8,3 %/-1,0 %
Legg Mason ClearBridge US Larg	A1C Z09	2,50 %/2,17 %	+27,6 %/20,4 %
Anmerkung: Diese Fonds schlugen im 1- und 5-Jahresvergleich den Index.			

4.4 Aktien – Aktienfonds – ETF im Vergleich

Vorteile und Nachteile rund um Aktien, Aktienfonds, ETF		
Vorteile Aktien	**Vorteile Aktienfonds**	**Vorteile ETF**
Bei niedrigen Kursen bietet sich ein spontaner Zukauf an. Nahe dem Jahres- oder Allzeithoch ist ein Teilverkauf zu überlegen.	Schichtet das Fondsmanagement um, wird der Aktionär nicht unmittelbar mit den Transaktionskosten belastet. Sie schlagen sich in der Jahresgebühr nieder.	Da der ETF die Indexzusammensetzung widerspiegelt, wird nur selten umgeschichtet. Dies ist ein Hauptgrund für die niedrigen Gebühren.
Bei Einzelaktien entscheiden Sie selbst, ob, wann, was, wie oft und in welcher Größenordnung Sie etwas tun.	Privatanleger nutzen die Fachkompetenz von Profis, sparen Zeit, Arbeit und Mühe und machen nicht die ganz großen Fehler.	Passiv gemanagte ETF bilden den Index exakt ab. Es reicht aus, einige Male im Jahr das Depot zu überprüfen.
Ein großes Aktiendepot bietet im Crash beste Chancen für kluge Hoch/Tief-Mut- und Kombinationsstrategien mit Zukauf/Teilverkauf.	Mit guten Spezialfonds lassen sich die attraktivsten Märkte, Indizes und Branchen durch ein geschicktes aktives Management gewinnbringend abdecken.	Selbst mit einem begrenzten Vermögen im mittleren fünfstelligen Bereich sind Sie in den wichtigsten Märkten und Branchen dabei.
Nachteile Aktien	**Nachteile Aktienfonds**	**Nachteile ETF**
Jeder Kauf und Verkauf ist mit Transaktionskosten verbunden. *„Viel hin und her macht Taschen leer."*	Ausgabeaufschläge bis zu 5 % und jährliche Managementgebühren zwischen 1,0 und 2,0 % belasten auch das Langzeitdepot.	Kein Ausgabeaufschlag und geringe Jahresgebühren im Schnitt von nur 0,3 %. Aber Sparpläne gibt es eher selten.
Über Aktien in den großen Indizes wird ausführlich berichtet. Infos über ausländische Nebenwerte gibt es kaum.	Spezialfonds schlagen oft den Markt. Aber 4 von 5 großen Standardfonds verlieren gegenüber dem Vergleichsindex (Benchmark).	Es ist für Privatanleger schwierig, ein klassisches passives vom aktiven Management mit Derivaten abzugrenzen.
Wer Einzelaktien ordert, verliert bei fehlendem Wissen, Herdentrieb und mangelnder Kontrolle oft viel Geld.	Die beratende Bank macht sich aus Eigennutz für eigene Aktienfonds stark und empfiehlt nur selten oder nie ETFs bzw. Indexfonds.	Die ETFs haben oft ellenlange unverständliche Namen. Die zwölfstellige ISIN in winziger Schrift führt zu Fehlern.

❺ Anhang

5.1 Sachwortverzeichnis: Wo steht was?

Schwerpunktwissen: fett gedruckt

Alles Übrige: Normalschrift

A

Agrarwirtschaft/Aktien: **158-160,** 200
Akquisitionen: 100, 104, 140, **206-208**
Aktienaltbestand vor 2009: **167/168**
Aktienanlage: **36/37,** 64, 111, 127
Aktienfonds**:** 74, **243-253**
Aktienfondsauswahl China: **251**
Aktienfondsauswahl Dividenden: **250/251**
Aktienfondsauswahl Nachhaltigkeit: **249/250**
Aktienfonds-Kurslisten: **249-251**
Aktienfonds-Preisträger 2015: **253**
Aktienfonds pro/kontra: **254**
Aktienfonds – Vergleichsindex: 245
Aktienfonds VW-Anteile: **74/75**
Aktienlieblinge Experten: **215-217**
Aktienmuffel: 27, 37, 174, 195, 215
Aktienverkäufe: **186/187**
Aktienzukäufe Crash: **187**
Aktionärsstruktur: 64
Aktives/passives Management: 225
Alltagsleben/-Bewältigung: 29/30, 146
Altbestand Aktien: **167/168**
Alteneinrichtungen, Aktien: **65-68**
Altersarmut: 24/25
Alterspyramiden: **15/16**
Altersvorsorge: 26/27, 36/37, 39, 41, 49
Alterungsprozess: 20, 25
Alzheimer: 14, **62-64,** 77, 100
Alzheimer Forschungsaktien: **63**
Anlage 100.000 €: **189**
Anlagebetrug: **220-223**
Anlage Firmenlenker: 189
Anlageformen und Strategien: 174/175, 186-189, **215**
Anlagen- und Maschinenbau: **112-114**
Anlegerverhalten: 49, 64, 111, 127, 134, 152, 168, **178,** 189, 195, 202/203, 205, 207, 215, 219-223
Arbeit im Alter: **35**
Arbeitseinschätzungen: 26
Arbeitskräftemangel: 59/60
Arbeitswelt: 23, 25, 35, 45, 59-61, 90, 148, 165, 196, 198, 201
Aufsichtsräte: 166
Aufwärtstrend ETF: 224/225
Außerbörslicher Handel: 211
Ausschüttung Dividenden: 172
Auto der Zukunft: **69-71**
Autoindustrie, Kurslistenvergleich: 73
Automation/Roboteraktien: **147**
Automobil-Aktienfonds: 74/75
Automobil-Industrie: 17, **69-75**

B

Ballungsräume: 81

Bankensektor, Bankaktien: 49, **139-145**
Bauindustrie/Bauwirtschaft: **79-84**
BayWa: 85, 200
Bechtle: 85/86
Bedürfnispyramide Maslow: 50
Bergbauaktien: **203/204**
Bevölkerungsstruktur Deutschland: **12,** 15, 19/20, 25/**26,** 35, 39, 44, 81
Bevölkerungsstruktur weltweit: **13,** 38
Bezugsrechte Kapitalerhöhung: 218/219
Bieterkonzern-Aktien: **208**
Big Data: 86
Bildungsniveau Migranten: 61
Biologisches Alter: 45
Biotechaktien: **77/78**
Biotechbranche Deutschland: **76-78**
Blackrock: 224
Blue Chips: 215-217
Börse ARD ETF-Auswahl: 228
Börsencrash: **52,** 127, **178-185**
Börsengänge (IPO): 140, **209-211**
Börsenlieblinge Experten: **215-217**
Börsensieger: 40, 213/214, **216/217**
Börsenverlierer: 40, **213/214**
Börsenwert/Marktkapitalisierung: 171, 197
Börsenwissen: 27, 37, 202/203, 246/247
Branchen-ETF: **229-232**
Buffett, Warren: 161, 166, 192

C

Cancom, TecDAX: 86
Chemie, Großchemie-Aktien: 115-117
China: **46/47,** 55, 139, **182-184**
Chronische Erkrankungen: 13/14
Cloud-Computing: 32, 85-87
Computernutzung Senioren: 39
Cost Average: 49
Crash Autoindustrie: 74
Crash und Korrektur: **52,** 127, **178-185**
Cyberattacken: 145, 197/198

D

Datenmengen: 196
DAX: 52, 83, 140, 169, 176, 213
DAX, Dividendenstars: **169**
DAXplus Family, Aktien/ETF: **161-164**
Demenz: 62-64, 100
Depotführung Computer: 188
Deutscher Wirtschaftsbuchpreis: 194, 196
Deutsches Aktieninstitut: **8**
Deutsche Wirtschaft: **59-61**
Diabetes: 13/14, 32
Digitale Wertschöpfung: 33
Digitalisierung: 32/33, 68, **85/86, 90,** 94/95, 114, 149, 178, 194-201, **212-215,** 220-223
Digitalisierung Gesundheitsdaten: 68
Dispositionskredit: 54
Dividenden-ETF: **239**
Dividendenfonds: **250/251**
Dividendenstars Deutschland: **169-171**
Dividendenstars international: **172/173**
Dividendenstrategie: **167-174**
DNS: 56
Doppelsteuer-Abkommen: 172, 174
Dow Jones: 214
Dow Jones, Dividendenstars: **172**
Drucker, 3-D-: 148
Duell: ETF/Aktienfonds: **233**
Düngemittelfirmen, Aktien: 158-160

E

E-Book: 201
Edelmetallaktien, ETF: **203/204**
Edelmetallanlagen: **202-205**

Edelmetallmesse München: 205
Eigenkapital: 78, 171
Eigentümergeführte Unternehmen: 161-164
Einstiegschancen: 125
Einwanderung: 28/29
Elektronische Depotführung: 188
Elektronische Patientenakte: 64
Elektrotechnik-Aktien: **106-110**
Elektrotechnik/Elektronik: **105-112**
Energiebranche: 40, 46, **122-128**
Energiepolitik: 124
Erbgutentschlüsselung: **56**
Erderwärmung: 40
Ernährung: **190-194**
Erneuerbare Energie: **122-125**
Ertragsstärkste Unternehmen: 100
Erwerbstätigenquote Senioren: **35**
Essen/Trinken, Aktien: **190-194**
ETC: 228
ETF (Exchange Traded Fonds, Indexfonds): 37/38, 76, **82/83,** 204, **224-239**
ETF-Auswahl Alphabet: **226/227**
ETF-Auswahl Autoindustrie: **74/75**
ETF-Auswahl Börse ARD: 278
ETF-Auswahl Branchen: **229-232**
ETF-Auswahl Dividenden: **239**
ETF-Auswahl Immobilien: **82/83**
ETF-Auswahl Musterdepots: **240-242**
ETF-Auswahl Umweltschutz: **237**
Euro Stoxx 50: 173/174, 214
Euro Stoxx Dividendenstars: **173/174**
Ethik/Ökologie-Standards: **235/236**
Expertentipps: **215-217**
Extreme: **195**

F

Faber Marc: 180
Fachkräftemangel: 28/29
Familienfirmen, Aktien: 34, **161-166**
Familienfirmen-Studie: 165
Faule Kredite: 55
Favoriten Blue Chips: **215-217**
Feindl./freundl. Übernahmen: 207
Feri Eurorating Awards 2015: **253**
Fettsucht: 103
Finanzaktien: **142-144**
Finanzbetrüger: **220/221**
Finanzdienstleister: 21
Finanzkennzahlen: **175-177**
Finanzkriminalität: **220-224**
Finanzkrise: **178-180**
Firmengründer: 34
Firmenkultur: 43, 45, 198/199
Fitness/Fitnessstudio: 31, 97
Flüchtlingshilfe Wirtschaft: 60/61
Flüchtlingszustrom: **57-61,** 84
Fluglinien, Aktien: **37/38**
Fondsauswahl China: **251**
Fondsauswahl Dividenden: **250/251**
Fondsauswahl Nachhaltigkeit: **249/250**
Fondsbewertung: 245
Fonds-Preisträger 2015: **253**
Fonds-Rechtslage: 246
Forschung und Entwicklung (F&E): 28, 69, 98, 114-116
Fossile Energie: **124-127**
Frauen als Führungskräfte: **42/43**
Frauenquote: **42/43, 165/166**
Freizeit/Sport, Aktien: **149**
Frick Markus: 220
Frühverrentung: 23/24
Frühwarnsignale: 196
Fundamentalanalyse: 176/177
Fusionen: **206-208**

G

Gebühren ETF – Aktienfonds: 225

Geburtenrate: 12, 15, 29
„Gefallene Engel“, Aktien: **212-214**
Geldanlage: 174, 186/187, 189
Geldvermögen: 174, **189**
Gen-Analyse/Gentechnik: **56, 158**
Genussmittel-Aktien: 193-195
Gesellschaftlicher Wandel: **44**
Gesundheitsdaten: 68
Gesundheitsdienste: **65-68**
Gesundheitsfonds: 247
Gesundheitswesen, Aktien: **63, 96/97, 101-103**
Gesundheitswesen allgemein: 21/22, **96-104**
GEX: 166
Globalisierung: 154, 178
Gold, Silber, Platin: **202-205**
Grauer Kapitalmarkt: 141, **220-223**
Griechenland: 184
Großchemie: **115-117**
Großstädte: 44, 48, 79, 81
Grundbedürfnisse: 30
„Grüne“ deutsche Aktienauswahl: **238**

H

Handel/Vertrieb, Aktien: **154-157**
Hauptversammlung: 168
Haushaltselektronik: 105-118
Hepatitis: 98
Herdentrieb: 179
Hirnforschung: 111
Hoch/Tief-Mutstrategie: **186-189**
Humanoide Roboter: **146/147**
Hunderttausend Euro: **189**

I

Immobilien-Aktien: **79-81**
Immobilien-Anlage: **82**
Immuntherapie: 99
Indexfonds (ETF): 37/38, 76, **82/83,** 204, **224-239**
Indexfonds-Auswahl Alphabet: **226/227**
Indexfonds Börse ARD: 278
Indexfonds Branchen: **229-232**
Indexfonds Dividenden: **239**
Indexfonds Immobilien: **82/83**
Indexfonds Musterdepots: **240-242**
Indexfonds Umweltschutz: **237**
Indexübersicht: **181**, **262**
Industrie 4.0: 85, **94/95, 105-112,** 145, 212-215
Industrieaktien: **106-110**
Inhabergeführte Firmen: 34, **161-166**
Innovationsindex: 148
Insiderhandel: 189
Internationale Zukunftsaktien: **217**
Internationalisierung: 154
Internetaktien: **91-94**
Internetbranche: 91-94, 197
Internet der Dinge: 85, 94
Internetkriminalität: **145,** 197, **220/221**
Internetsektor: **91-95**
Internet Senioren: 17, 33, **39**
Investitionen: **46/47**
Investmentfonds: **243-253**
Investmentfonds Handlungsablauf: 247
Investmentfonds-Rangliste: **248**
IPO, Aktien seit 2010: **210/211**
IPO (Initial Public Offering, also Börsengang): 140, **209-211**
Iran-Aussöhnung: 114
IT-Aktien: **87-89**
IT-Branche: **85-90**
IT-Firmen: **197**
IT-Kriminalität: 89

J

Jungbrunnen: **18-20,** 76

K

Kakaopreis: 129, 134, 193
Kapitalbetrug: **220-224**
Kapitalerhöhungen: **218/219**
Kapitallebensversicherungen: **41,** 141
Kennzahlen: 136, **175-177**
Klimawandel: **40,** 122
Klinikbetten: **67/68**
Kliniken/Krankenhäuser: **65-68**
Kommunikation Technologie: 17
Kondratjew: 32, 98
Konjunktur, Branchen: **185**
Konsum: 21/22, 105, 118, 127
Konsumaktien: **118-120**
Konsumgüterindustrie: **118-121**
Kontoüberziehung: 54
Koppelgeschäfte: **186-189**
Konzernranglisten: 100, 103/104, 111, 128, 165, 195, 197
Kosmetik, Aktien: 150/151
Krankenhäuser/Kliniken: **65-68**
Krebs: 76, 99
Kriminalität: **220-223**
Krugmann, Paul: 194
Kulturkampf Firmen: 206
Künstliche Intelligenz: **146/147**
Kupferpreis: 134
Kurs-Gewinn-Verhältnis (KGV): **175-177**
Kurskapriolen: **104, 182,** 185

L

Lagerhaltung, Aktien: 154-157
Landflucht: 44
Länger leben: 35
Langzeitstrategie: **167-175**
Lebenserwartung: **12,** 23, 29
Lebensverkürzung: **20**
Lebensversicherungen: **41**
LEONI: 42
Lernen, lebenslanger Prozess: **17/18,** 33, 148
Lieblinge der Experten: **215-217**
Logistikaktien: **154-157**
Luft-/Raumfahrt-Aktien: **137/138**
Luxusbranche, Aktien: **152-153**

M

Management aktiv/passiv: 225
Marktanteil Internetfirmen: 197
Marktkapitalisierung/Börsenwert: 171, 197
Maschinen: **198-201**
Maschinenbau-Aktien: **112/113**
Maschinenbau, Vorzeigebranche: **112-114**
MDAX: 140, 169, 177, 213
MDAX, Dividendenstars: **169**
Medienbranche: 33, 91-95
Medikamentzulassungen: 103/104
Medizin: **98-104**
Medizintechnik, Aktien: **96-97**
Methusalem-Republik: **15/16**
Migrantenansturm: **57-61**
Mobilität: 17, 20
Modebranche: 33, 91-95, 152/153
Musterdepots ETF: **240-242**
Mutstrategie: **186-189**

N

Nachfolgeprobleme: 34, 161/162
Nachhaltigkeits-Aktien: **238**
Nachhaltigkeits-ETF: **237**
Nachhaltigkeits-Kriterien: 235/236
Nahrungsmittel-Aktien: **191/192**
Nemetschek, München: **265/266**
Netzwerke: 91-95, 198/199
Notenbanken: 183

Nutznießer Demografie: **21/22, 65-215**

O

Öl-/Gasaktien: **125-128**
Ölpreisverfall: 127
Online-Handel: 121
Online-Portale: 91-95
Operativer Gewinn: **148**

P

Patentablauf: 100, 103
Pflanzenschutz/Pflanzenzucht, Aktien: **158-160**
Pflegeeinrichtungen, Aktien: **65-68**
Pharma-Industrie, Aktien: 98-104
Pharma-Spitzenreiter: 99
Photovoltaik: **122/123**
Preisverfall Rohstoffe: **127-130,** 134
Premium-Automobile, Aktien: 152/153
Privatanleger: 27, 183
Privatinsolvenz: **53-55**
Privatleben: 31, 51
Prognose Digitalisierung: 200

Q

Quellensteuersätze: **252**

R

Rangliste Ertragskraft: 100
Reisen/Tourismusbranche: **135-138**
Rentenbezugsdauer: **23**
Renteneintrittsalter: 35
Rentenniveau: **23-26**
Rentenversicherungsbeitrag: 24/25
Robo-Advisors: 49
Robotik, Aktien: **146-148**
Rohstoffe, Aktien: **129-135**
Rohstoffgruppen: **130**
Rückversicherungen: 41, 144/**145**
Ruhestand: 25, 32, 45
Russische Aktien, ETF: 124/125, **128**

S

Saatgutfirmen, Aktien: 158-160
Schlepper/Schleuser: 58
Schneeballsysteme: **220-224**
Schopenhauer Arthur: 179
Schulden: **50-55**
Schwarzer Montag: **182,** 189
SDAX: 140, 170, 177, 213
SDAX Dividendenstars: **170**
Selbstanalyse Finanzbetrug: **222**
Seniorenarbeit: **35**
Senioren-Steckbrief: 17-17, 25, 30, 33, 39, 45, 67, 71, 135, 168
Siegeraktien: **40,** 212-214
Silber: **202-205**
Small Caps Dividendenstars: 171
Smartphones: 33
Software-Aktien/ETF: **87-89**
Software-Branche: 32, **85-90**
Solarstromaktien: 123
Sondervermögen: 225
Soziale Marktwirtschaft: 33
Soziale Netzwerke: 91-95
Sparbuch/Sparkonto: 36-38, 64
Sparformen: **36**
Sport/Freizeit, Aktien: **149**
Staatsschulden: **50/51,** 180
Stock Picking: 162, 166, 215
Stoppkurse: 188
Stoxx 50 Dividendenstars: **173/174**
S&P 500: 214

T

TecDAX: 94, 170, 177, 181, 213
TecDAX Dividendenstars: **170**
Telekom: 91-95
Thesaurierend: 49

Tourismusbranche, Aktien: 135-138
Transportbranche: **135-138, 154-157**

U

Überalterung: 22
Übergewicht: 31, 103
Übernahmen, Akquisitionen: 100, 104, 140, **206-208**
Überschuldung: **50-55**
Überschuldung Bundesbürger: **54**
Übersicht Indizes: **262**
Uhren, Aktien: 152/153
Umfrage Digitalisierung: **199**
Umsatzrendite-Spitzenreiter: **114, 137,** 152, 193
Umweltschäden: 144
Unterhaltungselektronik innovativ: **149**
Unterhaltungssektor, Aktien: **149-151**
Unternehmen: 32, 64, **90,** 100, 145, 148, **161-166, 198-200**
Unternehmenskultur: 43, 45, **198/199**
Uzin Utz, Ulm: **263/264**

V

Verliereraktien: **40, 212-214**
Vermögen Bundesbürger: 38
Vermögensaufbau: 26/27, **36/37,** 39
Vermögensverwaltung automatisiert: 49
Vernetzte Welt: 31, 85-87, 94/95, 118, 149, 178, 198/199
Verpackungsindustrie, Aktien: 154-157
Verschuldung: **50-55**
Versicherungen, Aktien: **139-145**
Versicherungskunden: **144**
Vertrieb/Handel: **154-157**
Vonovia (Deutsche Annington): 140
Vorbörsliche Kurse: 211
Vorteile Digitalisierung: 200
VW-Manipulation: **72-75**

W

Wachstumstreiber: 61, 85-87, 111
Wasser-ETF: 133
Wassermangel: **132/133**
Weibliche Vorstände: 42
Weltrangliste Pharma: **59/60**
Weltwirtschaftskrise: **179/180**
Wertschöpfung Digitalisierung: 85/86
Windenergie: **124**
Windkraftaktien: 124
Wirtschaft Deutschland: **59-61**
Wirtschaftsumfrage: 58
Wirtschaftswachstum Digitalisierung: **32/33**
Wochenverluste Börse 2015: 182, 184/185
Wohlstand: 30, **36/37**
Wohlstand im Alter: **36-39**
Wohlstandsbremsen: **61**
Wohnbedürfnisse: 31/32, **48,** 79
Wohnflächen: **48,** 79
Wohnsituation Deutschland: 44, **79-82**
Wünsche an die Politik: **27**
Wünsche an Wirtschaft/Gesellschaft: **28-34**
Wünsche von Privatanlegern: 27

Z

Zahlungsunfähigkeit: **50-55**
Zinspolitik: 41, 51, 141
Zukäufe Aktien im Crash: **187**
Zukunftsaktien: **217**
Zukunftsmärkte: **65-215**
Zukunftstrends: **30-33**
Zulassungen Medikamente: 103/104
Zusatzsteuer Auslandsaktien: 172, 174
Zuzug: westdeutsche Großstädte: **44**

5.2 Überblick über die wichtigsten Indizes weltweit

Internationale Indexübersicht 2015 mit Punkten und Kursen				
Index	**WKN**	**15. Dez. 2015**	**Kursverlauf 1, 3, 5 Jahre**	**Hoch/Tief 52 Wochen**
DAX Performance	846 900	10.450 P.	+9/+34/+45 %	12.391/9.219 P.
DAX Kursindex	846 744	5.244 P.	+6/+23/+24 %	6.340/4.680 P.
MDAX	846 741	20.485 P.	+24/+67/+102 %	21.680/15.994 P.
TecDAX	720 327	1.790 P.	+34/+110/+109 %	1.890/1.283 P.
SDAX	965 338	8.793 P.	+27/+66/+72 %	9.183/6.814 P.
DivDAX Perform.	A0C 33D	258 P.	+2/+34/+45 %	325/233 P.
DAXplus Family	A0Y KTP	3.844 P.	+29/+72/+61 %	4.015/2.917 P.
GEX	A0A ER0	1.749 P.	+51/+115/-0,5 %	1.832/1.133 P.
Prime Standard	720 332	4.127 P.	+13/+41/+54 %	4.747/3.536 P.
Entry Standard	A0G 834	396 P.	+9/+11/-32 %	420/352 P.
EURO STOXX 50	965 814	3.242 P.	+6/+20/+10 %	3.836/2.922 P.
STOXX 50	965 816	3.051 P.	+5/+15/+13 %	3.603/2.797 P.
DOW JONES	969 420	17.571 P.	+2/+33/+52 %	18.351/15.370 P.
S&P 500	A0A ET0	2.046 P.	+2/+44/+63 %	2.135/1.867 P.
NASDAQ 100	A0A E1X	4.622 P.	+10/+74/+108 %	4.740/3.787 P.
NIKKEI 225	969 244	18.566 P.	+11/+94/+83 %	20.953/16.593 P.
Hang Seng (China)	145 733	21.275 P.	-7/-6/-9 %	28.589/20.368 P.
RTX USD Russl.	965 707	1.070 P.	+7/-50/-55 %	1.536/811 P.
SMI Schweiz	969 000	8.600 P.	-2/+23/+30 %	9.550/7.850 P.
FTSE 199 GB	969 378	6.054 P.	-5/-1/-0,3 %	6.922/5.870 P.

Anmerkung: Hohe Kursgewinne winken, wenn Sie Ihre besten Aktien mehrere Jahre, möglichst sogar über ein Jahrzehnt halten. Teilverkäufe bei dreistelligem Kursplus sorgen für Freude, Sicherheit und bauen Vertrauen auf. Wer 14 Jahre lang ein breit gestreutes Aktiendepot mit In- und Auslandstiteln besitzt, zählt immer zu den Siegern mit einer Durchschnittsrendite von 8 %, Spanne 5 % bis 15 %.

5.3 Unsere beiden Partner stellen sich vor

UZIN UTZ – KURZVORSTELLUNG DES KONZERNS

Den globalen, demografischen und gesellschaftlichen Wandel bei nachhaltiger Entwicklung immer im Auge: So lässt sich am besten beschreiben, was 1911, also vor mehr als einem Jahrhundert begann, unsere Firmengeschichte prägt und heute die börsennotierte Uzin Utz AG ausmacht. Unser Unternehmen mit Hauptsitz in der Münsterstadt Ulm orientiert sich an den Leitwerten Innovation und Tradition, Qualität und soziales Gleichgewicht, Wachstum und Nachhaltigkeit. Sie bilden die Richtschnur und Grundlage für alle Aktivitäten und bestimmen auch künftig unser Handeln. Mit einer nachhaltigen Unternehmenssteuerung, die sich durch Verantwortungsbewusstsein gegenüber Mitarbeitern, Kunden und Umwelt auszeichnet, will unser Familienunternehmen den langfristigen Erfolg sichern. Er beruht nicht zuletzt auf seinen engagierten und qualifizierten Mitarbeitern. Als attraktiver Arbeitgeber investieren wir viel in Fortbildung, Weiterentwicklung, Fitness und Gesundheit unserer Mitarbeiter. Wertschätzung, Respekt, Balance, Perspektiven, Verlässlichkeit, Dynamik und Internationalität – dafür steht Uzin Utz als Arbeitgeber.

Als weltweit aktiver Komplettanbieter für Bodensysteme und führend in der Entwicklung und Herstellung chemischer Systemprodukte verfolgen wir seit jeher eine konsequente Nachhaltigkeitspolitik. Mit zukunftsfähigen Produktsortimenten liegt der Schwerpunkt auf emissionsarmen und umweltfreundlichen Erzeugnissen. Wir verwenden natürliche Rohstoffe und entwickeln unsere Produkte ressourcenschonend und nachhaltig. Uzin Utz hat sich hier eine Vorreiterrolle aufgebaut und sieht sich als Innovationsmotor der Branche. Wir konnten das Angebotsspektrum vom regionalen Klebstoffhersteller auf alle Bereiche rund um das Thema Boden ausweiten. Mit hoher Technologiekompetenz bietet Uzin Utz ein umfassendes Know-how bei der Neuverlegung, Renovierung und Werterhaltung von Bodenbelägen aller Art – ob Parkett, keramische Fliesen oder Naturstein. Die meisten Produkte stammen aus eigener Entwicklung und Herstellung. Mit den Marken **UZIN, Wolff, Pallmann, Arturo, codex** und **RZ** bietet unsere Gesellschaft eine breite Leistungspalette mit neuestem technologischem Stand zum Thema Boden. Und dies nicht nur in Deutschland und Europa, sondern weltweit! Die Uzin Utz Gruppe ist in 48 Ländern vertreten, davon in 18 Nationen mit eigenen Tochterfirmen.

Innovationen vorantreiben und technisches Know-how als Wissenspool nutzen, diese Ziele setzt Uzin Utz erfolgreich um. Als Bau-Chemiehersteller bilden wir einen Teil der Wertschöpfungskette und engagieren uns in verschiedenen Netzwerken beim Wissens- und Erfahrungstransfer zwischen Industrie und Handwerk. Auf den Punkt gebracht: Alle Akteure am Bau erfolgreich zusammenführen, Synergien schaffen und eine nachhaltige Entwicklung vorantreiben zum Nutzen von Menschen, Umwelt und Wirtschaft!

NEMETSCHEK GROUP – KURZVORSTELLUNG DES KONZERNS

1963 gründete Professor Georg Nemetschek sein Ingenieurbüro und legte damit den Grundstein für die heutige Nemetschek Group. Mit visionärem Weitblick erkannte er die revolutionierende Rolle des Computers und dessen zukünftige Bedeutung für die **AEC**-Industrie (**A**rchitecture, **E**ngineering, **C**onstruction). Seine Innovation bestand darin, eine Planungssoftware für Architekten (CAD) und Bauingenieure (CAE) zu schaffen und so das gewohnte herkömmliche Zeichenbrett zu ersetzen. Damit verschob er die bis dato engen Grenzen des Planens und Berechnens dramatisch.

Die Nemetschek Group bietet heute auf dieser Basis eine breite Palette von grafischen, analytischen und kaufmännischen Lösungen, die in allen Phasen und damit im gesamten Lebenszyklus von Bauwerken wichtig sind – vom Planen und Sichtbarmachen bzw. Veranschaulichen eines Gebäudes über die Zusammenarbeit und den eigentlichen Bauprozess bis hin zur Gebäudeverwaltung. Neben dem 3-D-Modell rücken auch die Größenordnung Zeit (4. Dimension) und die Kosten (5. Dimension) immer mehr in den Fokus aller am Bau Beteiligten.

Nemetschek Software wird nicht nur in Deutschland eingesetzt, sondern auf der ganzen Welt. Die Nemetschek Group betreibt Tochtergesellschaften, Niederlassungen, Repräsentanzen und Kooperationen in über 40 Ländern und in allen wichtigen Märkten rund um den Globus. Mit 1,8 Millionen registrierten Anwendern in 142 Ländern gehören wir zu den weltweit erfolgreichsten Softwareanbietern der AEC-Industrie. Und das soll auch so bleiben. Als **BIM**-Pionier (**B**uilding **I**nformation **M**odeling) und 5-D-Anbieter stehen wir für einen offenen Ansatz (Open BIM) als Basis für eine durchgängige Zusammenarbeit unabhängig vom Softwarehersteller, Immobilienunternehmen oder Bauherrn. Wir wollen die Qualität, Transparenz und Effizienz aller am Bau Beteiligten auf ein Maximum erhöhen.

Die Erfolgsfaktoren sind damals wie heute gründliche Marktexpertise, Kundennähe, Engagement, Geschwindigkeit, Ideen und Innovationen und nicht zuletzt qualifizierte, motivierte Mitarbeiter. Die eigenständigen Marken sind ein weiterer Schlüssel zum nachhaltigen Erfolg und zur Innovationsführerschaft der Nemetschek Group. Unsere Marken nutzen die Vorteile der Zugehörigkeit zu einer weltweit agierenden Gruppe mit deutlichen Synergieeffekten. Gleichzeitig behalten sie ihre Flexibilität und die unternehmerische Eigenständigkeit sowie Freiheit eines Mittelständlers mit entsprechender Markt- und Kundennähe.

➢ Unser ehrgeiziges Ziel ist und bleibt, die innovativsten Werkzeuge und besten Prozess- und Kollaborationslösungen zu schaffen. So setzen wir auf dem Weg zur Industrie 4.0 und dem Digitalisierungsmegatrend Standards wie bei Open BIM und im Bereich 5-D.

Der Aktien- und Börsenführerschein

Beate Sander

Wer sich auf die Schnellstraße der Börse begibt, muss die Regeln kennen, rasch reagieren und auf die anderen Teilnehmer achten – was gar nicht so einfach ist. Vom Portfolio-Management über unterschiedliche Anlageklassen bis hin zu ETFs, Fundamentalanalyse, Charttechnik und Börsenpsychologie deckt Der Aktien- und Börsenführerschein von Beate Sander alle wichtigen Bereiche für einen erfolgreichen Start als Anleger oder Trader ab.

Interessante Themen wie erneuerbare Energien, sicherer Hafen Gold, Aktien-Auswahlpunktesystem und die chancenreiche Hoch/Tief-Mutstrategie kommen hinzu. Der Klassiker der Börsenliteratur stellt sich im neuen Gewand und mit neuen Schwerpunkten vor. Auch Sie sind eingeladen, Ihr Wissen zu testen und die Börsenführerscheinprüfung abzu-legen. Als Lohn winkt eine attraktive Urkunde.

288 Seiten I Broschur I 29,99 € (D) I ISBN 978-3-89879-922-5

Kapitalanlage Gesundheit

Beate Sander I Jürgen Hannemann

Lange verschmähten Anleger das Segment Biotechnologie. Doch der Sektor Gesundheit erlebt an der Börse einen Boom. Die Perspektiven sind exzellent, denn neben innovativen Medikamenten und beeindruckenden Rekordgewinnen der Pharmagiganten sprechen wichtige Produktzulassungen sowie vielversprechende klinische Nachrichten für kräftiges Wachstum. Prof. Dr. Jürgen Hannemann vom Institut für Angewandte Biotechnologie und Beate Sander zeigen, wie Anleger vom enormen Nachholpotenzial der Branche profitieren können und welche Anlageklassen jeweils am besten geeignet sind.

288 Seiten I Hardcover I 29,99 € (D) I ISBN 978-3-89879-835-8